栄東高等学校

〈収録内容〉

2024 年度 ……………………… 第 1 回（数・英・国）
第 2 回（数・英・国）

2023 年度 ……………………… 第 1 回（数・英・国）
第 2 回（数・英・国）

2022 年度 ……………………… 第 1 回（数・英・国）
第 2 回（数・英・国）

※第 1 回国語の大問二は、問題に使用された作品の著作権者が二次使用の許可を出していないため、問題の一部を掲載しておりません。

2021 年度 ……………………… 第 1 回（数・英・国）

DL 2020 年度 ……………………… 第 1 回（数・英）

DL 2019 年度 ……………………… 第 1 回（数・英）

便利な DL コンテンツは右の QR コードから

解答用紙　過去年度　非対応 リスニング

JN101257

※データのダウンロードは 2025 年 3 月末日まで。
※データへのアクセスには、右記のパスワードの入力が必要となります。 ⇒ 795299

〈合格最低点〉

※学校からの合格最低点の発表はありません。

本書の特長

実戦力がつく入試過去問題集

- ▶ 問題 …………… 実際の入試問題を見やすく再編集。
- ▶ 解答用紙 …… 実戦対応仕様で収録。
- ▶ 解答解説 …… 詳しくわかりやすい解説には、難易度の目安がわかる「基本・重要・やや難」の分類マークつき（下記参照）。各科末尾には合格へと導く「ワンポイントアドバイス」を配置。採点に便利な配点つき。

入試に役立つ分類マーク

基本 確実な得点源！
受験生の90％以上が正解できるような基礎的、かつ平易な問題。
何度もくり返して学習し、ケアレスミスも防げるようにしておこう。

重要 受験生なら何としても正解したい！
入試では典型的な問題で、長年にわたり、多くの学校でよく出題される問題。
各単元の内容理解を深めるのにも役立てよう。

やや難 これが解ければ合格に近づく！
受験生にとっては、かなり手ごたえのある問題。
合格者の正解率が低い場合もあるので、あきらめずにじっくりと取り組んでみよう。

合格への対策、実力錬成のための内容が充実

- ▶ 各科目の出題傾向の分析、合否を分けた問題の確認で、入試対策を強化！
- ▶ その他、学校紹介、過去問の効果的な使い方など、学習意欲を高める要素が満載！

解答用紙ダウンロード 解答用紙はプリントアウトしてご利用いただけます。弊社ＨＰの商品詳細ページよりダウンロードしてください。トビラのＱＲコードからアクセス可。

UD FONT 見やすく読みまちがえにくいユニバーサルデザインフォントを採用しています。

栄東高等学校

アクティブ・ラーニングで未来を翔ける!!
可能性を広げる豊かな教育環境

普通科
生徒数　1461名
〒337-0054
埼玉県さいたま市見沼区砂町2-77
☎048-651-4050
☎048-666-9288（アドミッションセンター）
JR東大宮駅　徒歩8分

URL	https://www.sakaehigashi.ed.jp

環境

文武両道で心と身体を豊かに

学習施設はもちろん、活発な部活動に応える各種施設が充実。体育館は床面積が5000㎡、１階には柔道場・剣道場・小体育館、２階にはバスケットコート２面のアリーナ、そして３階には650席のギャラリーが備えられている。講堂は700人以上収容可能な観客席のあるホールとなっている。２階建ての図書館は、１階が閲覧室、２階が自習室として、日々生徒の学習活動に利用されている。そのほかにもアーチェリー場、室内温水プール、硬式テニスコート、日本庭園に囲まれた茶室など31ある各部に対応している。

ハード面ばかりでなく、ソフト面の環境も充実。専任教員が生徒一人ひとりの学習・生活面をきめ細やかにサポート・指導している。

カリキュラム

知る・探る・究める アクティブ・ラーニング

アクティブ・ラーニング（以下AL）を柱に特色あるカリキュラムを展開している。ALとは能動的・活動的な学習のことで、教師が生徒に知識を伝達する講義形式ではなく、課題研究やディスカッション、プレゼンテーションなど、生徒の能動的な活動を取り入れた授業の総称。

アメリカAL 異文化コミュニケーション

「東・医」、「α（アルファ）」という２つのクラスが設定され、ALを展開し、部活動に励みながら社会に貢献するために必要な力を身につけることを目標としている。両クラスとも３年間という限られた時間の中で目標を達成するために、２年次から文系・理系および習熟度別に授業クラスが編成される。将来の志望と自らの興味・適性に合わせ、科目を選択できるようになっている。３年次には志望する大学の入試形態に合わせた授業クラスが編成される。最大限の効果が得られるよう、個々の志望に応じた入試対策演習を重ね、第一志望校合格をより確実なものにする。

学校生活

国際社会で活躍できる人材を育成

海外ALは２年でアメリカを訪れる。その他、希望者は短期研修に参加している。

［運動部］　アーチェリー、サッカー、テニス、卓球、バスケットボール、水泳、バレーボール、陸上競技、硬式野球、バドミントン、ソフトボール、柔道、チアダンス、剣道、アメフト

［文化部］　吹奏楽、美術、コーラス、茶道、理科研究、書道、社会科研究、囲碁将棋、ESS、写真、箏曲、鉄道研究、クイズ研究、園芸同好会、インターアクト、競技数学同好会、情報技術同好会、演劇同好会

進路

国公立への道を拓く!!

東大をはじめとする最難関大学に多数の合格者を出し、難関大学への現役合格率は首都圏でもトップレベルとなっている。

2023年度は東大13名など国公立大215名、早稲田143名、慶應77名、

クイズ研究部クイズ全国大会準優勝!!
グアム、ニューヨークへ

上智29名合格。また医歯薬獣系も好調で、217名が合格した。

主な進学先は東大、京都大、北海道大、東北大、東京医科歯科大、筑波大、千葉大、埼玉大、横浜国立大、電気通信大、群馬大などの国公立大学をはじめ、早稲田大、慶應義塾大、上智大、明治大、立教大、中央大、法政大、青山学院大、東京理科大、学習院大など。

2024年度入試要項

試験日　1/22（第１回）
1/23（第２回）
1/25（特待生選抜）

試験科目　国･数･英（第１・２回）
国･数･英または国･数･英･理･社（特待生選抜）
※単願は面接あり

2024年度	募集定員	受験者数	合格者数	競争率
第1回 単願/併願	400	30/1313	19/1217	1.6/1.1
第２回		638	565	1.1
特待生 3科/5科		286/339	137/160	2.1/2.1

※定員は内部進学者を含む
※帰国生の募集は若干名（各日程）

過去問の効果的な使い方

① **はじめに**　入学試験対策に的を絞った学習をする場合に効果的に活用したいのが「過去問」です。なぜならば，志望校別の出題傾向や出題構成，出題数などを知ることによって学習計画が立てやすくなるからです。入学試験に合格するという目的を達成するためには，各教科ともに「何を」「いつまでに」やるかを決めて計画的に学習することが必要です。目標を定めて効率よく学習を進めるために過去問を大いに活用してください。また，塾に通われていたり，家庭教師のもとで学習されていたりする場合は，それぞれのカリキュラムによって，どの段階で，どのように過去問を活用するのかが異なるので，その先生方の指示にしたがって「過去問」を活用してください。

② **目的**　過去問学習の目的は，言うまでもなく，志望校に合格することです。どのような分野の問題が出題されているか，どのレベルか，出題の数は多めか，といった概要をまず把握し，それを基に学習計画を立ててください。また，近年の出題傾向を把握することによって，入学試験に対する自分なりの感触をつかむこともできます。

過去問に取り組むことで，実際の試験をイメージすることもできます。制限時間内にどの程度までできるか，今の段階でどのくらいの得点を得られるかということも確かめられます。それによって必要な学習量も見えてきますし，過去問に取り組む体験は試験当日の緊張を和らげることにも役立つでしょう。

③ **開始時期**　過去問への取り組みは，全分野の学習に目安のつく時期，つまり，9月以降に始めるのが一般的です。しかし，全体的な傾向をつかみたい場合や，学習進度が早くて，夏前におおよその学習を終えている場合には，7月，8月頃から始めてもかまいません。もちろん，受験間際に模擬テストのつもりでやってみるのもよいでしょう。ただ，どの時期に行うにせよ，取り組むときには，集中的に徹底して取り組むようにしましょう。

④ **活用法**　各年度の入試問題を全問マスターしようと思う必要はありません。できる限り多くの問題にあたって自信をつけることは必要ですが，重要なのは，志望校に合格するためには，どの問題が解けなければいけないのかを知ることです。問題を制限時間内にやってみる。解答で答え合わせをしてみる。間違えたりできなかったりしたところについては，解説をじっくり読んでみる。そうすることによって，本校の入試問題に取り組むことが今の自分にとって適当かどうかが，はっきりします。出題傾向を研究し，合否のポイントとなる重要な部分を見極めて，入学試験に必要な力を効率よく身につけてください。

数学

各都道府県の公立高校の入学試験問題は，中学数学のすべての分野から幅広く出題されます。内容的にも，基本的・典型的なものから思考力・応用力を必要とするものまでバランスよく構成されています。私立・国立高校では，中学数学のすべての分野から出題されることには変わりはありませんが，出題形式，難易度などに差があり，また，年度によっての出題分野の偏りもあります。公立高校を含め，ほとんどの学校で，前半は広い範囲からの基本的な小問群，後半はあるテーマに沿っての数問の小問を集めた大問という形での出題となっています。

まずは，単年度の問題を制限時間内にやってみてください。その後で，解答の答え合わせ，解説での研究に時間をかけて取り組んでください。前半の小問群，後半の大問の一部を合わせて50%以上の正解が得られそうなら多年度のものにも順次挑戦してみるとよいでしょう。

英語

英語の志望校対策としては，まず志望校の出題形式をしっかり把握しておくことが重要です。英語の問題は，大きく分けて，リスニング，発音・アクセント，文法，読解，英作文の5種類に分けられます。リスニング問題の有無(出題されるならば，どのような形式で出題されるか)，発音・アクセント問題の形式，文法問題の形式(語句補充，語句整序，正誤問題など)，英作文の有無(出題されるならば，和文英訳か，条件作文か，自由作文か）など，細かく具体的につかみましょう。読解問題では，物語文，エッセイ，論理的な文章，会話文などのジャンルのほかに，文章の長さも知っておきましょう。また，読解問題でも，文法を問う問題が多いか，内容を問う問題が多く出題されるか，といった傾向をおさえておくことも重要です。志望校で出題される問題の形式に慣れておけば，本番ですんなり問題に対応することができますし，読解問題で出題される文章の内容や量をつかんでおけば，読解問題対策の勉強として，どのような読解問題を多くこなせばよいかの指針になります。

最後に，英語の入試問題では，なんと言っても読解問題でどれだけ得点できるかが最大のポイントとなります。初めて見る長い文章をすらすらと読み解くのはたいへんなことですが，そのような力を身につけるには，リスニングも含めて，総合的に英語に慣れていくことが必要です。「急がば回れ」ということわざの通り，志望校対策を進める一方で，英語という言語の基本的な学習を地道に続けることも忘れないでください。

国語

国語は，出題文の種類，解答形式をまず確認しましょう。論理的な文章と文学的な文章のどちらが中心となっているか，あるいは，どちらも同じ比重で出題されているか，韻文(和歌・短歌・俳句・詩・漢詩)は出題されているか，独立問題として古文の出題はあるか，といった，文章の種類を確認し，学習の方向性を決めましょう。また，解答形式は，記号選択のみか，記述解答はどの程度あるか，記述は書き抜き程度か，要約や説明はあるか，といった点を確認し，記述力重視の傾向にある場合は，文章力に磨きをかけることを意識するとよいでしょう。さらに，知識問題はどの程度出題されているか，語句(ことわざ・慣用句など)，文法，文学史など，特に出題頻度の高い分野はないか，といったことを確認しましょう。出題頻度の高い分野については，集中的に学習することが必要です。読解問題の出題傾向については，脱語補充問題が多い，書き抜きで解答する言い換えの問題が多い，自分の言葉で説明する問題が多い，選択肢がよく練られている，といった傾向を把握したうえで，これらを意識して取り組むと解答力を高めることができます。「漢字」「語句・文法」「文学史」「現代文の読解問題」「古文」「韻文」と，出題ジャンルを分類して取り組むとよいでしょう。毎年出題されているジャンルがあるとわかった場合は，必ず正解できる力をつけられるよう意識して取り組み，得点力を高めましょう。

数学

出題傾向の分析と合格への対策

●出題傾向と内容

本年度の出題数は，第1回，第2回ともに，大問5題，小問数は17題であった。

出題構成も例年通りで，どちらも[1]はさまざまな分野からの独立した小問が5題，[2]は確率問題，[3]は円の性質や相似，三平方の定理を含む平面図形の総合問題，[4]は関数・グラフと図形の融合問題，[5]は空間図形の計量問題であった。

どの問題もよく工夫されていて，基礎的な計算力や知識はもちろんのこと，やや複雑な数や式の計算，方程式を手際よく処理する力，公式や定理を的確に応用する力，さらには思考力，数学的感覚も要求されている。問題数も多く，重量感のある出題である。

✓学習のポイント

迅速性，正確な計算力，必要な補助線を引く感覚などが要求されている。途中経過，グラフ，図を書いて学習しよう。

●2025年度の予想と対策

来年度も，問題の量・レベルとも，そう大きな変化はないものと思われる。広い範囲から，基礎的な知識や考え方に基づいた問題，応用力や思考力を試す問題が，小問数にして15～19題程度出されることだろう。

まずは，教科書を中心に，中学数学の全領域の基礎をしっかり固めよう。その上で，標準レベルの問題集などで数多くの問題にあたっておこう。その際，特に図形問題では，1つの解法に満足せずに，他の解法をさがしてみる姿勢，言いかえると，“問題を研究する”学習態度が大切である。図形問題などでも数・式の計算力が要求されるので，計算力も養っておこう。

▼年度別出題内容分類表 ••••••

※第1回をA，第2回をBとする。

出題内容			2020年	2021年	2022年	2023年	2024年
数と式		数の性質	AB	AB			
		数・式の計算	AB	AB	AB	AB	AB
		因数分解					B
		平方根	AB	B	A	AB	A
方程式・不等式		一次方程式					A
		二次方程式					
		不等式					
		方程式・不等式の応用	A	A	AB	AB	
関数		一次関数	AB	AB		A	AB
		二乗に比例する関数	AB	AB	AB	AB	AB
		比例関数					
		関数とグラフ	AB	AB	AB	AB	AB
		グラフの作成					
図形	平面図形	角度					A
		合同・相似	B	AB	AB	B	AB
		三平方の定理	AB	AB	AB	AB	AB
		円の性質	AB	B	AB	AB	AB
	空間図形	合同・相似	AB	AB	AB	AB	B
		三平方の定理	AB	AB	AB	AB	A
		切断		AB	AB	B	AB
	計量	長さ	AB	AB	AB	AB	AB
		面積	AB	AB	AB	AB	AB
		体積	AB	A		AB	AB
	証明						
	作図						
	動点		A	AB			B
統計		場合の数	B				
		確率	AB	AB	AB	AB	AB
		統計・標本調査			AB	AB	AB
融合問題		図形と関数・グラフ	AB	AB	AB	AB	AB
		図形と確率					
		関数・グラフと確率	B				
		その他					
その他				B			

栄東高等学校

英語

出題傾向の分析と 合格への対策

●出題傾向と内容

第1回と第2回の問題では形式やレベルは同じものであった。いずれも，長文問題3題，リスニング問題2題の計5題であった。

リスニング問題は，標準的なレベルの問題が多いが，より高度なものも数問見られた。

長文読解問題は，大問が進むにつれてレベルが上がっていくように作られている。設問の内容・文章量共に後のものほど高度になるので，相当なスピードが要求されている。また，いずれにおいても，文章の細部の内容を確認する問いで占められている。

✓学習のポイント

標準的からやや高度なレベルの文法力を身につけておこう。また，より速く正確に長文を読む練習を重ねておこう。

●2025年度の予想と対策

本年度と同じ形式で来年度も出題されると予想される。設問のレベルや種類を，今年度の問題でしっかりと確かめておこう。

リスニング問題は，標準的からやや高度なレベルのものまでを含んだ練習を確実に仕上げておこう。特に，文法的に注目される構文に留意して，対策を重ねておこう。

長文読解問題は，相当量の長文を短時間で正確に読むために，読解に慣れておく必要がある。単語力・文法力を伸ばしながら，長文を読む経験をより多く重ねておきたい。時間を測りながら読む練習を積んでおこう。

▼年度別出題内容分類表 ……

※第1回をA，第2回をBとする。

	出題内容	2020年	2021年	2022年	2023年	2024年
話し方・聞き方	単語の発音					
	アクセント					
	くぎり・強勢・抑揚					
	聞き取り・書き取り	AB	AB	AB	AB	AB
語い	単語・熟語・慣用句					
	同意語・反意語					
	同音異義語					
読解	英文和訳(記述・選択)					
	内容吟味	AB	AB	AB	AB	AB
	要旨把握					
	語句解釈					
	語句補充・選択	AB	AB	AB	AB	AB
	段落・文整序					
	指示語					
	会話文					
文法・作文	和文英訳					
	語句補充・選択					
	語句整序	AB	AB	AB	AB	AB
	正誤問題	AB	AB	AB	AB	AB
	言い換え・書き換え					
	英問英答					
	自由・条件英作文					
文法事項	間接疑問文	A	A	A	B	B
	進行形					
	助動詞		A			
	付加疑問文					
	感嘆文					
	不定詞	AB	AB	B	A	AB
	分詞・動名詞		AB		B	A
	比較	B	A	B	A	
	受動態	AB	B	A	A	B
	現在完了		B	AB	AB	A
	前置詞			A		
	接続詞			B	B	AB
	関係代名詞		B	B	B	AB

栄東高等学校

国語

出題傾向の分析と 合格への対策

●出題傾向と内容

本年度も，第1回，第2回ともに，論理的文章の読解問題が1題，文学的文章の読解問題が1題，古文の読解問題が1題という計3題の大問構成であった。

現代文の読解では，論理的文章には論説文が，文学的文章には小説が採用され，論説文では，接続語や脱文補充を通した文脈把握と，内容の理解に関する設問が中心となっている。小説では，心情理解が主に問われている。

古文の読解問題は，文脈把握，内容理解，動作の主体，古文の口語訳が出題されている。

漢字の読み書きや文法，語句の意味は，大問に含まれて出題されている。

解答はすべてマークシート方式となっている。

学習のポイント

読解のための語彙力を鍛えよう。ふだんから幅広い分野の文章に触れ，文脈から語彙の意味を判断できるようにしよう。

●2025年度の予想と対策

現代文の読解問題と古文の読解問題を中心とする出題が予想される。

論説文の読解問題では，接続語と言い換えに注目することで，文脈把握の力を身につけることが大切だ。さらに筆者の主張をとらえられるよう問題集を活用して実力を養っておこう。

小説に関しても，表現に注目して心情を正しく読み取れるようにしておくことが大切だ。

古文でも正確な読み取りが要求されている。基本的な事項を確認した後，ふだんから古文に読み慣れておくことが対策となる。

文法などの知識問題も確実に得点できるようふだんから丁寧な学習を心がけよう。

▼年度別出題内容分類表 ……

※第1回をA，第2回をBとする。

出題内容			2020年	2021年	2022年	2023年	2024年
内容の分類	読解	主題・表題			A	AB	
		大意・要旨		A	AB	AB	AB
		情景・心情	AB	AB	AB	AB	AB
		内容吟味	AB	AB	AB	AB	AB
		文脈把握	AB	AB	AB	AB	AB
		段落・文章構成				AB	
		指示語の問題	A			B	A
		接続語の問題	AB	A	AB	AB	AB
		脱文・脱語補充	AB	AB	AB	AB	AB
	漢字・語句	漢字の読み書き	AB	AB	AB	AB	AB
		筆順・画数・部首					
		語句の意味	AB	A	AB	AB	AB
		同義語・対義語					
		熟語		A		B	
		ことわざ・慣用句	AB	A	B	B	A
	表現	短文作成					
		作文(自由・課題)					
		その他					
	文法	文と文節	AB		AB	AB	
		品詞・用法	AB	A	AB	AB	AB
		仮名遣い					
		敬語・その他					
	古文の口語訳		AB	A	AB	AB	AB
	表現技法		B				
	文学史						
問題文の種類	散文	論説文・説明文	AB	AB	AB	AB	AB
		記録文・報告文					
		小説・物語・伝記	AB	AB	AB	AB	AB
		随筆・紀行・日記					
	韻文	詩					
		和歌(短歌)					
		俳句・川柳					
	古文		AB	AB	AB	AB	AB
	漢文・漢詩						

栄東高等学校

2024年度 合否の鍵はこの問題だ!!

(第1回)

数学　2, 3 (3), 4 (3), 5 (3)

2　数え落としや重複に注意する。

3(3)　全体からまわりの3つの三角形の面積をひく。

4(3)　求め方はむずかしくないので，計算を慎重に行いたい。

5(3)　頂点Aを含まない方の三角錐台の体積を求める方法もあるが，計算は複雑になる。

◎2以降の大問では，前問が次の問題のヒントを与える場合が多い。前問を手がかりにして考えることが大切である。

英語　2

このテストは長文を読解する能力を見ることに特化したものなので，いずれの問題においても長文を読む能力が強く求められている。その中で2の長文問題は，このテストの中で文章量が中間程度のものだが一番レベルが高いので，要注意である。長文のみならずチャート図の理解も求められているので，数学的な思考力がないと苦しいだろう。

長文で使われている語彙は基本的なもので，中学で習うものを超えてはいないので，その点は心配しなくてもよい。文法面も同様である。ただし，文自体は基本的なレベルのものでありながら，正確に理解するのは難しいかもしれない。書かれている内容が独特であり，飛躍する部分も多いタイプの文章だからである。よって，空欄に文章をあてはめる問題では，相当の読解力がないと答えられないだろう。

このような問題を解くには, やや難度の高い文章を数多く読む練習を繰り返すことが最も重要である。もし可能であれば，数学や科学的な思考方法によって書かれた文章が望ましい。または数字を多く用いたものなどでもよいだろう。一定量の文章を数多く読めばおのずと長文読解能力はついてくるので，少しずつでもよいので努力するべきである。

国語 二 問七

★合否を分けるポイント

出典の「はなとゆめ」は，第二回の入試にも採用されており，古典知識も必要な総合的な内容となっている。傍線部④は中宮定子に対する清少納言の気持ちが表現されている部分で，この表現から清少納言の思いを正しくとらえられるかどうかが，合否を分けるポイントとなる。

★こう答えると「合格」できない！

選択肢は五択で，しかもそれぞれが長文となっている。一つずつ検討していたのでは，時間が足らなくなってしまい，「合格」できない。それぞれの選択肢で一番重要なのは，文末部分だ。文末部分を確認し，合わないものを素早く外していくことで，時間短縮を図ろう。

★これで「合格」！

傍線部④の「(なんという御方がこの世にいるのだ――)」は，中宮定子に感嘆する清少納言の内心の声を表している。清少納言が中宮定子のどのようなことに対して感嘆しているのかを，直前の「その若さにしてすでに，人を見抜き，導き，そしてその才能をその人自身に開花させるという，優れた君主の気風と知恵とを身に備えておいでなのでした」から読み取ろう。また，直後の文の「天命への喜びと感謝に，ただ震えるばかり」という様子からも，中宮定子をおそれ敬う様子が読み取れる。これらを鑑みて「畏敬の念」とある，1を選ぼう。それぞれの選択肢の文末に着目すると，清少納言の内心の言葉や様子に，3の「尊敬の思い」や4の「羨望」では弱い。また，2の「差別化を図った」ことは読み取れず，文末の「感服した」も上から目線でそぐわない。「香炉峰の雪」について語る場面で「詩は知っているけれど，そんなふうにお答えするなんて考えもしなかったわ」という女房の言葉があるので，「他の女房が知るはずもない白居易の詩」とある5も適当でないことを確認すれば，正答の1を選べ，「合格」だ！

2024年度

★★★★★★★★★★★★★★★★★★★★★★★★★

入　試　問　題

2024年度

栄東高等学校入試問題(第1回)

【数　学】（50分）〈満点：100点〉

【注意】

1　問題の文中の $\boxed{\text{ア}}$，$\boxed{\text{イウ}}$ などには，特に指示がないかぎり，符号(−，±)又は数字(0 ～ 9)が1つずつ入る。それらを解答用紙の**ア，イ，ウ**，…で示された解答欄にマークして答えること。

例　$\boxed{\text{アイウ}}$ に−83と答えたいとき

ア	±	**−**	0	1	2	3	4	5	6	7	8	9
イ	±	−	0	1	2	3	4	5	6	7	**8**	9
ウ	±	−	0	1	2	**3**	4	5	6	7	8	9

なお，同一の問題文に $\boxed{\text{ア}}$，$\boxed{\text{イウ}}$ などが2度以上現れる場合，原則として，2度目以降は $\boxed{\text{ア}}$，$\boxed{\text{イウ}}$ のように細字で表記する。

2　分数形で解答する場合，分数の符号は分子につけ，分母につけてはいけない。

例えば，$\dfrac{\boxed{\text{エオ}}}{\boxed{\text{カ}}}$ に $-\dfrac{4}{5}$ と答えたいときは，$\dfrac{-4}{5}$ とすること。

また，それ以上約分できない形で答えること。

例えば，$\dfrac{3}{4}$ と答えるところを，$\dfrac{6}{8}$ のように答えてはいけない。

3　根号を含む形で解答する場合，根号の中に現れる自然数は最小となる形で答えること。

例えば，$\boxed{\text{キ}}\sqrt{\boxed{\text{ク}}}$ に $4\sqrt{2}$ と答えるところを，$2\sqrt{8}$ のように答えてはいけない。

4　根号を含む分数形で解答する場合，例えば $\dfrac{\boxed{\text{ケ}}+\boxed{\text{コ}}\sqrt{\boxed{\text{サ}}}}{\boxed{\text{シ}}}$ に $\dfrac{3+2\sqrt{2}}{2}$ と答えるところを，$\dfrac{6+4\sqrt{2}}{4}$ や $\dfrac{6+2\sqrt{8}}{4}$ のように答えてはいけない。

$\boxed{1}$　次の各問いに答えよ。

（1）　$(\sqrt{2}+\sqrt{3})^2(3\sqrt{2}-3\sqrt{3})^2=\boxed{\text{ア}}$ である。

（2）　連立方程式 $\begin{cases} \dfrac{6}{x+y}-\dfrac{5}{x-y}=3 \\ \dfrac{3}{5x+5y}+\dfrac{6}{x-y}=-1 \end{cases}$ の解は，$x=\boxed{\text{イウ}}$，$y=\boxed{\text{エ}}$ である。

（3）　右の表は，生徒2500人の通学時間を相対度数で表したものである。ただし，表の中には一部空欄になっている所がある。このとき，通学時間の短い方から2024番目の生徒が入っている階級の階級値は $\boxed{\text{オカ}}$ 分である。

階級(分)	相対度数
0以上　10未満	0.24
10　～　20	0.32
20　～　30	
30　～　40	0.12
40　～　50	0.04
50　～　60	0.03
60　～　70	0.01
70　～　80	0.01
計	1.00

（4）　2％の食塩水150gが入った容器Aと，10％の食塩水100gが入った容器Bがある。いま，それぞれの容器から同じ量の食塩水をとり出し，それらを互いに他方の容器に戻したところ，A，Bともに同じ濃度となった。このときの濃度は $\boxed{\text{キ}}.\boxed{\text{ク}}$ ％である。

(5) 平行四辺形ABCDにおいて，辺AB，BC，CD，DAの中点をそれぞれE，F，G，Hとする。平行四辺形ABCDの面積が12のとき，斜線部の面積は $\boxed{\text{ケ}}$ である。

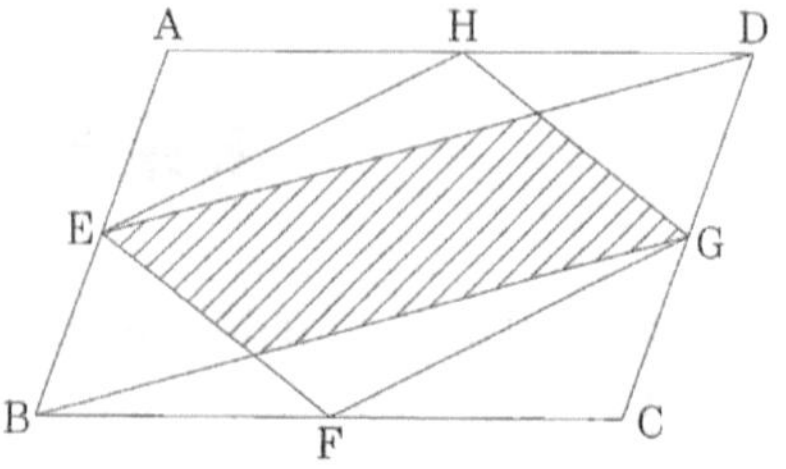

2

3個のさいころを同時に投げて，次のルールに従って得点を決める。

〈ルール〉

①3個とも異なる目のときは，すべての目の数を合計した値を得点とする。

②2個が同じ目で，残り1個が異なる目のときは，同じ目の数を2倍した値を得点とする。

③3個とも同じ目のときは，同じ目の数を3倍した値を得点とする。

(1) 得点が14点となる確率は $\dfrac{\boxed{\text{ア}}}{\boxed{\text{イウ}}}$ である。

(2) 得点が12点となる確率は $\dfrac{\boxed{\text{エオ}}}{\boxed{\text{カキク}}}$ である。

(3) 得点が6の倍数となる確率は $\dfrac{\boxed{\text{ケコ}}}{\boxed{\text{サシ}}}$ である。

3

図のように，AC＝8である鋭角三角形ABCの頂点Aから辺BCへ垂線AHを引く。次に，AHを直径とする円と辺ABとの交点をD，辺ACとの交点をEとすると，AD＝4，$\overset{\frown}{AE}:\overset{\frown}{EH}=2:1$ となった。

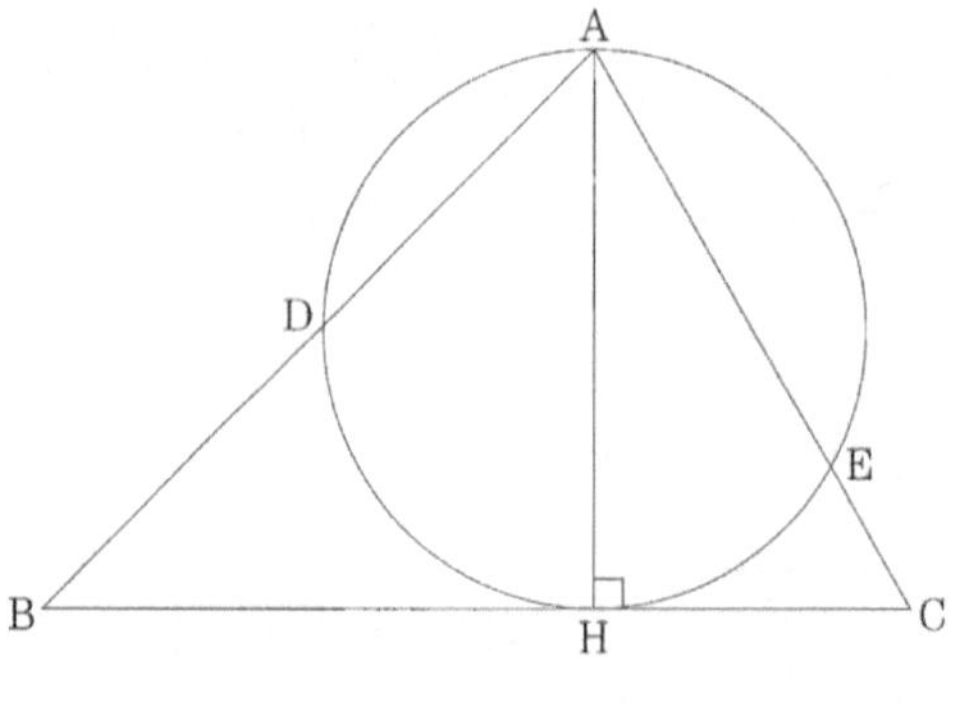

(1) ∠ACB＝$\boxed{\text{アイ}}$°であり，AHの長さは $\boxed{\text{ウ}}\sqrt{\boxed{\text{エ}}}$ である。

(2) BHの長さは $\boxed{\text{オ}}\sqrt{\boxed{\text{カ}}}$ である。

(3) △DEHの面積は $\boxed{\text{キ}}\sqrt{2}+\boxed{\text{ク}}\sqrt{\boxed{\text{ケ}}}$ である。

4 図のように，放物線$y=ax^2$は点A$(-4,\ 32)$を通り，放物線$y=bx^2$は点B$(2,\ 12)$を通る。

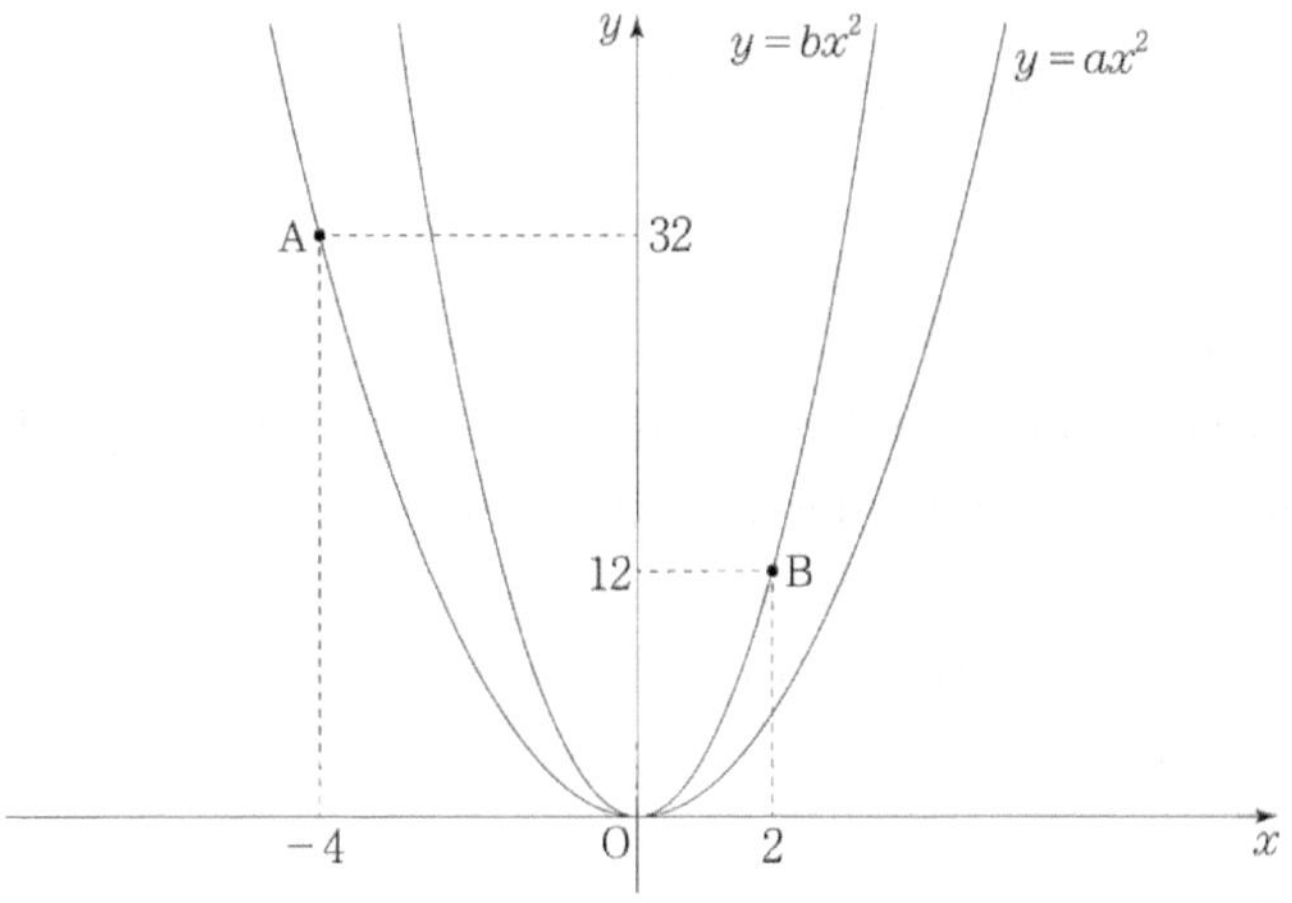

（1） $a=$ $\boxed{\text{ア}}$，$b=$ $\boxed{\text{イ}}$ である。また，△OABの面積は $\boxed{\text{ウエ}}$ である。

（2） $c>0$とし，放物線$y=cx^2$が上のx座標が2である点をC，x座標が-4である点をDとする。

△OCDの面積が△OABの面積と等しくなるとき，$c=\dfrac{\boxed{\text{オ}}}{\boxed{\text{カ}}}$である。

（3） （2）のとき，点Aを通り四角形ACBDの面積を2等分する直線と，線分BDの交点の座標は $\left(\dfrac{\boxed{\text{キ}}}{\boxed{\text{ク}}},\ \dfrac{\boxed{\text{ケコ}}}{\boxed{\text{サ}}}\right)$ である。

5 1辺の長さが2の正三角形を底面とし，高さが2の三角柱ABC−DEFがある。

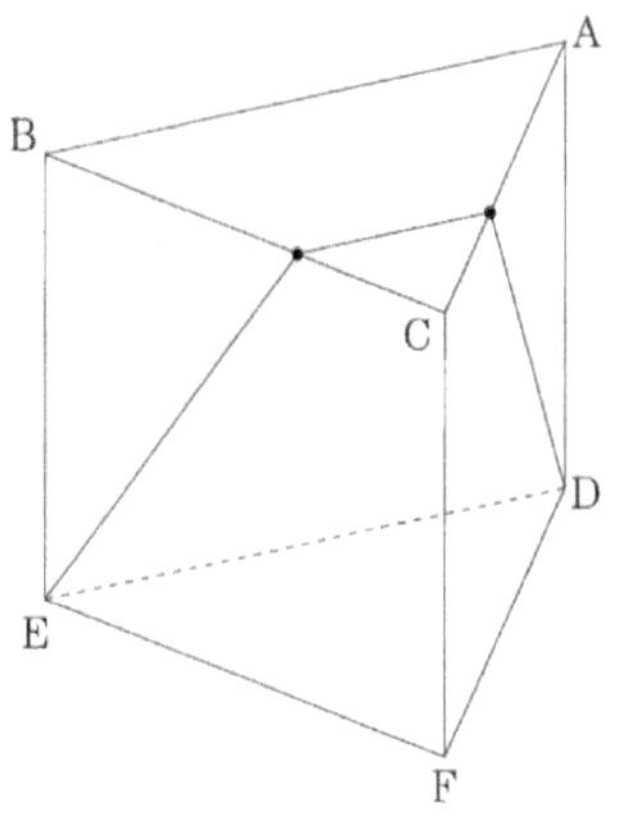

（1） 三角柱の体積は $\boxed{\text{ア}}\sqrt{\boxed{\text{イ}}}$ である。

（2） この立体の表面に，頂点Dから辺AC，BCを通り頂点Eまで，ひもをゆるまないようにかける。ひもの長さが最も短くなるとき，その長さは $\boxed{\text{ウ}}+\boxed{\text{エ}}\sqrt{\boxed{\text{オ}}}$ である。

（3） （2）のとき，ひもにそって三角柱を切断する。

切断面の図形の面積は $\dfrac{\boxed{\text{カ}}\sqrt{\boxed{\text{キ}}}-\sqrt{\boxed{\text{クケ}}}}{\boxed{\text{コ}}}$ であり，

頂点Aを含む立体の体積は $\dfrac{\boxed{\text{サシ}}-\boxed{\text{ス}}\sqrt{\boxed{\text{セ}}}}{\boxed{\text{ソ}}}$ である。

【英　語】 (50分)〈満点：100点〉

【注意】

大問4～6のリスニング問題は試験開始後15分経過した頃から放送される。放送時間は約12分である。

1．次の英文を読み，あとの問いに答えなさい。(文中の＊印の語(句)には注があります)

The older I get, the more I realize that routine is a very important part of life.

If anything happens to *interrupt my routine, it tends to leave me feeling a little tired. Of course, this does not mean that I don't like being tired. Meeting up with friends, going out for meals, going for long drives; everything that does interrupt my routine is enjoyable, so I'm not complaining. ① But, the truth is, I always feel at my best when doing the same thing every day.

I have often wondered why routine is so important for not only human beings, but also for dogs, and maybe other animals. Our dog, when she was alive, loved(1). She wanted to eat at the same time every day. She wanted to go for a walk at the same time every day. She wanted to go to bed at the same time every day. If any of these were delayed, she would sit in front of me and stare into my eyes, as if telling me to hurry up. I have also read that routine is very important for babies and young children. They become unhappy if the same things don't happen at the same time every day. Having considered all this, I decided that we probably have a memory from ancient times, when leaving the home for hunting or traveling was full of(2). ② The only things that people did not fear were the routine matters that they took care of every day. They therefore found comfort in routine and were afraid of the unexpected.

But, routine can also *result in boredom. Doing the same things every day — especially uninteresting things, like cooking or laundry — is not much fun. ③ When I considered this, I noticed that the things that make me happy every day are not just the routine things, but the routine things that I enjoy. In other words, an enjoyable routine produces happiness.

In his book, *The Conquest of Happiness,* *Bertrand Russell says that happiness cannot be *obtained without(3). Personally, I don't agree with this. It *assumes that happiness is a single thing, and that one must work hard to obtain this single thing. In my own opinion, happiness is not a single thing. It is a(4)of many small things that bring enjoyment on a daily, routine basis. People think that money will bring them happiness. People think that marriage will bring them happiness. People think that(5)from worry will bring them happiness. Although I am sure that all of these may result in feeling happy, this feeling only lasts for a limited period of time. Once one has become used to the(6),the sense of happiness becomes weaker.

The word "happiness" in English is an uncountable noun. This, I believe, is a mistake. I think that it should be a countable noun. In my opinion, overall happiness can only be obtained by gathering together as many small daily happinesses as possible. The more small daily happinesses a person has, the happier he or she will be. But, it is also necessary, I believe, to be aware of being happy while enjoying these small happinesses. ④ <u>If one is aware of them, they simply become a part of the daily routine.</u>

(注) interrupt　~をさえぎる，妨害する　　result in　~をもたらす
Bertrand Russell　バートランド・ラッセル(英国の哲学者，数学者)
obtain　~を得る　　assume　~とみなす

(1) 英文の空所(1)~(6)に入れるのに最も適切なものを1~0の中から1つずつ選びなさい。ただし，同一のものを2回以上用いてはいけません。

1. danger　2. life　3. collection　4. situation　5. awareness
6. freedom　7. entertainment　8. routine　9. line　0. effort

(2) 英文の下線部①~④の中で，文法上あるいは文脈上，誤りがある英文が1つあります。その番号を答えなさい。解答は7にマークしなさい。

2．次の英文を読み，あとの問いに答えなさい。(文中の*印の語には注があります)

Mr Jeavons said that I liked maths because it was safe. He said I liked maths because it meant solving problems, and these problems were difficult and interesting.(8)And what he meant was that maths wasn't like life because in life there are no straightforward answers at the end. I know he meant this because this is what he said.

(9)

Here is a famous story called The Monty Hall Problem, which I have included in this book because it illustrates what I mean.

There used to be a column called "Ask Marilyn" in a magazine called *Parade* in America. And this column was written by Marilyn vos Savant and in the magazine it said that she had the highest IQ in the world in *the Guinness Book of World Records Hall of Fame*. And in the column she answered maths questions sent in by readers. And in September 1990 this question was sent in by Craig F. Whitaker of Columbia, Maryland(but it is not what is called a direct quote because I have made it simpler and easier to understand).

You are on a game show on television. On this game show the idea is to win a car as a prize. The game show host shows you three doors. He says that there is a car behind one of the doors and there are goats behind the other two doors. He asks you to pick a door. You pick a door but the door is not opened. Then the game show host opens one of the doors you didn't pick to show a goat (because he knows what is behind the doors). Then he says that you have one final chance to change your mind before the doors are opened and you get a car or a goat. So he asks you if you want to change your mind and pick the other unopened door instead. What should you do?

Marilyn vos Savant said that you should always change and pick the final door because the chances are 2 in 3 that there will be a car behind that door.([10])

Lots of people wrote to the magazine to say that Marilyn vos Savant was wrong, even when she explained very carefully why she was right. 92% of the letters she got about the problem said that she was wrong and lots of these were from mathematicians and scientists.

([11])The way you can work it out is by making a picture of all the possible outcomes like this.

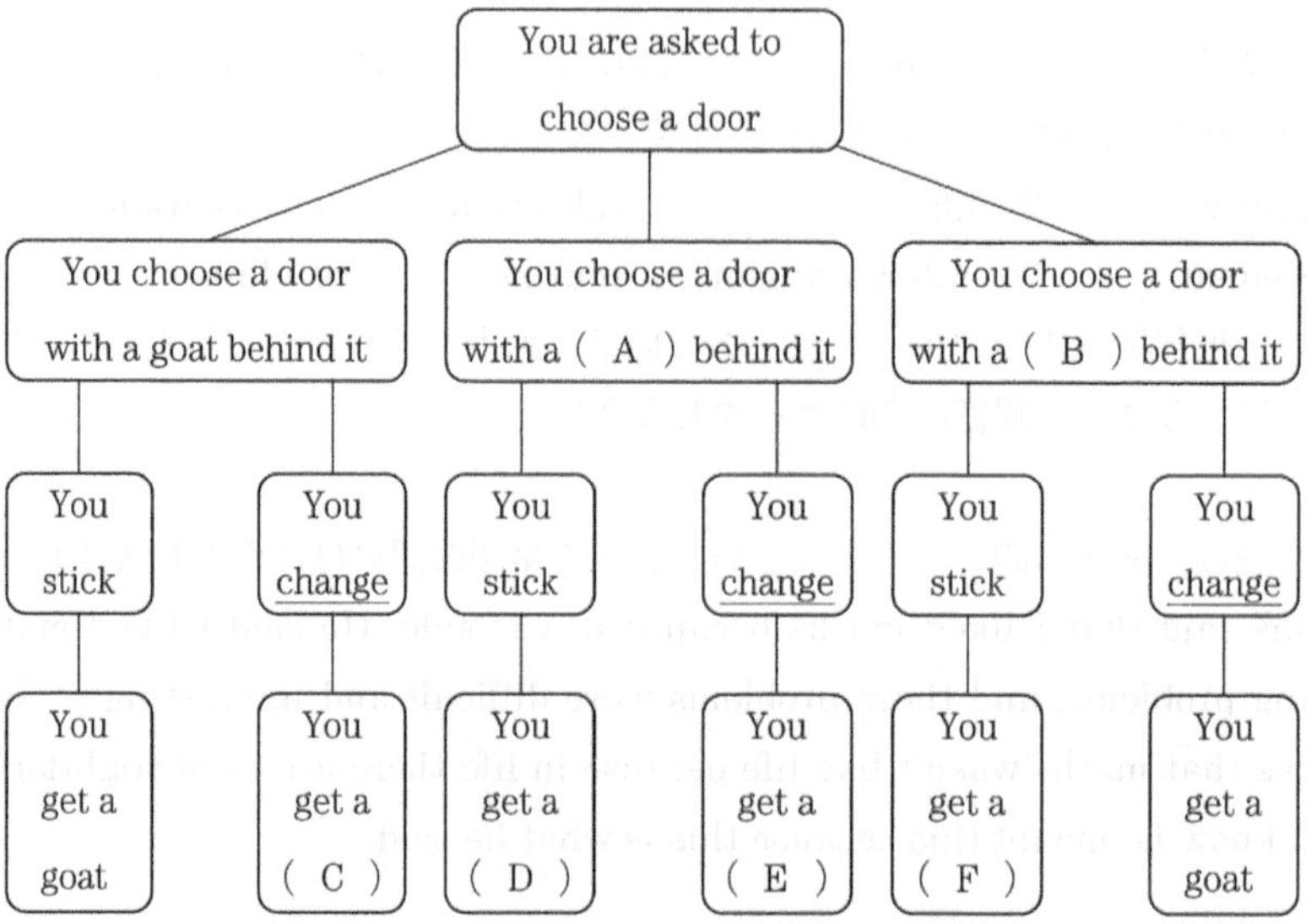

So, if you change, 2 times out of 3 you get a car. And if you stick, you only get a car 1 time out of 3.

And this shows that *intuition can sometimes get things wrong. And intuition is what people use in life to make decisions.([12])

It also shows that Mr Jeavons was wrong and numbers are sometimes very complicated and not very straightforward at all.([13])

(注) intuition　直観

(1) 英文の空所([8])~([13])に入れるのに最も適切なものを1~6の中から1つずつ選びなさい。ただし，同一のものを2回以上用いてはいけません。

1. But if you use your intuition you think that chance is 50:50 because you think there is an equal chance that the car is behind any door.
2. But Marilyn vos Savant was right.
3. But logic can help you work out the right answer.
4. But there was always a straightforward answer at the end.
5. And that is why I like The Monty Hall Problem.
6. This is because Mr Jeavons doesn't understand numbers.

(2) 英文の空所(A)～(F)に入れるのに最も適切な組み合わせを1～4の中から1つ選びなさい。解答は[14]にマークしなさい。

1. (A)car －(B)goat －(C)goat －(D)car －(E)goat －(F)goat
2. (A)car －(B)car －(C)car －(D)car －(E)goat －(F)car
3. (A)goat －(B)car －(C)car －(D)car －(E)goat －(F)car
4. (A)goat －(B)car －(C)car －(D)goat －(E)car －(F)car

3. 次の英文を読み，あとの問いに答えなさい。(文中の*印の語(句)には注があります)

At *St Peter's, Sunday morning was letter-writing time. At nine o'clock the whole school had to go to their desks and spend one hour writing a letter home to their parents. At ten-fifteen we put on our caps and coats and formed up outside the school in a long crocodile and marched a couple of miles down into Weston-super-Mare for church, and we didn't get back until lunchtime. Church-going never became a habit with me. Letter-writing did.

From that very first Sunday at St Peter's until the day my mother died thirty-two years later, I wrote to her once a week, sometimes more often, whenever I was away from home. I wrote to her every week from St Peter's (I had to), and every week from my next school, Repton, and every week during the war from Kenya and Iraq and Egypt when I was flying with the *RAF.

My mother, for her part, kept every one of these letters, binding them carefully in neat *bundles with green tape, but this was her own secret. She never told me she was doing it. In 1957, when she knew she was dying, I was in hospital in Oxford having a serious operation on my *spine and I was unable to write to her. ① So she had a telephone specially installed beside her bed in order that she might have one last conversation with me. She didn't tell me she was dying nor did anyone else for that matter because I was in a fairly serious condition myself at the time. She simply asked me how I was and hoped I would get better soon and sent me her love. I had no idea that she would die the next day, but *she* knew all right and she wanted to reach out and speak to me for the last time.

② When I recovered and went home, I was given this vast collection of my letters, each one in its original envelope with the old stamps still on them.

Letter-writing was a serious business at St Peter's. It was as much a lesson in spelling and punctuation as anything else because the Headmaster would patrol the classrooms all through the sessions to read what we were writing and to point out our mistakes. But that, I am quite sure, was not the main reason for his interest. He was there to make sure that we said nothing *horrid about his school.

③ There was no way, therefore, that we could ever complain to our parents anything during *term-time. If we thought the food was (A) lousy or if we had been *thrashed for something we did not do, we never dared to say so in our letters. In fact, we often went the other way. In order to please that dangerous Headmaster who was leaning over our shoulders and reading what we had written, we would say splendid things about the school and (B).

Mind you, the Headmaster was a clever fellow. He did not want our parents to think that those letters of ours were *censored in this way, and therefore he never allowed us to correct a spelling mistake in the letter itself. If, for example, I had written... *last Tuesday knight we had a lecture...*, he would say:

'Don't you know how to spell night?'

'Y-yes, sir, k-n-i-g-h-t.'

'That's the other kind of knight, you idiot!'

'Which kind, sir? I... I don't understand.'

'The one in shining *armour! The man on horse-back! How do you spell Tuesday night?'

'I... I... I'm not quite sure, sir.'

'It's n-i-g-h-t, boy, n-i-g-h-t. Stay in and write it out for me fifty times this afternoon. No, no! You don't want to make it any messier than it is! (C) It must go as you wrote it!'

④ Thus, the unsuspecting parents received in this *subtle way the impression that your letter had never been seen or censored or corrected by anyone.

(注) St Peter's 著者が9歳から13歳まで過ごした全寮制の学校

RAF イギリス空軍	bundle 束	spine 脊椎《せきつい》
horrid 不快な	term-time 学校のある期間	thrash ～を激しくたたく
censor ～を検閲する	armour 甲冑《かっちゅう》	subtle 巧妙な

(1) Which of the underlined sentence ①～④ is grammatically ***NOT*** correct? [15]

(2) According to the passage, which best describes the author's mother? [16]

1. She couldn't work because she was often sick in bed.
2. She cared for her son even when she was in a hard time.
3. She died of disease in 1957, when the author was in his thirties.
4. She usually answered carefully to every one of her son's letters.

(3) What does the underlined word (A) mean? [17]

1. common
2. very bad
3. tasty enough
4. well prepared

(4) Fill in the blank (B) with the most appropriate phrase. [18]

1. ask our family to write letters to us
2. go on about how lovely the masters were
3. say about the terrible events in our school life
4. write about the spelling mistakes we had made

(5) What does the underlined part (C) mean? [19]

1. You must leave the word 'knight' uncorrected in your letter.
2. Your letter must be sent by yourself because you wrote it.
3. You must write the word 'night' over and over again to remember it.
4. Your letter is so poor that you must go out of the room as soon as possible.

(6) According to the passage, which of the following statements is true? [20]

1. No one of the author's family told him about his mother's death.
2. The author wrote to his mother every week even when he was at home.
3. There used to be a couple of wild crocodiles walking around the school.
4. The headmaster didn't want the students' parents to know bad points of his school.

リスニング問題

4．これから二人の対話を聞き，質問に対する答えとして最も適切なものを1つずつ選びなさい。なお，対話と質問は2度読まれます。

[21]
1．He has just lost his ticket.
2．He has just missed the train.
3．He has had his wallet stolen.
4．He has bought two tickets.

[22]
1．Espresso.
2．Strong coffee.
3．Sugar-sweetened coffee.
4．Latte with non-fat milk.

[23]
1．Be clear about what he should do.
2．Check his paper before the deadline.
3．Write a longer comment on his report.
4．Give less information about his homework.

5．これから短い英文を聞き，質問に対する答えとして最も適切なものを1つずつ選びなさい。なお，英文と質問は1度だけ読まれます。

[24]
1．Pass.
2．Book.
3．Master.
4．Consider.

[25]
1．Brave.
2．Special.
3．Physical.
4．Friendly.

26 1. People cannot grow cacao trees in northern Taiwan.
2. People cannot grow cacao trees in southern Taiwan.
3. The climate in northern Taiwan is good for cacao cultivation.
4. The climate in southern Taiwan is good for cacao cultivation.

6. これから少し長めの英文を1つ聞き，4つの質問に対する答えとして最も適切なものを1つずつ選びなさい。なお，英文は2度読まれます。英文は今から20秒後に放送されます。

27 According to the passage, what is one of the factors explaining why Japan's tap water tastes different from place to place?
1. City size.
2. Sense of taste.
3. Plastic bottles.
4. Water pipes.

28 According to the passage, how many plastic bottles are thrown away each day in Japan?
1. 65,000.
2. 650,000.
3. 6,500,000.
4. 65,000,000.

29 According to the passage, what can we do with the smartphone app called "mymizu" ?
1. Receive free drink coupons.
2. Find free water refill spots.
3. Get a water bottle to carry with.
4. Learn how to recycle plastic bottles.

30 According to the researchers, how much water should we drink each day for our health?
1. Not decided.
2. As much as possible.
3. Around 2 to 3 liters.
4. More than 8 cups of water.

※リスニングテストの放送台本は非公表です。

b　休み極ずるに　(28)

1. 疲れ切って休んでいると
2. 感極まったため休もうとすると
3. 絶対に休むべきではないのに
4. 休みたいという衝動がおさえられず
5. 休んだ自分が情けなく感じられ

c　ことにもあらず　(29)

1. 成し遂げられない　　2. 言うまでもない
3. 大したことではない　　4. 殊勝なことではない
5. 今までにない

問二　傍線部①と考える理由として最も適当なものを、次の中から一つ選びなさい。(30)

1. 物覚えが悪く、忘れっぽい性格を直したいと思っているから。
2. 自分の力量では、習った経文を教えることができないから。
3. 女が出しゃばって経文をすらすら読むことは慎むべきだから。
4. 自分は繰り返し練習しなければ経文を習得できないから。
5. 経文をできるだけ早く習得し、名声を得たいと考えているから。

問三　空欄 X にあてはまる語として最も適当なものを、次の中から一つ選びなさい。(31)

1. うらやましけれ　　2. をかしけれ　　3. つきづきしけれ
4. むつかしけれ　　5. たのしけれ

問四　傍線部②について、この日に筆者に起きたこととして最も適当なものを、次の中から一つ選びなさい。(32)

1. 坂を登る途中、一人旅の寂しさを覚えて涙がこみ上げてきた。
2. 伏見稲荷大社からの帰路で休憩していた時に女に遭遇した。
3. 七度詣でを達成するには三回足りず、午後二時頃に下山してしまった。
4. 暑さに辟易《へきえき》してしまい、伏見稲荷大社に参詣したことを後悔した。
5. 伏見稲荷大社から帰る途中、普段では意識しない場所がふと目に入った。

問五　傍線部③について、何を指しているか。最も適当なものを、次の中から一つ選びなさい。(33)

1. 法師　　2. 道にあひたる人
3. 伏見稲荷大社の神　　4. 四十余ばかりなる女
5. 筆者

問六　本文は、複数の具体例で構成されている。それらに共通する内容として最も適当なものを、次の中から一つ選びなさい。(34)

1. 理想と現実との間で板挟みになり、理想を追求しようと試行錯誤していること。
2. 他人の立ち振る舞いが優れているように見え、自分もそうすればよかったと後悔すること。
3. 必死に努力しても思い通りにいかない出来事に遭遇し、逃げ出したくなっていること。
4. 苦しい状況に置かれたとき、どのように窮地を脱すればよいかを模索していること。
5. 他人の様子や状態が自分より恵まれているように見え、同じようにありたいと感じること。

されている。

2. 波線部イ「常ならぬ様子の中宮様の御座所」には、普段は夜にしか出仕しない「わたし」が昼間に出仕するという噂《うわさ》があり、それを聞きつけた人々の緊張している様子が表現されている。

3. 波線部ウ「遊び心として示したかったからです」には、本当は尋常でないほど緊張している「わたし」が、いかにも余裕があるかのように強がっている様子が表現されている。

4. 波線部エ「他の女房たちも我に返った」には、「わたし」の思いがけない行動に心を奪われ、中宮が発言するまで言葉を失っていた女房たちの様子が表現されている。

5. 波線部オ「この世の浄土たる内裏」には、極楽浄土が後宮に存在すると信じてやまない「わたし」の強い信仰心や、中宮に心酔している様子が表現されている。

三

次の文章を読んで、後の問いに答えなさい。

経など習ふとて、いみじうたどたどしく、忘れがちに、返す返す同じところをよむに、法師は^aことわり、男も女も、くるくるとやすらかによみたるこそ、①あれがやうにいつの世にあらむと、おぼゆれ。

ここちなどわづらひて臥《ふ》したるに、笑《ゑ》うち笑ひ、ものなど言ひ、思ふことなげにて歩みありく人見るこそ、いみじう［X］。

*稲荷《いなり》に思ひおこして詣でたるに、中の御社《みやしろ》のほどの、わりなう苦しきを念じ登るに、いささか苦しげもなく、遅れて来と見る者どもの、ただ行きに先に立ちて詣づる、いとめでたし。②*二月午《うま》の日の暁に急ぎしかど、坂のなかばばかり歩みしかば、*巳《み》の時ばかりになりにけり。やうやう暑くさへなりて、まことにわびしくて、など、かからでよき日もあらむものを、なにしに詣でつらむとまで、涙も落ちて、^b休み極《ごう》ずるに、四十余ばかりなる女の、*壺装束などにはあらで、ただ*ひきはこえたるが、「まろは、*七度詣でしはべるぞ。三度は詣でぬ。いま四度は^cことにもあらず。まだ*未《ひつじ》に下向しぬべし」と、道にあひたる人にうち言ひて、下り行きしこそ、ただなる所には目にもとまるまじきに、③これが身にただ今ならばやと、おぼえしか。

(『枕草子』)

(注)

* 稲荷……京都市伏見区にある、伏見稲荷大社。
* 二月午の日……稲荷神社の例祭が行われる日。
* 巳の時……午前十時頃。
* 壺装束……平安時代、女性が徒歩で外出するときの服装。
* ひきはこえたる……着物の裾をたくし上げている。
* 七度詣で……神社に、一日に七回参詣すること。
* 未……午後二時頃。

問一 傍線部aからcの解釈として最も適当なものを、次の中からそれぞれ一つずつ選びなさい。

a ことわり ［27］

1. 他とは違って　2. 断固として　3. よどみなく
4. おぼつかなく　5. 当然のこととして

するため。

4．「肥後のおもと」とは異なる独自の呼称を意図的に用いることで、中宮である自分と「わたし」との特別な関係を他の女房に誇示し、他の女房による「わたし」への叱責や嫌がらせを減らすため。

5．父の姓と官職を組み合わせた正式な名で呼ぶことで、身分の低い「わたし」を実質的には中臈の身分で扱うことを周囲に示唆し、人の能力を見抜く自らの中宮としての力量を周囲に悟らせるため。

問六　空欄 X に入る言葉として最も適当なものを、次の中から一つ選びなさい。㉔

1．雪のように冷たい言葉が心に刺さった気がしたのです

2．自分の局に掛け金を掛けられたような思いでした

3．格子のような型通りの返答しか考えつかなかったのです

4．胸中に火を熾されたような思いを味わったのです

5．御簾に隠されたような中宮様の苦悩が見えた気がしました

問七　傍線部④について、このように思った理由として最も適当なものを、次の中から一つ選びなさい。㉕

1．中宮は「わたし」の教養の深さをいち早く見抜き、当意即妙なやり取りを人前で披露する機会を作ることにより、日の光を浴びる環境へ自然と「わたし」を導き、埋もれていた能力を開花させた。このような、若くして観察眼に優れ機知に富む中宮の言動に畏敬の念を抱いたから。

2．中宮は「わたし」の持つ見識の深さに感銘を受けて「わたし」に敬意を払うとともに、このすぐれた女房を後宮の中で生かしたいと考え、その知識を人前で披露させることで他の女房たちとの差別化を図った。このような、身分にとらわれず物事の判断を下せる中宮に感服したから。

3．中宮は「わたし」の詩作の才能がどうしたら開花するかを思案し、他の女房たちがいる中で「わたし」に「香炉峰の雪」の句を披露させ、後宮内での「わたし」の地位を確実なものとした。このような、若いながらも聡明で理知的な中宮の振る舞いに尊敬の思いを抱いたから。

4．中宮は「わたし」が自分に自信がなく日の下に出られないことを察知し、漢詩の一節を活用しつつ自然な流れで日の下へ出てくるよう誘導し、女房として出仕しやすい環境を作り出した。このような、人の心の内を読み切って機転の利いた行動をする中宮に羨望の眼差しを向けたから。

5．中宮は「わたし」が新参者の女房なのに広い知見を持っていることを知り、それをいかに引き出すかが自分の使命だと感じ、他の女房が知るはずもない白居易の詩を「わたし」に諳んじさせた。このような、自分の立場を鑑みて行動できる中宮に主君としての矜持《きょうじ》が感じられたから。

問八　波線部アからオについて、その説明として最も適当なものを、次の中から一つ選びなさい。㉖

1．波線部ア「その眼差しは黎明の中できらきらと輝き」には、「わたし」が自分の思い通りに出仕しないので見限ろうとしていた中で、「わたし」の得意分野を見出して喜ぶ中宮の様子が表現

5．自分だけの秘密の策を練っていた

問二　空欄 Ⅰ から Ⅳ に入る語句の組み合わせとして最も適当なものを、次の中から一つ選びなさい。(20)

1．Ⅰ　傾けて　Ⅱ　浮かされた　Ⅲ　出しました　Ⅳ　比類
2．Ⅰ　傾けて　Ⅱ　うなされた　Ⅲ　合わせました　Ⅳ　容赦
3．Ⅰ　澄まして　Ⅱ　冒された　Ⅲ　出しました　Ⅳ　私心
4．Ⅰ　澄まして　Ⅱ　浮かされた　Ⅲ　ほころばせました　Ⅳ　容赦
5．Ⅰ　貸して　Ⅱ　うなされた　Ⅲ　ほころばせました　Ⅳ　比類
6．Ⅰ　貸して　Ⅱ　冒された　Ⅲ　合わせました　Ⅳ　私心

問三　傍線部①について、その理由として最も適当なものを、次の中から一つ選びなさい。(21)

1．『白氏文集』の一節を暗唱させる際の手がかりとなりそうな屋外の雪を、「わたし」に見せないため。
2．登花殿では「わたし」にあえて雪を見せず、部屋を出た瞬間に広がる雪景色をより美しく感じさせるため。
3．自分の姿を見せたくない「わたし」の気持ちを汲《く》み取り、部屋に光が入らないようにするため。
4．普段から外の様子を見ない「わたし」の思いに寄り添って、いつも通りの生活をさせるため。
5．部屋を暗くして夜であると錯覚させることで、日中は出仕することのない「わたし」を引き留めるため。

問四　傍線部②について、文法的な説明として正しいものを、次の中から一つ選びなさい。(22)

1．「いわれては」の「れ」は尊敬を表す助動詞である。
2．「お応えするしかありません」には謙譲語と丁寧語が含まれている。
3．「ついに」の品詞は接続詞である。
4．「明るい」の品詞は形容詞で、活用形は連用形である。
5．「参上したのでした」は一文節四単語から構成されている。

問五　傍線部③とあるが、中宮はこの時、なぜその呼び名で「わたし」を呼んだのか。その説明として最も適当なものを、次の中から一つ選びなさい。(23)

1．将来は中﨟の女房として処遇するという意向を含んだ固有の呼び名を使うことで、「わたし」に自信と自覚を持たせ、気後れすることなく能力を存分に発揮してもらうきっかけを与えるため。
2．「肥後」という父兄の任地ではなくあえて官職を重ねた形で名を呼ぶことで、出自による「わたし」の劣等感を払拭し、これから孤高の存在として内裏を支えるという自覚をもたせるため。
3．清原家という高貴な家柄出身であることが伝わるようにあえて強調することで、「わたし」を見下す周りの女房たちの認識を変え、将来的に「わたし」を中﨟の女房として取り立てやすく

それはまさに、人に華を教えるということでした。その人ならではの華があることを、そしてまたその華が披露するに値するということを、その人自身に教え、導くのです。

　まさにわたしはこのとき、

「清少納言」

　中宮様がお与え下さった名のもとで、自分の中に隠れていた華の一端を見出したのでした。

　こののち、わたしは自分でも不思議に思うほど、大勢の女房たちの前でも堂々と振る舞えるようになっていきました。ですが、このときわたしは、わたし自身の華を知った喜びにばかり震えていたのではありません。

　それ以上に、中宮様という御方を知った喜びに打たれていたのです。

　藤原定子様――僅か、十七歳。

　その若さにしてすでに、人を見抜き、導き、そしてその才能をその人自身に開花させるという、優れた君主の気風と知恵とを身に備えておいでなのでした。

（④なんという御方がこの世にいるのだ――）

　オこの世の浄土たる内裏において、わたしはこの[Ⅳ]無きあるじと出会わせてくれた天命への喜びと感謝に、ただ震えるばかりでした。

（沖方丁『はなとゆめ』）

（注）

＊　黎明……明け方。

＊　『白氏文集』……中国の詩人・白居易の詩文集。

＊　香炉峰……中国・江西省にある山。

＊　局……女房に与えられた部屋。

＊　下臈……官位の低い人物。

＊　葛城の神……葛城山に住む神で、自分の容貌を恥じて夜だけ活動したという伝説がある。

＊　掃司の女官……宮中の設備管理や清掃を担当する女官。

＊　襲芳舎……宮中の人々の住まいである後宮の一つ。後に出てくる「弘徽殿」も後宮の一つである。

問一　傍線部aからcの語句の本文中における意味として最も適当なものを、次の中からそれぞれ一つずつ選びなさい。

a　狼狽え [17]

1. 申し訳なくなり　2. へりくだり　3. 慌てふためき
4. 勢いづき　5. 不安になり

b　きょとんとし [18]

1. 思いがけない言葉に耳を疑って
2. 急な発言に驚き顔をこわばらせて
3. 状況を飲み込めずにただ目を見開いて
4. 発言の真意を理解できずに目を泳がせて
5. 出し抜けな声掛けに思わず閉口して

c　算段を講じていた [19]

1. 方法や段取りを熟考していた
2. よい計画を他人に説いていた
3. 途方もない計画を思案していた
4. 目的の達成に強くこだわっていた

続けて中宮様が口にされた問いかけに、わたしは［　X　］。

(このために、たびたびわたしを招き、格子を下げたままにしていたのか――)

　このときようやく、わたしは、中宮様の御心を理解していました。葛城の神、とわたしを呼んだときからすでに、中宮様はいかにして目の前にいる女房を開花させるか、という算段を講じていたのです。

　わたしは熱に［Ⅱ］ような思いで、格子に歩み寄りました。いつも閉ざされていることを願っていたその掛け金を自ら外し、そして*掃司《かもんづかさ》の女官に呼び掛けました。

　南面の一枚格子のほうが開けやすくはありましたが、わたしが選んだのは西面の二枚格子です。外の格子の上半分を女官に引き上げてもらい、それからわたしは、内側にかかる御簾を巻き上げ、高くかかげてみせました。

　たちまち女房たちが感嘆の声を上げます。

　当然のことながら、日差しがたっぷりとわたしの姿を照らし出します。それが、まさにあるじの願いであったことをわたしは卒然と悟りました。この瞬間、わたしは本当の意味で、中宮様のおられる後宮に存在することになったのです。

　わたしが選んだ西面の庭には屋垣があり、その向こうには、雷鳴壺《かんなりのつぼ》と呼ばれる*襲芳舎《しゅうほうしゃ》があります。その殿舎との間に広がる雪景色が清らかに輝いて、いっそうわたしの姿をあらわにします。南面だと、弘徽《こき》殿《でん》との間をつなぐ切馬道《きりめどう》に面し、雪景色の広がりは見えません。二枚格子のうち、下半分の格子をあえてそのままにしたのは、

「香炉峰の雪は簾をかかげて看る」

白居易の詩にちなみ、隙間から見るという体裁を、遊び心として示したかったからです。

「綺麗《きれい》な雪ね」

　中宮様はそういって満足そうにお笑いになります。

　他の女房たちも我に返ったように口々にわたしの行いを評しました。

「遺愛寺の鐘は枕をそばたてて聴き、香炉峰の雪は簾をかかげて看る――」

「つまり、簾を上げて雪を見せよと、そういうことでしたのね」

「詩は知っているけれど、そんなふうにお答えするなんて考えもしなかったわ」

　わたしを叱ってくれた弁のおもとも、

「中宮様にお仕えする人は、まさにこうあるべきね」

　率先してわたしを優れた女房として称《たた》えてくれたのです。そうかと思えば、

「葛城の神が、やっと顔を［Ⅲ］よ」

　宰相の君が、いつもの怜悧《れいり》な微笑を浮かべ、そっと中宮様にささやくのが聞こえました。

　わたしはこのとき、自分がこれまで閉じこもっていた格子を、自ら引き上げさせられたことに、いいしれぬ喜びを感じ、身震いする思いでおりました。

　わたしを羞《は》じらわせず日の下に出させるだけでなく、同時に、わたしの中で蓄えられる一方の、睡《ねむ》るだけだった漢詩の知識を、機転として披露することを覚えさせる――。

す。

　そして昼になると、またもや中宮様からのお招きの言葉が伝えられる――ということが何日か繰り返されました。

　それでも参上できないわたしに、とうとう上司である弁のおもとが腹を立て、

「見苦しい」

　ぴしりと叱りつけました。

（中略）

　②年下の上司にこうまでいわれては、とにかく無我夢中の思いであるじにお応えするしかありません。わたしは内裏に参上したときと同じくらい怯《おび》えながら、ついに日がまだ明るいうちに中宮様の御前へ参上したのでした。

　外は雪が深く降り積もり、日差しに輝いて、どこもかしこも明るい景色です。ですが参上したわたしは、イ常ならぬ様子の中宮様の御座所に驚きました。

　中宮様は格子をすっかり閉ざしたまま、まるで夜であるかのように、炭櫃《すびつ》に火を熾《おこ》させ、女房たちにあれこれと話しかけているのです。

　当然、御座所は薄暗く、さすがに真夜中のようではありませんが、確かにわたしの姿が昼間のようにあらわになることはありませんでした。

　これもまた、わたしが来ると聞き知った中宮様のお気遣いなのでしょう。いったいなぜそこまで大事に思ってくれるのか、まったくわからないまま、わたしは中宮様への感謝でいっぱいになっていました。

　ですが、違ったのです。

　中宮様は、女房たちの話に耳を[I]いらっしゃったかと思うと、その話が一段落するや否や、ふいにわたしにその輝くような潑剌《はつらつ》とした眼差しを向け、

「清少納言」

　とお呼びになったのです。

　女房たちがbきょとんとし、わたしも呆気《あっけ》に取られてしまいました。本当に自分がそう呼ばれたのかどうか、咄嗟《とっさ》に問い返したい思いもありました。「肥後のおもと」というのがわたしの呼び名であったはずなのです。

　しかし中宮様はこのときはっきりと、わたしの父の姓である「清原」、そしてわたしの当時の夫の官職である「少納言」を重ねて、呼び名としたのでした。③それはまぎれもなく、わたしの名であったのです。

　しかも、「肥後のおもと」といった父兄の任地にちなむのとは異なり、「少納言」という官職での呼び方は、のちのちわたしを下﨟としてではなく、それより上の、半ば中﨟の身分で扱うことを意味していました。

　これこそまさに皇家の力であったのです。

　人の運命を変えることのできる力。たった一言、その名を呼ばれただけで、わたしは不安を覚えながらも、気づけば痺《しび》れるような驚きと喜びに打たれていました。

「香炉峰の雪は、いかがかしら？」

アその眼差《まなざ》しは*黎明《れいめい》の中できらきらと輝き、何かを発見したような喜びをたたえています。

後になってわかったことですが、わたしは中宮様が尋ねる絵や手蹟について、一つとして間違わずに答えていたのだとか。

そのことに中宮様は驚かれたのでしたが、しかし本当に驚くべきことは、このときすでに中宮様が、いかにして、わたしの華を咲かせるか思案していたということなのです。

「では、この絵にふさわしい詩は何かしら」

中宮様は、これまでとは違うことをお尋ねになりました。

絵はまさに『*白氏文集』に納められた、*香炉峰の雪を描いたもので、わたしは何も考えずに、白居易の詩を諳《そら》んじました。

「香炉峰の雪は簾《すだれ》をかかげて看《み》る——」

というくだりで、思わず、閉じたままの格子をちらりと振り返ってしまいました。

外では明るい日差しのもと、雪が降り積もっているはずです。なのに中宮様は、わたしのために、①まだ格子と御簾《みす》とを閉ざしたままなのでした。

詩を口にし終えると、中宮様がにっこりと微笑んでおっしゃいました。

「*局《つぼね》に下がりたいのでしょう。早くお帰り。夜になったら、疾《はや》く来るのですよ」

わたしは慌ててお詫《わ》びと感謝の言葉を述べ、そそくさと退出しました。

すると待ちかねていた女官たちが、片っ端から格子を上げてゆきます。登花殿の御前は幅が狭く、開かれる格子に追いやられるようにして焦りながら進み、局に下がる直前、ふと内裏の雪景色に見とれていました。

地上のあらゆる場所に降り注ぐ雪も、こうして貴い場所に降り積もることで、見たこともない輝きに満ちているようです。

日中閉じこもってばかりで、この美しさを見ないのは勿体《もったい》ない。そんなふうに中宮様はわたしを諭してくれたのだ。そのためにあの絵を見せ、白居易の詩を口にさせたのだ。このときわたしは、ただそう理解し、ありがたさに涙すらにじむのでした。

局に戻ったわたしを、同僚の女房たちが迎え、ねぎらってくれました。ようやく休めると思い、わたしはぐったりと自分の畳の上に横たわりました。ですがその昼すぎ、なんと、

「中宮様からですよ」

女房の一人が、文を持ってくるではありませんか。

見れば、どなたか筆が達者な女房が、中宮様のお言葉を優雅に記し、

「今日はぜひ、日があるうちに参上しなさい。雪に曇っていますから、姿があらわになることもありません」

わたしに、そう呼び掛けているのです。

中宮様が、ここまで*下﨟《げろう》の女房に過ぎないわたしを気遣って下さる理由など、まるでわかりません。わたしはむしろますますa狼狽《うろた》え、どうしても日中に参上できず、

「今日も、*葛城《かつらぎ》の神がおこしね」

などと、夜にしか参上できないわたしを中宮様はお笑いになりま

ており、現代の科学技術文明の礎となっていることは明らかである。ところが、それは否定しようがない事実であるが故に、そのような科学に取り囲まれて私たちは息苦しさも感じている。もっと人間臭く、もっと自由度の高い、もっと夢がある「科学」はないものか、近代科学の重要性・有用性を認めながらも、もっとゆったりと遊べる「科学」があってもいいのではないか、というわけだ。そのように考えていたところ、そこで私が巡り会ったのが「江戸の好奇心」をくすぐってきたもう一つの「科学」である。

生徒D　そうか、近代科学とは区別しているけど、江戸時代の和算のあり方も一つの「科学」として捉えているんだね。

生徒A　［　Z　］ということだね。僕らの高校での学びにも参考にできる点がありそうだよ。

教　師　そうですね。筆者はまさに、そうした科学のあり方に文化的な価値を認め、評価しているのでしょうね。

（ⅰ）空欄［Y］に入る内容として最も適当なものを、次の中から一つ選びなさい。⑮

1．三つの合同の三角形を並べてみて、三角形の内角の和が一八〇度になるという決まりに気づく

2．三角形の内角の和が一八〇度になる決まりに気づいたら、四角形の内角の和の求め方にも興味を持つ

3．三角形の内角の和が一八〇度になるという決まりを利用して、三角形の一つの角度を求める

4．三角形の角度を測る作業を繰り返して、三角形の内角の和が一八〇度になるという決まりを見つける

（ⅱ）空欄［Z］に入る内容として最も適当なものを、次の中から一つ選びなさい。⑯

1．素朴な知識欲や遊び心に基づいて向き合った問題であっても、その解き方を徹底的に考察し、美しい解を追求しようとする和算の営みは一つの学問として成り立っていた

2．論理的な厳密さや普遍的な真理を追究するだけでなく、遊びを許容する人間臭さも重要だと人々に気づかせた点で、和算も生活を支える学問の一つとして成り立っていた

3．好奇心を満たすのが目的とはいえ、一般市民が数学に触れる機会を多く生み出した和算は、日本人が西洋数学を受け入れるための基礎をつくる学問の一つとして成り立っていた

4．遊びの延長であっても、論理的な厳密さや経済的合理性がもたらす息苦しさから人々を解放し、倫理的な規範の形成に役立つという点で和算は一つの学問として成り立っていた

二

次の文章は、中宮（天皇の正妻）定子に「わたし」が女房（貴人に仕える女性）として出仕しはじめた頃の物語で、「わたし」のことを気にかけている中宮は、自分の御座所《おましどころ》（貴人の部屋）である登花殿で絵や手蹟《しゅせき》（書）について夜通し質問を続けていた。これを読んで、後の問いに答えなさい。

そうするうち、ふと中宮様が口をつぐみ、じっとわたしを見つめました。

5. 「生活に資する」のではなく、「伝統に固執する」

問六 傍線部③について、筆者がそう考える理由として最も適当なものを、次の中から一つ選びなさい。⑭

1. 和算は数学という学問のブームに乗って江戸の一般市民にも広く浸透していったが、上質な和算書を入手して高度な技術を身に付けることができたのは一部の上流階級に限られていたから。
2. 和算はパズルや囲碁・将棋のような趣味として楽しむために作られた遊戯と異なり、金銭の計算や建築などを通して人々の生活を豊かにする可能性を持つ、実用的な価値が高いものだから。
3. 和算は決まった解を求めるパズルや相手に勝つことを目的とする囲碁・将棋と異なり、答えのない問題に挑み続けるという人間の本能的な好奇心や闘争心を刺激する性質を持っているから。
4. 和算は身分や地域の垣根を超えて広がる普遍性があり、人々が「役に立たない」ことを前提に時間を忘れて打ち込んだ様子からは、江戸文化の豊かさや市民の心の余裕が感じ取れるから。
5. 和算は実生活への利益に関わらず、英知が英知を呼び込んでいく創造性の高い営みであり、知的好奇心に基づいて未知の世界を切り開いていく人間の本質的な向学心につながるものだから。

問七 次に示すのは、この文章を読んだ教師と生徒が話し合っている場面である。これを読み、後の（ⅰ）・（ⅱ）の問いに答えなさい。

教　師　日本では数学が独特の展開をしてきたことがよく分かる文章でしたね。

生徒A　江戸時代の数学は学校で習う現代の数学とはずいぶん違いがあったんだな、という印象が残ったよ。特に和算と西洋数学との比較は興味深かった。

生徒B　うん。二次関数が苦手な僕としては、江戸時代のような風潮がうらやましく感じるよ。

生徒C　僕は関数や角度を用いる西洋の数学も好きだけどな。「演繹的論理と合理性」を重視する方が僕には合っている気がする。

生徒B　和算とは逆の考え方だね。でも、それって数学的な例で言うとどういうことなんだろう。

生徒D　例えば［　Y　］ようなことを言うんじゃないかな。

生徒B　なるほど、ある命題から論理的に筋道を立てて物事を説明していくというイメージか。まさに「科学」って感じだね。

教　師　その「科学」という言葉については、筆者が出典文章の別の箇所で次のように述べています。読んでみましょう。

> 近代科学は、一切の人間臭さや好悪の念を断ち切り、正しさの追究と有用さを第一義にして、ひたすら細分化・専門化の道を歩んできた。一点一画もゆるがせにせず、論理的な厳密さを貫徹し、普遍的真理を積み重ねようとすれば、そうならざるを得ないのである。そして、それこそが近代科学が信用される根拠となっ

e 「キョウじ」(5)

1. 英雄の大活躍にネッキョウする。
2. ソッキョウで和歌を詠まされる。
3. 同級生にキンキョウを報告する。
4. 商品を低価格でテイキョウする。
5. 全国各地を巡ってフキョウする。

問二 空欄 〔A〕 から 〔D〕 に入る語として最も適当なものを、次の中からそれぞれ一つずつ選びなさい。ただし、同じものを二回以上用いてはいけません。(6~9)

1. そもそも　2. いわば　3. とはいえ　4. さらに

問三 傍線部①に関して、本文で紹介されている「流派」についての説明として**適当でないもの**を、次の中から二つ選びなさい。(10・11)

1. 天才・関孝和を祖とする関派を筆頭に三〇以上の流派が確認されており、特に関派からは多数の著名な和算家が育った。
2. 流派は秘伝の計算方法を伝授された者たちで構成され、その技術を他の流派に漏らした場合には厳しい罰が科された。
3. 流派の勃興と軌を一にして和算書が多数出版されるなど、流派は江戸の数学人気の広がりを象徴する存在の一つとなった。
4. もとは師弟関係を結んだ数学の専門家集団だったが、権威の増大に伴って流派という形で制度が整えられていった。
5. それぞれの流派が切磋琢磨して計算技術を磨き、数式や記号の独自性を競い合うことで江戸の数学の発展に寄与した。

問四 傍線部②とあるが、会田安明が「関氏も達人にあらざることは明らかなり」と指摘しているのはなぜだと考えられるか。その説明として最も適当なものを、次の中から一つ選びなさい。(12)

1. 関氏の和算は難しい問題を美しく解くための理論や優れた技巧の追求に傾倒しており、複雑な手法の一般化を目指した当時の和算改革の方向性と相容れなかったから。
2. 複雑な和算の手法を一般化・単純化しようとする流れの中で、近代的な「円理の方法」など、関氏が編み出した「点竄術」を超える優れた手法が次々に生まれたから。
3. 関氏の和算は解法の美しさといった直観性だけをひたすら重視しており、高度な数学に精通した近代の数学者をうならせるだけの理論的な完成度が足りなかったから。
4. 人並み外れた天才的な能力を持つ一方で、数学という学問への向き合い方としては、難しい問題を解くことをただ楽しんでいた一般市民の姿勢と変わらなかったから。
5. 関氏は複雑な問題を完全に解くための技術の開発に執着するばかりで、力学や物理学といった、数学以外の自然科学との関わりを見出す視点を持っていなかったから。

問五 空欄 〔X〕 に入る内容として最も適当なものを、次の中から一つ選びなさい。(13)

1. 「解を得る」のではなく、「真理に達する」
2. 「技巧を磨く」のではなく、「奇なるを求む」
3. 「理論を求める」のではなく、「理性を磨く」
4. 「真理を求める」のではなく、「芸に上達する」

題と解答ばかりの問題集、あるいは著者の論文集に類するものが圧倒的で、今日でいう数学の一般的な優れた教科書は極めて少ないようだ。

鎖国時代ゆえの学問の閉鎖性があったわけだが、私は武士のみではなく町人や農民まで、身分を超えて多くの人々が「無用」の数学に打ち込んだことの素晴らしさを評価したいと思う。*遊歴和算家の存在は、全国に彼らを支える多くの和算愛好者がいたことを物語る。その意味で和算は、現代の人々がクロスワードパズルやジグソーパズルにeキョウじ、囲碁や将棋の教則本に夢中になっている姿と似てはいるが、③遥かに高級なのではないかと思う。和算の難問に取り組み、そこから新たな問題を考え出すという形で、まだ誰もが到達していない新しい世界の発見を人々は目指し、創造力を鍛えたのだから。江戸の好奇心と、その豊饒《ほうじょう》さに感嘆の念を禁じ得ないと言う他ない。

（池内了『江戸の好奇心　花ひらく「科学」』）

（注）

＊ 算木……中国から伝来した計算用具。四角の棒を盤上に並べて数を表し、四則計算や方程式を解くのに用いる。

＊ 算勘者……計算が得意な者。本文中では「数学に造詣が深く、和算に夢中になっている者」の意味で使われている。

＊ 算額……和算家が数学の問題や解答を書いて神社などに奉納した額。

＊ 遊歴和算家……各地を巡って和算を広める者。

問一　傍線部aからeと同じ漢字を使うものを、次の中からそれぞれ一つずつ選びなさい。

a 「トクシュ」[1]

1. シュギョクの作品を生み出す。
2. 紅葉で森がシュイロに染まる。
3. 試合に勝ってシュクン賞に輝く。
4. 彼の考えはシュビ一貫している。
5. 古風なジョウシュに富んでいる。

b 「エンコ」[2]

1. 説明の補足をカッコ内に書く。
2. 親のエンコで会社に就職する。
3. 地元の祭りでタイコをたたく。
4. 仲間がいてもコドクを感じる。
5. コジン的な都合を押しつける。

c 「ソゼイ」[3]

1. 開店の記念にソシナをもらう。
2. 久しぶりにソフと出掛ける。
3. ライバルの優勝をソシする。
4. 国家が土地をソシャクする。
5. 文化祭実行委員会をソシキする。

d 「ソクメン」[4]

1. 身長と体重をソクテイする。
2. 植物の成長をソクシンする。
3. 友人のショウソクを尋ねる。
4. 新しいキソクが適用される。
5. 首相のソッキンに話を聞く。

高級な趣味の一つであり、和算家は「無用の無用」に喜びを見出す、まさに「算勘者*」であったのだ。

　彼らは、まず数学に携わることに無上の喜びを持った。そして、問題を提出し解くのを楽しんだのだが、それ以上に応用することを考えなかった。関孝和の優れた仕事も、ただ難問を完全に解くためにのみ理論を展開したのであって、その意味では一般大衆の数学に対する姿勢と本質的には変わらなかったとも言える。算額*を掲げるのが流行するようになったのは、美しい数学の問題を発見し、才知を懸けて解決することを追い求めることに熱中したためだった。これもまた数学の楽しみの一つである。そして、より複雑な幾何図形の解法の発見に夢中になり、幾何学としての理論的厳密性にはこだわらなかった。［C］、直観を重んじて理論的一貫性を重視しなかったのだ。

　以上のように見ると、江戸時代の和算が明治以降に衰えた理由がわかる。数学の言葉に焼き直してみると、①関数概念に欠けていたこと、②座標を使わなかったこと、③記号の改良がなかったこと、④角度の概念が不足していたこと、が挙げられる。関数・座標・角度を用いずに難問の美しい解を直観（あるいは「術」）によって探し求めたのであった。当然、袋小路に行き着かざるを得なかったのだが、あくまで論理的証明の美しさと数学ゲームとしての楽しさに終始したのである。

　このように和算が、「科学」より「術」を主眼にして計算技術を発達させ、演繹《えんえき》的論理と合理性より帰納的推理と直観性に重きをおいたことは確かである。誰もが共通して獲得できる能力ではなく、秘儀的に伝授される特別な技量の要素が強いというソクメン[d]もあった。実際、数多くの流派が創られた。和算史研究家である平山諦《あきら》氏の『和算の歴史』には三〇以上の流派名が挙げられているが、数代の代を重ねたものとして、関流（関孝和）・最上流（会田安明）・中西流（中西正好《まさよし》・正則）・宮城流（宮城清行《せいこう》）・宅間流（宅間能清《よしきよ》）・三池流（三池市兵衛）・麻田流（麻田剛立《ごうりゅう》）がある。流派といっても数学の内容にはほとんど相違はなく、数式や記号の書き方に違いがあった程度のようだ。中でも、関孝和自身が糾合したのではないが彼を流祖とする関流は最も大きく、著名な和算家を多く生んだ。和算全体がほとんど関流と言えないでもない。［D］、流派とは力量そのものよりも権威がものを言うようになってから形式を整えたもので、関流の免許を五段階に分ける制度は第三伝（山路主住《ぬしずみ》）の時に確立したようだ。とりわけ秘伝として秘密にすべきものはなかったのに、「文も漏らすな」とか「他見他聞に逮《およ》ぶべからず」などの強い言葉で、流派の結束を強めようとしていたらしい。

　流派が多く出現したということは、数学が広がって和算・算法が人気になったことを意味する。そのことは、和算書が数多く出版されたことでもわかる。傾向として、寛文から元禄の末年（一六六一～一七〇四）までに出版された本には、分厚く堂々たるものが多いが、以後になると貧弱になる傾向があるようで、これも数学の広がりと関係がありそうでもある。数から言えば、元和元年から正徳の末年（一六一五～一七一六）までの一〇〇年間に約七五種の算書（『塵劫《じんこう》記』の類いを一種として）、この間には暦書など科学に関する書物も約七〇種が出版されている。元和八年から明治初年（一六二二～一八六八）までの約二五〇年間には数百種の算書が出版されたが、問

【国　語】〈五〇分〉〈満点：一〇〇点〉

一　次の文章を読んで、後の問いに答えなさい。

学習する人間が増えれば、その中でより高度な内容を知りたいと望み、優れた能力を持った人間が現れるのが常であり、学問が進んでいく。数学の場合も、実用的な技術（計算数学）が広がるにつれ、数学に関してａトクシュな才能を持つ者が専門家として現れるようになった。その人々は数学を庶民に教え、その裾野を拡大するのに一役買った。やがて、①師匠（学主）を中心として師弟関係を結んだ流派（専門家集団）が数多く形成され、互いに切磋琢磨《せっさたくま》して数学の難問に挑んでいった。例えば、当初は算木*とそろばんを使った「天元術」で連立多元一次方程式や一元高次方程式を解いていたが、天才・関孝和《せきたかかず》（一六四〇頃～一七〇八）が出現して、筆算で代数式として多元高次方程式を解く、後に「点竄《てんざん》術」と呼ばれるようになった手法を発見し、数学がいっそう発展することになった。一般に、関孝和以後の数学を「和算」と呼ぶ習わしのようである。中国の影響から独立した日本独自の抽象数学が創造されたのだ。このような日本独特の数学の流れが、西洋の数学が移入される明治維新前まで続いたのであった。

（中略）

和算は中国から輸入された数学が基礎になり、それを超えて日本独特の展開を見せた。他方では蘭学が輸入され、西洋の数学（三角関数や対数など）も日本に入ってきたのだが、江戸の人々は道具として西洋数学の便利さを買ったものの、その背景を成す数学的概念を取り入れることはなかった。また和算は、数学を駆使しなければならない力学や物理など自然科学とは関係せず、数学内部に閉じこもったまま進むしかなかった。その結果として、実に複雑で技巧を競い合うのみの問題に集中していったのである。［Ａ］、そのことを反省して、和算を複雑化から一般化する方向で改造する試みも行われてはいた。安島直円《あじまなおのぶ》（一七三二？～九八）は文章の多い和算の叙述を簡潔な数式によって表す形での近代化を試み、和算で得られていた円理の方法（円周率やエンｂコの長さ・円の面積などに関する解法）を一般化・単純化・統一化することに努めた。最上流の会田安明《あいだやすあき》は「通術（科学的に共通の方法）」によって和算を改革することを主張しており、『算法古今通覧』（一七九七年）に、「（関孝和は）関流の元祖にして達人の聞こえあり、然《しか》れども今どきの数学者に比べれば、②関氏も達人にあらざることは明らかなり」と書いている。和算は関の時代から進歩しているとの自信があったのである。（中略）

このように和算の近代化の努力はあったが、和算が主に使われたのはｃソゼイ・測量・水利工事・相場、そして金融・利息や無尽（一定の掛金を出した会員が籤《くじ》で優先的に融資を受ける仕組み、頼母子講《たのもしこう》とも呼ばれる）の計算・建築など実生活に関係することが主で、生産技術や自然科学が未発達であったこともあり、それらとは関係しないままであった。力学や物理学の理論と結びつき、微分方程式や変分法へと進んだ西洋数学と大いなる相違が生じたのである。［Ｂ］、和算家は哲学や思想と縁が遠く、問題を解く技術的な手法ばかりに熱中した。まさに、和算は［Ｘ］のが目的であり、和算家はより困難な問題に挑んでその技を鍛えることに喜びを見出した。和算は

2024年度

栄東高等学校入試問題（第2回）

【数　学】（50分）〈満点：100点〉

【注意】

1　問題の文中の $\boxed{\text{ア}}$，$\boxed{\text{イウ}}$ などには，特に指示がないかぎり，符号（−，±）又は数字（0 ～ 9）が1つずつ入る。それらを解答用紙の**ア，イ，ウ**，…で示された解答欄にマークして答えること。

例　$\boxed{\text{アイウ}}$ に −83 と答えたいとき

ア	±	**−**	0	1	2	3	4	5	6	7	8	9
イ	±	−	0	1	2	3	4	5	6	7	**8**	9
ウ	±	−	0	1	2	**3**	4	5	6	7	8	9

なお，同一の問題文に $\boxed{\text{ア}}$，$\boxed{\text{イウ}}$ などが2度以上現れる場合，原則として，2度目以降は $\boxed{\text{ア}}$，$\boxed{\text{イウ}}$ のように細字で表記する。

2　分数形で解答する場合，分数の符号は分子につけ，分母につけてはいけない。

例えば，$\dfrac{\boxed{\text{エオ}}}{\boxed{\text{カ}}}$ に $-\dfrac{4}{5}$ と答えたいときは，$\dfrac{-4}{5}$ とすること。

また，それ以上約分できない形で答えること。

例えば，$\dfrac{3}{4}$ と答えるところを，$\dfrac{6}{8}$ のように答えてはいけない。

3　根号を含む形で解答する場合，根号の中に現れる自然数は最小となる形で答えること。

例えば，$\boxed{\text{キ}}\sqrt{\boxed{\text{ク}}}$ に $4\sqrt{2}$ と答えるところを，$2\sqrt{8}$ のように答えてはいけない。

4　根号を含む分数形で解答する場合，例えば $\dfrac{\boxed{\text{ケ}}+\boxed{\text{コ}}\sqrt{\boxed{\text{サ}}}}{\boxed{\text{シ}}}$ に $\dfrac{3+2\sqrt{2}}{2}$ と答えるところを，$\dfrac{6+4\sqrt{2}}{4}$ や $\dfrac{6+2\sqrt{8}}{4}$ のように答えてはいけない。

1　次の各問いに答えよ。

（1）　$2024\times\left(\dfrac{20}{23}-\dfrac{20}{24}\right)\times\left(\dfrac{1}{20}-\dfrac{1}{22}\right)=\dfrac{\boxed{\text{ア}}}{\boxed{\text{イ}}}$ である。

（2）　$2(x^2+3x)-(5x-2)(x+3)=(x+\boxed{\text{ウ}})(\boxed{\text{エ}}-\boxed{\text{オ}}x)$ である。

（3）　次の値は6人の生徒の10点満点のテスト結果である。

$5,\ x,\ 10,\ y,\ 2,\ 7$　（x，y は0以上の整数で，$x<y$ とする。）

このデータの中央値が平均値5.5よりも小さいとき，

$x=\boxed{\text{カ}}$，$y=\boxed{\text{キ}}$ である。

（4）　栄さんは学校から駅に向かって直線道路を秒速4mで走っていた。ここで，栄さんの忘れ物に気づいた先生が，学校から自転車で栄さんを追いかけ始めた。

自転車は出発から8秒間加速し，その後は一定の速さで走行した。自転車が学校を出発してから x 秒間に進んだ距離を y m とすると，x と y の関係は下の表のようになり，特に $0\leqq x\leqq 8$ の範囲では，y は x^2 に比例したという。

x(秒)	0	…	4	…	8	…	12	…	16
y(m)	0	…	8	…	32	…	96	…	160

自転車は，栄さんが学校を出発してから100秒後に追いついた。自転車が学校を出発したのは，栄さんが学校を出発してから$\boxed{\text{クケ}}$秒後である。

(5) AB＝3，BC＝5，CA＝4の三角形を，BCを軸に1回転してできる立体の体積は，$\dfrac{\boxed{\text{コサ}}}{\boxed{\text{シ}}}\pi$である。

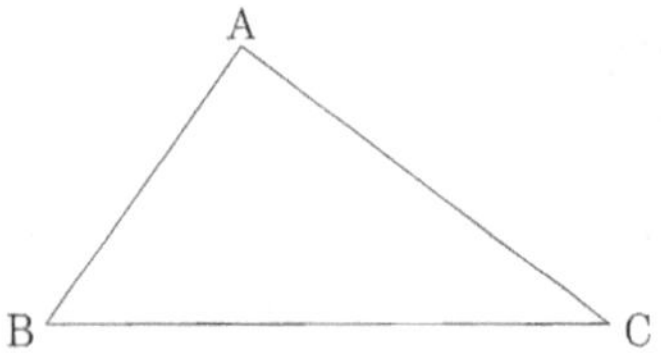

2 動点Pは初め下図の頂点Aにあり，1秒毎に，他の3頂点のいずれかに等確率で移動することを繰り返す。

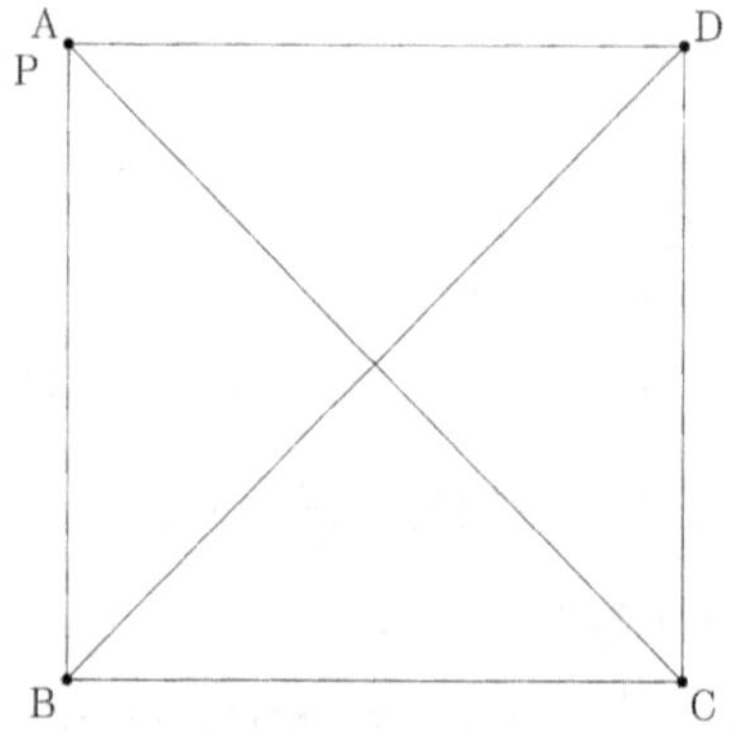

(1) 2秒後に点Pが頂点Aにいる確率は$\dfrac{\boxed{\text{ア}}}{\boxed{\text{イ}}}$である。

(2) 3秒後に点Pが頂点Bにいる確率は$\dfrac{\boxed{\text{ウ}}}{\boxed{\text{エオ}}}$である。

(3) 4秒後に点Pが頂点Aにいる確率は$\dfrac{\boxed{\text{カ}}}{\boxed{\text{キク}}}$である。

3 図のように，長さが20の線分ABを4等分する点を左から順にO_1，O_2，O_3とし，O_1，O_2を中心とする半径5の円を2つ描く。$\triangle AO_1C$が$\angle AO_1C=90^\circ$の直角二等辺三角形になるように点Cをとり，線分BCと円O_1との交点をE，円O_2との交点をD，Fとする。

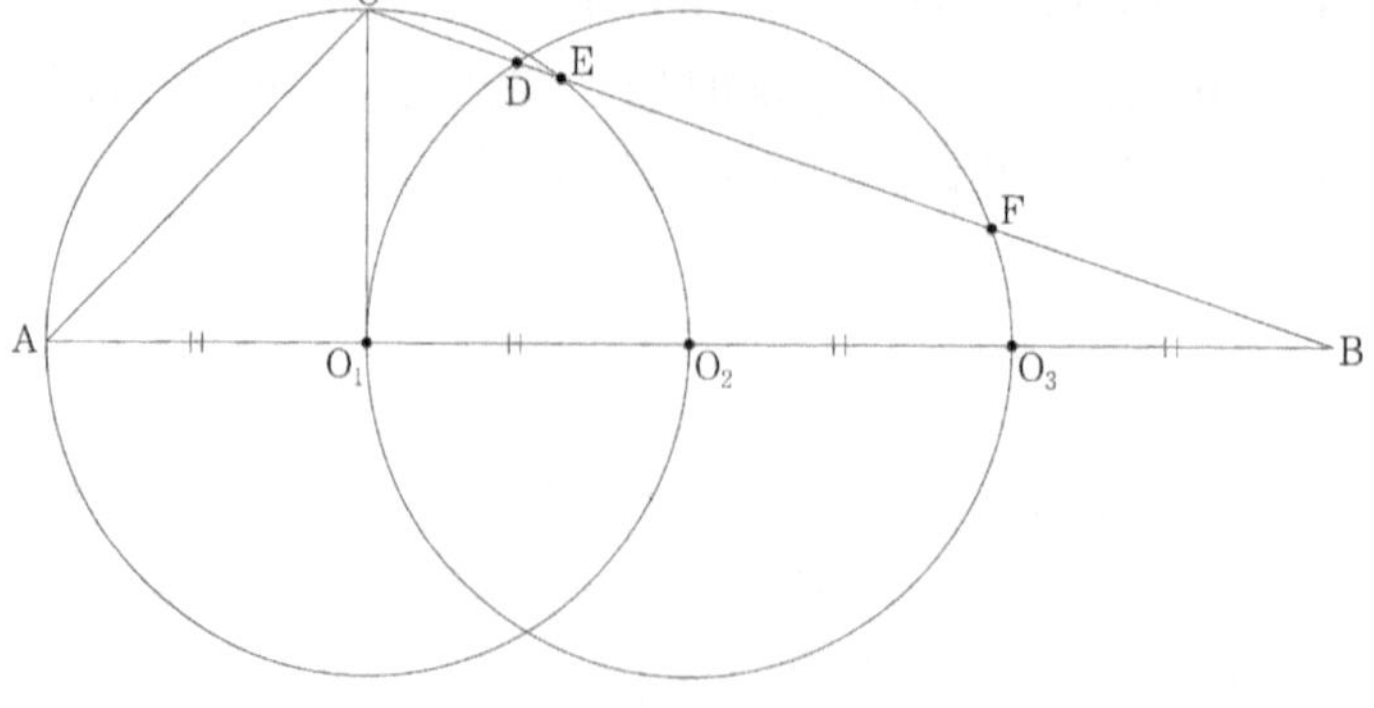

(1) BCの長さは$\boxed{\text{ア}}\sqrt{\boxed{\text{イウ}}}$である。

(2) EO_2の長さは$\boxed{\text{エ}}\sqrt{\boxed{\text{オ}}}$である。

(3) $\triangle O_1O_2D$, $\triangle O_2O_3F$の面積をそれぞれS_1, S_2とするとき,

$S_1 : S_2 = (\sqrt{\boxed{\text{カ}}}+\boxed{\text{キ}}) : (\sqrt{\boxed{\text{カ}}}-\boxed{\text{キ}})$である。

4 図のように，2つの放物線$y=\dfrac{14}{9}x^2$ …①, $y=\dfrac{2}{9}x^2$ …②があり，x座標がtである①, ②上の点をそれぞれA, Bとする。ただし，$t>0$である。

点Aを通り，直線OBに平行な直線を③とし，②と③の交点をC, Dとする。

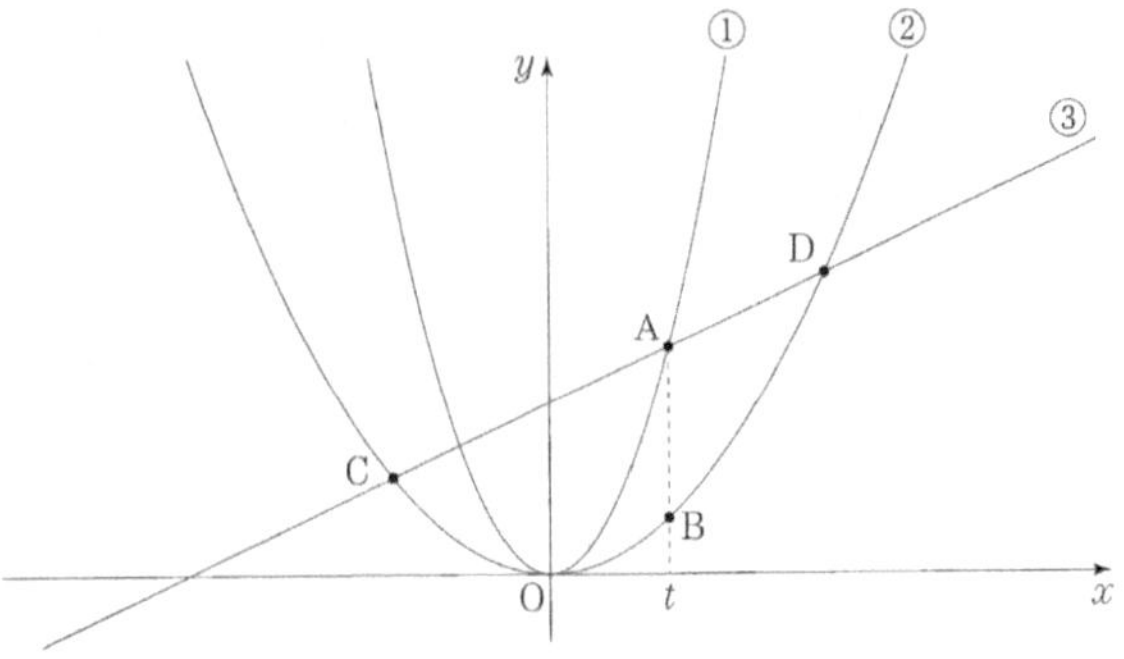

(1) 直線③の方程式は$y=\dfrac{\boxed{\text{ア}}}{\boxed{\text{イ}}}tx+\dfrac{\boxed{\text{ウ}}}{\boxed{\text{エ}}}t^2$である。

(2) △ABCの面積が54であるとき，四角形OBDCの面積は$\boxed{\text{オカキ}}$である。

(3) (2)のとき，原点Oを通り四角形OBDCの面積を2等分する直線と放物線②との，原点以外の交点のx座標は$\boxed{\text{クケ}}$である。

5 1辺の長さが4の立方体ABCD－EFGHについて，辺ABの中点をM，辺BFの中点をNとする。

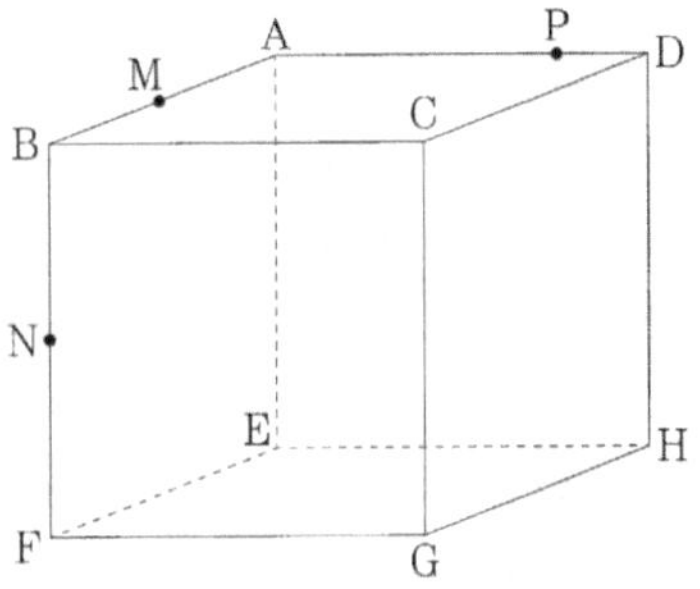

(1) △AMNの面積は$\boxed{\text{ア}}$である。

動点Pが辺AD上を毎秒1の速さでAからDまで動く。

(2) 2秒後にできる△PMNの面積は$\boxed{\text{イ}}\sqrt{\boxed{\text{ウ}}}$である。

(3) 3秒後に，3点P, M, Nを通る平面で立方体を切断する。

切断面の周の長さは$\dfrac{\boxed{\text{エ}}}{\boxed{\text{オ}}}(\boxed{\text{カ}}\sqrt{2}+\sqrt{\boxed{\text{キク}}})$である。

【英　語】（50分）〈満点：100点〉

【注意】

大問4～6のリスニング問題は試験開始後15分経過した頃から放送される。放送時間は約12分である。

1．次の英文を読み，あとの問いに答えなさい。(文中の*印の語(句)には注があります)

Board games create a world of joy and delight that many people *treasure. They're perfect for those rainy days when it's too wet to play outside. On such days, a round of Monopoly can transform an indoor day into a thrilling adventure. Sometimes, a grandmother might share a traditional Japanese game, creating a special memory. ① There could also be times when playing a game like *Go* with a grandfather becomes a fun lesson about Japan. It is no wonder why so many people like board games.

Board games have been a source of entertainment for more than 5,000 years. A long, long time ago, in Ancient Egypt, people enjoyed a game called Senet. It was a bit like today's checkers, but it used sticks instead of dice. The *aim was to be the first to ([1]) all the pieces off the board — much like the game of checkers. ② Looking at Senet, it's clear that games have been bringing joy to people for many years.

Playing board games is not just in the past. People today in every part of the world also love these games. They often ([2]) the culture and tradition of their *regions. In fact there are unique games in each region. In Africa, for example, a game called Mancala is popular. This game *involves moving small stones or seeds around in holes on a board. *Meanwhile, in India, there's a game known as Pachisi. In the West, this game is known as Ludo. Ludo is such a big hit in India that it's often played at parties and festivals. ③ Each of these games, though different, share the same purpose — to bring fun and entertainment.

Today, even with many video games to play, the love for board games is growing again. One reason might be that board games allow people to sit together in one room and ([3]) with each other directly. They let us share a fun time and even laugh together. Importantly, board games can also teach us useful skills. For example, playing Scrabble can help us learn new words and how to spell them correctly. Monopoly can teach us about money and trading. So, board games can be a fun way to learn.

Technology is also starting to become a part of board games. Recent changes have made the way we play board games different. For example, *Augmented Reality (AR) uses special glasses to make the game ([4]) as if it's jumping out of the board. Artificial Intelligence (AI) can create computer *opponents who can think and make decisions. Interestingly, AI has even managed to win against human champions in complex board games like chess and *Go*, which makes board games even more exciting.

In the future, board games will ([5]) to offer endless fun. We expect new ideas like AR and AI to become even more popular. ④ These technologies might even create games we can't yet imagine, with virtual pieces moving on their own and games responding to our actions in real time. Board games might start to look different, but they will still bring people together just like they always have. Board games are about having fun, making new friends, and enjoying a little friendly competition.

From ancient times to the modern day, from Africa to India, board games have *consistently brought smiles to faces, *sparked creativity, and built friendships. They have adapted through the ages, *evolving with technology and continuing to inspire joy and to ([6]) learning. The magic of board games is universal, proving that no matter where we are from, or how old we are, a good game can turn any day into adventure.

(注) treasure　～を大事にする　　aim　目的　　region　地域
involve　～を伴う　　meanwhile　一方では
Augmented Reality　拡張現実　　opponent　相手　　consistently　絶えず
spark　～を刺激する　　evolve　進化する

(1) 英文の空所([1])～([6])に入れるのに最も適切なものを1～0の中から1つずつ選びなさい。ただし，同一のものを2回以上用いてはいけません。

1. enter　　2. tell　　3. reflect　　4. continue　　5. encourage
6. watch　　7. talk　　8. get　　9. stop　　0. look

(2) 英文の下線部①～④の中で，文法上あるいは文脈上，誤りがある英文が1つあります。その番号を答えなさい。解答は[7]にマークしなさい。

2．次の英文を読み，あとの問いに答えなさい。(文中の*印の語(句)には注があります)

Apollo 13 launched from Kennedy Space Center in Florida at 2:13 p.m. on April 11, 1970. ([8]) However, after about 56 hours in space, an *oxygen tank in the *service module *exploded, causing another oxygen tank to fail. ([9])

Warning lights came on telling the astronauts that two of their three *energy cells in the service module had failed. ([10]) Without oxygen or electricity, the astronauts could not use or be in the service or *command module — they would have to move to an extra space on Apollo 13 called the *lunar module. In addition, the ground control team would have to figure out a way for the astronauts to save air, water, and energy, as well as a way for them to get home immediately.

([11]) Before they could give any instructions to the astronauts, however, they had to test each step to see if they would work in space. They sent instructions to Lovell, Swigert, and Haise to drink very little water, and to turn off all the heating systems to save power. ([12]) Although the spaceship had special machines to remove *carbon dioxide from the air, the square machines that were used in the command module would not fit the circle openings in the lunar module.

Using only the materials that the astronauts would have in the spaceship, ground control figured out a way to fit the square machines onto the circle openings. (13) And they were able to fix the carbon dioxide problem using just plastic bags, tape, and cardboard.

Finally, ground control and the astronauts had to do some very difficult math to figure out how Apollo 13, which was on a course to land on the moon, could turn around and come back to Earth. As Apollo 13 went around the moon, the astronauts lined up a course using the position of the sun and were able to get on a course to return home. Finally, on April 17, 1970, Apollo 13 landed in the Pacific Ocean near Samoa. Lovell, Swigert, and Haise were not able to complete their mission to the moon, but they returned home safe.

(注) oxygen　酸素　　service module　機械船　　explode　爆発する
energy cell　電池　　command module　指令船
lunar module　月着陸船　　carbon dioxide　二酸化炭素

(1) 英文の空所(8)~(13)に入れるのに最も適切なものを1~6の中から1つずつ選びなさい。ただし，同一のものを2回以上用いてはいけません。

1. They sent instructions to the astronauts.
2. This was just the first event in a chain of failures that almost cost the astronauts their lives.
3. But the astronauts also noticed that the carbon dioxide *build-up inside Apollo 13 was starting to reach dangerous levels.
4. Ground control at the NASA office in Houston, Texas, worked around the clock to figure out how to get the astronauts safely home.
5. This was a major problem because all of the service module's electricity came from these cells.
6. The first two days in space went smoothly, with only slight problems.

(注) build-up　増加

(2) 次の1~4の英文の中で本文の内容に合うものを1つ選びなさい。解答は 14 にマークしなさい。

1. As soon as Apollo 13 left the earth, the oxygen tank in the service module exploded.
2. The astronauts were able to stay in the lunar module without any problems even when there was something wrong with Apollo 13.
3. The astronauts lined up the course to the earth by the position of the sun after they landed on the moon.
4. It was not possible for the ground control team to give the right direction to the astronauts to save them easily.

3. 次の英文を読み，あとの問いに答えなさい。(文中の*印の語(句)には注があります)

I had just gotten home from work that Friday night when my best friend, Olivia, called. She was crying so hard that I couldn't figure out at first what she was saying. Then I realized she was saying her husband Frank had moved out.

I called my husband, James, who was on a business trip to San Francisco. He agreed I should go see her for a few days, to help her through this difficult time. So I packed a small overnight bag. It would be a drive of about 4 hours to Albuquerque, and I wanted to get there by about midnight.

I finally got off the highway and started down the side roads that led to Olivia's house. I was approaching a small crossroads when a woman suddenly ran out into the street in front of my car. I screamed and *jammed on my brakes, hoping ([15]).

The car screeched to a stop, and I looked all around. Then I saw her, standing right next to my window, staring in at me. She had a face like a demon, with eyes glowing red. ① Her mouth was moving, and I could see her teeth were as sharp as *fangs. She began to *claw and *pound at my window, and I was pretty sure she was going to break the glass.

I *slammed my foot down on the *gas and the car *jerked forward. ② I was shocked to see the woman to run alongside, keeping up easily and even slamming her fist against the window every few seconds. I kept my foot on the gas, and eventually, I started to *pull ahead.

Soon I was at Olivia's house, and I ran up to her front door, pounding frantically and looking back toward the street. Olivia came running and opened the door to let me in.

"Shut it! " I screamed. "Shut it quick!" I raced past her into the safety of the house.

"What's the matter?" she asked, looking out into the front yard and then slamming and locking the door. She grabbed my hand and led me toward the kitchen table and poured me a glass of red wine. I sat down and took a few sips. A couple of minutes later, I was able to tell her what had happened. Olivia gasped and said, "Are (A) [1. sure it　2. first saw　3. was at　4. that you　5. a crossroads　6. You　7. her]?"

I nodded, puzzled. "Yes, but what does that have to do with it?"

She looked worried. "It must have been *La Mala Hora*. It means 'the bad hour.' Oh, this is bad, honey," Olivia said. "*La Mala Hora* only appears at a crossroads when someone is going to die."

Ordinarily, I would have *scoffed, but still shocked at how fast the woman had run and how she had looked, I wasn't sure just what to think. Olivia went out to get my bag and sent me off to bed.

I woke up wondering if maybe it had been a bad dream, but (B) Olivia's look of concern told me otherwise. I began to get a panicked feeling that only increased as the day went on. I told Olivia I needed to get back home and calm down. She insisted on going with me. I told her I'd leave the next morning, ③ because there was no way I was going to drive back in the dark past that same crossroads.

On Sunday we left soon after the sun came up. We had just made it home and were having some coffee when a police car pulled up and two officers got out. ④ I looked out at them with a feeling of cold *dread and made Olivia answer the door. The look on her face as she walked back into the kitchen told me why they were there.

The officers came in then and spoke very gently to me. James had been*mugged as he walked back to his hotel from dinner late last night. He had been shot once in the head. He'd died on the way to the hospital, they said.

(注) jam on one's brakes　ブレーキを強く踏む　fang　牙
claw　~を爪でひっかく　pound　激しくたたく
slam　~を強い力で踏む，たたきつける　gas　(自動車の)アクセル　jerk　急に動く
pull ahead　引き離す　scoff　ばかにする　dread　恐怖
mug　~を襲って金品を奪う

(1) Choose the best answer from those below to fill in (15).
1. I wouldn't hit her
2. I wouldn't be late for the meeting
3. I could see James as soon as possible
4. I wouldn't see anyone at the crossroads

(2) Which of the underlined sentences ①~④ is grammatically ***NOT*** correct? 16

(3) Put the words or phrases of the underlined part(A)in the correct order. Indicate your choices for 17 and 18.
Are ______ ______ __17__ ______ __18__ ______ ______ ?

(4) What does the underlined part(B)mean? 19
1. What had happened last night made me awake.
2. What had happened last night was like a dream.
3. What had happened last night made me fall asleep.
4. What had happened last night was not a bad dream.

(5) Which of the following statements is true? 20
1. James was robbed by someone after having dinner.
2. *La Mala Hora* always tells us when someone will die.
3. James' wife visited Olivia to talk about his serious accident.
4. James' wife saw a woman who had killed James on her way to Olivia's house.

リスニング問題

4．これから二人の対話を聞き，質問に対する答えとして最も適切なものを1つずつ選びなさい。なお，対話と質問は2度読まれます。

21 1. He didn't finish his work.
2. He worked with his boss.
3. He worked late the night before.
4. He had an early morning meeting.

22 1. By bus.

2. By train.

3. By bicycle.

4. On foot.

23 1. The man and the woman live in Texas.

2. The woman needs three houses to live in.

3. The man doesn't want to buy three houses.

4. The man agrees with the woman's opinion.

5. これから短い英文を聞き，質問に対する答えとして最も適切なものを1つずつ選びなさい。なお，英文と質問は1度だけ読まれます。

24 1. Lower birth rate.

2. Greenhouse effect.

3. Shortage of energy.

4. Increasing crime rate.

25 1. Aaron lives in Shiga now.

2. Aaron goes to high school.

3. Aaron wants to run a company.

4. Aaron works as a chef at a restaurant.

26 1. "Nessie" was first seen in Scotland 50 years ago.

2. About 200 volunteers came from around Scotland.

3. The volunteers felt sure that "Nessie" was alive.

4. The volunteers used many kinds of technologies.

6. これから少し長めの英文を1つ聞き，4つの質問に対する答えとして最も適切なものを1つずつ選びなさい。なお，英文は2度読まれます。英文は今から20秒後に放送されます。

27 According to the passage, which of the following is true for basketball?

1. It was created by a teacher.

2. It is easy to know the rules.

3. It is watched by more than 30 million people.

4. It is the second most played sport in the United States.

28 According to the passage, what is the reason baseball is getting less popular among young people?

1. They think it takes much time.

2. They don't think it is interesting.

3. They don't think the rules are simple.

4. They think there are too many teams.

29 According to the passage, which of the following is the fourth most popular sport in the United States?

1. Soccer.
2. Baseball.
3. Basketball.
4. Ice hockey.

30 According to the passage, which of the following is true?

1. American football has been America's most popular sport for over 100 years.
2. Americans spend more time watching basketball games than baseball games.
3. Ice hockey has been losing its popularity because it is difficult to master.
4. Major League Soccer is one of the major sports leagues in the United States.

※リスニングテストの放送台本は非公開です。

5. 相手より実力が不足している者。

問四　傍線部③とあるが、その理由として最も適当なものを、次の中から一つ選びなさい。[32]

1. 劣った者であっても、相手の良い点を見出し褒める行為は積極的にすべきだから。
2. 優れた者が未熟者を批判するさまを見るのは、いたたまれないから。
3. 力の劣る者にまで褒美を与えるとしたら、優れた者の努力が報われないから。
4. 自分より優れた相手に適切な評価を下すことができるのは、素晴らしいことだから。
5. 優れた者が称《たた》える言葉でさえ、相手にどう解釈されるかわからないから。

問五　空欄 X にあてはまる語として最も適当なものを、次の中から一つ選びなさい。[33]

1. 能　2. 器　3. 情　4. 劣　5. 善

問六　本文を通して筆者が教訓として伝えたいのはどのようなことか。最も適当なものを、次の中から一つ選びなさい。[34]

1. 相手の欠点を指摘するときは、美点を言うとき以上に注意しなければならない。
2. 能力があって世間で評価されている者は、気軽に他人を褒めるべきではない。
3. 他人の言動を評価するときには、状況をわきまえて慎重にするべきである。
4. 自分がよかれと思ってした行為でも、状況次第では相手を困らせることがある。
5. 能力があり世間に認められると、つい他人のことを見下してしまうことがある。

はるる。①もつとも*奇怪なり。今よりのち、和歌をよむべからず」といひけり。

b優の詞《ことば》も、ことによりて*斟酌《しんしゃく》すべきにや。

これはまされるが、申しほむるをだに、かくとがめけり。いはんや、②劣らん身にて褒美、cなかなか、かたはらいたかるべし。③よく心得て、*心操《しんさう》をもてしづむべきなり。

人の X をもいふべからず。いはんや、その悪をや。

このこころ、もつとも*神妙か。

(『十訓抄』)

(注)

＊ 用意……注意。
＊ 三河守知房所詠の歌……平安後期の役人、藤原知房が詠んだ和歌。
＊ 伊家弁……藤原伊家。平安後期の歌人。
＊ 奇怪……けしからぬこと。
＊ 斟酌……あれこれと加減をすること。
＊ 心操……心の持ち方、使い方。
＊ 神妙……奥深く、心に響く味わいがあること。

問一 傍線部aからcの解釈として最も適当なものを、次の中からそれぞれ一つずつ選びなさい。

a 世に所置かるるほどの身ならずして (27)

1. 土地を持ち、財産を占有しているような身ではなくて
2. 人々に悪いうわさをたてられるような身ではなくて
3. 人々に注目され、窮屈な思いをするような身ではなくて
4. 世間に身の置き所がないような身ではなくて
5. 世間で一目置かれるような身ではなくて

b 優の詞 (28)

1. 平易な言葉　2. 励ます言葉　3. 褒める言葉
4. 優しい言葉　5. 美しい言葉

c なかなか、かたはらいたかるべし (29)

1. かえって、見苦しいだろう
2. かえって、喜ばしいだろう
3. かえって、望ましいだろう
4. 思ったより、腹立たしいだろう
5. 思ったより、恐ろしいだろう

問二 傍線部①とあるが、何について述べているのか。その説明として最も適当なものを、次の中から一つ選びなさい。(30)

1. 伊家が漢詩に精通していないこと。
2. 伊家が知房の和歌を褒めたこと。
3. 伊家の失言が知房の怒りを買ったこと。
4. 知房も伊家も実力不足な点があること。
5. 知房が和歌では伊家にかなわないこと。

問三 傍線部②とはどういう者のことか。その説明として最も適当なものを、次の中から一つ選びなさい。(31)

1. 和歌の実力が劣らていない者。
2. 漢詩より和歌の方が下手な者。
3. 人の褒め方が不得意な者。
4. 相手に劣等感を抱いている者。

心が満たされる思いだった。その中宮から貴重な紙の束を冗談のような気軽さで渡されたことにより、かえって中宮の自分に対する期待の大きさを感じ取り、自信を持って仕事に臨もうとやる気になっている。

3. 宮中でなかなか他の女房からの理解が得られず孤独感を抱いていた中、ただ一人自分の気持ちに寄り添ってくれた中宮を「わたし」は尊敬してやまなかった。その中宮から畏れ多くも名誉な使命を授かり意気が上がる反面、決死の覚悟で書かなければ多大なる期待には応えられないのではないかとの不安も拭いきれないでいる。

4. 中宮は子を身ごもりながらも出仕を続ける「わたし」に目をかけてくれ、宮中での生活に心のゆとりをもたらしてくれる存在であった。その中宮から上質な紙の束を託されたことに畏れを抱きつつも、自らの使命を全うして中宮からの信頼をさらに厚くし、内裏における自分の地位をより強固なものにしようと意気込んでいる。

5. 才能豊かで敬愛する中宮から特別な扱いを受け、自信を与えられていた「わたし」は、中宮が自分と信条を共有している可能性を感じつつも本心を確認できないでいた。その中宮から貴重な紙の束を授けられたことで、中宮が「わたし」と同じ思いを抱いていることを確信し、その期待に応えようと決意を新たにしている。

問八　波線部アからオについて、その説明として最も適当なものを、次の中から一つ選びなさい。[26]

1. 波線部ア「頑固な一夫一婦の信仰者と笑う」には、熱心な法華経の信者である「わたし」が恋愛にも熱心であることを女房たちが嘲笑している様子が表現されている。

2. 波線部イ「それは……、相手によりけりでございます……」には、仕えている中宮への本音を知られてしまい「わたし」が恐縮している様子が表現されている。

3. 波線部ウ「わたし自身が後宮の華やかさを損なってしまう」には、本来喜ばしいはずの妊娠を歓迎されず「わたし」が苦悩している様子が表現されている。

4. 波線部エ「なんとも無造作に下された賜り物」には、当時紙が高級品だったことから中宮がその紙を大変丁寧に扱っている様子が表現されている。

5. 波線部オ「受け取ることしかできませんでした」には、中宮からの提案に驚き、次々に湧き上がってきた複雑な感情を整理できないでいる様子が表現されている。

三

次の文章を読んで、後の問いに答えなさい。

われ、その能ありと思へども、人々にゆるされ、a世に所置かるるほどの身ならずして、人のしわざも、ほめんとせんことをも、いささか*用意すべきものなり。

*三河守知房所詠《みかはのかみともふさしょえい》の歌を、*伊家弁《これいへのべん》、感嘆《かんたん》して、「優によみ給へり」といひけるを、知房、腹立して、「詩を作ることはかたきにあらず。和歌のかたは、すこぶるかれに劣れり。これによりて、かくのごとくい

て理解のない言葉をかけられたのをきっかけに、彼女らを見下す気持ちが強まったから。

4. 中宮に目をかけられていることで他の女房たちが嫉妬しているが、恋愛を含めた過去の経験から他人の嫉妬や揶揄が、むしろ上司の信頼を得て内裏での自分の立場を安泰にすることにつながると知っているから。

5. 特定の人への愛しか信じない自身の恋愛観は特殊だと自覚しながらも、中宮の理解によって自信を深めるとともに、自分に言い寄ってくる勝手な男性を冷たくあしらうことに確かな喜びを感じているから。

問四 空欄 X に入る言葉として最も適当なものを、次の中から一つ選びなさい。[22]

1. 帝の一番の同志にならねばならない
2. 帝を常に恋い慕わねばならない
3. 帝へ最も忠誠を誓わねばならない
4. 帝から最も愛されねばならない
5. 帝と常に心を同じくせねばならない

問五 傍線部②からうかがえる、「わたし」との関係の説明として最も適当なものを、次の中から一つ選びなさい。[23]

1. 自分は主君と仰ぎ見られる立場だが、「わたし」を母のように慕っている。
2. 主君と女房と立場は違うが、とりとめのない会話を許せるほど信頼している。
3. 自分の心を最も理解する女房であり、特別な存在として重用している。
4. 冗談を言い合うほど親密だが、「わたし」の教養のなさには手を焼いている。
5. 主君である自分に冗談を言う軽率な女房であり、その態度を見下している。

問六 傍線部③について、文法的な説明として正しいものを、次の中から一つ選びなさい。[24]

1. 「たとえば」の品詞は接続詞である。
2. 「誇るべき使命を授けられたとき」には付属語が四つ含まれている。
3. 「あるいは」と「方々が」は修飾・被修飾の関係にある。
4. 「この道をまっとうすると決心した」は三文節七単語から構成されている。
5. 敬語は謙譲語と丁寧語が使われている。

問七 傍線部④とあるが、この時の「わたし」の心情として最も適当なものを、次の中から一つ選びなさい。[25]

1. 「一乗の法」について教え諭された時から、中宮が「わたし」と同じく一途であることに不安で弱気になっているのではないかと感じつつも問いただせずにいた。その中宮から伊周が献上した大切な紙を授かったことで、中宮が不安な気持ちでいることが明確になり、人生の支えになるものを必ず書き上げようと決心している。
2. 人に一番に愛されることこそが大切だという恋愛観を中宮と共有しているのは自分しかいないと考えるだけで、「わたし」は

(注)

＊ 法華経……仏教の経典の一つ。永遠の仏である釈迦をたたえ、法華一乗の立場を説く。
＊ 局……女房に与えられた部屋。
＊ 伊周……藤原伊周。定子の兄。
＊ 『史記』……中国・前漢の時代に司馬遷によって編纂《へんさん》された歴史書。全百三十巻。
＊ 道隆……藤原道隆。伊周と定子の父。

問一 傍線部aからcの語句の本文中における意味として最も適当なものを、次の中からそれぞれ一つずつ選びなさい。

a あわよくば [17]
1. 寂しそうならば　2. うまくいけば
3. 同情しながら　4. ひょっとすると
5. 思うがままに

b 凝然となりました [18]
1. 慌てふためきました　2. 頭が混乱しました
3. 他の人を頼りました　4. 心を落ち着かせました
5. 動けなくなりました

c しずしずと [19]
1. ゆっくりと　2. 落ちつかないまま
3. 早々と　4. 不安を抱えて
5. 心を躍らせて

問二 空欄[Ⅰ]から[Ⅳ]に入る語句の組み合わせとして最も適当なものを、次の中から一つ選びなさい。[20]

1. Ⅰ 隠し　Ⅱ 抑え
　Ⅲ 何の気なしに　Ⅳ 納めました
2. Ⅰ 隠し　Ⅱ 抱き
　Ⅲ 興奮して　Ⅳ 浮かべました
3. Ⅰ 宥《なだ》め　Ⅱ 引かれ
　Ⅲ 何の気なしに　Ⅳ 刻みました
4. Ⅰ 宥め　Ⅱ 抑え
　Ⅲ 意図せずして　Ⅳ 浮かべました
5. Ⅰ 探り　Ⅱ 抱き
　Ⅲ 意図せずして　Ⅳ 納めました
6. Ⅰ 探り　Ⅱ 引かれ
　Ⅲ 興奮して　Ⅳ 刻みました

問三 傍線部①とあるが、その理由として最も適当なものを、次の中から一つ選びなさい。[21]

1. 中宮に目をかけられているとの自覚や過去の人生経験から生じる心の余裕から、自分の恋愛観を他人に揶揄《やゆ》されても軽く受け流すことができ、むしろその考えが間違っていないということを改めて実感できたから。
2. 他の女房からの厳しい中傷にも負けない自分の態度を中宮が面白がってくれたことで、自らに対する中宮の思いを改めて確認すると同時に、絶対的な恋愛を信じてきたこれまでの生き方に対して肯定感を深めたから。
3. 自分は内裏において中宮から気に入られている特別な存在だという誇りがあり、他の女房たちから自分の一途《いちず》な恋愛観に対し女房たちが、わたしの言葉を笑いました。②中宮様も笑っておられます。

かと思うと中宮様の柔らかで美しい手が、紙の載った机を、そっとわたしのほうへ押しました。

「では、あなたがもらって」

中宮様が、にっこり笑って、そうおっしゃいました。

エなんとも無造作に下された賜り物に、わたしはどうお応えすべきかもわからずb凝然となりました。

伊周様が献上された品を――一方では帝が受け取った品を、わたしに受け取れというのです。

しかも、わたしが口にしたばかりの『枕』という言葉の意味合いもそのまま、全部すっかり、気軽にわたしへお授け下さろうとするご様子です。

これこれのものを書け、というのではなく。

ただ真っ白い紙のまま、全てをわたしに委ねたのです。

そのとき、わたしは初めて、中宮様の笑顔が、ひどく嬉《うれ》しげであることに気づきました。

――お前はわたくしの同志である。

言わずともそう思って下さっているのではないか。そんなわたしの推測が、にわかに何の根拠もなく、確信に変わった瞬間でした。

なぜ畏れ多くも、わたしごときをそう思って下さるのか。咄嗟《とっさ》に幾つも考えが浮かびましたが、大事なのは理由ではありません。

中宮様の思いが、わたしに伝わった。その事実に、お応え申し上げねばならないのです。

「ありがたく頂戴いたします」

わたしと同じようにぽかんとしていた女房たちが、まじまじとわたしを見ました。

そのときの気分を、どう書き表せばよいのか、今もわかりません。

かつて*道隆様が催した積善寺の法要で、中宮様はわたしをすぐそばに座らせて下さいました。

そのとき以上の、喜びと、畏れと、幸福の思いが、いっぺんに押し寄せてきたのを今でも覚えています。

ただ嬉しいのではなく、ただ畏れ多いのでもない。

③たとえばそれは、主君と仰ぐ相手から誇るべき使命を授けられたときの幸福なのかもしれません。あるいは信仰に生きる僧や宮司といった方々が、この道をまっとうすると決心したときの喜びであったでしょうか。

あまりにわたしと中宮様にのみ当てはまり、他に比べるものがないせいで、そのときも今も、どうすれば人に説明できるか、わからないのです。

わからないまま、わたしは言葉少なに、恭しくその美しい紙の束をオ受け取ることしかできませんでした。

ただ、

④――命懸けで書いてみせよう。

闇雲にそう心に誓い、中宮様の笑顔を胸に［Ⅳ］。

昂前《こうぜん》とした思いに頰を火照《ほて》らせながら辞去したわたしは、頂戴した紙を布で包ませ、それを胸に抱いて牛車《ぎっしゃ》に乗り、cしずしずと実家へ下がりました。

（沖方丁『はなとゆめ』）

それが、あの『枕』であったのです。

そもそも子を身ごもったからには、わたしは穢《けが》れを帯びているわけです。

なのに内裏へ出仕し、そのまま長々と御前で過ごしていられたのは、ひとえに中宮様のご厚意によるものでした。

後宮の華やかさが、わたしの不安を［Ⅰ］、心を大きくしてくれているのだということを、中宮様はわたし以上に正しく察して下さっていたのです。

しかしいつまでも甘えるわけにはいきません。このままでは、ウわたし自身が後宮の華やかさを損なってしまうのですから。

宰相の君をはじめ、若い右衛門《うえもん》など、他の女房たちからも勧められ、わたしは里へ下がるお許しを中宮様から賜りました。

「落ち着いたら、すぐに出仕するのですよ」

中宮様はおっしゃって下さり、わたしは心から感謝を述べ、家人に退出の準備をさせました。

そうして明日には内裏から下がろうというとき、*伊周《これちか》様がいらっしゃって、一条帝と中宮様それぞれに贈り物をされたと聞いたのです。

何の贈り物だろうと興味を［Ⅱ］、退出のご挨拶を兼ねて御前に出たところ、中宮様のお手元に置かれていたのは、沢山の、真新しい上質な紙の束でした。

「よいものを頂いたわ。でもこんなにあって、何に使えばよいのかしら？」

中宮様は、女房たちに紙を見せてお笑いになっています。

わたしは、美しい白地を目にし、久々に「紙と畳」で元気になれる自分を思い出しました。

「実に素晴らしい品でございますね」

自分が賜ったわけでもないのに感動を込めて口にすると、中宮様はわたしをご覧になり、

「帝は、これと同じ紙に、*『史記』という書物を写してお書きになるそうよ。わたくしの紙には何を書けばよいと思う？」

そうおっしゃるので、

「それでしたら、『枕』というところでございましょう」

わたしは本当に、［Ⅲ］そうお返事申し上げました。

『史記』というものが、巨大な歴史書であることは知っていましたが、実際に読んだことがあるのはごく一部だけで、それがどのようなものかは、ろくに知りません。

要は、ただ『しき』という言葉から、ふっと『敷』を連想したまででした。『畳を敷く』のであれば、『枕』の一つも欲しい。そういう冗談のつもりだったのです。

また、『枕』には、分厚いという意味合いもあります。何を書くにせよ、とにかく帝の『史記』に負けないほど分厚くなるような何かを、色々とお書きになってはいかがでしょう――。

本当に他愛のない、気軽な言葉です。

そしてそれが、あるいは全てを定めたのでしょうか。

他愛がないこと。気軽であること。

それらがまぎれもなく、夫を亡くしたわたしを救ってくれたように。

『お前を可愛《かわい》がろうか可愛がるまいか。人に一番に愛されていないというのは、どうなの？』

なんと、そんなことが書いてあります。

明らかにわたしの、「一乗の法」についてのお言葉でした。

もちろん一番に愛されるべきは、わたしの想い人であって、まさか中宮様からの思いについて常々、口にしていたわけではありません。

中宮様は筆と紙まで用意させて、わたしに返事を書かせようとします。わたしは驚き慌てて、

『九品蓮台《くほんれんだい》の間に入れるのでしたら、それはもう下品《げほん》で十分でございます』

こう書いてお返し申し上げました。

蓮の台《うてな》に乗るというのは、つまり極楽浄土に往生するということです。

この蓮の台には上から下まで九つの階級がありますので、その下の下で構いません、というのが、そのとき中宮様にお返しできる精一杯の言葉でした。

中宮様はわたしをそばへ招くと、

「ずいぶん弱気になったものね」

笑いながらおっしゃいましたが、その口調は意外なほど厳しいものでした。

「駄目ですよ、清少納言。ひとたび言い切ったのです。元の心のままに押し通しなさい」

わたしはすっかり狼狽《ろうばい》し、

イ「それは……、相手によりけりでございます……」

小さくなりながら、つい抗弁してしまいました。

「それがいけないのです。自分にとって一番大切だと思える相手から、一番に愛されよう。そう心がけるものですよ」

まるで、教え諭す僧のようなおっしゃりようです。あるいは、同じ教えを修めようとする修行僧同士の、叱咤《しった》激励のようでもありました。

わたしはそのとき、ただ恐縮するばかりでした。

驚喜する思いに興奮したのは、御前を退き、＊局《つぼね》に戻ってからのことです。わたしはようやく、中宮様がまさにそのお志を共にする者として、わたしを見て下さったのだと気づきました。

「［　X　］」

それこそ中宮様が背負った、一族の悲願なのです。そしてまた、中宮様は誰よりも帝《みかど》のことを強く思っていらっしゃいました。

わたしが信じる「一乗の法」は、中宮様にとって、人生そのものといえるほど重大なことであったのです。だから中宮様は、わたしを同志と見て下さっているのではないか――。

畏《おそ》れ多いことでもありますから、中宮様にお尋ねするわけにもいかず、本当かどうかは確信が持てませんでした。でも中宮様ほどの御方から、そんなふうに思われているかもしれない。そう思うだけで胸が熱くなりました。はっきりとしたお言葉を賜ったわけでもないのですから、一方的な下々の思い込みであったとしても、それこそ十分に幸幅でした。

けれどもその思いは、ほどなくして大きな衝撃とともに確信に変わりました。

物の真理を表すと信じられていたわけではない

(ⅱ) 空欄 Z に入る内容として最も適当なものを、次の中から一つ選びなさい。⑯

1. 客観的に正しいデータを求めることこそが真理に近づく手段だと思い込むことで、他者による検証の余地がなくなり、結果的に研究者の主観に基づいた結論が導かれてしまう恐れがある。
2. 誰にでも適用可能な法則こそが客観性だとみなすことで、個々が持つ特殊性や周囲との関係性が切り捨てられ、似たような結論ばかりが並んで研究成果が評価されにくくなる恐れがある。
3. 客観性のある数値や数式がすべての真理を保証すると研究者が盲信することで、研究対象の固有の経験が一切捨象され、実態にそぐわない結論であっても尊重されてしまう恐れがある。
4. 客観的なデータや論理的な法則性の正しさを追求しすぎることで、研究者自身が自然や他者と関わる経験が十分にできず、複合的な視点に基づく結論が得られなくなってしまう恐れがある。

二

次の文章は、中宮（天皇の正妻）定子に女房（貴人に仕える女性）として出仕していた「わたし」が夫を亡くした後、再び中宮に仕えはじめた頃の物語である。これを読んで、後の問いに答えなさい。

辛《つら》い恋はかつて嫌というほど味わいましたし、中宮様という栄誉と才能に満ちた方に目をかけて頂いたことが、わたしに大きな自信を与えていたのです。

「思う人から、一番に愛されるのでなければ、どうしようもないでしょう。そうでないなら憎まれたほうがまだましよ。二番目や三番目なんか、死んでも嫌だわ」

わたしはことあるごとに、そう口にするようになりました。夫を亡くしたからといって、勝手に哀れみ、aあわよくば自分の恋人の一人にしてしまおうと考える殿方に、そうやって歌でも言葉でもお断り申し上げるのは、正直なところ、とても気分のよいものでした。

女房たちはそんなわたしを笑って、

「清少納言、一乗の法って感じね」

などといっていました。

*法華経《ほけきょう》こそ、ただ一つの真理である、というのが「一乗の法」ですので、つまりわたしを、絶対的な恋愛を信じる、ア頑固な一夫一婦の信仰者と笑うのです。

そんなふうにからかわれても平気でしたし、①かえってその通りだと気持ちが大きくなったものでした。中宮様も、そんなわたしの様子を面白がって下さいます。それとともに、ときたま、わたしの心を試すようなことをされるようになりました。

あるとき、中宮様の御前に、殿上人《てんじょうびと》の方々がいらっしゃったときのことです。

わたしが廂《ひさし》の間《ま》の柱に寄りかかって女房たちと話していると、ふいに中宮様がわたしに向かって、ひょいと何かを投げ与えて下さいました。

それは幾重にも折られた紙で、開いてみると、気がするよ。

生徒B　うん。「真理」という言葉が何回も出てきたけど、時代によって意味が全く変わってきたというのが面白かったな。

生徒C　そうだね。今では違和感があるけど、文中で紹介されたカール・リンネの植物図鑑も、当時においてはそれこそが一つの「真理」だったんだ。

生徒B　「自然の本性の定着」をめざしたはずなのに、「客観的とはいいがたい」と指摘されているのが興味深いね。

生徒D　たしかに。草花の「一般的な姿」を描いたと言っても、それは［　Y　］可能性があるんだよね。

生徒B　客観性は科学における真理の根拠とはなっていなかったんだね。それがだんだん客観性を追求するようになって、自然は神や人間から切り離され、その個別性すらも排除されるようになっていったんだ。

教　師　うまく流れを捉えていますね。そうした変化について、筆者は出典文章の別の箇所で次のように述べています。

> 自然科学、社会学、心理学は、人間の経験から独立したデータを求めることで、自然という客体、社会という客体、心という客体を生んだ。三つの客体が生まれるどのプロセスにおいても、人間の主体的な経験は消されていった。あるいは心理学においてそうであるように、経験そのものがデータとなって数値へと切り詰められていく。人間の経験は、感覚や感情、体の動きだけにとどまらない。対人関係のさまざまなやりとりや、社会の影響、自然とのやりとりを含みこむ。自然・社会・心の客体化を通じて自然・社会・心が「モノ」あるいはデータになるとき、経験という「やりとり」が視野の外へと消される。
>
> 　このとき一人ひとりの一人称的な経験と二人称的な交流の価値が切り詰められていく。

生徒D　なるほど、学問においては自然科学だけでなく、社会や人間の心理も客観化や客体化の対象となるわけだ。とは言っても、それによってどんな問題が生じるんだろうか。

生徒A　筆者の考えを踏まえてまとめてみると、「［　Z　］」ということなんじゃないかな。

教　師　そうですね。客観化すること自体が悪いというのではなく、学問に取り組む際の意識についての警鐘と受け止めた方が良さそうです。

(i)　空欄［Y］に入る内容として最も適当なものを、次の中から一つ選びなさい。⑮

1. 神が創ったとされる「理想的な自然の姿」であって、その図と全く同じ色や形の植物はこの世に存在しない
2. 特徴を強調した「あるべき自然の姿」であって、その図は植物が古来たどってきた進化の過程を反映していない
3. 当時の人々が共有する「本来の自然の姿」であって、その図と神が創造した理想の自然の姿は全く一致しない
4. 神が創造したはずの「美しい自然の姿」であって、その図が植

4．修整を施した論文を提示することは、画像さえあれば事象の客観性は保証されるという暗黙の合意に背く行為であり、研究者たちがかえって社会的制裁を受ける事態をもたらしたから。

5．万能細胞の存在を主張するために行われた画像の加工や捏造は、画像の存在が客観性を担保し、主張の説得力を高めるという世間の共通認識を前提として初めて意味をなすものだから。

問五　空欄［X］に入る内容として最も適当なものを、次の中から一つ選びなさい。⑬

1．「それをどうやって測るか?」ではなく「事象にはどのような意味があるのか?」

2．「それは何か?」ではなく「事象と事象がどういう関係でつながっているのか?」

3．「それは実在するのか?」ではなく「事象の正しさをどのように証明できるのか?」

4．「それはどんな構造を持つのか?」ではなく「事象と事象が同じ構造のものなのか?」

5．「それはなぜ生じたのか?」ではなく「事象と事象がどう関連しているのか?」

問六　傍線部③についての説明として最も適当なものを、次の中から一つ選びなさい。⑭

1．自然そのものを対象化し、論理的な構造を解き明かそうとする人類の科学的な営みによって、人間がそれまで五感で捉えてきた自然本来のあり方が変容してしまったということを、分析的に指摘している。

2．かつては神が創造したと考えられていた崇高な自然を、人間が数値と式で客体化することによって、自然に本来内在する生命の神秘性が損なわれてしまっているということを、実感を込めて指摘している。

3．自然を科学的に探究し論理的な構造を解明することにより、自然を人間が支配できるという考えが生まれ、生態系の変化をもたらす環境破壊などにつながっているということを、批判的に指摘している。

4．自然の実態を解き明かすために法則性を追い求め、論理的に真理を導こうとする人類の営みが、かえってありのままの自然が持つ生の実感を失う結果をもたらすということを、皮肉を交えて指摘している。

5．あいまいさを含むはずの自然を科学の対象とし、機械によって正確かつ客観的に探究する営みが逆に、当初解明しようとしたはずの自然の本質を損なう結果につながるということを、警告的に指摘している。

問七　次に示すのは、この文章を読んだ教師と生徒が話し合っている場面である。これを読み、後の（ⅰ）・（ⅱ）の問いに答えなさい。

教　師　医療や教育、政策の立案などあらゆる場面でデータが活用されている現代にあって、「客観性」の捉え方については皆さんにぜひ考えてもらいたいテーマです。

生徒A　科学においては数値化していくことが絶対的に重要だと思っていたんだけど、文章を読んで新たな視点を得られた

2. 用意シュウトウな彼に頼る。
3. 先生からクントウを受ける。
4. 進むかどうかカットウする。
5. 前人ミトウの記録に挑戦する。

d「シュウネン」④
1. 上司とのカクシツに悩む。
2. 徒競走で全力シッソウする。
3. 開店から三シュウネンを迎える。
4. 火災で森林がショウシツした。
5. 好きな科目をリシュウする。

e「ハンモ」⑤
1. 大きな荷物をウンパンする。
2. モハン的な高校生活を送る。
3. ハンバイ店に直接連絡する。
4. 先生にヒンパンに質問する。
5. ヤハンにふと目を覚ます。

問二 空欄 A から D に入る語として最も適当なものを、次の中からそれぞれ一つずつ選びなさい。ただし、同じものを二回以上用いてはいけません。⑥～⑨

1. つまり　2. たとえば　3. しかし　4. ただし

問三 傍線部①の「測定」に関する説明として**適当でないもの**を、次の中から二つ選びなさい。⑩・⑪

1. 一九世紀半ばまでに、人間の主観に基づいた証言に取って代わる形で、機械による客観的な測定が真理を保証する手段として定着していった。
2. 社会学者の松村一志は時代による測定の変遷について研究し、身体的な感覚の段階から機械によるデジタル化の段階まで六つに分けてまとめた。
3. 目盛りによって物質変化を測定するようになると、そこで得られた結果は研究者の手を離れて自立し、客観的なものとして認められるようになった。
4. 測定技術が進化した根底には、自然を神の権威や人間の証言から切り離して対象化し、ありのままに捉えようとする当時の科学者たちの意欲がある。
5. 一九世紀に写真という新しい技術が生まれ、測定の精度が向上したことにより、科学界において客観性の確保を求める考え方が浸透していった。

問四 傍線部②とあるが、そう言えるのはなぜか。その説明として最も適当なものを、次の中から一つ選びなさい。⑫

1. 科学に関する新たな発見を証明するには図像の存在が必要不可欠であるという科学者間の厳密な合意こそが、この研究者たちによる画像の修整や捏造を引き起こしたと考えられるから。
2. ありのままの実態を記録した画像が事象の客観性を裏付けるという社会的な合意を逆説的に捉えたことが、万能細胞の存在を証明する論文の捏造や修整につながったと推察できるから。
3. 図像を多く用いることが客観性の確保に重要だという社会的な合意が当時の科学界において形成されていたからこそ、画像を加工したり、恣意的にデータを使ったりしやすかったから。

科学的な実在とみなされるようになった。測定ではなく方程式や論理式が客観性となる、ということだ。言い換えると、［ X ］に焦点が移るということである。

一九世紀末から二〇世紀初頭に活躍した物理学者のアンリ・ポアンカレ（一八五四―一九一二）は次のように語っている。

「科学の客観的価値とは何か」と問うとき、その意味は「科学はものごとの本当の性質を教えてくれるか」ということではない。「科学はものごとの本当の関連を教えてくれるか」ということを意味する。

個々の対象ではなく対象間の法則こそが客観性だとみなされるようになるのだ。法則性が重視されることで、人間の関与は一層抹消される。さらには法則の方程式にはどんな数値が代入されてもよいわけだから、個別の対象も抹消される。数式と数値だけが残るのだ。

法則性の追求によって、あらゆる学問の成果は研究者の意識を離れて、客観的に保証されるようになる。図像も機械による測定も離れて、論理的な整合性こそが、自然の科学的真理を言い当てると考えられるようになるからだ。

論理的な構造が支配する完全な客観性の世界が自然科学において実現したとき、自然は実はそのままの姿で現れることをやめ、数値と式へと置き換えられてしまう。③自然を探究したはずの自然科学は、自然が持つリアルな質感を手放すようになるだろう。雨や風の音や匂い、草木がeハンモしていく生命力は消えていく（もちろん事象のリアリティにこだわりつづける生物学者・生態学者もいるだろうが）。客観性の探究において、自然そのものは科学者の手からすり抜け、数学化された自然が科学者の手に残ったのだ。

（村上靖彦『客観性の落とし穴』）

（注）

＊ダストンとギャリソン……ロレイン・ダストンとピーター・ギャリソン。いずれもアメリカの科学史家。

問一　傍線部aからeと同じ漢字を使うものを、次の中からそれぞれ一つずつ選びなさい。

a「タイセキ」［1］
1. 新しいショセキを出版する。
2. 大会で優れたジッセキを残す。
3. 経営陣のセキニンが問われる。
4. 旅行で地方のメイセキを巡る。
5. 貨物船のセキサイ量を調べる。

b「キケイ」［2］
1. キシュツの情報を分析する。
2. 横暴な主君にハンキを翻す。
3. スウキな運命に振り回される。
4. 記者会見への出席をキヒする。
5. キケイの活躍をお祈りします。

c「トウタツ」［3］
1. アットウ的な力で優勝する。

ンネや啓蒙《けいもう》期の学者たちが依拠した規範は、客観性ではなく本性〔自然〕への忠誠（**truth to nature**）だったのである」。科学者とは、神が創造した自然の理念へと直観的に一気にcトウタツする人物のことだった。この直観を一八世紀の学者は図像化しているのだ。

神の権威が弱くなるなか、一八世紀後半の啓蒙思想やフランス革命以降の西欧社会において、学問の真理は神が保証するものではなく、自然そのものの現れにおいて確かめられる必要が出てきた。自然の理念を描くのではなく、自然そのものを客観的に描こうとするのだ。こうして客観性こそが真理であるという通念が生まれることになる。一九世紀半ばになると、「客観的な」図像をどのように作成するのかが、大きな課題になってくる。

機械による客観的な測定はこの文脈のなかで生まれたものである。社会学者の松村一志は測定をおおむね時代順に並べて六段階に分けて整理している。

①感覚の段階……身体感覚によって確認する
②視覚化の段階……物質変化を目視する
③数量化の段階……物質変化に目盛りを与える
④誤差理論の段階……〔複数回測定して〕測定精度を誤差理論によって分析する
⑤指示・記録計器の段階……物質変化が目盛り上の指針の動きに変換され、記録される
⑥デジタル化の段階……数量をデジタル表示する

①から③は、判定者が重要になるから、証言によって結果を保証する必要がある。しかし④以降は機械が自動的に計測することになり、測定結果は研究者の手を離れて自立していく。つまり「より客観的」になる。

[C]、機械があったから客観性が追求されたわけではなく、むしろ客観性の追求への意志が先にあったようだ。たとえば一九世紀に発展しつつあった写真という新技術は、偽造・修復可能だ。写真技術ゆえに客観性が重視されるようになったわけではなく、機械的な客観性を目指す要請のほうが先に立ち、写真はその要請のために重宝されたのだ。

客観性とは、人の目というあいまいなものに「邪魔されずに見る」ことを指すようになる。こうして機械的客観性が成立する。写真という機械を手にしたことによって「人間による判断から解放された表象を手にすることができる」と信じられたのである。自然は神からも人間からも切り離された、それ自体で成り立つリアリティとなる。自然を人間から切り離して正確に認識しようとする意志が、主観性への排除と客観性へのdシュウネンを生んだのだ。

一九世紀末から客観性はさらなる段階へと進む。測定や記録された図像の正確さに依拠した機械的客観性は、法則、記号をもちいた論理構造に主役の座を譲る。

[D]、ゴットロープ・フレーゲ（一八四八―一九二五）に始まる一九世紀末からの現代数学の進展も、人間の操作とは無関係に成立している論理的な関係のなかに数学の基礎を求めるようになっていった。あるいは物理学においてはマックスウェル方程式のような構造が

【国　語】〈五〇分〉〈満点：一〇〇点〉

一　次の文章を読んで、後の問いに答えなさい。なお、本文には一部省略したところがある。

近代的な意味での科学的探究が始まった一七世紀は、時間に余裕がある貴族たちが科学の中心だった。キリスト教会が強かった当時、聖書およびアリストテレスの教えが「古典」として絶対的な権威を持っていた。ところが近代の科学的探究は、（地動説を唱えたコペルニクスやガリレオの例を始めとして）教会が認定する真理とは相容《あいい》れない結果をもたらすことになる。このとき神の権威とは異なる権威が必要とされるようになる。一七世紀には、まず証言者の権威によって真理が保証された。「「人間の証言」を「事物の証拠」よりも優先する」のだ。

しかしながら、次第に権威ある学者による証言に代わって、機器による測定によって真理が決められるようになる。ガリレオ（一五六四―一六四二）がピサの斜塔から重さの異なる大小の球体を落下させて同時に着地することを示し、「気体のタイセキ[a]は圧力と反比例する」というボイルの法則で知られるロバート・ボイル（一六二七―一六九一）が空気ポンプ実験を行うように、実験による客観性が生まれた。次第に目撃者の証言からは独立して、「客観的」に真理が成立することになる。

その後、実験室が多くの大学で設置されるようになった一九世紀にいたる歴史のなかで、測定が重視されるようになる。

①客観性の大事な要素であるこの測定についてもう少し歴史を振り返ってみよう。

二〇一四年に、動物細胞をある種の酸に浸《つ》けることによって、あらゆる細胞へと分化しうる万能細胞になるという「発見」がなされた。［Ａ］、それを証明した論文は画像の修整や捏造《ねつぞう》が明らかになり、論文が撤回された。このＳＴＡＰ細胞事件は②図像が客観性を保証するという社会的な合意を逆手に取るものだったといえるだろう。

科学は図像を多数用いてきた。顕微鏡を用いた細菌学や、ｆＭＲＩのような大規模な機械によって臓器を撮影する医学や神経科学が顕著な例であろう。つまり現在でも図像は客観性を保証する手段となっている。同時にこの客観性は、写真を加工することや、都合のよい実験結果だけをデータとして採用することで比較的容易に結果をゆがめることができる。

美しいデッサンを多数残した一八世紀から一九世紀前半までの自然科学は、実は目の前にあるサンプルを忠実に模写していたわけではなく、理想形を描いていたという。［Ｂ］客観性を求めたのではなく、自然の本性の定着をめざしてきたのだと、ダストンとギャリソン*は論じている。偶然による誤差やキケイ[b]に満ちた具体的自然ではなく、神が創造した自然が表すはずの美しい真実truth、理念を描くことが求められた。現代ならば「捏造」と言われる理想的な図像こそが、真理を表現するのだ。

スウェーデンの博物学者カール・リンネが作成した植物図鑑も「客観的とはいいがたい」ものだったという。正確にサンプルを模写するのではなく、特徴を強調して草花の一般的な姿を提示するのだ。「リ

MEMO

大切なことはメモしておこうネ！

第1回

2024年度

解　答　と　解　説

《2024年度の配点は解答欄に掲載してあります。》

＜数学解答＞《学校からの正答の発表はありません。》

1 (1) ア 9　(2) イ －　ウ 1　エ 4　(3) オ 3　カ 5　(4) キ 5
ク 2　(5) ケ 4

2 (1) ア 1　イ 3　ウ 6　(2) エ 1　オ 7　カ 1　キ 0　ク 8
(3) ケ 1　コ 9　サ 7　シ 2

3 (1) ア 6　イ 0　ウ 4　エ 3　(2) オ 4　カ 6　(3) キ 2
ク 4　ケ 3

4 (1) ア 2　イ 3　ウ 5　エ 6　(2) オ 7　カ 3　(3) キ 1
ク 2　ケ 5　コ 5　サ 3

5 (1) ア 2　イ 3　(2) ウ 2　エ 2　オ 3　(3) カ 6　キ 5
ク 1　ケ 5　コ 3　サ 1　シ 8　ス 2　セ 3　ソ 9

○推定配点○

1 各5点×5　2 各5点×3　3 (1) 各5点×2　(2) 5点　(3) 5点
4 (1) 各5点×2　(2) 5点　(3) 5点　5 (1) 5点　(2) 5点　(3) 各5点×2
計100点

＜数学解説＞

1 (平方根，連立方程式，度数分布表，食塩水，平面図形)

基本 (1) $(\sqrt{2}+\sqrt{3})^2(3\sqrt{2}-3\sqrt{3})^2=\{(\sqrt{2}+\sqrt{3})\times3(\sqrt{2}-\sqrt{3})\}^2=\{(2-3)\times3\}^2=(-3)^2=9$

重要 (2) $\frac{1}{x+y}=\mathrm{X}$，$\frac{1}{x-y}=\mathrm{Y}$とすると，$6\mathrm{X}-5\mathrm{Y}=3$…①，$\frac{3}{5}\mathrm{X}+6\mathrm{Y}=-1$より，$3\mathrm{X}+30\mathrm{Y}=-5$…②　①×6+②より，$39\mathrm{X}=13$　$\mathrm{X}=\frac{1}{3}$　これを①に代入して，$2-5\mathrm{Y}=3$　$\mathrm{Y}=-\frac{1}{5}$　よって，$x+y=3$…③，$x-y=-5$…④　③+④より，$2x=-2$　$x=-1$　これを③に代入して，$y=4$

基本 (3) $\frac{2024}{2500}=0.8096$　20分以上30分未満の階級の相対度数は，$1-(0.24+0.32+0.12+0.04+0.03+0.01+0.01)=0.23$　累積相対度数は，$0.24+0.32+0.23=0.79$，$0.79+0.12=0.91$より，通学時間の短い方から2024番目の生徒は，30分以上40分未満の階級に含まれる。その階級値は，$\frac{30+40}{2}=35$(分)

基本 (4) 求める濃度は2つの食塩水をすべて混ぜたときの濃度に等しいから，$(150\times0.02+100\times0.1)\div(150+100)\times100=5.2$(%)

重要 (5) 中点連結定理より，EH//BD//FG，$\mathrm{EH}=\frac{1}{2}\mathrm{BD}=\mathrm{FG}$　よって，四角形EFGHは平行四辺形で，その面積をSとすると，平行四辺形ABCDの面積の$\frac{1}{2}$で，$\mathrm{S}=12\times\frac{1}{2}=6$　BGとEFとの交点をP，EDとHGとの交点をQとする。EG//BFより，平行線と比の定理より，EP：PF＝EG：BF＝2：1だから，$\triangle\mathrm{EGP}=\frac{2}{3}\triangle\mathrm{EGF}=\frac{2}{3}\times\frac{1}{2}\mathrm{S}=2$　同様にして，$\triangle\mathrm{EGQ}=2$　よって，斜線部の面積は，$\triangle\mathrm{EGP}+\triangle\mathrm{EGQ}=2+2=4$

2 (確率)

さいころの目の出方の総数は$6\times6\times6=216$(通り)

基本 (1) $14\div2=7$，$14\div3=\frac{14}{3}$より，得点が14点となるのは3個とも異なる目のときで，その数の組み合わせは，(3，5，6)のみであるから，求める確率は，$\frac{3\times2\times1}{216}=\frac{1}{36}$

(2) 得点が12点となるのは，①のとき，(1，5，6)，(2，4，6)，(3，4，5)の目の数の組み合わせがあり，$6\times3=18$(通り)　②のとき，$12\div2=6$より，2個が6の目で，残り1個が1～5の目の$5\times3=15$(通り)　③のとき，$12\div3=4$より，(4，4，4)の1通り。よって，求める確率は，$\frac{18+15+1}{216}=\frac{17}{108}$

(3) 得点が6点となるのは，①のとき，(1，2，3)のみで，6通り。②のとき，$6\div2=3$より，2個が3の目で，残り1個が異なるので，$5\times3=15$(通り)　③のとき，$6\div3=2$より，(2，2，2)の1通り。よって，全部で$6+15+1=22$(通り)　得点が12点となるのは，(2)より，34通り。得点が18点となるのは，(6，6，6)の1通り。以上より，求める確率は，$\frac{22+34+1}{216}=\frac{19}{72}$

重要
3 (平面図形の計量)

(1) 円の中心をOとする。$\angle AOE:\angle EOH=$弧AE：弧EH$=2:1$より，$\angle EOH=180^\circ\times\frac{1}{2+1}=60^\circ$　円周角の定理より，$\angle EAH=\frac{1}{2}\angle EOH=30^\circ$　よって，$\angle ACB=180^\circ-90^\circ-30^\circ=60^\circ$　よって，$AH=\frac{\sqrt{3}}{2}AC=\frac{\sqrt{3}}{2}\times8=4\sqrt{3}$

(2) AHは直径だから，$\angle ADH=90^\circ$　$DH=\sqrt{AH^2-AD^2}=\sqrt{(4\sqrt{3})^2-4^2}=4\sqrt{2}$　2組の角がそれぞれ等しいから，$\triangle ABH\backsim\triangle AHD$　$BH:HD=AH:AD$　$BH=\frac{4\sqrt{2}\times4\sqrt{3}}{4}=4\sqrt{6}$

(3) $CH=\frac{1}{2}AC=4$より，$CE=\frac{1}{2}CH=2$，$EH=\sqrt{3}CE=2\sqrt{3}$だから，$\triangle CEH=\frac{1}{2}\times2\times2\sqrt{3}=2\sqrt{3}$　$BD=\sqrt{BH^2-DH^2}=\sqrt{(4\sqrt{6})^2-(4\sqrt{2})^2}=8$より，$\triangle BHD=\frac{1}{2}\times8\times4\sqrt{2}=16\sqrt{2}$　$\triangle ABC=\frac{1}{2}\times(4\sqrt{6}+4)\times4\sqrt{3}=24\sqrt{2}+8\sqrt{3}$　$\frac{\triangle ADE}{\triangle ABC}=\frac{AD}{AB}\times\frac{AE}{AC}$より，$\triangle ADE=\frac{4}{4+8}\times\frac{8-2}{8}\times\triangle ABC=\frac{1}{4}\times(24\sqrt{2}+8\sqrt{3})=6\sqrt{2}+2\sqrt{3}$　したがって，$\triangle DEH=(24\sqrt{2}+8\sqrt{3})-2\sqrt{3}-16\sqrt{2}-(6\sqrt{2}+2\sqrt{3})=2\sqrt{2}+4\sqrt{3}$

4 (図形と関数・グラフの融合問題)

重要 (1) $y=ax^2$はA$(-4,\ 32)$を通るから，$32=a\times(-4)^2$　$a=2$　$y=bx^2$はB$(2,\ 12)$を通るから，$12=b\times2^2$　$b=3$　直線ABの傾きは，$\frac{12-32}{2-(-4)}=-\frac{10}{3}$　直線ABの式を，$y=-\frac{10}{3}x+p$とすると，点Bを通るから，$12=-\frac{10}{3}\times2+p$　$p=\frac{56}{3}$　$P\left(0,\ \frac{56}{3}\right)$とすると，$\triangle OAB=\triangle OAP+\triangle OBP=\frac{1}{2}\times\frac{56}{3}\times4+\frac{1}{2}\times\frac{56}{3}\times2=56$

(2) $y=cx^2$に$x=2$，-4をそれぞれ代入して，$y=4c$，$16c$　よって，C$(2,\ 4c)$，D$(-4,\ 16c)$　直線CDの傾きは，$\frac{16c-4c}{-4-2}=-2c$　直線CDの式を$y=-2cx+q$とすると，点Cを通るから，$4c=-2c\times2+q$　$q=8c$　Q$(0,\ 8c)$とすると，$\triangle OCD=\triangle OCQ+\triangle ODQ=\frac{1}{2}\times8c\times2+\frac{1}{2}\times8c\times4=24c$　$24c=56$　$c=\frac{7}{3}$

(3) $c=\frac{7}{3}$のとき，$C\left(2,\ \frac{28}{3}\right)$，$D\left(-4,\ \frac{112}{3}\right)$　DA//BCだから，四角形ACBDは台形で，その面積は，$\frac{1}{2}\times\left\{\left(\frac{112}{3}-32\right)+\left(12-\frac{28}{3}\right)\right\}\times(2+4)=24$　直線BDの式を$y=mx+n$とすると，2点B，Dを通るから，$12=2m+n$，$\frac{112}{3}=-4m+n$　この連立方程式を解いて，$m=-\frac{38}{9}$，$n=\frac{184}{9}$　求める交点をRとし，RからDAにひいた垂線をRHとすると，$\triangle RDA=\frac{1}{2}\times\left(\frac{112}{3}-32\right)\times RH=\frac{1}{2}\times24$　$RH=\frac{9}{2}$　よって，点Rのx座標は$-4+\frac{9}{2}=\frac{1}{2}$　$y=-\frac{38}{9}x+\frac{184}{9}$に$x=\frac{1}{2}$を代入して，$y=-\frac{38}{9}\times\frac{1}{2}+\frac{184}{9}=\frac{55}{3}$　したがって，$\left(\frac{1}{2},\ \frac{55}{3}\right)$

重要 [5]（空間図形の計量）

（1） 1辺の長さがaの正三角形の面積は$\frac{\sqrt{3}}{4}a^2$で表せるから，三角柱ABC－DEFの体積は，$\frac{\sqrt{3}}{4}\times2^2\times2=2\sqrt{3}$

（2） 右の展開図において，AB//DEより，△CGHは正三角形，△ADGは内角が30°，60°，90°の直角三角形である。$AG=\frac{1}{\sqrt{3}}AD=\frac{2}{\sqrt{3}}=\frac{2\sqrt{3}}{3}$，$EH=DG=2AG=\frac{4\sqrt{3}}{3}$，$GH=CG=2-\frac{2\sqrt{3}}{3}$ よって，最短のひもの長さは，$DG+GH+HE=\frac{4\sqrt{3}}{3}+\left(2-\frac{2\sqrt{3}}{3}\right)+\frac{4\sqrt{3}}{3}=2+2\sqrt{3}$

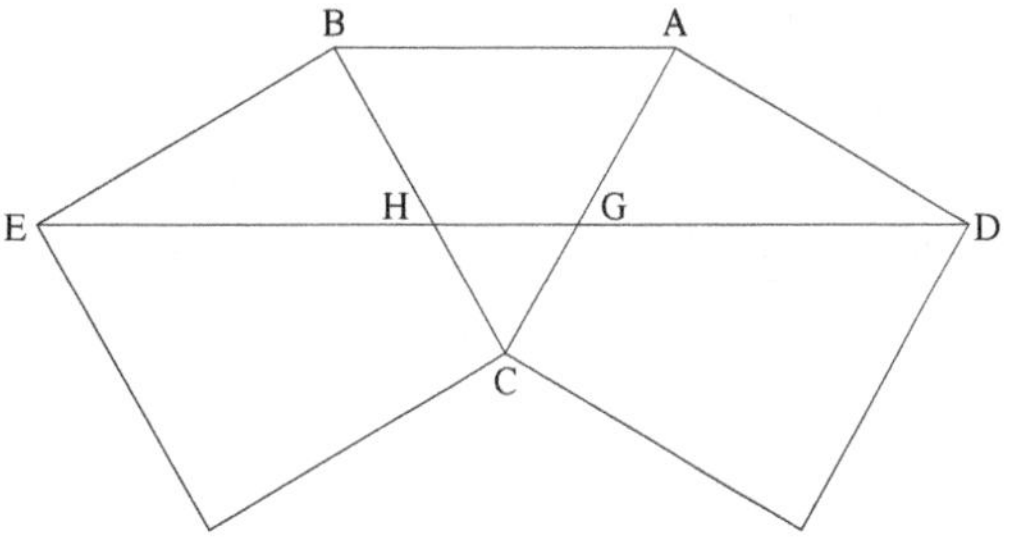

（3） 切断面の台形GHEDにおいて，GからDEにひいた垂線をGIとする。$DI=\left\{2-\left(2-\frac{2\sqrt{3}}{3}\right)\right\}\div2=\frac{\sqrt{3}}{3}$より，$GI=\sqrt{GD^2-DI^2}=\sqrt{\left(\frac{4\sqrt{3}}{3}\right)^2-\left(\frac{\sqrt{3}}{3}\right)^2}=\sqrt{5}$ よって，切断面の面積は，$\frac{1}{2}\times\left(2-\frac{2\sqrt{3}}{3}+2\right)\times\sqrt{5}=\frac{6\sqrt{5}-\sqrt{15}}{3}$ 次に，頂点Aを含む立体の体積は，合同な2つの四角錐と1つの三角柱の体積の和として求められる。GからABにひいた垂線をGJとすると，$GJ=\sqrt{GI^2-JI^2}=\sqrt{(\sqrt{5})^2-2^2}=1$より，四角錐GAJIDの体積は，$\frac{1}{3}\times\frac{\sqrt{3}}{3}\times2\times1=\frac{2\sqrt{3}}{9}$ 三角柱の体積は，$\frac{1}{2}\times2\times1\times\left(2-\frac{2\sqrt{3}}{3}\right)=\frac{6-2\sqrt{3}}{3}$ よって，求める立体の体積は，$\frac{2\sqrt{3}}{9}\times2+\frac{6-2\sqrt{3}}{3}=\frac{18-2\sqrt{3}}{9}$

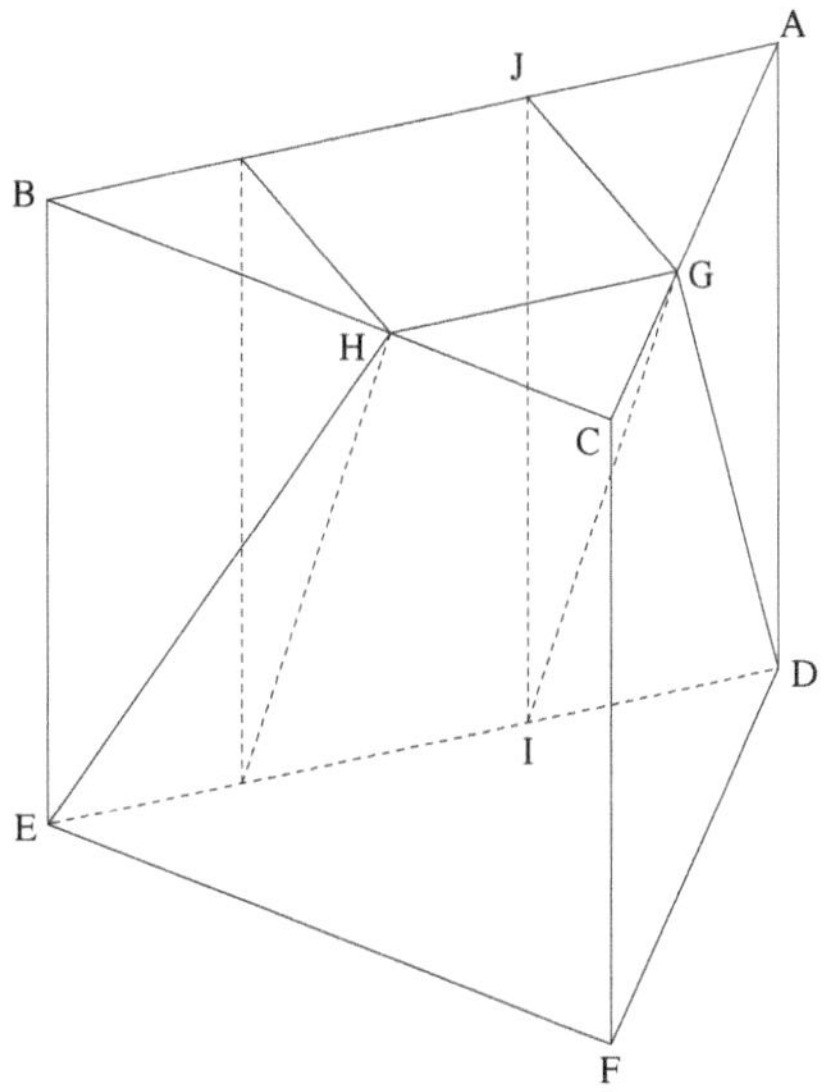

★ワンポイントアドバイス★

出題構成や難易度に変化はないが，やや計算力を要する問題が多かった。時間配分を考えながら，ミスのないようにできるところから確実に解いていこう。

＜英語解答＞《学校からの正答の発表はありません。》

1 （1） [1] 8　[2] 1　[3] 0　[4] 3　[5] 6　[6] 4　（2） ④

2 （1） [8] 6　[9] 4　[10] 1　[11] 2　[12] 3　[13] 5　（2） 2

3 （1） ②　（2） 2　（3） 2　（4） 1　（5） 1　（6） 4

4～6 リスニング問題解答省略

○推定配点○

1～3　各4点×20　　4～6　各2点×10　　計100点

＜英語解説＞

1　（長文読解問題・説明文：語句補充，正誤問題）

（大意）　年齢を重ねるほど，日常生活が人生の非常に重要な部分であることがわかります。

何か起こって日常生活が中断されると，少し疲れたままになってしまいがちです。もちろん，疲れるのが嫌いというわけではありません。友達と会ったり，食事に出かけたり，長距離ドライブに出かけたり，私の日常を妨げるものはすべて楽しいので，文句は言いません。①しかし，本当は，毎日同じことをしているとき，私は常に最高の気分であるということです。

なぜルーティンが人間だけでなく犬にとっても，そしておそらくは他の動物にとってもそれほど重要なのか疑問に思うことがあります。うちの犬は生前，[1]ルーティンが大好きでした。彼女は毎日同じ時間に食事をしたいと思っていました。彼女は毎日同じ時間に散歩に行きたがりました。彼女は毎日同じ時間に寝たいと思っていました。これらのどれかが遅れると，彼女は私の前に座り，まるで私に急ぐように言っているかのように私の目を見つめました。また，赤ちゃんや幼児にとってルーティンが非常に重要であるという記事も読んだことがあります。毎日同じ時間に同じことが起こらないと，彼らは不幸になります。これらすべてを考慮した結果，狩猟や旅行のために家を出ることが[2]危険に満ちていた古代の記憶があるのではないかと私は判断しました。②彼らが怖れなかった唯一のことは，毎日のルーティンだったのです。彼らは日常生活に安らぎを見出し，予期せぬ出来事を恐れました。

しかし，ルーティンは退屈を引き起こす可能性もあります。毎日同じこと，特に料理や洗濯などの面白くないことをするのは，あまり楽しくありません。③このことを考えたとき，私を毎日幸せにするのは，単なる日常的なことではなく，日常的に楽しんでいることであることに気づきました。言い換えれば，楽しい日常が幸福を生み出すということです。

バートランド・ラッセルは，著書『幸福論』の中で，幸福は[3]努力なしには得られないと述べています。個人的には，これには同意しません。幸福は一つのものであり，この一つのものを手に入れるために人は一生懸命働かなければならないと仮定しています。私自身の意見では，幸福とは単一のものではありません。日常に楽しみをもたらすたくさんの小さなことの[4]コレクションです。人々は，お金があれば幸福をもたらしてくれると考えています。人々は結婚すれば幸せになると考えています。人々は心配からの[5]解放が幸福をもたらすと考えています。これらすべてが幸福感をもたらすことは確かですが，この感情は限られた期間しか持続しません。その[6]状況に慣れてしまうと，幸福感は薄れてしまいます。

英語の「幸福」という言葉は不可算名詞です。これは間違いだと思います。可算名詞にすべきだと思います。私の考えでは，全体的な幸福は，日常の小さな幸福をできるだけ多く集めることでのみ得られると考えています。日々の小さな幸せが多ければ多いほど，人はより幸せになります。でも，その小さな幸せを味わいながら幸せであることを意識することも必要だと思います。④意識していれば，それらはただ日常の一部になります。

(1)　[1]　飼っていた犬は決まった行動をとることを好んでいた。　[2]　かつての狩猟や旅行について述べている。　[3]　one must work hard to obtain this singe thing とあり，幸福を得るには努力する必要があるという考えを紹介している。　[4]　a single thing と対立する内容のものを選ぶ。　[5]　from worry につながるものを選ぶ。　[6]　直前の例を表す言葉を選ぶ。

基本

(2)　④には them とあり，それを受けて a part of the daily routine となっているが，them は複数形なので a part ではなく parts となる。

2　（長文読解問題・説明文：語句補充，語句整序）

（大意）　ジーボンズ氏は，私が数学が好きなのはそれが安全だからだと言いました。彼は，私が数学が好きなのは数学は問題を解くことを意味し，その問題は難しくて興味深いものだったからだと言いました。8ジーボンズ氏がこう言ったのは彼が数字を理解していないからです。そして彼が言いたかったのは，人生には最後に単純な答えはないので，数学は人生とは違うということです。これが彼が言ったことなので，彼がこれを意味していることはわかります。

9しかし，いつも最後には明確な答えがありました。

ここにモンティ・ホール問題と呼ばれる有名な話がありますが，それが私の言いたいことを説明しているので，この本に含めました。

アメリカの「パレード」という雑誌に「マリリンに尋ねて」というコラムがありました。そして，このコラムはマリリン・ヴォス・サバントによって書かれており，その雑誌には彼女がギネスブックの殿堂入りであり，世界で最も高い知能指数を持っていると書かれていました。そしてコラムの中で，彼女は読者から寄せられた数学の質問に答えました。そして，1990年9月に，この質問はメリーランド州コロンビアのクレイグ・F・ウィテカーによって送られました(ただし，これは，より単純かつ理解しやすくしたため，いわゆる直接引用ではありません)。

あなたはテレビのゲーム番組に出演しています。このゲームショーの目的は，賞品として車を獲得することです。ゲームショーの司会者が3つのドアを紹介します。ドアの1つの後ろには車があり，他の2つのドアの後ろにはヤギがいると彼は言います。彼はあなたにドアを選ぶように言います。あなたはドアを選択しましたが，ドアは開きません。次に，ゲームショーの司会者が，あなたが選択しなかったドアの1つを開けてヤギを見せます(彼はドアの後ろに何があるかを知っているため)。そして，ドアが開いて車やヤギを手に入れる前に，考えを変える最後のチャンスがある，と彼は言います。そこで彼は，気が変わって，開いていないもう一方のドアを選択するかどうか尋ねます。あなたはどうするべきでしょうか。

マリリン・ヴォス・サバント氏は，そのドアの後ろに車がいる可能性は3分の2であるため，常に変更して最後のドアを選択する必要があると述べました。10しかし，直感を使えば，車がどのドアの後ろにある可能性も等しいと考えるので，その確率は50：50であると考えるでしょう。

マリリン・ヴォス・サバントがなぜ自分が正しいのかを注意深く説明したにもかかわらず，多くの人が同誌に彼女が間違っていると手紙を書きました。この問題に関して彼女が受け取った手紙の92%は彼女が間違っていると述べており，その多くは数学者や科学者からのものでした。

11しかし，マリリン・ヴォス・サヴァントは正しかったのです。それを解決する方法は，このように考えられるすべての結果をイメージすることです。

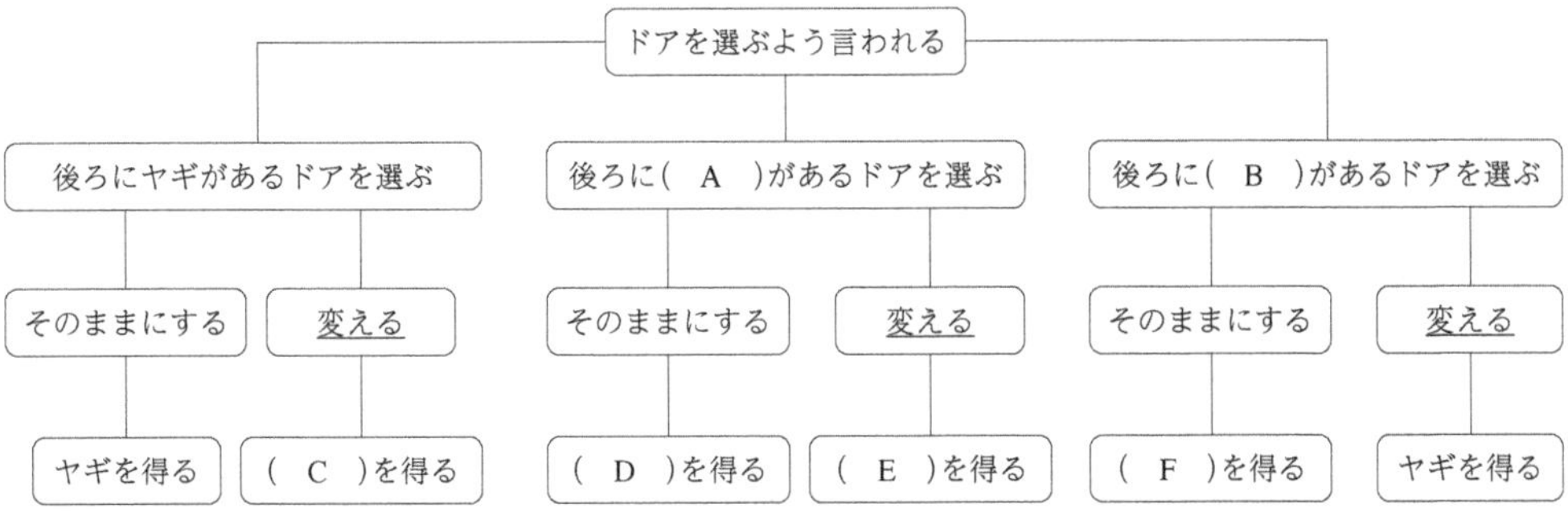

つまり，変えれば，3回に2回は車が手に入ります。そして，もしそのままにしても，車を手に入れることができるのは3回のうち1回だけです。

これは，直感が時々物事を間違う可能性があることを示しています。そして直感は，人々が人生で意思決定を行うために使用するものです。⑫しかし，論理は正しい答えを導き出すのに役立ちます。

それはまた，ジーボンズ氏が間違っていたこと，そして数字は時として非常に複雑で，まったく単純なものではないことも示しています。⑬だからこそ，私はモンティ・ホール問題が好きなのです。

(1) 大意参照。

重要 (2) 与えられている選択肢を実際にチャート図に当てはめてみて考えるとわかりやすい。 1 「変えれば，3回に2回は車が手に入ります」とあるので，変えた結果のうち2つには車が入るとわかる。よって，(C)～(F)に車が2つない1は誤りである。 3 (A)と(D)は同じものになるはずだが，3では異なっているので誤りである。 4 「もしそのままにしても，車を手に入れることができるのは3回のうち1回だけです」とある。よって，(C)～(F)に車が3つある4は誤りである。

3 (長文読解問題・物語文：正誤問題，内容吟味)

(大意) セント・ピーターズ大聖堂では，日曜の朝は手紙を書く時間でした。9時に全校生徒が机に向かい，1時間かけて両親に宛てて家に手紙を書かなければなりませんでした。10時15分，私たちは帽子とコートを着て学校の外で長い列になって隊列を組み，ウェストン・スーパー・メアまで数マイル下って教会に向かって行進し，昼食まで戻れませんでした。私は教会にはよく行きませんでしたが，手紙はよく書きました。

セント・ピーターズ大聖堂での最初の日曜日から，32年後に母が亡くなる日まで，私は家を空けるたびに週に一度，時にはもっと頻繁に母に手紙を書きました。私は毎週セント・ピーターズ大学から(そうせずにいられなかった)，次の学校であるレプトン校から毎週，そして戦争中はイギリス空軍で飛行していたケニアの乾燥したイラクとエジプトから毎週彼女に手紙を書きました。

母は，これらの手紙をすべて緑色のテープでていねいに束ねて保管していましたが，これは母自身の秘密でした。彼女は私にそれをしているとは決して言いませんでした。1957年，彼女が死期を悟ったとき，私は脊椎の大手術のためオックスフォードの病院に入院しており，彼女に手紙を書くことができませんでした。①それで，彼女は私と最後にもう一度会話できるように，特別にベッドの横に電話を設置していました。当時私自身がかなり深刻な状態にあったため，彼女は私に自分が死ぬことを告げませんでしたし，そのことについて他の誰にも言いませんでした。彼女はただ私の様子を尋ね，すぐに良くなることを願って私に愛を送ってくれました。私は彼女が翌日死ぬとは思っていませんでしたが，彼女はよくわかっていて，最後に手を差し伸べて私と話したいと思っていました。

②回復して家に帰ったとき，私はこの膨大な手紙のコレクションを手渡されました。各手紙は古い切手が貼られた元の封筒に入っていました。

セント・ピーターズ大学では手紙を書くことが重要な仕事でした。校長はセッション中ずっと教室を巡回して，私たちが書いているものを読んで間違いを指摘してくれたので，それは他のことと同じくらいスペルと句読点のレッスンでした。しかし，それが彼の興味の主な理由ではないと私は確信しています。彼は私たちが彼の学校についてひどいことを何も言わないようにするためにそこにいました。

③したがって，学期中に両親に何かを文句を言うことはできませんでした。たとえ食べ物がまずいと思ったとしても，あるいはしなかったことでひどい仕打ちを受けたとしても，私たちは手紙で

それをあえて言いませんでした。実際，私たちはしばしば逆のことをしました。私たちの肩に寄りかかって私たちの書いたものを読んでいたあの危険な校長を喜ばせるために，私たちは学校について素晴らしいことを言ったり，(B)家族に手紙を書いてくれるように頼んだりしました。

言っておきますが，校長は賢い人でした。彼は，私たちの手紙がこのように検閲されていると両親に思われたくなかったので，手紙自体のスペルミスを私たちが修正することを決して許しませんでした。たとえば，私が「先週の火曜日の夜(knight)に講義をしました…」と書いていたら，彼はこう言うでしょう。

「夜の綴りを知らないの？」

「はい，はい，先生，k–n–i–g–h–t」

「あれは別の種類のナイトだよ，馬鹿野郎！」

「どの種類ですか，先生？　私には…わかりません。」

「光る鎧を着た者だよ！　馬に乗った男！　火曜日の夜はどう綴りますか？」

「私は…私は…よくわかりません，先生」

「それは，n–i–g–h–t，坊や，n–i–g–h–tです。今日の午後，ここにいて，50回書いてください。いや，いや！　これ以上面倒なことはしたくありません。(C)君の書いたとおりにしておこう！」

④したがって，何の疑いも持たなかった両親は，あなたの手紙が誰にも見られず，検閲も訂正もされたことがないという印象を，この微妙な方法で得ることになるのです。

(1)「①～④の下線の文のどれが文法的に正しくないか。」 ②の文には手紙を指して each one とある。しかし，それを受ける代名詞が them となっており，単数のものを複数形で受けているため誤りである。

(2)「文章によると，著者の母親を一番よく描いているのはどれか。」 第3段落に「彼女はただ私の様子を尋ね，すぐに良くなることを願って私に愛を送ってくれました」とあるので，2が答え。　1「彼女はしばしば病気でベッドにいたので働けなかった。」 文中に書かれていない内容なので，誤り。　2「彼女はつらい時にも息子のことを気遣った。」 3「彼女は著者が30代である1957年に亡くなった。」 著者が学生であった時から「32年後に母が亡くなる日まで」とあるので，誤り。　4「彼女はいつも息子の手紙のひとつひとつにていねいに応えた。」 文中に書かれていない内容なので，誤り。

(3)「空欄(A)は何を意味するか。」 lousy は「いやな，ひどい」という意味。

(4)「空欄(B)を一番適切な文で埋めよ。」 学校について否定的なことは書けなかったとあるので，1が答え。　1「家族に手紙を書いてくれるように頼んだ」 2「先生たちがどれほど素晴らしいかについて話した」「話した」わけではないので，誤り。　3「学校生活においてひどい出来事」 学校について否定的なことは書けなかったとあるので，誤り。　4「自分がした綴りの誤りについて書く」 直接関係がない内容なので，誤り。

(5)「下線部分(C)は何を意味するか。」 綴りを直すことなくそのままにしておこうという意味なので，1が答え。　1「手紙において knight という言葉を直さないままにしなければいけない」 2「あなたが書いたのだから手紙はあなた自身によって送られねばならない」 文中に書かれていない内容なので，誤り。　3「 night という言葉を覚えるまで何度も書かねばならない」 校長はそうすることを止めようと言っているので，誤り。　4「あなたの手紙はとても拙いので，できるだけ早く部屋から出ていかねばならない」 文中に書かれていない内容なので，誤り。

重要 (6)「文章によると，次の文のどれが正しいか。」 1「著者の家族は誰も彼に母親の死について話さなかった。」 母親以外の著者の家族については書かれていないので，誤り。　2「著者は家にいるときでさえ毎週母親に手紙を書いた。」 文中に書かれていない内容なので，誤り。 3「学校の周囲を歩いている一組の野生のワニがよくいた。」 文中に書かれていない内容なので，誤り。 4「校長は，生徒たちの両親に学校の悪い点について知られたくなかった。」 校長先生の逸話の内容に合うので，答え。

4〜6 リスニング問題解説省略。

★ワンポイントアドバイス★

1の③には make me happy とあり，SVOCの構文が使われている。これはSVOOの構文と似ているので注意しよう。SVOCにおいては O ＝ C が成り立つが，SVOOにおいては O ＝ O が成り立たないことを理解しよう。

＜国語解答＞《学校からの正答の発表はありません。》

一 問一 a 3 b 1 c 4 d 5 e 2 問二 A 3 B 4 C 2 D 1
問三 2・5 問四 1 問五 4 問六 4 問七 (i) 3 (ii) 1

二 問一 a 3 b 3 c 1 問二 1 問三 3 問四 2 問五 1 問六 4
問七 1 問八 4

三 問一 a 5 b 1 c 3 問二 4 問三 1 問四 4 問五 4 問六 5

○推定配点○

一 問一・問二 各2点×9 他 各4点×6 二 問一・問四 各2点×4 他 各4点×6
三 問一 各2点×3 他 各4点×5 計100点

＜国語解説＞

一 **(論説文―大意・要旨，内容吟味，文脈把握，接続語の問題，脱文・脱語補充，漢字の読み書き)**

問一 a 特殊 1 珠玉 2 朱色 3 殊勲 4 首尾 5 情趣
b 円弧 1 括弧 2 縁故 3 太鼓 4 孤独 5 個人
c 租税 1 粗品 2 祖父 3 阻止 4 租借 5 組織
d 側面 1 測定 2 促進 3 消息 4 規則 5 側近
e 興じ 1 熱狂 2 即興 3 近況 4 提供 5 布教

問二 A 「和算は……複雑で技巧を競い合うのみの問題に集中していった」という前に対して，後で「そのことを反省して，和算を複雑化から一般化する方向で改造する試みも行われてはいた」と相反する内容を述べているので，逆接の意味を表す語が入る。 B 和算は「西洋数学と大いなる相違が生じた」という前に，後の「和算家は哲学や思想と縁が遠く，問題を解く技術的な手法ばかりに熱中した」と付け加えているので，添加の意味を表す語が入る。 C 「幾何学としての理論的厳密性にはこだわらなかった」という前を，後で「直観を重んじて理論的一貫性を重視しなかった」と言い換えているので，説明の意味を表す語が入る。 D 「和算全体がほとんど関流と言えないでもない」という前に関して，後で「流派とは……権威がものを言うようになってから形式を整えたもの」と前提となる内容を述べているので，改めて説き起こすという意味の語が入る。

問三 「このように和算が」で始まる段落に「『文も漏らすな』とか『他見他聞に逮ぶべからず』な

どの強い言葉で，流派の結束を高めようとした」とあるが，「厳しい罰が科された」とは書かれていないので，2は適当でない。「このように和算が」で始まる段落の「流派といっても数学の内容にはほとんど相違はなく，数式や記号の書き方に違いがあった程度」に，「数式や記号の独自性を競い合う」とある5も適当でない。

問四　直前の段落に，関孝和以降の「和算」は「複雑で技巧を競い合う」ものであったとある。その「和算を複雑化から一般化する方向で改革する試み」をした者として，会田安明を取り上げ，「『通術(科学的に共通の方法)』によって和算を改革することを主張」したと説明している。この内容を言い換えている1が最も適当。2「優れた手法が次々に生まれた」，3「理論的な完成度が足りなかった」とは書かれていない。「彼らは」で始まる段落の内容に「関孝和の優れた仕事も……一般大衆の数学に対する姿勢と本質的に変わらなかった」とあるが，これは，会田安明も含む和算全てについて述べているので，4も適当ではない。5の「力学や物理学といった，数学以外の自然科学との関わり」は，和算を西洋数学と比較したものなので適当ではない。

やや難　問五　和算の目的とは何か。直後の文の「芸を鍛えることに喜びを見出した」や，一つ後の文の「高級な趣味の一つ」などの表現から，「芸に上達する」とある4を選ぶ。

重要　問六　最終段落の「身分を超えて多くの人々」を「普遍性」，「『無用』の数学に打ち込んだことの素晴らしさ」を「『役に立たない』ことを前提に時間を忘れて打ち込んだ」，「江戸の好奇心と，その豊穣さ」を「江戸文化の豊さや市民の心の余裕」と言い換えて理由を説明している4が適当。最終段落で，1「一部の上流階級に限られていた」，2「実用的な価値が高い」，3「闘争心を刺激する」，5の「人間の本質的な向学心につながる」と筆者は述べていない。

やや難　問七　(i)　会話の流れから，空欄[Y]には「西洋の数学」における考え方の例が入る。直後の生徒Bの「ある命題から論理的に筋道を立てて物事を説明していく」というイメージに合う例を選ぶ。「ある命題」が「三角形の内角の和が一八〇度になるという決まり」，「論理的に筋道を立てて物事を説明していく」が「三角形の一つの角度を求める」に相当するので，3が入る。1の「決まりに気づく」，2の「興味を持つ」は，「物事を説明」という表現に合わない。「ある命題」に，4の「作業を繰り返して」も合わない。　(ii)　直前の生徒Dが「江戸時代の和算のあり方も一つの『科学』として捉えている」と言っているので，出典文章の別の箇所の「『江戸の好奇心』をくすぐってきたもう一つの『科学』」に着目する。この「もっと人間臭く，もっと自由度の高い，もっと夢がある『科学』」という表現に，1の「素朴な知識欲や遊び心」が通じる。この「素朴な知識欲や遊び心」が，生徒Aの「僕らの高校での学び」に通じることも確認する。「遊び心」に基づいているので，「許容する」とある2は適当ではない。3の「西洋数学を受け入れるための基礎の一つ」，4の「倫理的な規範の形成に役立つ」について述べていない。

二　(小説一情景･心情，内容吟味，文脈把握，脱文･脱語補充，語句の意味，ことわざ･慣用句，品詞･用法)

問一　a「狼狽(ろうばい)」という熟語がある。　b　直後の「呆気に取られて」からも意味を推察できる。　c「算段」は苦心して方法や手段を考え出すこと。

基本　問二　「耳を[I]」で熱心に聞いて，「熱に[II]」でのぼせ上がった，「顔を[III]」で姿を現す，「[IV]無き」で比べるものがないという意味になる語句が入る。

やや難　問三　直前に「わたしのために」とあるので，この時点での「わたし」の状態を読み取る。「中宮様が，ここまで」で始まる段落の「わたしはますます狼狽え，どうしても日中に参上できず」から，3が最も適当。「わたしのために」という表現に，1は合わない。「日中」で始まる段落に，雪の美しさを見せるために「あの絵を見せ，白居易の詩を口にさせた」とあるが，そのために「格子と御簾とを閉ざしたまま」にしたのではない。後で中宮は「早くお帰り」と言っているので，

「引き留めるため」とある5も適当ではない。

問四　1は「尊敬」ではなく受け身，3は「接続詞」ではなく副詞，4は「連用形」ではなく連体形，5は「四単語」ではなく五単語から構成されている。

問五　「しかも」で始まる段落に「『少納言』という官職での呼び方は……下臈としてではなく，それより上の，半ば中臈の身分で扱うことを意味していた」，「葛城の神」で始まる段落に「中宮様はいかにして目の前にいる女房を開花させるか，という算段を講じていた」とある。1にあるように中宮が「わたし」の能力を発揮させるために「清少納言」と呼んだことがわかる。2の「孤高の存在として」，3の「高貴な家柄出身であることが伝わるように」，4の「特別な関係を他の女房に誇示」や5の「自らの中宮としての力量を周囲に悟らせる」意図は読み取れない。

問六　前の「痺れるような驚きと喜び」や，後の「(このために，たびたびわたしを招き，格子を下げたままにしていたのか)」という思いから，感激する気持ちを「火を熾されたような」と表現した4が入る。1の「冷たい心」，2「掛け金を掛けられたような」，3の「型通りの返答」，5「中宮様の苦悩」の部分が適当ではない。

重要　問七　直前の「その若さにしてすでに，人を見抜き，導き，そしてその才能をその人自身に開花させるという，優れた君主の気風と知恵とを身に備えておいでなのでした」という表現には，崇高なものとしておそれ敬うという意味の1の「畏敬の念」が適当。

重要　問八　1　中宮が「わたし」を「見限ろうとした」とは読み取れない。　2「常ならぬ様子」は，「格子をすっかり閉ざしたまま」であることを言っている。　3「いかにも余裕があるように強がっている様子」は読み取れない。　4　中宮の素晴らしさを讃えている部分で，「わたし」の「強い信仰心」は読み取れない。

三　**(古文―大意・要旨，内容吟味，文脈把握，指示語の問題，脱文・脱語補充，古文の口語訳)**

〈口語訳〉　経などを習うとき，たいそうたどたどしく，忘れやすくて，何度も同じところを読むのに，法師は当然のこととして，男も女も，すらすらと簡単に読むの(を見ると)，あんなふうにいつになったらなれるのだろうかと，思われる。

体調が悪くて寝ているときに，笑いに笑い，何かを言って，思いわずらうことがない様子で歩いていく人を見るのは，たいそううらやましいことだ。

稲荷大社に心を奮い立たせて詣でたところ，中の御社のあたりで，(私は)どうしようもなく苦しいのを我慢して登るのに，少しも苦しそうな様子もなく，後から来たと思える人たちが，ひたすら進んで先に立って詣でるのは，とてもすばらしい。二月の午の日の明け方に急いで(出たが)，坂の半分ほど歩いたところ，巳の刻ほどになってしまった。だんだん暑くさえなって，本当に情けなくて，どうして，こんな風でない良い日もあるのに，何をしに詣でているのだろうと，涙が出てきて，疲れ切って休んでいると，四十歳を過ぎたほどの女で，壺装束などではなく，ただ着物の裾をたくし上げているのが，「私は，七度詣でをしますよ。(もう)三度詣でた。今となっては四度(詣でるのは)大したことではない。未の刻には帰れるだろう」と，道で出会った人に言って，下って行ったのは，普通の所では目に留まらないだろうが，この女の身に今すぐなりたいと，思われたことだ。

やや難　問一　a　漢字で書くと「理」となる。作者は，「男も女も」簡単に経を読むことに驚いているが，「法師」が経をすらすらと読むのは当然だが，と思っている。　b「極ず」は極める，限界になるという意味だと推察する。　c「こと」は漢字で書くと「異」「殊」で，特別な事という意味になる。

問二　傍線部①の「あれ」は，経を「くるくるとやすらかによみたる」男や女を指している。作者は，経を習う時に「いみじうたどたどしく，忘れがちに，返す返す同じところをよむ」と言っているので，4が最も適当。1の「性格を直したい」，2の「教える」，3の「すらすら読むことは慎むべき」，5の「名声を得たい」とは述べていない。

重要 問三 「ここちなどわづらひて臥したる」人が，「笑うち笑ひ，ものなど言火，思ふことなげにて歩みありく人」を見るときの気持ちを表す語があてはまる。

基本 問四 直後の文の「やうやう暑くさへなりて，まことにわびしくて，など，かからでよき日もあらむものを，なにしに詣でつらむと」には，「後悔」とある4が適当。2，3，5はこの直後の文の内容に合わない。作者は，1「一人旅の寂しさ」を辛く思っているわけではない。

問五 傍線部③を含む「これが身にただ今ならばや」は，この人の身に今すぐなりたいという意味であることから考える。疲れて休んでいる作者は，七度詣でをする「四十余ばかりなる女」をうらやましく思っている。

重要 問六 経をすらすら読む人，病気の時に見る笑い歩く人，稲荷神社で疲れて休んでいる時に七度詣でようとしている人という具体例を挙げている。冒頭の段落の「あれがやうにいつの世にあらむ」や最終文の「これが身にただ今ならばや」を「同じようにありたい」と言い換えている5が最も適当。このうらやましいという気持ちに，1の「理想を追求」や3の「逃げ出したくなっている」，4の「窮地を脱すればよいか模索している」はそぐわない。作者はできなかったので，2の「自分もそうすればよかったという後悔」も合わない。

★ワンポイントアドバイス★

文章量も多く，また選択肢も長文となっている。普段から読むスピードを上げることを意識しよう。

第2回

2024年度

解　答　と　解　説

《2024年度の配点は解答欄に掲載してあります。》

＜数学解答＞《学校からの正答の発表はありません。》

1 (1) ア 1 イ 3 (2) ウ 3 エ 2 オ 3 (3) カ 4 キ 5
(4) ク 6 ケ 9 (5) コ 4 サ 8 シ 5

2 (1) ア 1 イ 3 (2) ウ 7 エ 2 オ 7 (3) カ 7 キ 2 ク 7

3 (1) ア 5 イ 1 ウ 0 (2) エ 2 オ 5 (3) カ 6 キ 1

4 (1) ア 2 イ 9 ウ 4 エ 3 (2) オ 1 カ 0 キ 8 (3) ク 2
ケ 1

5 (1) ア 2 (2) イ 2 ウ 3 (3) エ 8 オ 3 カ 2 キ 1 ク 3

○推定配点○

1 (1)・(2) 各5点×2　他 各6点×3　2 各6点×3　3 各6点×3　4 各6点×3
5 各6点×3　計100点

＜数学解説＞

1 (計算の工夫，因数分解，データの整理，関数の利用，空間図形)

(1) $2024\times\left(\frac{20}{23}-\frac{20}{24}\right)\times\left(\frac{1}{20}-\frac{1}{22}\right)=2024\times\frac{20\times24-20\times23}{23\times24}\times\frac{22-20}{20\times22}=2^3\times11\times23\times\frac{20}{23\times24}\times\frac{2}{20\times22}=\frac{2^3}{24}=\frac{1}{3}$

基本 (2) $2(x^2+3x)-(5x-2)(x+3)=2x(x+3)-(5x-2)(x+3)=(x+3)\{2x-(5x-2)\}=(x+3)\{2-3x\}$

基本 (3) 平均値が5.5より，$\frac{5+x+10+y+2+7}{6}=5.5$　$x+y+24=33$　$x+y=9$…①　$y\geqq5$のとき，中央値が5.5より小さいことから，$\frac{5+y}{2}<5.5$　$5+y<11$　$y<6$　よって，$y=5$　したがって，①より，$x=4$

(4) 自転車が栄さんに追いついた地点は学校から4×100＝400(m)の地点。自転車が一定の速さで走行したときのxとyの関係を$y=ax+b$とすると，$x=8$のとき$y=32$，$x=12$のとき$y=96$だから，$32=8a+b$，$96=12a+b$　この連立方程式を解いて，$a=16$，$b=-96$　よって，$y=16x-96$　この式に$y=400$を代入して，$400=16x-96$　$x=31$　自転車は出発してから31秒後に追いついたので，自転車が学校を出発したのは，栄さんが学校を出発してから，100−31＝69より，69秒後である。

重要 (5) $AB^2+AC^2=BC^2$が成り立つので，$\angle BAC=90^\circ$である。AからBCにひいた垂線をAHとすると，$AH\times BC=AB\times AC$だから，$AH=\frac{3\times4}{5}=\frac{12}{5}$　よって，求める回転体の体積は，$\frac{1}{3}\pi\times\left(\frac{12}{5}\right)^2\times5=\frac{48}{5}\pi$

2 (確率)

基本 (1) 1つの頂点から他の3頂点のいずれかに移動する確率は$\frac{1}{3}$で同様に確からしい。2秒後に点Pが頂点Aにいるのは，A→B→A，A→C→A，A→D→Aの場合があり，求める確率は，$\left(\frac{1}{3}\right)^2\times3=$

$\frac{3}{9}=\frac{1}{3}$

(2)　3秒後に点Pが頂点Bにいるのは，2秒後に点Pが頂点Aに戻り次に頂点Bに移動する場合と，A→B→C→B，A→B→D→B，A→C→D→B，A→D→C→Bの場合があるから，求める確率は，$\left(\frac{1}{3}\right)^3\times7=\frac{7}{27}$

重要 (3)　3秒後に点Pが頂点C，Dにいる確率はそれぞれ(2)より，$\frac{7}{27}$　よって，求める確率は$\frac{7}{27}\times\frac{1}{3}\times3=\frac{7}{27}$

3 (平面図形の計量)

基本 (1)　$\angle BO_1C=90^\circ$より，$BC=\sqrt{CO_1{}^2+BO_1{}^2}=\sqrt{5^2+15^2}=5\sqrt{10}$

重要 (2)　△ABCと$\triangle EBO_2$において，共通だから，$\angle ABC=\angle EBO_2$　四角形AO_2ECは円O_1に内接するから，$\angle ACB=\angle EO_2B$　2組の角がそれぞれ等しいので，$\triangle ABC\backsim\triangle EBO_2$　$AC:EO_2=BC:BO_2$　$AC=\sqrt{2}AO_1=5\sqrt{2}$，$BO_2=10$より，$EO_2=\frac{5\sqrt{2}\times10}{5\sqrt{10}}=2\sqrt{5}$

やや難 (3)　O_2から線分DFにひいた垂線をO_2Mとすると，$\triangle CO_1B\backsim\triangle O_2MB$　$CO_1:O_2M=CB:O_2B$　$O_2M=\frac{5\times10}{5\sqrt{10}}=\sqrt{10}$　よって，$BM=3O_2M=3\sqrt{10}$　$DM=FM=x$とすると，$BD=3\sqrt{10}+x$，$BF=3\sqrt{10}-x$　四角形O_1DFO_3は円O_2に内接するから，$\triangle O_1BD\backsim\triangle FBO_3$　$BD:BO_3=O_1B:FB$　$(3\sqrt{10}+x):5=15:(3\sqrt{10}-x)$　$90-x^2=75$　$x^2=15$　$x>0$より，$x=\sqrt{15}$　よって，$\triangle O_1BD$と$\triangle FBO_3$の面積比は，$(3\sqrt{10}+\sqrt{15})^2:5^2=\{\sqrt{5}(3\sqrt{2}+\sqrt{3})\}^2:5^2=(3\sqrt{2}+\sqrt{3})^2:5=(21+6\sqrt{6}):5$　ここで，$\triangle O_1BD=3\triangle O_1O_2D=3S_1$，$\triangle FBO_3=\triangle O_2O_3F=S_2$　よって，$S_1:S_2=\frac{21+6\sqrt{6}}{3}:5=(7+2\sqrt{6}):5=(6+2\sqrt{6}+1):5=(\sqrt{6}+1)^2:5=(\sqrt{6}+1):\frac{5}{\sqrt{6}+1}=(\sqrt{6}+1):(\sqrt{6}-1)$

4 (図形と関数・グラフの融合問題)

基本 (1)　点Aは放物線①上の点だから，$A\left(t,\ \frac{14}{9}t^2\right)$　点Bは放物線②上の点だから，$B\left(t,\ \frac{2}{9}t^2\right)$　直線OBの傾きは，$\left(\frac{2}{9}t^2-0\right)\div(t-0)=\frac{2}{9}t$　よって，直線③の方程式を$y=\frac{2}{9}tx+b$とすると，点Aを通るから，$\frac{14}{9}t^2=\frac{2}{9}t\times t+b$　$b=\frac{4}{3}t^2$　したがって，$y=\frac{2}{9}tx+\frac{4}{3}t^2$

重要 (2)　$y=\frac{2}{9}x^2$と$y=\frac{2}{9}tx+\frac{4}{3}t^2$から$y$を消去して，$\frac{2}{9}x^2=\frac{2}{9}tx+\frac{4}{3}t^2$　$x^2-tx-6t^2=0$　$(x+2t)(x-3t)=0$　$x=-2t,\ 3t$　よって，点Cのx座標は$-2t$，点Dのx座標は$3t$　OB//CDだから，△ABC：△ABD：△OBC＝CA：AD：OB＝$\{t-(-2t)\}:(3t-t):(t-0)=3:2:1$　よって，△ABCと四角形OBDCの面積比は，$3:(3+2+1)=1:2$　したがって，四角形OBDCの面積は，$54\times2=108$

重要 (3)　CA：AD：OB＝3：2：1より，直線OAは四角形OBDCの面積を2等分する。直線OAの傾きは，$\left(\frac{14}{9}t^2-0\right)\div(t-0)=\frac{14}{9}t$　よって，$y=\frac{2}{9}x^2$と$y=\frac{14}{9}tx$からyを消去して，$\frac{2}{9}x^2=\frac{14}{9}tx$　$x^2-7tx=0$　$x(x-7t)=0$　$x=0,\ 7t$　ここで，$\triangle ABC=\frac{1}{2}\times\left(\frac{14}{9}t^2-\frac{2}{9}t^2\right)\times\{t-(-2t)\}=2t^3$　$2t^3=54$　$t^3=27$　$t=3$　したがって，求める点のx座標は，$7\times3=21$

5 (空間図形の計量)

基本 (1)　$\triangle AMN=\frac{1}{2}\times AM\times BN=\frac{1}{2}\times\frac{4}{2}\times\frac{4}{2}=2$

重要 (2)　2秒後，点Pは辺ADの中点であるから，$MP=MN=\sqrt{2^2+2^2}=2\sqrt{2}$　$PN=\sqrt{PB^2+BN^2}=\sqrt{2^2+4^2+2^2}=2\sqrt{6}$　△PMNにおいて，MからPNにひいた垂線をMIとすると，$MI=\sqrt{MN^2-NI^2}=\sqrt{(2\sqrt{2})^2-\left(\frac{2\sqrt{6}}{2}\right)^2}=\sqrt{2}$　よって，$\triangle PMN=\frac{1}{2}\times2\sqrt{6}\times\sqrt{2}=2\sqrt{3}$

重要 (3)　辺AE，DHの中点をそれぞれJ，Kとし，直線JK上にJL＝6となる点Lをとると，求める切断面は，次ページの図のような六角形NMPQRSである。$NM=2\sqrt{2}$，$MP=\sqrt{2^2+3^2}=\sqrt{13}$　DQ：QK＝

PD：KL＝1：2より，$DQ=\frac{1}{3}DK=\frac{2}{3}$　よって，$PQ=\sqrt{1^2+\left(\frac{2}{3}\right)^2}=\frac{\sqrt{13}}{3}$　$RH=QH=4-\frac{2}{3}=\frac{10}{3}$より，$QR=\frac{10\sqrt{2}}{3}$　$RS=PQ=\frac{\sqrt{13}}{3}$　$SN=MP=\sqrt{13}$　したがって，切断面の周の長さは，$2\sqrt{2}+\sqrt{13}+\frac{\sqrt{13}}{3}+\frac{10\sqrt{2}}{3}+\frac{\sqrt{13}}{3}+\sqrt{13}=\frac{16\sqrt{2}}{3}+\frac{8\sqrt{13}}{3}=\frac{8}{3}(2\sqrt{2}+\sqrt{13})$

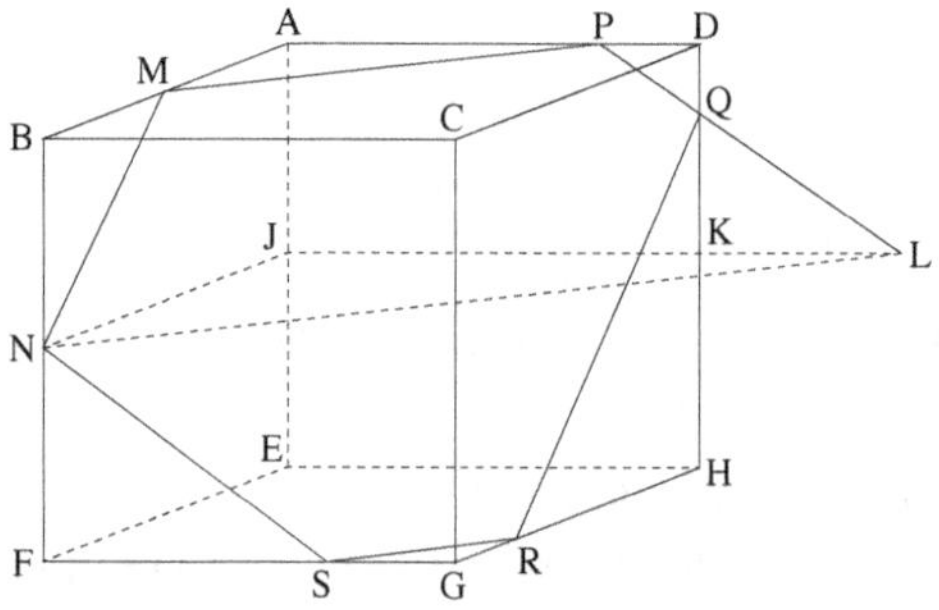

★ワンポイントアドバイス★

第1回と出題構成は同じだが，難易度はやや高く，解きにくい問題もある。特に図形問題はいろいろな問題を解いておきたい。

＜英語解答＞《学校からの正答の発表はありません。》

1　(1)　[1] 8　[2] 3　[3] 7　[4] 0　[5] 4　[6] 5　(2)　③

2　(1)　[8] 6　[9] 2　[10] 5　[11] 4　[12] 3　[13] 1　(2)　4

3　(1)　1　(2)　②　(3)　[17] 3　[18] 4　(4)　4　(5)　1

4～6　リスニング問題解答省略

○推定配点○

1～3　各4点×20　4～6　各2点×10　計100点

＜英語解説＞

1　(長文読解問題・説明文：語句補充，正誤問題)

(大意)　ボードゲームは，多くの人が大切にする喜びと楽しみの世界を作り出します。濡れすぎて外で遊ぶことができない雨の日に最適です。そんな日は，モノポリーを一回すると屋内の一日がスリリングな冒険に変わります。時々，おばあちゃんが日本の伝統的な遊びを共有し，特別な思い出を作るかもしれません。①おじいちゃんと囲碁のようなゲームをすることが，日本についての楽しい勉強になることもあるでしょう。なぜこれほど多くの人がボードゲームを好むのかは不思議ではありません。

ボードゲームは5,000年以上にわたりエンターテイメントの源であり続けています。遠い昔，古代エジプトでは人々はセネトと呼ばれるゲームを楽しんでいました。今日のチェッカーに少し似ていますが，サイコロの代わりにスティックを使用しました。目標は，チェッカーゲームと同じように，ボードからすべての駒をすべて[1]得る最初の人になることでした。②セネトを見てみると，ゲームが長年にわたって人々に喜びをもたらしてきたことがわかります。

ボードゲームをプレイするのは過去だけではありません。今日，世界各地の人々もこれらのゲームを愛しています。これらは，地域の文化や伝統を[2]反映することがよくあります。実際，各地域にはユニークなゲームがあります。たとえば，アフリカではマンカラというゲームが人気です。このゲームには，ボード上の穴の中で小さな石や種を動かすことが含まれます。一方，インドにはパチシとして知られるゲームがあります。西洋では，このゲームはルードとして知られています。ルードはインドではとても人気のあるゲームなので，パーティーやお祭りでよくプレイされます。③これらのゲームはそれぞれ異なりますが，楽しみとエンターテイメントをもたらすという同じ目的を共有しています。

今日，プレイできるビデオゲームがたくさんあるにもかかわらず，ボードゲームへの愛が再び高まっています。その理由の1つは，ボードゲームでは人々が1つの部屋に一緒に座って直接[3]話すことができるからかもしれません。それらは私たちに楽しい時間を共有し，一緒に笑いさえさせてくれます。重要なのは，ボードゲームは私たちに有用なスキルを教えてくれることもあります。たとえば，スクラブルで遊ぶことは，新しい単語とその正しい綴りを学ぶのに役立ちます。モノポリーはお金と取引について教えてくれます。したがって，ボードゲームは楽しい学習方法になる可能性があります。

テクノロジーはボードゲームの一部にもなり始めています。最近の変化により，ボードゲームの遊び方が変わりました。たとえば，拡張現実(AR)は特殊なメガネを使用して，ゲームがボードから飛び出ているかのように[4]見えるようにさせます。人工知能(Al)は，考えて意思決定できるコンピューターの敵を作り出すことができます。興味深いことに，AIはチェスや囲碁などの複雑なボードゲームで人間のチャンピオンに勝つことさえできており，ボード ゲームをさらにエキサイティングなものにしています。

これからもボードゲームは無限の楽しみを提供し[5]続けます。ARやAIなどの新しいアイデアがさらに普及すると予想されます。これらのテクノロジーは，仮想のピースが勝手に動き，ゲームが私たちのアクションにリアルタイムで反応するなど，④私たちがまだ想像できないようなゲームを生み出す可能性もあります。ボードゲームは以前と違って見え始めるかもしれませんが，これまでと同じように人々を結びつけることに変わりはありません。ボードゲームは，楽しんで新しい友達を作り，ちょっとしたフレンドリーな競争を楽しむものです。

古代から現代に至るまで，アフリカからインドに至るまで，ボードゲームは常に人々に笑顔をもたらし，創造性を刺激し，友情を築いてきました。これらは時代を経て適応し，テクノロジーとともに進化し，喜びを与え，学習を[6]奨励し続けています。ボード ゲームの魔法は普遍的であり，出身地や年齢に関係なく，優れたゲームがあればどんな日も冒険に変えることができることを証明しています。

(1) [1] 〈 get ～ off … 〉で「…から～を取る」という意味を表す。 [2] reflect は「～を反映する」という意味を表す。 [3] ボードゲームをしながら行うことを選ぶ。 [4] 〈 look as if ～ 〉で「まるで～のように見える」という意味を表す。 [5] 〈 continue to ～ 〉は「～し続ける」という意味を表す。 [6] encourage は「～を奨励する」という意味を表す。

基本

(2) ③の文の主語は each of these games の each であり，単数を表す。よって動詞の share には三単現の s をつける必要がある。

2 (長文読解問題・説明文：文補充，内容吟味)

(大意) アポロ13号は1970年4月11日の午後2時13分にフロリダ州のケネディ宇宙センターから打ち上げられました。[8]宇宙での最初の2日間は，わずかな問題があっただけで，順調に進みました。しかし，約56時間宇宙に滞在した後，サービスモジュール内の酸素タンクが爆発し，別の酸素タンクも故障しました。[9]これは，宇宙飛行士たちの命を危うくした一連の失敗の最初の出来事にすぎなかったのです。

警告灯が点灯し，サービスモジュール内の3つのエネルギーセルのうち2つが故障したことを宇宙飛行士に伝えました。[10]サービスモジュールの電力はすべてこれらのセルから供給されているため，これは大きな問題でした。酸素や電気がなければ，宇宙飛行士は飛行船や指揮船を使用したり，そこにいることができず，アポロ13号の月着陸船と呼ばれる別の空間に移動しなければなりません。さらに，地上管制チームは，宇宙飛行士が空気，水，エネルギーを節約する方法と，宇宙飛行士がすぐに帰還できる方法を見つけ出す必要がありました。

⑪テキサス州ヒューストンにあるNASA事務所の地上管制官は，宇宙飛行士を安全に帰還させる方法を見つけるために24時間体制で取り組んでいました。しかし，宇宙飛行士に指示を与える前に，彼らは各ステップをテストして，宇宙で機能するかどうかを確認する必要がありました。彼らはラベル，スウィガート，ハイセに，水をほとんど飲まず，電力を節約するためにすべての暖房システムを切るように指示を送りました。⑫しかし宇宙飛行士たちは，アポロ13号内部の二酸化炭素の蓄積が危険なレベルに達し始めていることにも気づいていました。宇宙船には空気から二酸化炭素を除去するための特別な機械が装備されていましたが，司令船で使用されていた四角い機械は月着陸船の円形の開口部には適合しませんでした。

地上管制は，宇宙飛行士が宇宙船に搭載する材料のみを使用して，正方形の機械を円形の開口部に取り付ける方法を考え出しました。⑬彼らは宇宙飛行士に指示を送りました。そして彼らはビニール袋，テープ，ボール紙だけを使って二酸化炭素問題を解決することができました。

最後に，地上管制官と宇宙飛行士は，月面着陸に向けて航行中のアポロ13号がどのように向きを変えて地球に帰還できるのかを解明するために，非常に難しい計算を行う必要がありました。アポロ13号が月の周りを回っている間，宇宙飛行士たちは太陽の位置を利用するコースを整え，帰還するコースに乗ることができました。ついに1970年4月17日，アポロ13号はサモア近くの太平洋に着陸しました。ラベル，スウィガート，ハイセは月への任務を完了できませんでしたが，無事に帰国しました。

(1)　大意参照。

重要 (2)　1「アポロ13号が地球を離れるとすぐに，サービスモジュールの酸素タンクが爆発し」「約56時間宇宙に滞在した後」とあるので，誤り。　2「アポロ13号に異常があったときでも，宇宙飛行士たちは問題なく月着陸船に留まることができた。」さまざまな問題が起こったので，誤り。　3「宇宙飛行士は月面に着陸した後，太陽の位置を基準に地球へのコースを整えた。」月に到着したとは書かれていないので，誤り。　4「地上管制チームが宇宙飛行士を容易に救出するために正しい指示を与えることは不可能だった。」地上管制チームは複雑な計算をするなどして救出したので，正しい。

3 (長文読解問題・物語文：文補充，正誤問題，語句整序，内容吟味)

(大意)　その金曜日の夜，親友のオリビアから電話があったとき，私はちょうど仕事から帰宅したところでした。彼女はあまりにも激しく泣いていたので，最初は何を言っているのか理解できませんでした。そのとき，私は彼女が夫のフランクが出て行ったと言っていることに気づきました。

私はサンフランシスコに出張中の夫のジェームスに電話しました。彼は，この困難な時期を乗り越えるために，数日間彼女に会いに行くことに同意しました。そこで私は小さな一泊用バッグを詰めました。アルバカーキまでは車で約4時間かかるので，真夜中くらいまでに到着したいと思っていました。

ようやく高速道路を降りて，オリビアの家に続く脇道を下り始めました。私が小さな交差点に差し掛かったとき，突然女性が私の車の前から通りに飛び出してきました。⑮私は彼女にぶつからないことを祈りながら，叫びながらブレーキを踏みました。

車がきしむ音を立てて止まり，私は辺りを見回した。それから私は，彼女が私の窓のすぐ隣に立って，私を見つめているのを見ました。目が赤く光って彼女は悪魔のような顔をしていました。①彼女の口は動いていて，歯が牙のように鋭いのが見えました。彼女は私の窓を引っ掻き，叩き始めました，そして私は彼女がガラスを割ってしまうだろうと確信しました。

私がアクセルを踏み込むと，車は勢いよく前に進みました。②私はその女性が並走し，簡単に追いつき，数秒ごとに拳を窓に叩きつけさえしているのを見てショックを受けました。私はアクセルを踏み続け，最終的には引き離し始めました。

間もなく，私はオリビアの家に着き，彼女の玄関に駆け寄り，必死にドキドキしながら通りのほうを振り返りました。オリビアが走りながらやって来て，ドアを開けて私を中に入れてくれました。「閉めて！」私は叫びました。「早く閉めて！」私は彼女の横を急いで通り抜けて家の安全なところへ入きました。

「どうしたの？」彼女は前庭を眺めながらドアをバタンと閉めて鍵をかけながら尋ねました。彼女は私の手を掴んでキッチンテーブルに導き，グラスに赤ワインを注いでくれました。私は座って数口飲みました。数分後，私は彼女に何が起こったのかを話すことができました。オリビアは息を呑んで言いました。「(A)あなたが彼女を初めて見たのは確か交差点だったよね？」

私は困惑しながらうなずきました。

彼女は心配そうに見えました。「ラ・マラ・ホラだったはずね。それは『悪い時』を意味するのよ。ああ，これは良くないわ，ハニー」とオリビアは言いました。「ラ・マラ・ホラは，誰かが死につつある時に交差点にだけ現れるの。」

いつもなら一笑に付すところでしたが，それでも女性の走る速さと見た目にショックを受け，何を考えればいいのかわかりませんでした。オリビアはカバンを取りに外に出て，私を寝かせました。

私は目が覚めて，もしかしたら悪い夢だったのかと思いましたが，(B)オリビアの心配そうな表情がそうではないことを教えてくれました。私はパニックを感じ始めましたが，それは日が経つにつれて増大するばかりでした。私はオリビアに，家に帰って落ち着く必要があると言いました。彼女は自分が一緒に行くと言い張りました。私は彼女に，翌朝出発すると言いました。③暗い中，同じ交差点を車で戻るつもりはなかったからです。

日曜日，太陽が昇ってすぐに出発しました。私たちがちょうど家に帰り，コーヒーを飲んでいたとき，パトカーが到着し，警官2人が降りてきました。④私は冷たい恐怖を感じながら彼らを眺め，オリビアにドアに出てもらいました。キッチンに戻っていくときの彼女の顔を見れば，なぜ彼らがそこにいるのかがわかりました。

すると警官たちが入ってきて，とても優しく話しかけてくれました。ジェームズさんは昨夜遅くに夕食を終えてホテルに戻る途中で強盗に遭いました。彼は頭を一度撃たれていました。病院に向かう途中に死亡しました，と彼らは言いました。

(1)　1「私が彼女にぶつからない」　車を運転しているときに突然路上に女性が現れてブレーキを踏んだので，答え。　2「私がミーティングに送らない」　文中に書かれていない内容なので，誤り。　3「できるだけ早くジェームズに会う」　ジェームズに会いに行ったわけではないので，誤り。　4「交差点で誰にも会わない」　文中に書かれていない内容なので，誤り。

(2)　②には see the woman to run とあるが，知覚構文においては〈see ＋ O ＋動詞の原形〉で「Oが～するのを見る」という意味になる。

(3)　並べ替えると(Are) you sure it was at a crossroads that you first saw her (?)となる。It は仮主語で，主語の内容は that 以下が表している。

(4)　「下線部(B)は何を意味するか。」 1「昨夜起こったことが私を目覚めさした。」 目覚めたわけではないので，誤り。　2「昨夜起こったことは夢のようだった。」 夢のようには思わなかったので，誤り。　3「昨夜起こったことが私を眠らせた。」 眠ったわけではないので，誤り。
4「昨夜起こったことは悪い夢ではなかった。」 オリビアの様子を見て昨夜のことが事実であったことを確認したので，答え。

重要 (5) 「次の文のどれが本当か。」 1「ジェームズは夕食の後誰かによって強盗に遭った。」 最後の段落の内容に合うので，答え。 2「ラ・マラ・ホラはいつも誰かがいつ死ぬかを告げる。」 オリビエが言った内容と異なるので，誤り。 3「ジェームズの妻は深刻な事故について話すためにオリビアを訪ねた。」 事故は起きなかったので，誤り。 4「ジェームズの妻はオリビアの家に行く途中でジェームズを殺した女性に会った。」 文中に書かれていない内容なので，誤り。

4～6 リスニング問題解説省略。

★ワンポイントアドバイス★

3の(2)には知覚構文が使われているが，この構文を受動態にするときには原形動詞の部分が to 不定詞になることを覚えておこう。I … saw the woman run という部分を受動態にすると，the woman was seen to run by me となる。

＜国語解答＞《学校からの正答の発表はありません。》

一 問一 a 5 b 3 c 2 d 1 e 4 問二 A 3 B 1 C 4 D 2
問三 1・3 問四 5 問五 2 問六 4 問七 (i) 1 (ii) 4

二 問一 a 2 b 5 c 1 問二 3 問三 1 問四 4 問五 3 問六 2
問七 5 問八 5

三 問一 a 5 b 3 c 1 問二 2 問三 5 問四 5 問五 5 問六 3

○推定配点○

一 問一・問二 各2点×9 他 各4点×6 二 問一・問六 各2点×4 他 各4点×6
三 問一 各2点×3 他 各4点×5 計100点

＜国語解説＞

一 (論説文一大意・要旨，内容吟味，文脈把握，接続語の問題，脱文・脱語補充，漢字の読み書き)

問一 a 体積 1 書籍 2 実績 3 責任 4 名跡 5 積載
b 奇計 1 既出 2 反旗 3 数奇 4 忌避 5 貴兄
c 到達 1 圧倒 2 周到 3 薫陶 4 葛藤 5 未踏
d 執念 1 確執 2 疾走 3 周年 4 焼失 5 履修
e 繁茂 1 運搬 2 模範 3 販売 4 頻繁 5 夜半

問二 A 「『発見』がなされた」という前に対して，後で「それを証明した論文は画像の修整や捏造が明らかになり」と相反する内容を述べているので，逆接の意味を表す語が入る。 B 「忠実に模写していたわけではなく，理想形を描いていた」という前を，後で「客観性を求めたのではなく，自然の本性の定着をめざしてきた」と言い換えているので，説明の意味を表す語が入る。 C 「機械が自動的に計測することになり……『より客観的』になる」という前に，後で「機械があったから客観性が追求されたわけではなく，むしろ客観性の追求への意志が先にあったようだ」と付け加えているので，前に対して条件を付け加える意味を表す語が入る。 D 「機械的客観性は……論理構造に主役の座を譲る」という前に対して，直後の段落で「現代数学」と「論理学」の例を挙げているので，例示の意味を表す語が入る。

問三　「神の権威が」で始まる段落以降に「一九世紀半ばになると，『客観的な』図像をどのように作成するのかが，大きな課題になってくる。機械による客観的な測定はこの文脈のなかで生まれた」とあるので，「一九世紀半ばまでに……機械による客観的な測定が真理を保証する手段として定着していった」とある1は適当ではない。「機械による」で始まる段落に「①から③は，判定者が重要になる」とあり，さらに③は「目盛りを与える」とある。この内容に「研究者の手を離れて」とある3は適当でない。「機械による」で始まる段落の内容に2，「客観性とは」で始まる段落の内容に4と5は適当。

やや難　問四　「逆手に取る」は相手の攻撃を反撃に利用することで，ここでは比喩的に用いられている。傍線部②は，「図像が客観性を保証するという社会的合意」を利用して，逆に論文の証明のために図像を捏造することを言っているので，5の理由が読み取れる。1「図像の存在が不可欠」，3「図像を多く用いること」とは書かれていない。2の「逆説的」は一見真理に背いているようで実際には真理をついているという意味なので，適当ではない。修整や捏造が施されたのは「画像」なので，「修整を施した論文」とある4も適当ではない。

問五　後の「『科学はものごとの本当の性質を教えてくれるか』ということではない。『科学はものごとの本当の関連を教えてくれるか』ということを意味する」というアンリ・ポアンカレの言葉や，この言葉を言い換えた「個々の対象ではなく対象間の法則こそが客観性だとみなされる」に着目する。「個々の対象」が何かではなく，個々の対象にはどのような関連があるのか，という内容が入る。5の「なぜ生じたのか？」は，対象の存在の理由を問うものなので，適当でない。

重要　問六　「自然を探究したはずの自然科学」が「自然が持つリアルな質感を手放す」は，筆者が遠回しに非難する皮肉を交えた表現なので，4が最も適当。直前の文「論理的な構造が支配する完全な客観性の世界が自然科学において実現したとき，自然は実はそのままの姿で現れることをやめ，数値と式へと置き換えられてしまう」や，最終文「客観性の探究において，自然そのものは科学の手からすり抜け，数学化された自然が科学者の手に残った」もヒントになる。1「分析的に指摘」や5「警告的に指摘」はしていない。2「自然に本来内在する生命の神秘性」，3「環境破壊につながっている」ことを述べる叙述はない。

やや難　問七　(i)　直前の生徒Bの「『自然の本性の定着』をめざしたはずなのに，『客観的とはいいがたい』」について，「美しいデッサンを」で始まる段落に同じ記述があり，その後で「神が創造した自然が表すはずの美しい真実truth，理念を描くことが求められた。現代ならば『捏造』と言われる理想的な図像こそが，真理を表現する」と説明している。この内容を「理想的な図像」を「その図と全く同じ色や形の植物はこの世に存在しない」と言い換えて述べている1が適当。2の「進化の過程」については述べていない。「自然の本性の定着」をめざして書かれたのは神が創造したはずの自然で，3の「人々が共有」したものではない。「真理を表現する」とあるので，「信じられていたわけではない」とある4は適当ではない。　(ii)　出典文章の別の箇所の「人間の経験から独立したデータを求めることで……人間の主体的な経験は消されていった」や「経験という『やりとり』が視野の外へ消される」から，筆者は経験が失われることに対して警鐘を鳴らしている。最終文の「一人称的な経験」を「研究者自身の経験」に，「二人称的な交流」を「他者と関わる経験」に置き換えてまとめた4が入る。1の「研究者の主観に基づいた結論が導かれてしまう」，2の「研究成果が評価されにくくなる」，3の「実態にそぐわない結論であっても尊重されてしまう」と筆者は述べていない。

二　（小説－情景・心情，内容吟味，文脈把握，脱文・脱語補充，語句の意味，品詞・用法）

問一　a　運がよければ，という意味。　b　「凝然」の読みは「ぎょうぜん」。「凝視」などの熟語から意味を推察できる。　c　漢字で書くと「静静と」。

基本 問二　Ⅰには，直後に「心を大きくして」とあるので，「不安」などをやわらげるという意味になる語が入る。Ⅱには，直前の「何の贈り物だろう」から，「引かれ」と「抱き」が考えられる。Ⅲには，後の「本当に他愛のない，気軽な言葉」から，「何の気なしに」と「意図せずして」が考えられる。この時点で3を選べる。Ⅳには，「胸に Ⅳ 」で忘れないように記憶しましたという意味になる語句が入る。

問三　冒頭の「辛い恋はかつて嫌といふほど味わいましたし，中宮様という栄誉と才能に満ちた方に目をかけて頂いたことが，わたしに大きな自信を与えていた」や，女房たちに恋愛観をからかわれる様子に，1が最も適当。女房たちとの言葉は，2「厳しい中傷」には当たらない。3の女房たちを「見下す気持ち」は読み取れない。4の「自分の立場の安泰」を意識していない。

問四　直前の文に「中宮様がまさにそのお志を共にする者として，わたしを見て下さった」とあるので，二人に共通する「志」が入る。冒頭で「わたし」は「思う人から，一番に愛されるのでなければ，どうしようもない」と言っている。中宮にとって「思う人」は「帝」なので4が入る。

問五　「わたし」の「枕」という答えが気に入った中宮が，貴重な紙を「わたし」に委ねようとした場面である。後の「──お前はわたくしの同志である」から，中宮は「わたし」が自分の心を最も理解する女房であり，特別な存在とある3を選ぶ。1の「母のように」や4の「教養のなさ」，5の「見下している」関係は読み取れない。「同志」をめぐる会話は二人の信条に関わるもので，2「とりとめのない会話」ではない。

問六　1は「接続詞」ではなく「副詞」，3の「あるいは」と修飾・被修飾の関係にあるのは「喜びであったでしょうか」，4は「三文節」ではなく「四文節」，5の「謙譲語」は使われていない。

重要 問七　傍線部④からは，中宮のために命懸けで「枕」を書こうとする「わたし」の決意が読み取れる。したがって，「不安」とある3や，「自分の地位をより強固なものに」とある4は外す。本文中では，「わたし」は「思う人に一番に愛される」という信条を中宮と共有していることを確信した喜びが描かれているので，5が最も適当。1の中宮の「不安な気持ち」は読み取れない。「思う人から一番に愛される」ことが共有される信条なので，「人に一番愛される」とある2は適当ではない。

重要 問八　波線部オの前に「そのときの気分を，どう書き表せばよいのか，今もわかりません……わからないまま」という複雑な心情の描写に5が最も適当。「思う人から，一番に愛される」という信条を女房たちはからかっているので，「恋愛に熱心であることを女房たちが嘲笑」とある1は適当ではない。波線部イの前で「中宮への本音」を述べる場面はない。波線部ウから，3の「苦悩」は読み取れない。波線部エの「無造作」に，4の「大変丁寧」はそぐわない。

三　(古文―大意・要旨，内容吟味，文脈把握，脱文・脱語補充，古文の口語訳)

〈口語訳〉　自分には，技芸の実力があると思っても，人々に認められ，世間で一目置かれるような身ではなくて，人のしたことを，褒めようとすることは，いささか注意しなくてはならないものである。

三河守知房の詠んだ歌を，伊家が，感嘆して，「すばらしく(和歌を)詠まれました」と言うのを，知房は，腹を立てて，「漢詩を作ることは(伊家は私の)相手にならない。和歌においては，はるかに(私は)彼に劣っている。それで，このように言われる。まったくけしからぬことだ。今後は，和歌を詠むつもりはない」と言った。

褒める言葉も，場合によってはあれこれと加減をすべきではなかろうか。

これは(実力が)まさっている(者が言ったことだが)，褒めて申し上げるのでさえ，このように責めるのだ。ましてや，(実力が)劣る身で褒めるのは，かえって，見苦しいだろう。(このことを)よく心得て，心の持ち方に気をつけて自制すべきだろう。

人の善いところを言ってはいけない。ましてや，その悪いところなど(言うのはもってのほかだ)。

この心が，たいそう奥深いのでなかろうか。

問一　a「世」は世間の意味。直前の「人々に許され」は人々から認められて，という意味であることから判断する。　b　直前の段落の「優によみ給へり」を指している。　c「かたはらいたし」は，側で見ていて見苦しく感じるという意味になる。

問二　直前の「かくのごとくいはるる」ことに対して，「もっとも奇怪なり」と述べている。「かくのごとく」は，知房の歌を伊家が「優によみ給へり」と褒めたことを指しているので，2が最も適当。他の選択肢は，伊家が知房を褒めるものではない。

基本　問三　実力が「劣」っている身と考える。漢詩や和歌に限定していないので，2は適当ではない。

問四　一つ前の文「これはまされるが，申しほむるをだに，かくとがめけり。」から理由を読み取る。実力が優れている者が褒めるのでさえこのように責められることがあるので，「よく心得て」心の持ち方に気をつけて自制すべきであると述べている。この理由を述べる5を選ぶ。

問五　直後の文「いはんや，その悪をや」の「悪」に対する語があてはまる。

重要　問六　「優の詞も，ことによりて斟酌すべきにや」や「よく心得て，心操をもてしづむべきなり」「人の X をもいふべからず。いはんや，その悪をや。このこころ，もつとも神妙か。」に着目する。筆者は，人を褒めたり貶したりする時には気をつけて自制しなければならないと述べているので，3の教訓が最も適当。褒める時にも自制が必要と言っているので，1は適当ではない。能力があろうがなかろうが気軽に他人を褒めるべきではないと筆者は言っているので，2も適当ではない。4の「相手を困らせる」や5「他人のことを見下してしまう」とは書かれていない。

★ワンポイントアドバイス★

難解な内容であっても，自分なりの言葉で置き換えていくことで読み解くことができる。ふだんから高度な内容を含んだ論説文や，時代を経た小説に読み慣れておくことが大切だ。

MEMO

大切なことはメモしておこうネ！

2023年度

★★★★★★★★★★★★★★★★★★★★★★★

入　試　問　題

2023年度

栄東高等学校入試問題(第１回)

【数　学】（50分）〈満点：100点〉

【注意】

1　問題の文中の $\boxed{\text{ア}}$，$\boxed{\text{イウ}}$ などには，特に指示がないかぎり，符号(−，±)又は数字(0 ～ 9)が1つずつ入る。それらを解答用紙の**ア**，**イ**，**ウ**，…で示された解答欄にマークして答えること。

例　$\boxed{\text{アイウ}}$ に−83と答えたいとき

ア	㊉	**⊖**	⓪	①	②	③	④	⑤	⑥	⑦	⑧	⑨
イ	㊉	⊖	⓪	①	②	③	④	⑤	⑥	⑦	**⑧**	⑨
ウ	㊉	⊖	⓪	①	②	**③**	④	⑤	⑥	⑦	⑧	⑨

なお，同一の問題文に $\boxed{\text{ア}}$，$\boxed{\text{イウ}}$ などが2度以上現れる場合，原則として，2度目以降は $\boxed{\text{ア}}$，$\boxed{\text{イウ}}$ のように細字で表記する。

2　分数形で解答する場合，分数の符号は分子につけ，分母につけてはいけない。

例えば，$\dfrac{\boxed{\text{エオ}}}{\boxed{\text{カ}}}$ に $-\dfrac{4}{5}$ と答えたいときは，$\dfrac{-4}{5}$ とすること。

また，それ以上約分できない形で答えること。

例えば，$\dfrac{3}{4}$ と答えるところを，$\dfrac{6}{8}$ のように答えてはいけない。

3　根号を含む形で解答する場合，根号の中に現れる自然数は最小となる形で答えること。

例えば，$\boxed{\text{キ}}\sqrt{\boxed{\text{ク}}}$ に $4\sqrt{2}$ と答えるところを，$2\sqrt{8}$ のように答えてはいけない。

4　根号を含む分数形で解答する場合，例えば $\dfrac{\boxed{\text{ケ}}+\boxed{\text{コ}}\sqrt{\boxed{\text{サ}}}}{\boxed{\text{シ}}}$ に $\dfrac{3+2\sqrt{2}}{2}$ と答えるところを，$\dfrac{6+4\sqrt{2}}{4}$ や $\dfrac{6+2\sqrt{8}}{4}$ のように答えてはいけない。

1　次の各問いに答えよ。

（１）　$23^2+23\times14-27\times13=\boxed{\text{アイウ}}$

（２）　$x=2-\sqrt{5}$ のとき，$x^2+4x-17=\boxed{\text{エオ}}\sqrt{\boxed{\text{カ}}}$ である。

（３）　ある商品の価格は，先月，定価から x%値上がりし，今月には，先月の価格から更に $3x$%値上がりした。結果，この2ヶ月で元の定価から $4.45x$%の値上がりとなった。$x=\boxed{\text{キク}}$ である。

(4) 下の図は，ある中学校の3年生37人の英語，数学，国語のテストの得点データを箱ひげ図で表したものである。70点以上の人数が最も多い教科の第3四分位数は[ケコ]である。

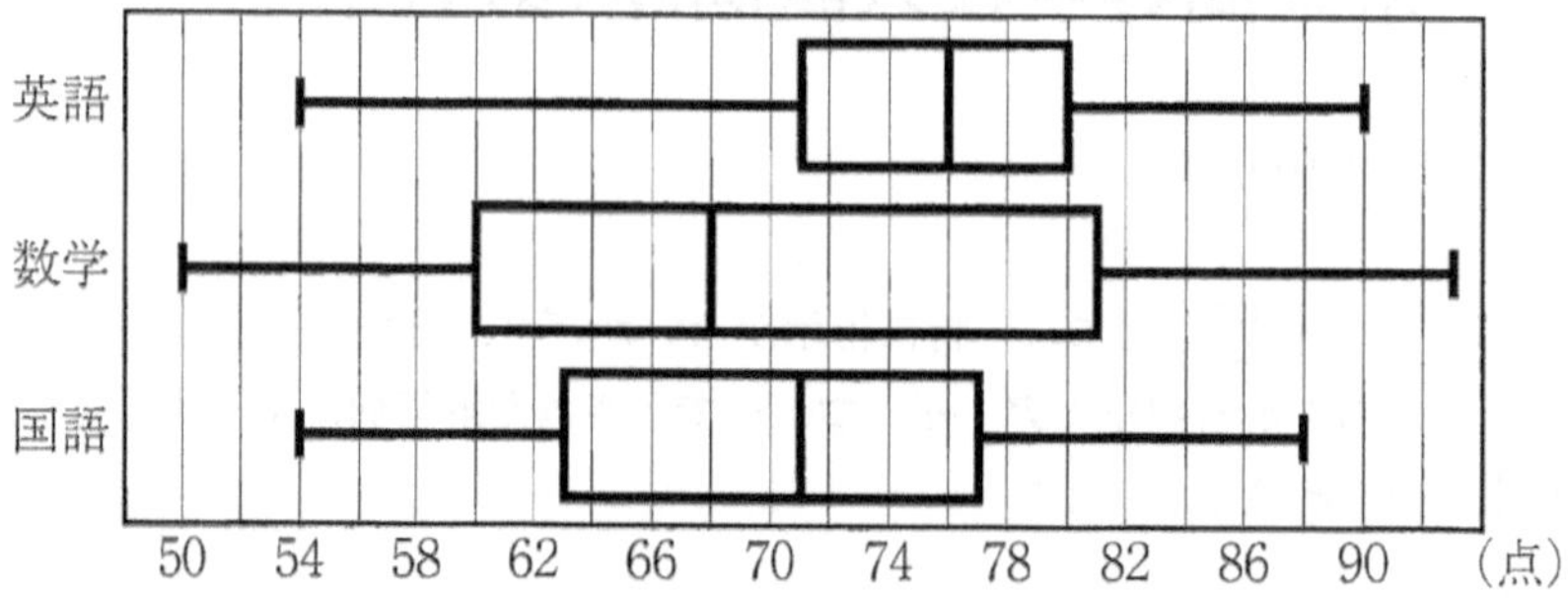

(5) 図のように，半径1の半円を点A，Bがそれぞれ中心Oと重なるように折ったとき，斜線部分の面積は$\dfrac{\sqrt{[サ]}}{[シ]}-\dfrac{\pi}{[ス]}$である。

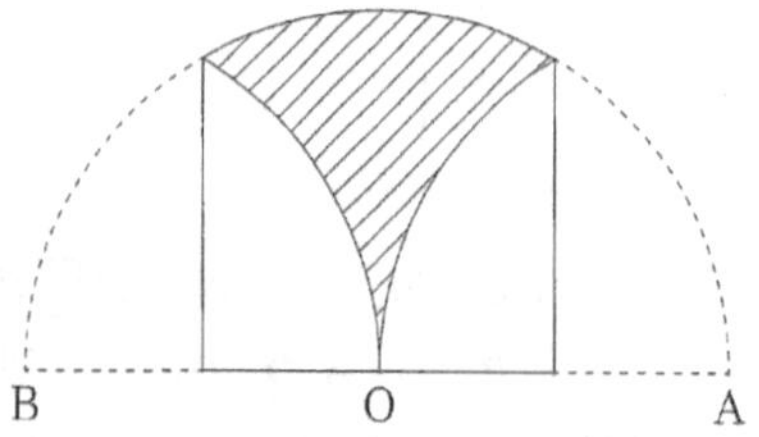

2

図のような数直線上を点Pが以下のルールにしたがって移動する。

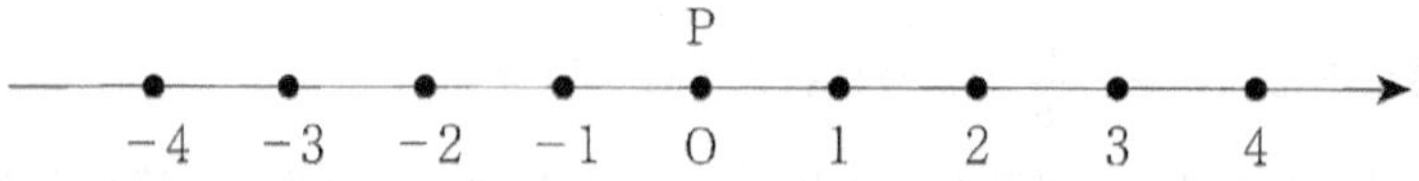

【ルール】

① 点Pは，はじめ原点Oにある。

② 2つのさいころA，Bを投げて出た目の数をそれぞれa，bとし，

・aが3以下，bが奇数のとき，点Pは正の方向に1移動する。

・aが3以下，bが偶数のとき，点Pは正の方向に2移動する。

・aが4以上，bが奇数のとき，点Pは負の方向に1移動する。

・aが4以上，bが偶数のとき，点Pは負の方向に2移動する。

(1) ②の操作を2回行って，点Pが原点に止まる確率は$\dfrac{[ア]}{[イ]}$である。

(2) ②の操作を3回行って，点Pが原点に止まる確率は$\dfrac{[ウ]}{[エオ]}$である。

(3) ②の操作を5回行って，点Pが初めて原点に止まる確率は$\dfrac{[カキ]}{[クケコ]}$である。

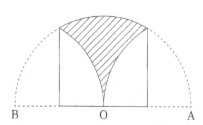

3 図のように，点Oを中心とする半径2の円周上に4点A，B，C，Dがある。直線BDは点Oを通り，∠BDC＝30°，∠AB＝ACとし，直線BDと直線ACの交点をEとする。

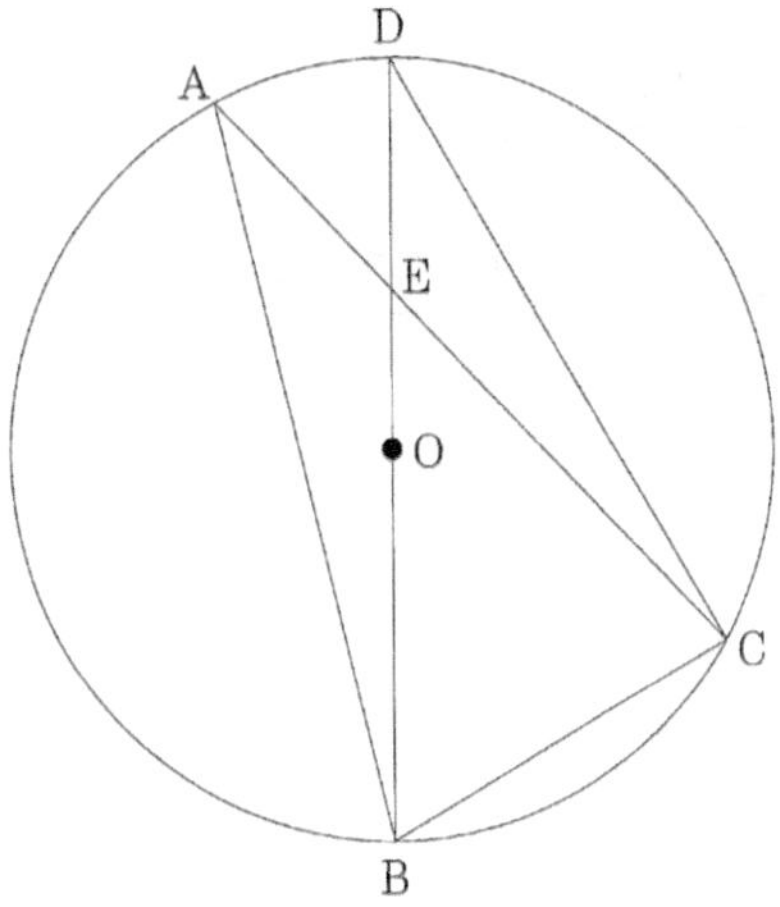

(1) 線分CDの長さは$\boxed{\text{ア}}\sqrt{\boxed{\text{イ}}}$である。

(2) 線分CEの長さは$\sqrt{\boxed{\text{ウ}}}$である。

(3) △ABCと△OECの面積比は，$\boxed{\text{エ}}:(\boxed{\text{オ}}-\boxed{\text{カ}}\sqrt{\boxed{\text{キ}}})$である。

4 図のように，放物線$y=ax^2\,(a>0)$上に2点A，Bがあり，x座標はそれぞれ-4，6である。この2点を通る直線lとy軸の交点をCとする。

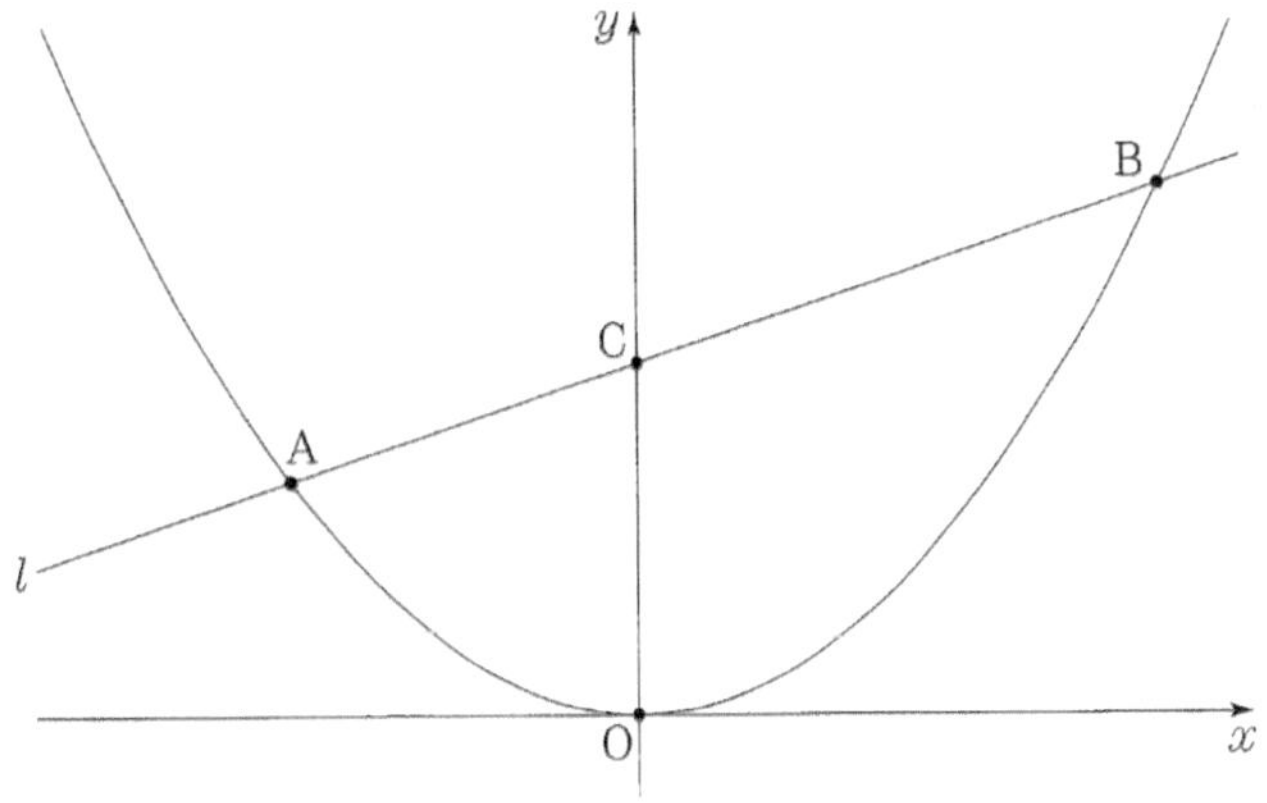

(1) 直線lの方程式は，$y=\boxed{\text{ア}}ax+\boxed{\text{イウ}}a$である。

(2) 点Cを通り，lと直交する直線が△OABの面積を二等分するとき，$a=\dfrac{\boxed{\text{エ}}}{\boxed{\text{オ}}}$である。

(3) (2)のとき，△OABを直線lを軸に1回転させてできる立体の体積は$\boxed{\text{カキ}}\sqrt{\boxed{\text{クケ}}}\pi$である。

5　図のような直方体ABCD－EFGHについて，$AC=5$，$AF=2\sqrt{5}$，$AH=\sqrt{15}$である。

（１）　直方体の体積は$\boxed{ア}\sqrt{\boxed{イウ}}$である。

（２）　△CFHの面積は$\dfrac{\boxed{エ}\sqrt{\boxed{オカ}}}{\boxed{キ}}$である。

（３）　四面体A－CFHの表面積は$\boxed{クケ}\sqrt{\boxed{コサ}}$である。

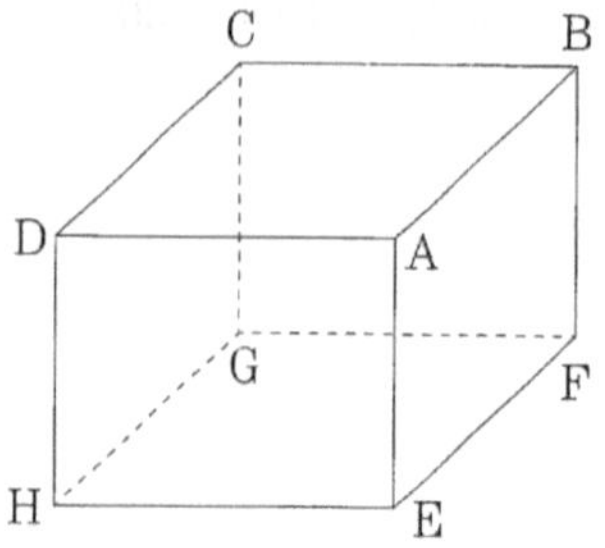

【英　語】（50分）〈満点：100点〉

1．次の英文を読み，あとの問いに答えなさい。(文中の＊印の語には注があります)

Do you often dream at night? Most people do. When they wake in the morning they say to themselves, ‘What a strange dream I had! I wonder what made me dream that.’

Sometimes dreams are frightening. Terrible creatures threaten and pursue us. Sometimes, in dreams, wishes([1])true. We can fly through the air or float from mountain-tops. At other times we are troubled by dreams in which everything is confused. We are([2])and can't find our way home. ①The world seems to have been turned upside-down and nothing makes sense.

In dreams we act very strangely. We do things which we would never do when we're([3]). We think and say things we would never think and say. Why are dreams so strange? Where do dreams come from?

②People have been trying to answer this since the beginning of time. But no one has produced a more satisfying([4])than a man called Sigmund Freud. One's dream-world seems strange and unfamiliar, he said, because dreams come from a part of one's mind which one can neither ＊recognise nor control. He named this the ‘unconscious mind’.

Sigmund Freud was born about a hundred years ago. He lived most of his life in ＊Vienna, Austria, but ended his days in London, soon after the beginning of the Second World War.

Freud was one of the great explorers of our time. But the new worlds he explored were inside man himself. ③For the unconscious mind is like a deep well, full of memories and feelings. These memories and feelings have been stored there from the moment of our birth—perhaps even before birth. Our conscious mind has forgotten them. We do not ＊suspect that they are there until some unhappy or([5])experience causes us to remember, or to dream dreams. Then suddenly we see a face we had forgotten long ago. We feel the same jealous fear and bitter disappointments we felt when we were little children.

This([6])of Freud's is very important if we wish to understand why people act as they do. For the unconscious forces inside us are at least as powerful as the conscious forces we know about. Why do we choose one friend rather than another? Why does one story make us cry or laugh while another story doesn't affect us at all? Perhaps we know why. ④If we do, the reasons may lie deep in our unconscious minds.

(注)　recognise = recognize　　Vienna　ウィーン(地名)　　suspect　～に感づく

(1)　英文の空所([1])～([6])に入れるのに最も適切なものを1～0の中から1つずつ選びなさい。ただし，同一のものを2回以上用いてはいけません。

1．turn	2．awake	3．answer	4．held	5．discovery
6．pleased	7．unusual	8．lost	9．come	0．memory

(2)　英文の下線部①～④の中で，文法上あるいは文脈上，誤りがある英文が1つあります。その番号を答えなさい。解答は[7]にマークしなさい。

2．次の英文を読み，あとの問いに答えなさい。(文中の＊印の語には注があります)

Why can people live on the Earth but not on Mars or Venus? The answer is all around us: our atmosphere.(8)The two most important gases are *nitrogen (78 per cent) and *oxygen (20 per cent). The other 2 per cent of our atmosphere is made of many other gases — and the most important of these gases for our climate is carbon dioxide(CO_2).

Our atmosphere is important because it gives us air, and we need air to live. But it has another important job. Because of our atmosphere, the Earth does not get too hot or too cold. Mars has a thin atmosphere and its temperature is about –50℃. Venus has a thick atmosphere and its temperature is about +460℃.(9)

Two hundred years ago in France, a scientist called Joseph Fourier had some questions about the Sun and the Earth. When the Sun shines, the Earth becomes hot.(10)Why does the Earth not lose its heat? In his garden, Fourier had a greenhouse (a building made of glass), and he put young plants in it because the air was warmer. He thought that the Earth's atmosphere was like the glass of a greenhouse. Warm air stays in a greenhouse because of the glass, and warm air stays on the Earth because of the atmosphere. We[1. now than 2. more 3. knew 4. about 5. know much 6. the atmosphere 7. Joseph Fourier], but we still use his words (the 'greenhouse effect') today.

So why does the Earth not become cold? How does the greenhouse effect work?

Light from the Sun comes through the Earth's atmosphere and heats the Earth.(11)Not all of this heat from the Earth can go back through the atmosphere and escape into space. There are some gases in our atmosphere that stop the heat from escaping into space.(12) The most important of them is CO_2, which stays in the atmosphere for 100 years — much longer than any other greenhouse gas!

But what stops the hot places in the world from getting hotter and hotter? And why do the cold places not get colder and colder?(13)

The water in the oceans moves around the world like a river. Warm water travels to cold places in the world, and makes them warmer. And cold water travels to warm places, and makes them cooler. Because there is so much water in the sea, this can make big changes to our climate.

(注) nitrogen 窒素　　oxygen 酸素

(1) 英文の空所(8)～(13)に入れるのに最も適切なものを1～6の中から1つずつ選びなさい。ただし，同一のものを2回以上用いてはいけません。

1．But this heat is different from the Sun's light.

2．But what happens at night, he asked himself, when the Sun is not shining?

3．Our atmosphere is made of gases that are necessary for life.

4．To answer these questions we must learn a little about the sea.

5．The atmosphere of the Earth is somewhere between the two.

6．That is why these gases are called 'greenhouse gases'.

（２） 英文の［　　］内の語(句)を並べかえ，英文を完成させなさい。解答は[14]と[15]に入れるものをそれぞれ答えなさい。

We ______ [14] ______ ______ ______ [15] ______ ______, but we still ...

３．次の英文を読み，あとの問いに答えなさい。(文中の＊印の語には注があります)

Paul works with Anna Wain, Cora Turner, Linda Jones, Derek Halliday, and Roger Fox in the museum. Mr Balfour is the museum manager. Mr Yardley is an important businessman in the town. Mrs Gilbertson let the museum borrow a very valuable necklace, the Gilbertson necklace.

One day, the Gilbertson necklace was stolen! There was a security camera on the ceiling in every room, but the camera showing the necklace was covered by a newspaper.

The police arrived, and they began to ask questions.

'Can I use that room?' the Chief ＊Inspector asked Roger Fox. He pointed to the door of Mr Balfour's office, which was in the corner of the entrance room.

'Yes, I'm sure that will be all right,' said Roger. 'Mr Balfour will not be back for half an hour.'

Chief Inspector Craven and one of the policemen in uniform went across to Mr Balfour's room. 'Please wait until I ask you to come in,' the Chief Inspector told us. 'Mr Fox, I'll see you first, please.'

Roger followed them into Mr Balfour's room while the rest of us waited. I looked at the others. They all seemed shocked by the ＊theft of the necklace.

'This is terrible.' said Mr Yardley. 'Has anybody told Mrs Gilbertson?'

Cora Turner shook her head. 'Not yet,' she said. '①Perhaps we should wait for Mr Balfour to come back.'

'Yes, I think you're right,' said Mr Yardley. He looked at Anna. 'I came back to see how you were getting on with the new displays. I was on my way up the stairs when I heard the alarm.'

'Mrs Gilbertson is going to be very unhappy,' said Linda, sitting on the edge of the ticket desk.

'The thief has got away.' said Cora Turner. 'I noticed the dark TV screen at eleven o'clock, but several people left the building after that. Roger closed the museum doors at ten minutes past eleven. That gave the thief ten whole minutes to get away.'

The security television screens were behind the ticket desk. ②All the screens were shown rooms in the museum now, I noticed.

We all looked at one another. Each knew what the other was thinking. *Is the thief one of us?*

Roger came out of Mr Balfour's room. 'The Chief Inspector wants to see you next, Cora,' he said.

Cora looked nervous when she went in to see Chief Inspector Craven. Then we heard the museum doorbell ring and the other policeman in uniform opened the door. Two policewomen came in.

I knew one of them, but she didn't seem to recognize me. I was glad. (　A　)

'They're here to search everybody,' said Roger. 'The Chief Inspector told me.' 'Search!' said Linda.

Roger nodded. '③He wants to be certain we don't have the necklace on us,' he said.

'(B)They're not searching me!' said Linda.

'Then the police will think you're hiding something, Linda,' said Roger. 'They'll think you're the thief.'

'But how can I be the thief?' she said, angrily. 'I was at the top of the building in the main office, with Derek Halliday.' She suddenly looked embarrassed and her face became red. 'He — he was asking me to go to the cinema with him on Saturday night.'

Roger smiled. 'I hope you enjoy the film,' he said. 'But how do you know it was exactly eleven o'clock when he was in the office?'

'Because Derek asked me how long it would be before Mr Balfour came back to the museum,' said Linda. 'I looked at the office clock and saw it was eleven o'clock. Then I told Derek that Mr Balfour was coming back in another hour.'

'Then you and Derek have nothing to worry about,' said Roger. 'You were both together when the theft happened.'

Linda looked unhappy, but I knew she was going to allow a policewoman to search her. She doesn't want the police to think she's a thief, I thought.

Cora came out of Mr Balfour's room and told Anna to go in next. Anna smiled at me when she went past. 'We don't have to worry, Paul,' she said. 'We were together when the necklace was stolen, weren't we?'

④I watched her go into the little office. Anna went to the coffee machine and came back just before the security alarm went off, I thought. How do I know she didn't steal the necklace before she came back with the coffee? But I didn't want to believe (C)that. I liked Anna.

(注) inspector 警部　　theft 盗難

(1) Which of the underlined sentences ①～④ is grammatically ***NOT*** correct? 16

(2) Fill in the blank (A) with the most appropriate answer. 17

1. There was nothing she wanted to let me know.
2. There was something she wanted to let me know.
3. There was nothing I didn't want her to remember.
4. There was something I didn't want her to remember.

(3) What does the underlined part (B) mean? 18

1. I won't let them search me.
2. I want them to search me soon.
3. I haven't finished being searched by them.
4. I'm sure they don't think they need to search me.

(4) What does the underlined part (C) refer to? 19

1. Anna told a lie to me.
2. Anna stole the necklace.
3. Anna didn't steal the necklace.
4. Anna went to the coffee machine.

(5) When is Mr Balfour going to come back to the museum? 20
1. At about eleven.
2. At about eleven thirty.
3. At about twelve.
4. At about twelve thirty.

(6) According to the passage, which of the following statements is true? 21
1. Linda felt relaxed because Roger understood that she was not the thief.
2. Everyone that worked at the museum thought the thief was a person outside.
3. Paul and Anna were together all morning on the day that the neckless was stolen.
4. The thief had a chance to leave the museum before Roger closed the museum doors.

リスニング問題

4. これから二人の対話を聞き，質問に対する答えとして最も適切なものを1つずつ選びなさい。なお，対話と質問は2度読まれます。

22 1. Sad.
2. Easy.
3. Hungry.
4. Excited.

23 1. 6：30
2. 7：30
3. 8：30
4. 9：30

24 1. Attend a concert with the girl.
2. Give a live performance together.
3. Buy an electric guitar to teach her.
4. Visit the girl after school tomorrow.

5. これから短い英文を聞き，質問に対する答えとして最も適切なものを1つずつ選びなさい。なお，英文と質問は1度だけ読まれます。

25 1. Storms.
2. Seat belt.
3. Loud noise.
4. Radio waves.

26 1. It is less popular than rugby.
2. It started about 100 years ago.
3. University students from Ohio started it.
4. It was established for rugby at the beginning.

27 1. The Soviet Union launched two satellites in a year.
2. The Soviet Union and the U.S. worked together to launch satellites.
3. The U.S. surprised the world when their first satellite was launched.
4. The world's first man-made satellite was launched a few centuries ago.

6. これから少し長めの英文を1つ聞き，4つの質問に対する答えとして最も適切なものを1つずつ選びなさい。なお，英文は今から10秒後に放送されます。また，英文は2度読まれます。

28 Who do mosquitoes ***NOT*** like?
1. A man running with sweat.
2. A man whose body temperature is high.
3. A woman having a baby.
4. A woman wearing darker color.

29 Which blood type do mosquitoes like?
1. Blood type A.
2. Blood type O.
3. Both blood type A and blood type O.
4. Neither blood type A nor blood type O.

30 Which is true about mosquitoes?
1. The males don't bite people.
2. Almost all of them bite humans.
3. They give blood to their children.
4. There are more than 4,000 types in the world.

31 Which is the best way for people to prevent mosquitoes from biting?
1. Set a fishnet over your bed.
2. Do some exercise and stay healthy.
3. Use insect spray after getting bitten.
4. Cover their skin with clothes or something.

※リスニングテストの放送台本は非公表です。

問二　傍線部①のように蝿が主張しているのはなぜか。その理由として適当なものを、次の中から二つ選びなさい。（32・33）

1. どんなにおそれ多い食べ物であろうと真っ先に手を付けられるから。
2. どんなに悪事を働いても人間に殺されず逃れられるから。
3. どんな虫よりも天の神の近くまで飛んでいけるから。
4. どんなところであっても好き勝手に飛び回ることができるから。
5. どんなに過酷な気候の中でも元気に活動することができるから。
6. どんな食べ物でも蟻に先んじて嘗めることができるから。

問三　空欄［X］に入る言葉として最も適当なものを、次の中から一つ選びなさい。（34）

1. 誇りける
2. つたなき
3. 嫌はるる
4. 殺さるる
5. 侮り給ふ

問四　本文の内容を踏まえると、蝿と蟻はそれぞれどうなると考えられるか。その説明として最も適当なものを、次の中から一つ選びなさい。（35）

1. 蝿は秋になると体が弱るが、蟻は春以上に元気に暮らすことができる。
2. 蝿は秋になっても春と変わらず元気だが、蟻は衰弱して動けなくなる。
3. 蝿は冬に向かって体が弱るが、蟻は蝿以上に衰弱し、感覚が鈍くなる。
4. 蝿は冬が近づくと弱るが、蟻は影響を受けないで暮らすことができる。
5. 蝿も蟻も秋になると感覚が鈍り始め、季節の変化にも気づけなくなる。

問五　傍線部②の教訓につながる、本文中の寓話《ぐうわ》に関する説明として最も適当なものを、次の中から一つ選びなさい。（36）

1. 蝿は自分が優れた存在であると自慢に思っていたが、蟻からの指摘を受けてそれがただの勘違いであったことに気づき、自信をなくしてしまった。
2. 蝿は自分が蟻よりも優れていると考えて自慢をし、蟻を馬鹿にしたが、反対に自分の弱点と相手の強みを引き合いに出され、恥をかかされた。
3. 蝿は自分の素晴らしさを誇って蟻を馬鹿にしたが、同様にやり返した蟻の姿を見て自分がいかに情けないことをしていたのかを悟った。
4. 蝿は蟻に自分の体の弱さをからかわれたが、すかさず自分の方が優れている点を引き合いに出して言い返し、名誉を挽回《ばんかい》することができた。
5. 蝿は蟻が人から嫌われていることをからかったが、直後に自分もまた人から嫌われていると蟻に気づかされ、いたたまれない気持ちになった。

4．波線部オ「あたしも振り返った」では、義父の小柳さんに話しかけた翼の声に「あたし」が思わず反応してしまっていることが分かる。

5．この文章は一人称の視点で描かれているが、波線部カ「（本人の弁）」や波線部キ「（これも本人の弁）」では「あたし」以外の語り手が登場していることが分かる。

三　次の文章を読んで、後の問いに答えなさい。

ある時、蠅《はへ》、蟻《あり》に向ひて誇りけるは、「いかに蟻殿。謹んで承れ。①我ほど、果報いみじきものは、世にあるまじ。その故は、a天道に奉り、或《ある》いは国王に供はる物も、先《ま》づ我、先に嘗《な》め試み、しかのみならず、*百官卿相《けいしやう》の*頂《いただき》をも恐れず、ほしいままに飛び上がり候ふ。*和殿《わとの》原《ばら》が有様、あつぱれ、つたなき有様」とぞ笑ひ侍りき。

蟻、答へて云《いは》く、「もつとも、b御辺《ごへん》はさやうにこそめでたく渡らせ給へ。但し、世に*沙汰し候ふは、御辺ほど人に嫌はるるものなし。さらば、蚊ぞ蜂ぞなどのやうに、かひがひしく仇《あた》をもなさで、ややもすれば、人に殺さる。しかのみならず、春過ぎ夏去つて秋風立ちぬる比《ころ》は、漸《やうや》く翼を叩《たた》き、頭を撫《な》でて、手を摩《す》る様なり。秋深くなるに随《したが》ひて、翼よはり、腰抜けて、いと見苦しき、とぞ申し侍りき。我が身は［X］ものなれども、春秋の移るをも知らず、豊かに暮し侍るなり。猥《みだり》に人を侮り給ふものかな」と恥ぢしめられ、立ち去りぬ。

その如《ごと》く、cいささか、我が身に技あればとて、②猥に人を侮ることなかれ。かれ又、己れを侮るものなり。

（『伊曾保物語』）

（注）＊百官卿相……多くの役人や大臣。
＊頂……頭の上。
＊和殿原……お前さん方。
＊沙汰……うわさ。

問一　傍線部ａからｃの解釈として最も適当なものを、次の中からそれぞれ一つずつ選びなさい。

ａ　天道に奉り　〔29〕
1．天の神からいただき
2．天の神のもとに参上し
3．天の神に献上し
4．天の神に申し
5．天の神のお告げがあり

ｂ　御辺はさやうにこそめでたく渡らせ給へ　〔30〕
1．私はあなたが言うほどすばらしくはございません
2．私はあなたと同じくらい優れております
3．あなたはまったくおめでたい方でございます
4．あなたはそれほど人から愛されておりません
5．あなたはおっしゃる通り立派でいらっしゃる

ｃ　いささか、我が身に技あればとて　〔31〕
1．少し自分に権利があるからといって
2．少し自分がよい行いをするからといって
3．少し自分に優れた面があるからといって
4．わずかに自分の方が勝っているからといって
5．わずかに自分の方が慣れているからといって

に、あらかじめもうひとりぶんの人生を背負わされているなんて

4．医者の一家に生まれることは幸せなんだと勝手に思ってたけど、ふつうの人には分からない苦しみがそこには隠れてるんだな

5．あたしに対してはいつも明るくふるまってくれていたからこそ、あたしは小柳さんの暗い過去から目をそらしてしまっていた

問七　傍線部④について、その説明として最も適当なものを、次の中から一つ選びなさい。26

1．「そのくせ」と「しかし」の品詞はともに副詞である。

2．「まるっきり」と「大事な」は修飾・被修飾の関係にある。

3．「話してくれない」の「ない」は、「宿題がない」の「ない」と同じ意味・用法である。

4．「あたしは…飛び出した」には動詞が四つ含まれている。

5．「言い負かされ」の「れ」と、「むくれて」の「れ」はともに受身を表す助動詞の連用形である。

問八　二重傍線部「ファミリーレストラン」は、「あたし」にとってどのような存在か。その説明として最も適当なものを、次の中から一つ選びなさい。27

1．多様な客層を包み込む懐の深さや店舗ごとの統一感が魅力で、高校生の頃に母と衝突して深夜に行き場をなくした時にも安心して過ごせた経験があり、今でも特別な気持ちを抱き続ける存在。

2．「あたし」の人生を規定したがる母親とは対照的に、豊富なメニューのように人生には多くの選択肢があることが大切だと教えられたことから、今でも敬意を持ち続けている存在。

3．看護師になるようにしきりに勧める母を納得させるという消極的な理由だけで選んだ職場なのに、そんな自分さえも受け入れる懐の深さに感銘を受け、今後も働きたいと素直に思える存在。

4．一人で子育てをする大変さは理解しつつも、母と同等の家事レベルを求められることに嫌気が差して逃げ出した「あたし」を受け入れてくれ、今でもその恩義を感じる存在。

5．店員同士の不快な人間関係があるにしても、メニューや客層、レイアウトに多様性があって毎回新たな出会いと満足感を与えてくれることから、感動せずにはいられない存在。

問九　波線部アからクについて、その表現や人物についての説明として最も適当なものを、次の中から一つ選びなさい。28

1．波線部ア「とっておきのお菓子を味わうように」では、耳中市の人々が他人の噂話を長い間温めて楽しんでいることが隠喩を用いて表現されている。

2．波線部イ「おばあちゃん、元気?」や波線部ク「仕事、早退したの?」は、過去に思いを巡らせている「あたし」を現在に引き戻すきっかけとなっている。

3．この文章では波線部ウ「しくしくと」や波線部エ「がくがく」のように意識的に擬音語を多く用いており、これにより人物や動作の描写が鮮明になっている。

レストランで相談を受ける翼が気に食わないが、それでも「あたし」に好意を抱かせてしまうことに対して怒っている。

問四　傍線部②について、その説明として最も適当なものを、次の中から一つ選びなさい。(23)

1．「あたし」は田舎特有の濃密な人間関係から逃げ出そうか悩んでいたが、翼は「あたし」の考えに寄り添いつつも、他の町に行っても窮屈な状況が変わるわけではないと諭している。

2．「あたし」は自身の過ちが町中の人々に広まることを恐れていたが、翼は「あたし」の考えに共感しつつも、年長者の視点から過去の事実は変わらないので今後も窮屈だということを暗に示している。

3．「あたし」はこの町の雰囲気に嫌気が差していたが、翼は「あたし」の考えに一定の理解は示しつつも、窮屈な町になじもうとしない「あたし」の態度をそれとなく批判している。

4．「あたし」は世間が狭いことによる生きづらさを嘆いていたが、翼は「あたし」の考えに同調しつつも、「あたし」よりも多くの経験をしたことにより窮屈さを仕方ないものだと思っている。

5．「あたし」は自分の出身高校や家庭の事情に関して周囲に引け目を感じていたが、翼は「あたし」の考えに同情しつつも、自らは窮屈さを気にせず人生を楽観視するような年長者の余裕を見せている。

問五　傍線部③について、その理由として最も適当なものを、次の中から一つ選びなさい。(24)

1．義父の小柳さんや「あたし」が母の緊急事態に焦っているのに、翼は常に冷静な態度を取っていたことに苛立ちをおぼえ、口を利きたくなかったから。

2．義父の小柳さんの話し振りから母が重篤な病に侵されていると思い込み、母の容態を確認しようと病院に一刻も早く駆け込むことで頭がいっぱいだったから。

3．母の病気は実際には盲腸という命にかかわる病気ではなかったのに、義父の小柳さんがあえて病名を告げずに救急搬送された旨を伝えてきたことで気が動転していたから。

4．「あたし」を女手一つで育ててきたような強い母が倒れることなどあり得ないと思いつつも、義父の小柳さんの焦り方が尋常でなかったため、何も信用できなくなっていたから。

5．「あたし」の祖母が施設にいることを翼はすでに知っていて気にかけてくれているのに、母の病状を知られたらより心配させてしまうと思うと余計な言葉は発せなかったから。

問六　空欄 X に入る文として最も適当なものを、次の中から一つ選びなさい。(25)

1．ふたりぶんの人生を生きなければならないだけでもつらいはずなのに、さらに妻と子供の人生を引き受けることになるなんて

2．自分の生きかたを決めるのは自分自身だって教わってきたからこそ、生きかたを決められない小柳さんは見るにたえないのだ

3．自分ひとりの人生をまっとうするのもけっこうたいへんなの

ものを、次の中からそれぞれ一つずつ選びなさい。

a なよっとしてた 17

1. 男性に見切りをつけていた
2. 頼りなさそうにしていた
3. 元気がなくなっていた
4. 女性の素振りをしていた
5. 愛想を振りまいていた

b 身の程知らずな 18

1. 場の雰囲気を読もうとしない
2. 自分の立場をわきまえていない
3. 消極的な態度を好まない
4. 相手の気持ちを理解できない
5. 自分がいるべき場所がない

c 眉をひそめて 19

1. 不信感に心休まらなくて
2. 相手の配慮に申し訳なくなって
3. 憂鬱さから苦々しい顔をして
4. 懸念事項から目を背けて
5. 恐れ多さから表情が曇って

問二 空欄 Ⅰ から Ⅳ に入る語句の組み合わせとして最も適当なものを、次の中から一つ選びなさい。20

1. Ⅰ 掻《か》いた　Ⅱ 返して　Ⅲ 尖《とが》らせて　Ⅳ しかめた
2. Ⅰ 掻いた　Ⅱ 接して　Ⅲ 噛《か》んで　Ⅳ そむけた
3. Ⅰ 膨らませた　Ⅱ めぐらして　Ⅲ 尖らせて　Ⅳ 利かせた
4. Ⅰ 膨らませた　Ⅱ 返して　Ⅲ かえして　Ⅳ そむけた
5. Ⅰ さすった　Ⅱ 接して　Ⅲ 噛んで　Ⅳ しかめた
6. Ⅰ さすった　Ⅱ めぐらして　Ⅲ かえして　Ⅳ 利かせた

問三 傍線部①について、この時の「あたし」の心情の説明として適当なものを、次の中から二つ選びなさい。21・22

1. 「あたし」は恋心を抱いているというのに、翼がその心に気付かず、その上「あたし」の職場であるファミリーレストランに女性を連れて来てしまったことに対して怒っている。
2. 噂が広まるのが早いことを言い訳にして、安っぽいファミリーレストランに同僚の女性を連れてくるという、大人としてのプライドが感じられないことに対して怒っている。
3. 「あたし」の職場に同僚の女性を連れてきたことで、「あたし」の恋心は一方的だったことに気づかされた上に、平野さんに煮え切らない態度を取っていることに対して怒っている。
4. 仕事の相談というのは口実で、本当は二人きりで会いたいという平野さんの気持ちを理解せず、合理的であることを優先して行動していることに対して怒っている。
5. 男性に対し威厳や懐の深さを求める「あたし」は、ファミリーか知らない。訊ねても絶対に教えてくれない。

　女がひとりで生きていくには看護師がいちばんいい、と母は昔よく言っていた。あたしにも看護師になることを熱烈にすすめてきたのだが、断ってしまった。だって高校生の頃からずっと、大人になったらファミリーレストランで働くと決めていたから。

　母とあたしのふたり暮らしは、喧嘩《けんか》が絶えなかった。夜勤で留守にするあいだ、母はあたしに自分と同レベルの質と量の家事をこなすことを求めてきたし、できていないとすごく怒った。④そのくせ、他の部分ではまるっきり子ども扱いで大事なことをなんにも話してくれない。あたしはそのたびに母に反発し、しかし毎回言い負かされ、よくむくれて家を飛び出した。

　真夜中に飛び出したあたしを受け入れてくれる場所はファミリーレストランぐらいしかなかった。大きな街に住んでいる人には、もっとたくさん行き場があるんだろうか。でもあたしには、あそこしかなかった。

　ドリンクバーだけでだらだら粘る中高生のグループも、話し相手のいないおじいちゃんのひとり客も、子連れの主婦も、全部受け入れてしまう懐の深さがファミリーレストランにはある。ドレスコードもないし、パスタを箸で食べても誰も怒らない。雑炊からステーキまで取りそろえるメニューの豊富さというか雑多さ、どの地方のどの支店に入ってもほぼ同じような内装で統一されている安心感、全部が好きだ。ファミリーレストランをファミレスと略さずに呼ぶのは、あたしなりの敬意の表しかたなのだ。

ク「仕事、早退したの?」

横たわったまま、母が病室のまんなかに突っ立っているあたしを見た。小柳さんはせっせと掛布団を直したり、点滴の位置を調節したりしている。

　クビになった、と言うと、母は「ハアァ?」と目をカッと見開く。

「なんで!」

「……理由は言えない」

　あんたねえ、と声を荒らげて、母はうっと顔を［Ⅳ］。手術あとが痛むのだろうか。小柳さんがベッドとあたしのあいだに割って入る。

「レモンちゃん、ごはん食べた?　僕、まだなんだよ」

「……食べてない」

　小柳さんはまるいお腹に手をやって「じゃあとりあえず、なんか食べるもの、買いに行こうか」と提案し、「いいかな?　すぐ戻るから。木綿子さん」と母を振り返った。

　母は溜息《ためいき》をついて、頭を枕に戻す。ぽふ、というかすかな音がした。しばらくのあいだ、沈黙が続いた。ほんの数十秒だったのかもしれないが、あたしにはもっと長く感じられた。

「すこし、寝たほうがいいよ」

　小柳さんがやさしく微笑《ほほえ》む。母は黙ったまま目を閉じて、頷いた。

（寺地はるな『大人は泣かないと思っていた』）

(注)　＊ビバーチェ……「あたし」がアルバイトをしているファミリーレストラン。この日「あたし」は店長と揉《も》めた。

問一　傍線部ａからｃの語句の本文中における意味として最も適当な

背後で声がした。小柳さんがはっとそちらを見る。オあたしも振り返った。時田翼が駐車場からこちらに向かって歩いてくるところだった。③礼も言わずに車を降りたことを、ようやく思い出す。

「ごめん、なんか、ただの盲腸だったみたい。命に別状はないらしい」

「ああ、そうなんだ」

時田翼は頷《うなず》く。それはよかった、と笑う顔を見て、なぜかあたしもさっきの小柳さんみたいに泣きたくなった。じゃあ俺はこれで、と時田翼はあたしと小柳さんに頭を下げ、また車のほうに戻っていく。

行こうか、と踵《きびす》を［Ⅱ］病院の夜間通用口に入っていく小柳さんの後ろ姿を見ながら、また太ったな、と思った。もともとふっくらしていたが、母と結婚して更に増量した。着ぐるみ感があるというか、むだにユーモラスな太りかたをしている。

入院の手続きに呼ばれて小柳さんはいなくなってしまい、あたしは薄暗い病院の廊下の長椅子に座って、母の手術が終わるのを待った。

母が小柳さんと結婚したのは五年前だ。診療放射線技師である小柳さんは、当時同じ病院に看護師として入ってきた母に、いわゆるひとめぼれをしたらしい。

「きれいだったからじゃないんだ、もちろんきれいだったけど。木綿子さんは仕事がてきぱきしてて、そりゃあもうかっこよかったんだ」

とのことだ。アタックアタック猛アタック(カ本人の弁)のすえ母のハートを射止め(キこれも本人の弁)三か月という短期間で結婚に至った。

小柳さんのお父さんはお医者さんで、長男も次男もお医者さんで、だから三男である小柳さんは「もういいかな」と思い、診療放射線技師になったのだそうだ。ちなみに小柳さんの名は「三四郎」という。

小柳さんには実はもうひとり身体の弱い兄がいて、その子が二歳で亡くなってまもなく生まれてきたから「ほんとうは四男だけど、三男のぶんまで生きてほしい」という願いをこめて三四郎と名づけられたそうだ。

それを聞いて、あたしはなんだかちょっと小柳さんに同情してしまった。

［　X　］。

なにか困ったことがおこるとゴム製のボールのような光沢のある頭部をぴしゃっと叩《たた》いて「あちゃー参ったー」とすぐ言う、女にはもてない(たぶん)が老人と子どもと犬猫に異常に好かれる小柳三四郎さんと母との結婚は、小柳一族の誰からも祝福されなかった。あたしという、連れ子がいたからだ。

小柳さんが母のために、というか、耳中のブラック・ジャックこと小柳さんのお兄さんが弟の妻の入院のために手配した部屋には「特別個室」というプレートが付いていた。患者用のベッドの脇に付き添いの人用の折り畳みベッドがあらかじめ用意されていて、壁際に長椅子と、テレビと、簡易洗面台まである。

すごいね、と点滴を受けながらストレッチャーで運ばれて来た母に言うとC眉をひそめて「すご過ぎて落ちつかないわ」と小声でもらした。

「いい機会だから、ここでゆっくり休んだらいいんだよ」

前から思ってたけど働き過ぎなんだよ、木綿子さんはさあ、と小柳さんは唇を［Ⅲ］いる。母は看護師という自分の仕事に、たいへんな情熱と誇りを持っている。十八歳で家を出て、耳中市内の個人病院で看護助手として働きながら夜間の看護学校に通って資格を取った母は、三十歳の時ひとりであたしを産んだ。父親が誰なのかは、母しそう言った時の時田翼はすごく疲れた顔をしていて、あたしはそれまではほとんど意識したことのなかった時田翼との十歳という年齢差をはじめて強烈に感じた。時田翼の頭の上には、あたしより十年ぶん多く、いろんな重たいものが乗っかっている。

「おばあちゃん、元気？」

時田翼が前方に顔を向けたまま問う。施設には三週間に一度、会いに行く。このあいだ行った時は、みんなで折り紙をやっていた。

うん、と短く答えると、時田翼はもうそれ以上は、なにも言わなかった。

「どっち？」

交差点に差しかかったところで訊ねられて、左、と答える。コートのポケットにつっこんでいたスマートフォンが鳴った。小柳さん、と画面に表示されている。

「はい」

「レモンちゃん？　あのね、落ちついて聞いてね」

小柳さんの第一声がそれだったので、嫌な予感しかしなかった。どうしたの？　と言う声が裏返る。

「木綿子《ゆうこ》さんが倒れちゃったんだ」

母が倒れたと言った後、義父である小柳さんはしくしくと泣き出してしまった。やっとのことで聞き出した病院の名は母が現在勤めている病院ではなかったから、どうやら職場の外で倒れて、救急車で運ばれたらしい。小柳さんが現在勤めている、市外の病院とも違っている。

時田翼は話を聞くと車を即座にUターンさせ、病院に連れていってくれた。転がるようにして車から降りる。玄関の前で、小柳さんが待っていた。あたしに気づくと、駆け寄ってくる。

「お母さんは？」

「今、処置を受けてる」

「小柳さん……お母さん……お母さんは」

なんの病気なの？　膝ががくがく震える。

「教えて」

教えて、お願い、と懇願する声もまた震えている。小柳さんは一瞬下を向いて、それから「……盲腸」と答えた。

「もうちょう」

盲腸……なの？　と呟《つぶや》いたら、力が抜けた。小柳さんが電話口であまりにかなしそうに泣くので、命にかかわるような病気なのかと思っていた。

「でも、ものすごーく痛がってたんだよ？」

小柳さんはむきになっている。

でもだいじょうぶ、あの人は耳中のブラック・ジャックだからね、と小柳さんは自分の顔の横で手をグーにして上下に振った。「あの人」とは小柳さんの兄のことだ。それを聞いてようやく、小柳さんの兄が耳中市でいちばん大きなこの総合病院の外科の先生であるということを思い出した。しかし、「腕の良い医師」という意味で言ったのだろうが、ブラック・ジャックはたしか無免許のお医者さんじゃなかったか。

「小柳さん」

もほんとうは彼氏なのかもしれない。

時田翼が女を愛せないからあたしに興味がないのと、さっきの女とつきあっていることと、どちらのほうがあたしは傷つかずに済むだろう。

「あと、デートじゃないから」

サイドブレーキをおろしながら、時田翼は言う。平野さんはただの同僚だよ、とも。さっきの暗そうな女は平野さんというらしい。

「仕事のことで相談があるって言われたから話を聞いていただけだし」

だから、ごはんを食べて話を聞いた後は即解散できるように、各自自分の車を運転して店まで行ったほうが合理的だろうと思ったのだという時田翼の説明を聞きながら、バカじゃないのかと呆《あき》れた。「相談がある」なんて口実に決まっているではないか。ふたりきりで会うための。

それなのにファミリーレストランを選ぶなんて高校生じゃあるまいし! 女と! ふたりっきりで! 食事をするのに! そういう時はさ、大人っていうのは、もうちょっとこう雰囲気のあるお店を選ぶんじゃないのかな! ①とあたしはびしびしと時田翼を指さす。

「なんで怒ってるんだよ」

時田翼は困ったように頬を［ Ⅰ ］。なんにたいしてこんなに怒っているのか自分でもよくわからないのに、説明なんかできるか。

「そんな『雰囲気のあるお店』に俺とふたりでいるところを他人に見られてへんな噂《うわさ》が立ったりしたら、平野さんがかわいそうだよ」

時田翼がアクセルを踏み、車はゆっくりと動き出す。

このまちでは噂が広まるのが異様にはやい。広まるのがはやいなら収束するのもはやいかと思いきやそうでもなく、みんないつまでもしつこく覚えている。そして何年経過しても、アとっておきのお菓子を味わうように話題にして楽しむ。

あたしは前に勤めていたファミリーレストランで、四十代のパートさん数名が同年代のその場にいないパートさんのことを「あの人ブスのくせに高校の頃学年でいちばんかっこいい男子に手紙を渡したらしいよ。そういうb身の程知らずなとこあるよね」と嘲笑している現場を目撃したことがある。

耳中市民の多くは、はじめて会う人にはまず出身高校を訊《たず》ねる。若者でも年寄りでも、みんなそうだ。高校がわかれば、たちまち身辺調査がはじまる。知り合いか、知り合いの知り合いにかならず同じ高校の出身者がいるから、そいつに「どんな人?」と訊ねて、過去をほじくりかえしたがる。あたしが高校一年の頃にクラスの男子と口論になって椅子をぶん投げたことなんかも、きっとどこかで語り継がれているのだろう。家庭の事情とともに。

それに、大人になってからも、通っていた高校のランクでなんとなく扱いが決まってしまうようなところがある。それはあたしのような高卒で働いている人間でも、時田翼のように大学まで進んだ人間でも、同じらしい。窮屈だな、と時々思う。

窮屈じゃない? と一度だけ、時田翼に訊《き》いたことがある。

あたしはいきなりそのひとことだけを口にしたから、「なにが?」と訊き返されるかと思ったが、時田翼はそうしなかった。ただ、ゆっくりと首を縦に振った。それから、②たぶんどこだってここと同じぐらい窮屈なんだよ、と答えたのだった。

真摯に研究に取りくんでいく姿勢が重要だ

2. 病原体が人間に及ぼす影響ばかりに目を向けるのではなく、それらを取り巻く様々な種の関係性や個別のつながりを、多様な視点で解き明かしていく姿勢が重要だ

3. 病原体が人間にどのような影響を与えるのかという分析を通じて、生物の生死を左右する根源的な問題に迫り、持続可能な世界の構築を目指していく姿勢が重要だ

4. 病原体が人間にどのような影響を与えるのかという分析を通じて、それらを取り巻く多様な種の関係性を解明し、貴重な生態系の維持につなげていく姿勢が重要だ

問七　本文の表現に関する説明として**適当でないもの**を、次の中から一つ選びなさい。(16)

1. 第[3]段落「〜探ってみたい」「〜読み替えてみたい」という部分では、先に紹介した見解について、論証の方向性や進め方が予告されており、次段落以降の論の展開が捉えやすくなっている。

2. 第[4]段落「九十七%がすでに死滅」、第[5]段落「毎年五〇〇万〜一〇〇〇万トン」、第[9]段落「八七・六%が貧困層」など具体的な数値を随所に盛り込むことで、文章の内容に客観性が確保されている。

3. 第[5]段落「動物は〜ねばねばした血が流れ出す」という一文は、炭疽がもたらす死の悲惨さを詳細に描写することで、牛や人間の生を支えるハゲワシの働きの大きさを際立たせる効果がある。

4. 第[10]段落「〜食べ食べられ、使役し使役され、影響を与え与えられ」という部分では、能動態と受動態を重ねた表現を繰り返すことにより、人間と動物が不可分な関係であるという筆者の考えが強調されている。

5. 第[13]段落「〜問いではないだろうか」「〜次なる課題であろう」という表現では、それまで考察してきた内容とは逆方向の新たな問題を提起し、柔軟な視座を持つことの重要性が呼びかけられている。

[二]　次の文章を読んで、後の問いに答えなさい。

「さっきの女はどうしたの？」

「え。帰ったよ。自分の車で」

＊ビバーチェの駐車場で待ち合わせていたらしい。

「なんでそんなことすんの？　デートなら家に迎えに行ったりしないの？　そういうのって三十代だと普通なの？」

「自分の年代に照らし合わせて普通かどうかで行動しないから知らん。……あと三十代、三十代って強調されるの、ちょっと嫌」

「今の『ちょっと嫌』っていう言いかた！　なにそれ！」

すごく[a]なよっとしてたよ、女みたいだったよ、と言ってから、そうだ、見た目ではわからないけど時田翼のなかみが女だという可能性だってあるんだ、と思った。趣味がお菓子づくりというのもちょっと女の子っぽいし。それに、時田翼の家には短髪の体格の良い男がしょっちゅう遊びに来ていた。おばあちゃんの家にいるあいだに何度も見かけた。小学校から一緒の親しい友だちだと言っていたが、あれ

スクに晒《さら》されている。

問六　次に示すのは、この文章を読んだ四人の生徒が話し合っている場面である。これを読み、後の（ⅰ）・（ⅱ）の問いに答えなさい。

生徒A　この三年間、新型コロナウイルスに悩まされてきたからか、ウイルスの話で〈あいだ〉と聞くとすぐに「ソーシャル・ディスタンス」という言葉が頭に浮かんだよ。

生徒B　ウイルスを他人にうつさないために必要な距離、ということだもんね。ただ、その言葉については「人と人との社会的なつながりを断たなければならないとの誤解を招きかねない」という指摘もあるんだって。物理的な距離を意味する「フィジカル・ディスタンス」という言葉に置き換えようという動きも出てきたそうだよ。

生徒C　へえ、そうなんだ。でも、文中で出てきた人と動物の〈あいだ〉って、単に物理的な空間を意味しているわけじゃない気がする。

生徒B　そういえば筆者もわざわざ、人間と動物が「『あう』空間」なんて表現を使っているね。これは、どうしてかな。

生徒D　その〈あいだ〉が［　Y　］じゃないかな。

生徒B　なるほどね。目に見えないものも含めて、僕たちが生きる世界って複雑に構成されているんだね。

生徒A　人間の生を支えるために牛に投与された薬でハゲワシが死に、そのハゲワシの死によって人間に死がもたらされる、とあったもんね。単に食物連鎖だけじゃない関係性によって人間の生は支えられているんだ。

生徒B　うん。だからこそ、感染症を巡る問題についても筆者は「［　Z　］」と考えているんだと思うよ。

生徒C　僕もそう思う。その考えを実践していけば、新型ウイルスとの共生のあり方のヒントも見えてくるかもしれないね。

（ⅰ）空欄［Y］に入る内容として最も適当なものを、次の中から一つ選びなさい。［14］

1．人間と動物を結びつける力を常にはらんでいて、そこで病原体が転移する可能性を含め、両者に影響を及ぼし得る空間だということを示したかったから

2．人間と動物の接触しようとする力をうまく吸収し、ちょうど均衡が保たれた、生物が共存するうえで最も適した空間だということを強調したかったから

3．人間と動物の直接の接触がなくても、病原体を介して個体に死をもたらしてしまう、科学の力を超えた恐るべき空間だということを強調したかったから

4．人間と動物の関係性の深さを象徴していて、両者が頻繁に出会うことで互いの生を支えている、抜き差しならない空間だということを示したかったから

（ⅱ）空欄［Z］に入る内容として最も適当なものを、次の中から一つ選びなさい。［15］

1．病原体が人間に及ぼす影響ばかりに目を向けるのではなく、生物の生と死にはあらゆる種が関係していることを認識し、

4．雑誌の人気企画をサッシンする。
5．企業理念が社員にシントウする。

e「カイタイ」（5）
1．健康のためにカイダンを利用する。
2．大気汚染による環境ハカイを防ぐ。
3．最も注目の映画がコウカイされる。
4．内容をキョッカイしていたと気付く。
5．時代遅れの制度をカイカクする。

問二　空欄 A から D に入る語として最も適当なものを、次の中からそれぞれ一つずつ選びなさい。ただし、同じものを二回以上用いてはいけません。（6～9）
1．あるいは　2．かつて　3．ところが　4．また

問三　傍線部①「人間と動物の〈あいだ〉は縮まる。」とあるが、その例として**適当でないもの**を、次の中から一つ選びなさい。（10）
1．自然豊かな森林が都市開発によって伐採される。
2．希少な海外の野生動物を国内で飼う人が増える。
3．都市に出現するネズミに感染症の病原体が宿る。
4．キャンプ場以外の山林での野営がブームになる。
5．地球温暖化の進展に伴い渡り鳥の分布が広がる。

問四　傍線部②「ジフロフェナク」が人間や動物にもたらした事態として最も適当なものを、次の中から一つ選びなさい。（11）
1．乳腺炎などの病気や歩行困難になった牛に投与することで働かせ続けることができるようになった一方、腎不全などの副作用が相次いだ。
2．投薬された牛の死骸を食べたハゲワシが相次いで死滅した一方、ハゲワシを天敵とする牛やラクダ、水牛の棲息環境は改善されていった。
3．抗炎症薬として人間や動物に鎮痛効果をもたらした一方、炭疽菌に対する免疫力を弱め、結果として致死性の高い疫病の流行を招いた。
4．人間や牛への鎮痛効果によって人々の生活を支えた一方、それらの死骸を食べる生物には毒性を発揮し、生態系の維持に深刻な危機が生じた。
5．牛の死骸から炭疽を取り除くハゲワシの働きが阻害された一方、牛の寿命が延びたことによって炭疽自体の被害は収束していった。

問五　空欄 X には次の一連の文が入る。正しく並べ替えたとき、二番目（12）と四番目（13）にあたる文を次の中からそれぞれ一つずつ選びなさい。
1．ハゲワシの減少に反比例するように、インドでは野良犬が増加している。
2．ハゲワシがいないとまた、南インドでは炭疽が健康問題を引き起こす懸念がある。
3．イヌもまた牛の死骸を片づけるが、ハゲワシのようなスピードと完璧さで片づけることはない。
4．それだけではない。
5．インドの人口の七割が農村に居住し、その大部分が家畜を飼っているため、家畜と人間はともに潜在的に炭疽の感染リ

ゲワシ、牛、人間すべてが、それぞれの生と死に対して重要な意味を担っている。しかし、「すべてはつながっているなどということは、ここでは役に立たない。…（中略）…むしろ、すべては何かにつながっていて、それがまた別のものにつながっている」。言い換えれば、「つながりの特異性と近さ、私たちが誰とどのように結びついているのかが重要なのである」。「生と死は、こうした関係性の内側で起きているのだ」＊[van Dooren] と、ヴァン・ドゥーレンは言う。

［13］人間、動物、病原体が絡まり合って入り乱れ、死が生を支え、生はいつの間にか死を生むという、常ならざる人間以上の世界の根源的な探究が、私たちの前にある問いではないだろうか。病原体、人間、動物の相互作用を、その生と死をまるごと含めて探ることが、次なる課題であろう。［　D　］、こう言い換えてもいい。人間の世界に侵入した後だけの病原体を問題にし、狼狽《うろた》えるのではなく、人間以上の世界でそれを理解しようとし、気づかうべきだ、と。

（奥野克巳『絡まり合う生命』）

（注）本文中で筆者が参考にした文献（出版社省略）

＊ 木村敏……………『自分ということ』（二〇〇八年）

＊ トム・ヴァン・ドゥーレン……『Flight Ways Life and Loss at the Edge of Extinction』（二〇一四年）

＊ ジュールズ・ハワード………『動物学者が死ぬほど向き合った「死」の話：生き物たちの終末と進化の科学』（二〇一八年）

＊ ピエール・ダルモン…………『人と細菌：一七～二〇世紀』（二〇〇五年）

問一　傍線部ａからｅと同じ漢字を使うものを、次の中からそれぞれ一つずつ選びなさい。

ａ「ホカク」［1］
1．子供をホイク園に通わせる。
2．秋になってイナホが実る。
3．脱走した犯人をホバクする。
4．先輩の説明にホソクする。
5．ホソウしていない道路を歩く。

ｂ「ゾウショク」［2］
1．ショクサン興業政策を進める。
2．若者のシュウショク率が高い。
3．華やかなソウショクを好む。
4．家族でショクタクを囲む。
5．学校の敷地にショクジュする。

ｃ「チクセキ」［3］
1．北海道でチクサン業を営む。
2．先生の言葉にはガンチクがある。
3．出来事をチクイチ報告する。
4．僕と彼はチクバの友である。
5．効率的な仕組みをコウチクする。

ｄ「シンシュツ」［4］
1．大型プールのスイシンを測る。
2．出場選手の交替をシンコクする。
3．裁判のシンリで真実が判明する。

の群れを大量に殺し、人間にも感染して致命的な結果をもたらしてきた。動物は数時間で瀕《ひん》死状態になり、死骸は風船のように膨れ上がり、傷をつけると黒く濃いねばねばした血が流れだす＊［ピエール・ダルモン］。

6 ハゲワシは、炭疽菌が芽胞を形成し拡散する前に、牛の死後数時間にその柔らかい組織を取り除いた。ハゲワシが、インドの一部で広がる炭疽などの疫病の拡大を喰い止めていたのである。［A］、ムンバイのパルシー教徒たちは、何百年もの間、「沈黙の塔」に死者を運んで、ハゲワシに死体をついばませて鳥葬を行ってきた。パルシーは自分たちの生の中に、ハゲワシの居場所をつくり出していたのである。牛と人間の間には相依の関係が築かれていた。

7 ［B］ここにジフロフェナクが登場する。ジフロフェナクは、一九六〇年代から人間に投与されるようになり、沈黙の塔で人間の死骸を片づけるハゲワシに影響を与えてはいたが、その後、歩行困難や、乳腺炎や出産困難になった牛にも投与されるようになり、そのことが、ハゲワシに腎不全による死をもたらすようになった。特に貧困層の人たちが、牛が老いて病気になった時にも牛を働かせ続けるためにジフロフェナクを必要とした。人間による牛への投薬が、牛を食べるハゲワシに死をもたらしたのである。

8 ［X］イヌは炭疽のような疫病を封じ込めないし、完全にeカイタイされない牛の死骸は水と環境を汚染する。

9 イヌの増加は問題を引き起こすリスクがある。野良犬はあちこちうろついて狂犬病ウイルスをまき散らし、人間だけでなく哺乳動物に痛みと死をもたらす。インドでは、年間一七〇〇万人がイヌに咬《か》まれる。狂犬病とは、約四〇〇〇年前に人類にもたらされた人類共通感染症である。ヒトだけでなく、すべての哺乳類が狂犬病ウイルスに感染し、致死率はほぼ一〇〇%だとされる。インドでイヌに咬まれる人の七五%が貧困層の人たちであり、狂犬病に罹《かか》るのは、そのうちの九六%だとされる。世界中で起きる狂犬病による人間の死の六割がインドで起きており、年間二万五〇〇〇～三万人が死亡する。そのうち八七・六%が貧困層で、そのほとんどが成人男性であるため、家族の経済的困難の度合いが高まる。

10 人間と動物はそれぞれ別個に生きているのではなく、食べ食べられ、使役し使役され、影響を与え与えられ、相依しながら絡まり合っている。［C］牛の死はハゲワシの生を支えていたが、人間の生のために牛に投与された薬によってハゲワシの死がつくり出されるだけでなく、ハゲワシの死は病原体を広く解き放つことにつながり、人間に苦しみと死を与えている。

11 病原体は、人間と、人間とともにある動物の〈あいだ〉に生じるように見える。人間と動物の〈あいだ〉は、「会・合・相・逢」などの「あう」空間であり＊［木村］、その空間は常に動因をもった力の場としてある。〈あいだ〉に現れ出た病原体は、転移された個体の中でゾウショクし、やがてその個体に死をもたらすかもしれない。私たちが住まう世界とは、ヴァン・ドゥーレンが描き出したように、人間や動物たち、動物たちが保有する病原体が、生まれ、生き、死んでいく世界なのである。

12 この人間以上の世界での多種の絡まり合いの中で、生きて死ぬハ

【国　語】(五〇分)〈満点:一〇〇点〉

一　次の文章を読んで、後の問いに答えなさい。なお、設問の都合で本文の段落に1～13の番号を付してある。また、本文には一部改変・省略したところがある。

1　病原体ウイルスはもともと自然の中で宿主と共生していた。そうした自然環境の中に人間が入りこんだり、金儲《もう》けのために違法に野生動物をaホカクしたりすることで、①人間と動物の〈あいだ〉は縮まる。ウイルスは人間にうつり、人間の体内環境で爆発的にbゾウショクできる条件を備えていると、高い病原性を示す。そうなった時に、人間にとっては脅威となる。

(中略)

2　宿主から直接にせよ媒介動物をつうじてにせよ、個体に保有されている病原体に人間が触れ、それを人間が体内に取り入れる。そうだとすれば、病原体は、実際には、宿主か媒介動物の体内に保有されているのであるが、人間と野生動物の〈あいだ〉に存在していると考えたほうが分かりやすいのではないだろうか。病原体は、野生動物から人間に、その関係性をつうじてうつされるからである。関係性の生じる「場」を、ここで〈あいだ〉と呼んでみよう。

3　人間と動物の〈あいだ〉が十分にある時には、病原体は転移しない。〈あいだ〉が縮まることによって、病原体が人間に転移する確率が高まる。〈あいだ〉とは、モノの存在しない空白部ではない。それは、表面に出ている人やモノや現象に、裏面から作用を及ぼす力の場として見られるべきであろう[*木村敏]。こうした見通しを踏まえて、人間と動物の〈あいだ〉にどのような力が働いて、病原体が活発な働きを見せるようになるのかを探ってみたい。以下では、環境哲学者T・ヴァン・ドゥーレンによるインドの人間、ハゲワシ、牛をめぐる記述を取り上げて、それを病原体が蠢《うごめ》きだす記述として読み替えてみたい[*Thom van Dooren]。

4　インドの人たちは、かつてたくさんのハゲワシが川岸で、牛や、人間を含む他の動物の死骸に集っていた光景を覚えている。しかし今日、ハゲワシはほとんど見かけない。二十世紀末から、ハゲワシが食べる牛に投薬されるようになった②「ジフロフェナク」(関節炎、痛風、結石、外傷、生理痛、腰痛などに鎮痛効果があるとされる、非ステロイド系の抗炎症薬)のせいで、ハゲワシは今や絶滅の危機に瀕《ひん》している。インドにいる三種のハゲワシ――ベンガルハゲワシ、インドハゲワシと**G.tenuirostris**――の九七%がすでに死滅しているとされる。環境NGO「バードライフ・インターナショナル」によれば、ベンガルハゲワシは、抗炎症薬が投与された家畜の死骸を食べることで体内にcチクセキするジフロフェナクのせいで九九%減少した[*ジュールズ・ハワード]。

5　インドでは、牛は耕作、搾乳、重労働のために使役され、食べられることはなかった。そのため牛の死骸を食べるハゲワシにとって理想の棲《せい》息環境が用意されていた。かつては毎年五〇〇万～一〇〇〇万トンの牛・ラクダ・水牛が、ハゲワシの世話になっていた。一〇〇羽ほどのハゲワシによって、一頭の牛の死骸が三十分ほどできれいに片づけられた。牛が炭疽《そ》で死亡した時には、芽胞が土壌にdシンシュツし、そこに何十年も留まった後、風によって飛ばされるか、動物の消化管の中で広がった。炭疽は、古くから草食動物

MEMO

大切なことはメモしておこうネ！

2023年度

栄東高等学校入試問題(第2回)

【数　学】　(50分)〈満点：100点〉

【注意】

1　問題の文中の $\boxed{ア}$，$\boxed{イウ}$ などには，特に指示がないかぎり，符号(−，±)又は数字(0 ～ 9)が1つずつ入る。それらを解答用紙の**ア**，**イ**，**ウ**，…で示された解答欄にマークして答えること。

例　$\boxed{アイウ}$ に−83と答えたいとき

ア	±	**−**	0	1	2	3	4	5	6	7	8	9
イ	±	−	0	1	2	3	4	5	6	7	**8**	9
ウ	±	−	0	1	2	**3**	4	5	6	7	8	9

なお，同一の問題文に $\boxed{ア}$，$\boxed{イウ}$ などが2度以上現れる場合，原則として，2度目以降は $\boxed{ア}$，$\boxed{イウ}$ のように細字で表記する。

2　分数形で解答する場合，分数の符号は分子につけ，分母につけてはいけない。

例えば，$\dfrac{\boxed{エオ}}{\boxed{カ}}$ に $-\dfrac{4}{5}$ と答えたいときは，$\dfrac{-4}{5}$ とすること。

また，それ以上約分できない形で答えること。

例えば，$\dfrac{3}{4}$ と答えるところを，$\dfrac{6}{8}$ のように答えてはいけない。

3　根号を含む形で解答する場合，根号の中に現れる自然数は最小となる形で答えること。

例えば，$\boxed{キ}\sqrt{\boxed{ク}}$ に $4\sqrt{2}$ と答えるところを，$2\sqrt{8}$ のように答えてはいけない。

4　根号を含む分数形で解答する場合，例えば $\dfrac{\boxed{ケ}+\boxed{コ}\sqrt{\boxed{サ}}}{\boxed{シ}}$ に $\dfrac{3+2\sqrt{2}}{2}$ と答えるところを，$\dfrac{6+4\sqrt{2}}{4}$ や $\dfrac{6+2\sqrt{8}}{4}$ のように答えてはいけない。

$\boxed{1}$　次の各問いに答えよ。

(1)　$2025\times2022-2024\times2021=\boxed{アイウエ}$

(2)　$x=6+\sqrt{7}$，$y=1-\sqrt{7}$ のとき，$xy+3x-2y-6=\boxed{オ}$ である。

(3)　x%の食塩水100gに水ygを混ぜると2%の食塩水ができ，x%の食塩水200gに水ygを混ぜると3%の食塩水ができた。このとき，$x=\boxed{カ}$，$y=\boxed{キクケ}$ である。

（４） 下の図は，ある市の１年間の平均気温を月毎にまとめたデータを，箱ひげ図で表したものである。このとき，四分位範囲が最も大きい市の中央値は $\boxed{\text{コサ}}$ である。

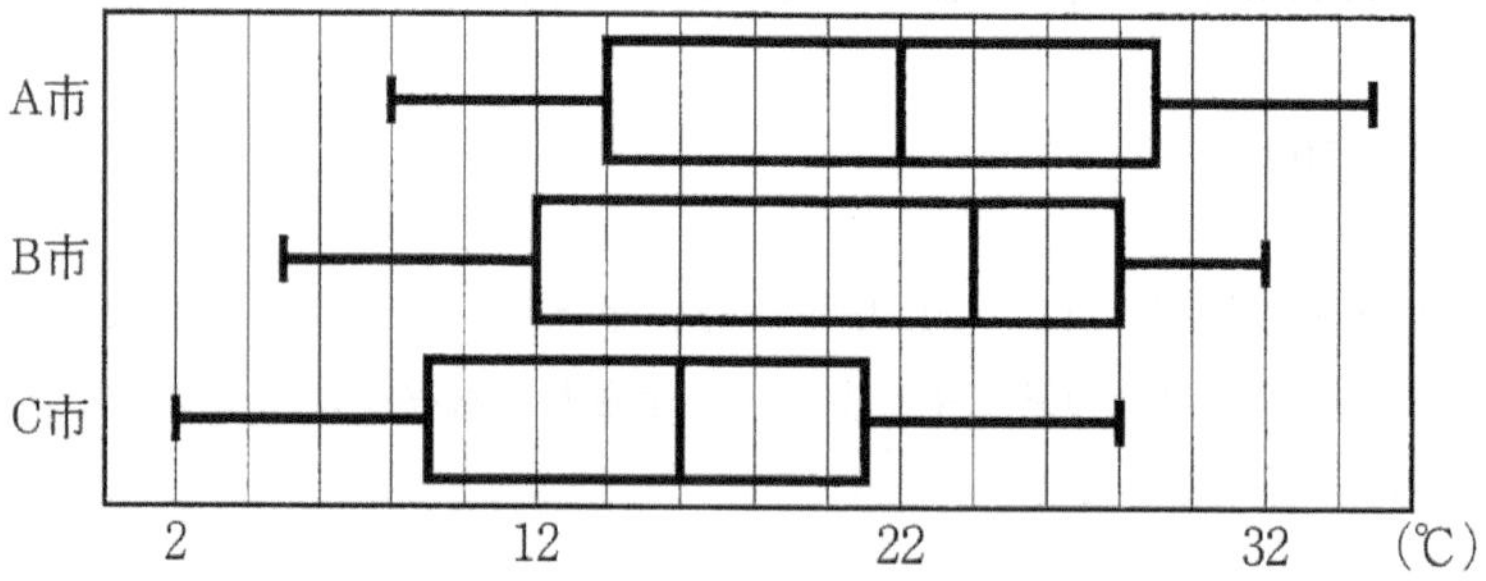

（５） 図のように，6個の正三角形からなる平行四辺形の面積が72のとき，斜線部分の面積は $\boxed{\text{シス}}$ である。

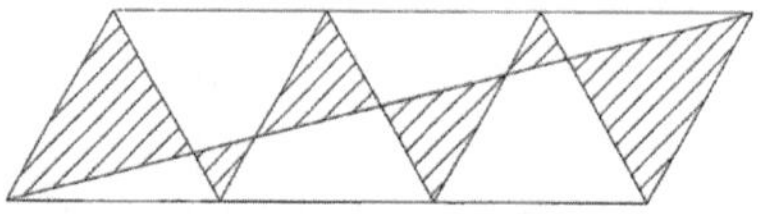

2 図のような数直線上を点Pが以下のルールに従って移動する。

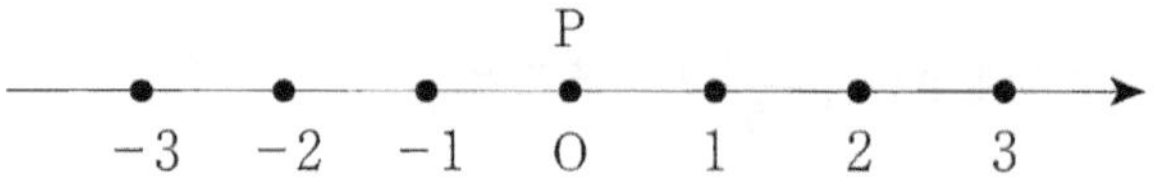

【ルール】

① 点Pは，はじめ原点0にある。

② さいころを1回投げて，

・1，3，5の目が出たとき，点Pは動かない。

・2，4の目が出たとき，点Pは正の向きに1進む。

・6の目が出たとき，点Pは負の向きに1進む。

③ ②の操作毎に点Pがいる点の座標(数字)を記録する。

（１） さいころを2回投げたとき，記録した座標の値が異なる確率は $\dfrac{\boxed{\text{ア}}}{\boxed{\text{イ}}}$ である。

（２） さいころを3回投げたとき，記録した座標の値が2種類になる確率は $\dfrac{\boxed{\text{ウエ}}}{\boxed{\text{オカ}}}$ である。

（３） さいころを3回投げたとき，記録した座標の値が2種類以下になる確率は $\dfrac{\boxed{\text{キク}}}{\boxed{\text{ケコ}}}$ である。

3 図のように，AB＝5，BC＝12，CA＝13の直角三角形ABCに対して，∠Aの二等分線と辺BCの交点をDとする。また，辺AC上の点Eに対して，AEを直径とする円が辺BCと点Dで接している。

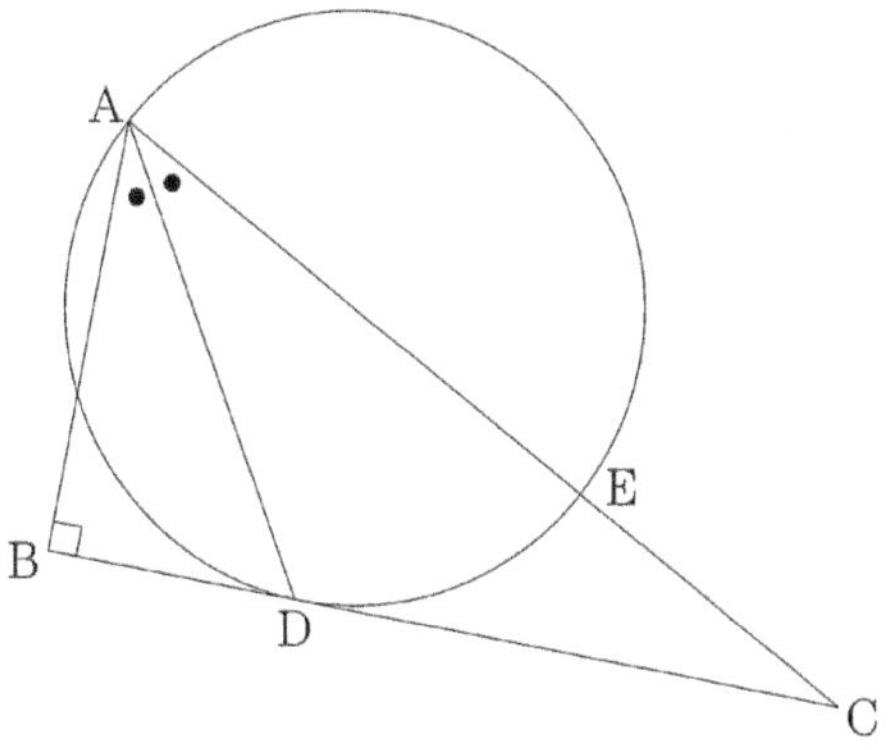

（1） 線分BDの長さは$\dfrac{\boxed{\text{アイ}}}{\boxed{\text{ウ}}}$である。

（2） 線分AEの長さは$\dfrac{\boxed{\text{エオ}}}{\boxed{\text{カ}}}$である。

3点A，B，Cを通る円と直線ADの交点をFとする。

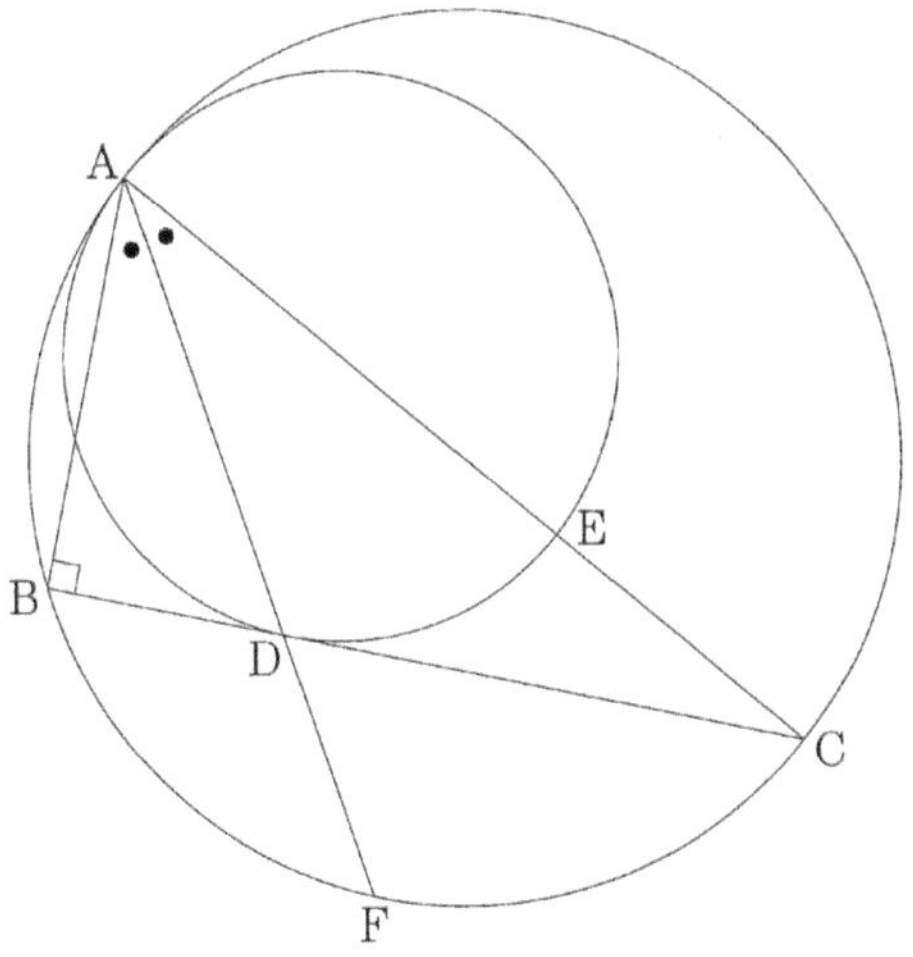

（3） △ADEと△BDFの面積比は$\boxed{\text{キク}}$：$\boxed{\text{ケコ}}$である。

4 座標平面上の3点A(−1, 5), B(2, 2), C(4, 4)に対して, △ABCの周上または内部に点Pをとり, この点を通る放物線$y=ax^2$を考える。。

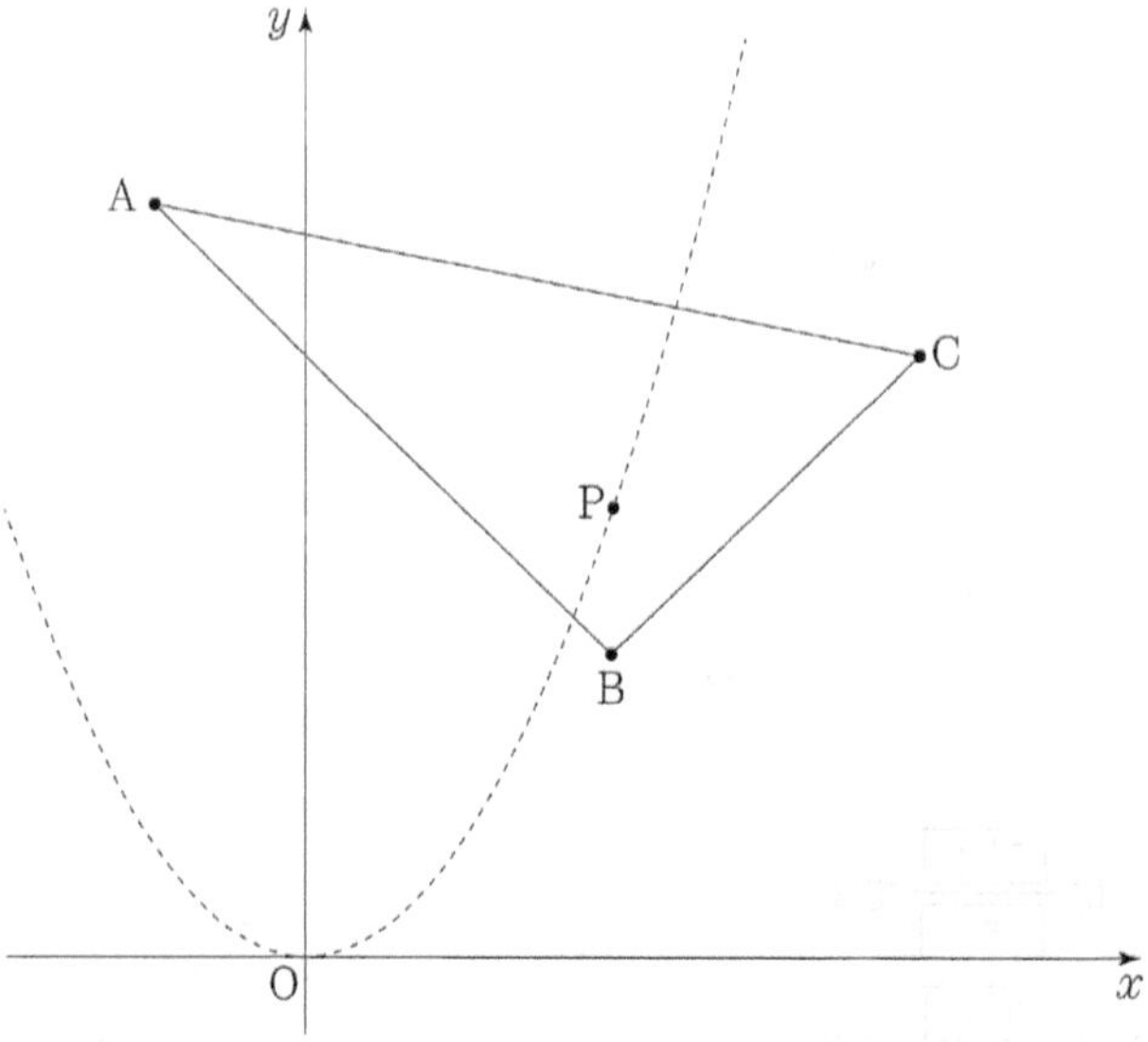

(1) △ABCの面積は$\boxed{ア}$である。

(2) aの最小値は$\dfrac{\boxed{イ}}{\boxed{ウ}}$である。

(3) △ABCと△OAPの面積が等しくなるとき, aの取り得る値の範囲は$\dfrac{\boxed{エ}}{\boxed{オ}} \leqq a \leqq \boxed{カ}$である。

5 図のように，2つの球を切断面が合同になるように切断して重ね，立体をつくる。球の半径をそれぞれa，bとする。

(1) $a=b=2$とする。重ねてできる立体の高さが6のとき，2つの球の切断面の面積は $\boxed{\text{ア}}$ πである。

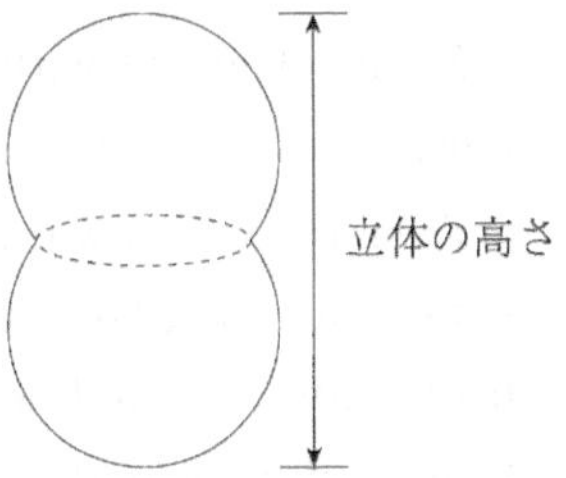

(2) $a=2$，$b=4$とする。重ねてできる立体の高さが10のとき，2つの球の切断面の面積は$\dfrac{\boxed{\text{イウ}}}{\boxed{\text{エ}}}\pi$である。

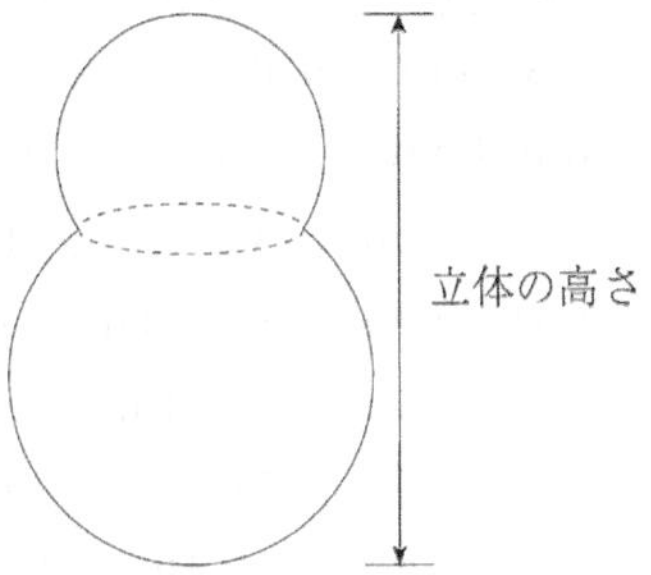

(3) (2)の立体を直円錐の容器にまっすぐ入れたところ，2つの球はともに容器の側面に接し，大きい球は容器の底面に接し，立体は容器にすき間なく収まった。直円錐の体積は $\boxed{\text{オカキ}}$ πである。

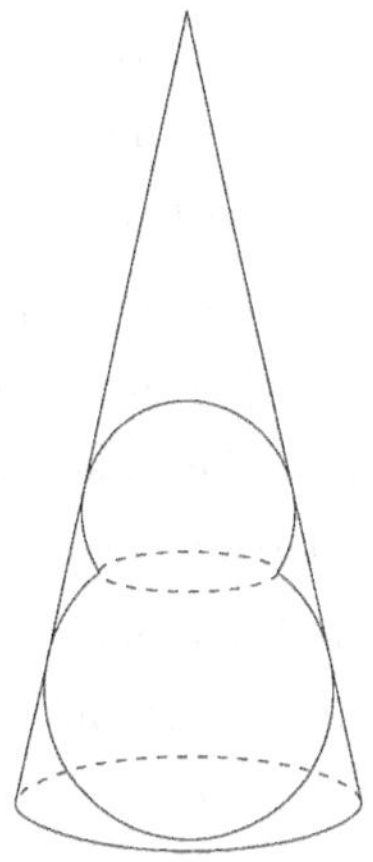

【英　語】（50分）〈満点：100点〉

1．次の英文を読み，あとの問いに答えなさい。(文中の＊印の語(句)には注があります)

My involvement with Alaska traces back roughly 15 years, to when I was 18 years old, not much older than you are now.

From the time I was a child I ([1]) a love of Nature and animals, and many of the books I read as a young boy were about animals or exploratory adventures：for example, the science fiction fantasies of Jules Verne or the ＊exploits of Captain Arseniev in *Dersu Uzala*. ①All I kept thinking was that someday I wanted to do the same kind of things as the protagonists in those stories. Usually, as children grow up they ＊abandon dreams of that sort or their interests move in other directions; but in my case, perhaps I didn't grow up very much, because even after I entered college I continued to think the same way. Already during my ＊freshman year I ([2]) up my mind to go to Alaska. ②I can't clearly explain why I decided on Alaska. I think it was from some ＊vague yearning for the Nature of the Arctic region.

In those days, getting hold of materials about Alaska in Japan was very difficult, so I ([3]) some books and other materials from the United States. Among them was a photo book that I was very fond of. Day after day I would look at it without ever tiring of it, and each time I looked at it, there was one page in particular that I invariably "had" to see. It was an ＊aerial photograph, extremely beautiful, of an Eskimo village on a small island in the Arctic Ocean. ③The photo had been taken from a plane just as the sun was setting into the Arctic Ocean.

The reason I was so attracted to the photo was because I ([4]) it fascinating how people were living even in a place where there was nothing, at what seemed the end of the Earth. Like you, I ([5]) up in the city, and for that reason ④I found it easy to believe that people were living in a place like that. But as I kept thinking about it, I gradually came to want to visit that village. I read carefully through the explanation accompanying the photo, written in English, and found out that the village's name was Shishmaref. I then ([6]) out a map and located where in Alaska the village was, and from then on my feelings of wanting to go there became all the stronger.

(注) exploits　偉業　　abandon　～を捨てる　　freshman year　1年生　　vague yeaming 漠然とした憧れ
aerial photograph　空撮写真

(1) 英文の空所([1])～([6])に入れるのに最も適切なものを1～0の中から1つずつ選びなさい。ただし，同一のものを2回以上用いてはいけません。

1．made	2．had	3．saw	4．lost	5．obtained
6．found	7．went	8．set	9．grew	0．took

(2) 英文の下線部①～④の中で，文法上あるいは文脈上，誤りのある英文が1つあります。その番号を答えなさい。解答は[7]にマークしなさい。

２．次の英文を読み，あとの問いに答えなさい。

For a long time, people thought there was life on Mars.(8)He did not know what they were, but an American astronomer, Percival Lowell, saw them too, and decided that they were canals. There must be people on Mars, Lowell thought, and these Martians have built the canals to bring water from the icy Arctic in the north of Mars to the warmer south.

(9)A book called *The War of the Worlds*, written in 1898 by H.G.Wells, told the story of Martians coming to the Earth and beginning a war. In 1938 *The War of the Worlds* was heard on the radio in the United States as a piece of radio theater. Some people who heard it thought that it was true, and they drove away from the cities to escape the danger from the Martians.

Luckily, there are no tall grey Martians with dark eyes. When the first spacecraft flew past Mars in the 1960s, they sent back photographs of a dry place, covered with craters — as dead as our Moon.(10)

But then, in 1971, the spacecraft *Mariner 9* went much closer to Mars, and found something surprising. There were no canals on Mars, but there *were* old rivers! (11)

So where has the water gone? (12)These are very important questions, because if there is water on Mars, then perhaps there is life there too. And if there is water, perhaps one day humans can go there to live.

〔 1．Mars show　2．photos　3．that　4．taken　5．on　6．of　7．there　8．the surface 〕was water there once — lots of it. The small rocks on the surface of Mars look like small rocks at the bottom of a river on the Earth. Scientists think a lot of the water floated away through the thin atmosphere into space.(13)If that is true, then there may already be very small life forms — bacteria — living in the rocks.

（１） 英文の空所(8)～(13)に入れるのに最も適切なものを１～６の中から１つずつ選びなさい。ただし，同一のものを２回以上用いてはいけません。

１．And is there any there now?
２．There were no Martians, no straight lines.
３．In 1877, an Italian astronomer, Giovanni Schiaparelli, thought he saw some straight lines on Mars.
４．The idea of Martians was interesting and exciting.
５．But they hope that some of it is still there, frozen into the rocks under the ground.
６．There was no water in them now, but once, millions of years ago, they had been full of water.

（２） 英文の〔　　〕内の語(句)を並べかえ，英文を完成させなさい。解答は 14 と 15 に入れるものをそれぞれ答えなさい。ただし，文頭にくる語も小文字にしてあります。

______ ___14___ ______ ______ ______ ______ ___15___ ______ *was* water there once — lots of it.

3．次の英文を読み，あとの問いに答えなさい。(文中の＊印の語(句)には注があります)

Taylor Anderson was an American English teacher from Richmond, Virginia. She came to Ishinomaki in 2008 and taught at seven elementary and junior high schools in the city. Nao met her when she was a student at Watanoha Junior High School. The city has an annual English speech contest. Two honored students are selected from each school and compete by making three-minute speeches at the city hall. Nao was one of the students. Taylor helped her write the speech.

Watanoha Junior High is located by the beach. Pine trees were planted as a shelter belt. Nao liked the sound of the wind from the ocean hitting the trees and drifting through the window. So Nao decided to talk about the garbage problem on the beach. During summer vacation in 2009, Taylor would stop by to help Nao with her speech. Although it didn't *fall under her job responsibilities, Taylor seemed to enjoy helping Nao prepare for her presentation.

Before she went to summer vacation, the teacher recorded the script and gave Nao the tape so she could practice by herself. Nao would echo her teacher's voice on the tape in preparation. On the day of the speech, Taylor unexpectedly appeared at the venue and gave Nao a letter full of encouragement in Japanese. Taylor's appearance gave the nervous 9th grader the confidence she needed to speak that day. It was evident that Taylor liked Nao, and as a teacher was sincerely dedicated to her profession. Nao felt her letter was one of the best she ever received.

・・・

When Nao had time to worry about her friend's safety after moving to Sendai, she sent an e-mail to Taylor. Nao knew even if her American friend was safe, she would have no way of communicating this to her. So when she didn't receive replies, she would remind herself, “It's OK. Look at me. Everybody believed that I was dead until I appeared on the third day. She just lost power, or her mobile phone itself, maybe.”

Nao constantly checked the survivors' list online. Taylor's status remained “missing” for days. On March 22, Nao's uncle called her, telling her a newspaper article said that a missing American English teacher had been found dead. The uncle said the teacher might be Taylor. Nao instantly checked the website again, but it remained “missing.” So she angrily replied that her friend was not dead.

Taylor's parents and closest friends had been desperately searching for her since March 11. The Japanese government *denied admission to the area because of the nuclear disaster at Fukushima. They could've come to the country, but not gone north. Taylor's father, Andy, gave all the information he could collect on his daughter to the Japanese *Embassy in Washington. He even prepared Google Maps showing where she lived and which route she usually took to work.

When the Anderson family found that they would be able to travel to the area, they booked flights for Taylor's father Andy, Taylor's younger brother Jeff, Taylor's younger sister Julz's husband Rhorie, and Taylor's boyfriend James to help out in the search in anyway they could. Scheduled to leave the house at 7：30 AM on March 21,it was 5：30 AM when the family received a call from the Embassy saying that her body had been found. The Andersons decided Jeff should stay with Taylor's mother Jeanne, and Rhorie with Julz, just Andy and James going to Japan.

Taylor's father Andy and her boyfriend James flew to Japan to confirm her death. James saw Taylor first and told Andy that she looked like she was sleeping and Andy thought she looked at peace. Three months after the tsunami a student of Taylor's recognized her bag in *a pile of rubble. The school sent it to the Anderson's and it had (20) in the bag. One was from James and the other from Nao. Taylor always carried them around with her. Taylor's cell phone was discovered at her apartment when her friends first entered her apartment. It was thought she was probably riding back to her apartment to retrieve it so she could call her friends and family.

（注） fall under　～に該当する　　deny admission to　～に入るのを拒否する　　embassy 大使館
a pile of rubble　がれきの山

(１) Choose the best description of Taylor Anderson. 16
1. a teacher who had been in Ishinomaki since 2008
2. a private teacher for Nao
3. a teacher who fell in love with Japanese culture
4. a teacher who would participate in the speech contest

(２) What did Taylor think about Nao? 17
1. She thought Nao had poor ability to make a speech.
2. She thought she wanted to support Nao.
3. She thought she could learn Japanese culture from Nao.
4. She thought Nao was familiar with world environmental problems.

(３) Why did Nao move to Sendai? 18
1. Living conditions in Ishinomaki had changed.
2. Her parents had to work in Sendai.
3. She went to a senior high school in Sendai.
4. She had been bullied in some way.

(４) What did Andy do about the incident with Taylor? 19
1. He made a call to the Japanese Embassy.
2. He asked James to go to Japan alone.
3. He confirmed Taylor's safety on the website.
4. He required Jeff to stay with Andy's wife.

(５) Which of the following words would best fill the gap at (20)?
1. mobile phones
2. handkerchiefs
3. letters
4. house keys

(6) Which of the following statements is true? 21

1. Nao asked Taylor to record the scripts of the speech.
2. Nao was unable to get in touch because her mobile phone was out of power.
3. Taylor's body was found nine days after the earthquake had hit in Japan.
4. Taylor wasn't carrying her own mobile phone when the earthquake hit.

リスニング問題

4．これから二人の対話を聞き，質問に対する答えとして最も適切なものを1つずつ選びなさい。なお，対話と質問は2度読まれます。

22
1. They should be relaxed.
2. They are not very smart.
3. They watch YouTube too much.
4. They only watch educational programs.

23
1. A car ran into a truck.
2. A car ran out of the gas.
3. A truck ran through a red light.
4. A truck ran over a man near a bank.

24
1. A blue shirt for 50 dollars.
2. A white shirt for 53 dollars.
3. A blue sweater for 53 dollars.
4. A white sweater for 50 dollars.

5．これから短い英文を聞き，質問に対する答えとして最も適切なものを1つずつ選びなさい。なお，英文と質問は1度だけ読まれます。

25
1. A TV show.
2. A film festival.
3. A music session.
4. The Olympic Games.

26
1. 運
2. 和
3. 災
4. 北

27
1. We cannot raise animals.
2. We cannot eat medical plants.
3. We cannot develop some kind of drug.
4. We cannot keep the environment healthy.

6．これから少し長めの英文を1つ聞き，4つの質問に対する答えとして最も適切なものを1つずつ選びなさい。なお，英文は今から10秒後に放送されます。また，英文は2度読まれます。

[28] Why did most people ***NOT*** buy electronic books?

1．Electronic books were too expensive.

2．Electronic books needed the Internet.

3．They were too tired to read electronic books.

4．They couldn't carry electronic books with them.

[29] Which statement about e-readers is true?

1．New technology was introduced on display.

2．The screens are too bright for people to read e-readers.

3．They are so flexible that you can put them into your pocket.

4．The screens sometimes cannot be touched because of the heat.

[30] According to the passage, what kind of people are buying e-readers?

1．People who take trips.

2．People who work from home.

3．People who used to hate reading.

4．People who teach at universities.

[31] What can people do with e-readers?

1．Listen to music.

2．Read newspapers.

3．Make a phone call.

4．Watch TV programs.

※リスニングテストの放送台本は非公表です。

5. 幼い元啓は善悪の分別もつかない親のようにはなるまいと努力した。その結果、親に人としての心を取り戻させただけではなく祖父も救い出したので、世間から「孝孫」と言われた。

ｂ　用ゐずして（29）

1．父は息子の忠告を聞き入れないで
2．妻は夫の親を邪魔だと思って
3．父は親が役に立たない者だと思って
4．妻は息子の意見を受け入れないで
5．祖父は孫の発言を聞かないで

ｃ　今は何にせむぞ（30）

1．いまさら祖父を心配するな
2．まだ輿は使えるけれども
3．もう輿は必要ない
4．これからどうしようか
5．今から改良はできない

問二　傍線部①の主語にあたる人物として適当なものを、次の中から一つ選びなさい。（31）

1．元啓
2．元啓の父
3．元啓の母
4．元啓の祖父
5．世間の人

問三　傍線部②について、後の（ⅰ）・（ⅱ）の問いに答えなさい。

（ⅰ）「これ」の内容として最も適当なものを、次の中から一つ選びなさい。（32）

1．親を捨てた時は痕跡を残してはいけないということ
2．一度使った道具を持ち帰ってはいけないということ
3．どんなに悪い親でも捨ててはいけないということ
4．いざという時には事前に準備した道具を使うということ
5．道に背いて老いた親を捨てるということ

（ⅱ）この状況を表す四字熟語として最も適当なものを、次の中から一つ選びなさい。（33）

1．愛別離苦　2．因果応報　3．一期一会
4．起死回生　5．取捨選択

問四　傍線部③と同じ人物を、次の中から一つ選びなさい。（34）

1．Ⅰ　2．Ⅱ　3．Ⅲ　4．Ⅳ　5．Ⅴ

問五　本文の内容に合致しているものとして最も適当なものを、次の中から一つ選びなさい。（35）

1．幼い元啓は自己の発言を契機に父に自身の行為の過失に気づかせ、そのことを改めさせた。その結果、祖父をも救出することができたので、世間から「孝孫」と誉め称《たた》えられた。
2．幼い元啓は父を捨てようとしたけれども、母に戒められてその過ちに気づいた。その結果、両親だけではなく祖父にまでも孝行を尽くしたので、世間から「孝養」と敬われた。
3．父の悪事に手を貸した幼い元啓は、自分は父のようにはなるまいと強く決心した。その結果、元啓は救い出した祖父のもとで善行を学んだので、世間から「賢人」と称えられた。
4．妻の言葉通りに行動した父は幼い元啓の諫めごとにより、自分の行為が犯罪であると気づいた。その結果、智恵ある息子を「孝養」と称えただけではなく、元啓の名を自ら世間に広めた。

1. この文章は基本的に「わたし」の視点から描かれているが、波線部ア「翼が、静かに言った。」のように、時折三人称の語り手が登場して小説が描かれることで人物の心情把握が容易になり、読者が文章に没入しやすくなっている。

2. 翼とその父のふたり暮らしについて、翼は波線部イ「幸せな瞬間はある」とあるように肯定的に捉えており、これに対し波線部ウ「『瞬間』なのね」とあるように「わたし」が翼を冷やかしたことで、彼との間に衝突が起きている。

3. 波線部エ「翼は花を摘まない。でも、わたしは花を摘む。」とあるが、これは肘差で暮らし続けるという選択をした翼と肘差を捨てて新たな町で生きるという選択をした「わたし」の人生観の違いを暗に示している。

4. 波線部オ「ずけずけ訊く。」のように遠慮がなく、波線部カ「絶対に。」のように物を言い切る千夜子は「わたし」の性格と相対するが、この態度が結果として「わたし」の人生を好転させており、この小説のキーパーソンだと言える。

5. 波線部キ「千夜子さんってほんとうに千夜子さんよね」とあるが、これは常に前だけを見て生きている千夜子への最高の賛辞であり、「わたし」が今後も千夜子とともに生きていく決意が表れている。

三

次の文章を読んで、後の問いに答えなさい

*漢朝に元啓《げんけい》と云《い》ふ者ありけり。年十一の時、父[I]、妻が言葉に付きて、a年たけたる親を山に捨てむとす。元啓頻《しき》りに諫《いさ》むれどもb用ゐずして、元啓と二人、*あからさまに*手輿《たこし》を作りて、持ちて深山《みやま》の中に捨てつ。元啓、「この輿を持ちて帰らむ」と云ふに、父[II]、c「今は何にせむぞ、捨てよ」と云ふ時、「父の年老いたらむ時、また①持ちて捨てむずる為なり」と云ふ。その時、父[III]心付きて、「我、父を捨つる事、実《まこと》に悪《あ》しきわざなり。②これをまなびて、我を捨つる事ありぬべし。由なき事をしつるなるべし」と、思ひ返して、父[IV]を具して帰りて養ひける。この事、天下に聞こえて、父[V]を教へ③祖父を助けたる孝養の者なりとて、孝孫《かうそん》とぞ云ひける。いとけなき心中に、父を教へ、智恵深かりける事、まめやかの賢人なり。人の習ひ、良き事をば必ずしもまなばねども、あしき事をば習ふ事を、罪知らせける心、実にありがたくこそ。

(『沙石集』)

(注) * 漢朝……中国の古代王朝。
* あからさまに……間に合わせに。
* 手輿……前後二人で腰の辺りに持ち上げて人を運ぶ物。

問一 傍線部aからcの解釈として最も適当なものを、次の中からそれぞれ一つずつ選びなさい。

a 年たけたる親を山に捨てむとす 28

1. 父は妻と不仲である親を山に捨てたくはないと思っている
2. 父は妻と不仲である親を山に捨てようとしている
3. 父は年老いた親を山に捨てたくはないと思っている
4. 父は年老いた親を山に捨てようとしている
5. 父は長年の慣習に従い親を山に捨てようと思っている

たりするのかもしれない

4．どの場所で咲くことを選んでも、良いことと悪いことの総量は同じなのかもしれない

5．わざと咲けない場所に行くことも、わたしたちの人生では求められているのかもしれない

問七　傍線部④について、「わたし」がこのような反応をしたのはなぜか。その理由として最も適当なものを、次の中から一つ選びなさい。[25]

1．後先考えずに常にすばらしい将来ばかりを見ている千夜子に対してやや皮肉めいたことを言ってみたが、思いがけない千夜子の返答に困惑したから。

2．「わたし」とは違って自分が正しいと思う方向へと突き進んでいく千夜子を羨ましく思っていたが、千夜子も後悔することがあると知って少し安心したから。

3．誰と話すときでも自分の考えをはっきり示す千夜子の態度を頼もしく思っていたが、千夜子も心の中で葛藤している時があると知ってその内容に興味を抱いたから。

4．この先には明るい未来しかないと思い込んでいる千夜子に対して棘《とげ》のある発言をしたが、千夜子も過去に執着する時があると知って自分の発言を反省したから。

5．隣人との会話でも店の話でも過去を顧みず将来だけを考える千夜子の態度に好感を抱いていたが、千夜子も過去を振り返ることがあると聞いて驚いたから。

問八　二重傍線部について、この言葉を「わたし」はどのように受け止めたのか。その説明として最も適当なものを、次の中から一つ選びなさい。[26]

1．初めは夫から逃げ出して新たな生活をしている「わたし」への気遣いだと受け止めたが、隣人や千夜子との会話を経て、この言葉は「わたし」への翼なりのプレゼントなのだと気付いた。

2．初めは過去に固執し今を生きていない「わたし」への決別の言葉だと受け止めたが、隣人や千夜子との会話を経て、この言葉は今生きている「わたし」への最大限の励ましなのだと気付いた。

3．初めは「わたし」と翼の価値観の相違からきっぱりと別れを告げられたのだと受け止めたが、隣人や千夜子との会話を経て、この言葉は翼が送ってくれた「わたし」への応援なのだと気付いた。

4．初めは「わたし」の生き方に呆《あき》れた翼から皮肉を込めて暇乞《いとまご》いをされたのだと受け止めたが、隣人や千夜子との会話を経て、自分と一緒に新たな人生を歩もうという翼からのメッセージなのだと気付いた。

5．初めは第二の人生を生きる「わたし」と距離を置きたい翼からの最後の激励だと受け止めたが、隣人や千夜子との会話を経て、第三の人生を模索する「わたし」が進むべき道を示唆しているのだと気付いた。

問九　波線部アからキについて、その表現や人物についての説明として最も適当なものを、次の中から一つ選びなさい。[27]

し」の話をさえぎってまで元夫の様子を伝えてくる必要も見出せず、ただ釈然としない気持ちでいる。

5. かつて泣き虫でか弱い子どもだった翼に当時の面影はなく、「わたし」の話に対して責め立てるような口調で反論する姿を見て、もはや「わたし」とはわかり合えない存在になってしまったと悔しさや憤りを抱いている。

問四　傍線部②について、この時の「隣人」の心情の説明として最も適当なものを、次の中から一つ選びなさい。[22]

1. 田鍋と一緒に暮らしていた時の不満を口にするうちに次第に興奮してきたが、千夜子の「別れて正解よ、そんな男」などの発言に対する反論を繰り返しているうちに自分の本心に気付かされ、恥ずかしさを覚えつつもよりを戻す決意をしている。
2. 田鍋と一緒に暮らしていたことを恥ずかしいと思ってはいたが、千夜子に「別れて正解よ、そんな男」などと言われると自分の過去を否定された気がしたので、再び田鍋と暮らすことで自分が正しかったのだという自信を持とうとしている。
3. 話せば話すほど田鍋の短所ばかりが見えてきて盛り上がっていたが、千夜子に「別れて正解よ、そんな男」などと言われると田鍋の長所を認めたくなり、別れた相手への連絡にためらいを覚えつつも本人にその長所を伝えようとしている。
4. 田鍋との生活がいかに大変だったかを伝えるのに必死になっていたが、千夜子の「別れて正解よ、そんな男」などの発言を受けて冷静になったことで同居の失敗の原因を自分に求めるようになり、羞恥心から自己嫌悪へと陥ってしまっている。
5. これまで他人に話すことのなかった田鍋の話ができて気持ちが高ぶっていたが、千夜子に「別れて正解よ、そんな男」などと言われると別れたことが本当に正解だったのかが不安になっていき、田鍋に直接心の内を確認しようと思っている。

問五　傍線部③について、その説明として最も適当なものを、次の中から一つ選びなさい。[23]

1. 「しばらく」は形容詞の連用形で、「すると」を修飾している。
2. 「隣の部屋のガラス戸が閉められる音がした」に含まれる付属語は六つである。
3. 「閉められる音」の「られる」は「秋の気配が感じられる」の「られる」と同じ意味・用法である。
4. 「玄関の扉が開いて閉じる音も聞こえたから」は六文節十一単語から構成されている。
5. 「聞こえたから」の「から」は「今から練習をはじめる」の「から」と同じ意味・用法である。

問六　空欄 X に入る文として最も適当なものを、次の中から一つ選びなさい。[24]

1. きれいに咲けたらラッキーだし、咲けなかったら仕方ないと思えばいいのかもしれない
2. だからこそ咲けなかった花にも、わたしたちは思いを馳《は》せていくべきなのかもしれない
3. きれいに咲いてねと祈っている時間も、ほんとうは必要だっ

a　傲慢な（17）

1. おごり高ぶった
2. ひとりよがりな
3. 後先を考えない
4. 無責任な
5. 自由気ままな

b　うわのそら（18）

1. まったく気兼ねしない様子
2. 集中力を欠いている様子
3. 腑《ふ》に落ちない様子
4. 無関心を装うかのような様子
5. いぶかしさを感じている様子

c　面食らった（19）

1. 予想外の言動にしらけた
2. 無意識の言動に疑問を抱いた
3. 無遠慮な行動に興ざめした
4. 思いがけない出来事に驚いた
5. 束《つか》の間の出来事に恐怖を感じた

問二　空欄［Ⅰ］から［Ⅳ］に入る語句の組み合わせとして最も適当なものを、次の中から一つ選びなさい。（20）

1. Ⅰ　叩いた　　Ⅱ　そらす　　Ⅲ　伏せて　　Ⅳ　奪われた
2. Ⅰ　叩いた　　Ⅱ　伏せる　　Ⅲ　配って　　Ⅳ　光らせた
3. Ⅰ　閉ざした　　Ⅱ　うるませる　　Ⅲ　配って　　Ⅳ　奪われた
4. Ⅰ　閉ざした　　Ⅱ　そらす　　Ⅲ　落として　　Ⅳ　まるくした
5. Ⅰ　噤《つぐ》んだ　　Ⅱ　伏せる　　Ⅲ　伏せて　　Ⅳ　まるくした
6. Ⅰ　噤んだ　　Ⅱ　うるませる　　Ⅲ　落として　　Ⅳ　光らせた

問三　傍線部①について、この時の「わたし」の説明として最も適当なものを、次の中から一つ選びなさい。（21）

1. 「わたし」が逃げ出した後、元夫の面倒を見てくれている翼に軽率な物言いをしたことを反省すると同時に、大人になった息子の姿に過ぎた年月の長さを重ね、自分との間にはすでに隔たりがあったのだと感じている。
2. 離婚して以来頻繁に連絡を取っていなくても、自分の息子の考えていることくらいは理解できているとの自負があるのに、翼は「わたし」が何も分からないかのような話し方をしてくるので閉口してしまっている。
3. 元夫が病気になったことでその介護に追われている翼の話を聞くと何ともいたたまれない気持ちになると同時に、この元凶が「わたし」が逃げ出したことにあると思い、軽い気持ちで離婚したことを悔やんでいる。
4. 翼が結婚できない原因を父親との同居生活にあると決めつけたことは申し訳ないと思っているが、だからと言って「わたなにもかもうまくいく場所などどこにもない。［　X　］。生まれてから死ぬまでの時間で均《なら》してみれば。

「そういえば、ねえ」

突然、千夜子さんが口を開いた。「ちょっといい靴」を見つけたのだという。

「やわらかくて、ヒールが低くて、歩きやすそうで。でもすごく、優美で」

あれは若い娘さんより、中年期以降の女に似合う靴なのよ、カ絶対に。千夜子さんは「絶対に」のところに力をこめて言った。絶対に売れるから仕入れたいという。

「それに合わせて、店内のレイアウトもちょっと変えたいと思ってるんだけど」

今の感じだとね、どうも、と言いかけた千夜子さんは「なによ」と怪訝《けげん》な顔でわたしを見た。思わず頬に手を当てる。知らぬまに、微笑《ほほえ》んでいたらしかった。

「すがすがしいぐらい前しか見てないひとねえ、と思って」

千夜子さんは「ええ？」と首を傾げて、それから笑った。

「そんなこと、ないけど」

④そうなの？　千夜子さんでも過去を振り返ったりするの？　わたしが言うと「するわよ、そりゃあ」となんでもないことのように頷いて、いなり寿司を皿にとった。

「いろんなひとを傷つけもしたし、迷惑をかけたもの。でも過去があっての、今のあたし。だからどうせ頭をつかうなら、あの時こうしてたらどうなったかな、なんてことじゃなくて、今いるこの場所をどうやったらもっと楽しくできるか、ってことを考えたいのよね」

わたしは口をぽかんと開けていたようだ。ねえ広海さん、口が開いてるよ、と顔を覗《のぞ》きこまれて、はっとする。

「……息子も、そんなことを言ってたのよ、今日」

昔のことにたいして罪悪感を抱えるんじゃなくて、そうしてまで選びとったものを大切にして生きてくれるほうがいい、そのほうがずっといい。

あれは決別の言葉ではなかった。翼からのプレゼントだ。これまでのわたしと、これからのわたしへの。

「へえ。良い息子さん。良い男じゃない」

「良い息子さん」ではないところが千夜子さんらしい。キ千夜子さんってほんとうに千夜子さんよねと感心しつつ、明日出社したら「絶対に売れる」というその優美な靴を朝いちばんに見せてもらわなければと考えているわたしは実は今ちょっとばかり、わくわくしはじめている。

（寺地はるな『大人は泣かないと思っていた』）

（注）＊肘差……「わたし」がかつて住んでいた村。

＊田鍋……隣人の元交際相手。以前は隣人と一緒に暮らしていたが、破局して今は別々に暮らしている。

＊千夜子さん……「わたし」の中学の同級生で、中高年の女性向け洋品店を「わたし」と共同経営をしている。

問一　傍線部ａからｃの語句の本文中における意味として最も適当なものを、次の中からそれぞれ一つずつ選びなさい。

　わたしが話している途中でベランダに出てきた＊千夜子さんが「なんで別れたの？」「ねえなんで？」とずけずけ訊《き》く。隣人はさすがに面食らった様子だったが、それでも律儀に「なんていうんですかねえ、あのひとと結婚するの、不安になってきて」と答えた。

　一緒に暮らしていて、どちらも仕事をしているのに料理をつくるのは常に自分だ、掃除も洗濯も自分がやっている、その不満を伝えれば「わかったよ、手伝うよ」とくるわけですよ、と隣人は喋《しゃべ》っているうちに興奮してきたのか、ぺちんとベランダの手すりを叩《たた》く。

「おかしいでしょう？　自分が住んでる部屋の掃除だし、自分が使ったタオルや自分が穿《は》いたパンツの洗濯なのに『手伝う』って。どうしてそんなに他人事なのかなって」

　他にもね、と隣人はまくしたてた。おもに「すべてにおいて田鍋（なべりん）が他人事みたいな態度」をとることに関する不満だった。

「……なんか、すみません。つい」

　さんざん喋った後で、隣人が口に手を当てる。手すりにもたれかかってワインを飲んでいた千夜子さんが「いやあ、溜《た》まってたのねえ。不満が」としみじみ頷《うなず》いた。

　隣人は友人が少ないのかもしれない。こういう話を聞いてもらえるような。隣人ぐらいの年齢だとそれぞれ家庭のことや仕事のことで忙しいから、話す機会に恵まれないだけかもしれないが。

「別れて正解よ、そんな男」

　千夜子さんはせいかい、せいかい、と歌うように繰り返す。隣人は「えっ」と口ごもり「……でも、良いところもあるんですよ、彼。やさしいし」と田鍋を庇《かば》う。

「でも、あなたから言わないとゴミも捨ててくれないんでしょう？」

「でも、肩もみとかしてくれたりもしますよ？」

「でも、とにかく他人事みたいな態度なんでしょう？」

「でも、それはあたしの伝えかたが悪かったのかもしれませんし」

　隣人と千夜子さんによる、でも、でも、の応酬がしばらく続いて、隣人が唐突に「……彼に、電話してみます」と言った。②手すりをぎゅっと摑《つか》んで、俯いている。羞恥に耐えるような表情で。

「……いいと思うわよ。そうしなさい」

　わたしは言って、千夜子さんがこれ以上よけいなことを口にしないように、部屋に押しこんだ。

　③しばらくすると、隣の部屋のガラス戸が閉められる音がした。玄関の扉が開いて閉じる音も聞こえたから、外に出ていったのだろう。

「あたしたちに『なべりん』との電話を聞かれるのを警戒しているのよ、きっと」

　千夜子さんは愉快そうににやにやしている。あのふたりどうなるんでしょう、と呟くと、さてどうなるんでしょう、と首を傾《かし》げた。

「チョコレートだとか紅茶だとか、そんなつまんないもので機嫌を取ろうとするような男のひと、あたしだったらお断りだけど」

　でもまあ、あの隣のひとはあたしじゃないからねえ、と笑った。それからまたしばらく、黙ってお酒を飲んだ。

　他人は自分ではないから、だからわたしたちにできることは、どちらを選ぶにせよ自分で納得できる道が見つかると良いんだけど、とぼんやり思うことぐらいなのだった。祈る、というほど切実なものではなく。

すぐ終わっちゃうのね、と確認するわたしの顔を、翼がふたたびじっと見る。

「そんなの誰とどこにいたって、そうだろ」

誰とどこにいたって、そう。

帰り道、ハンドルを握りながら、何度も耳の奥で息子の声がこだまする。帰り際に翼は、「お母さんはもう振り返らずに生きていけばいいよ」とも言った。昔のことにたいして罪悪感を抱えるんじゃなくて、そうしてまで選びとったものを大切にして生きてくれるほうがいい、そのほうがずっといい、と。

きっぱりとした決別の言葉だと思った。

その後翼は、自分の友人が結婚するかもしれない、という話を唐突にしはじめた。たぶん、場の空気を変えようとしてくれたのだと思う。息子が鉄腕と呼んでいる、やたら声の大きい元気な男の子のことは、わたしもよく覚えていた。鉄腕の両親から反対されていたらしいけど、なんだかお母さんのほうが急に「お父さんなんか無視して結婚しちゃいなさい」とか言い出したらしくてさ、という話を、ほとんど b うわのそらで聞いていた。

途中、有料道路のサービスエリアに車を停めた。自動販売機でつめたい緑茶を買って、車にもたれかかってそれを飲んだ。舗装されたアスファルトの割れ目に、西洋たんぽぽが咲いている。手を伸ばして、それを摘んだ。自動販売機に百円玉を落とす。小さいサイズのペットボトルの水を買って、水を半分捨ててからたんぽぽを挿した。車のドリンクホルダーにそれを置き、ふたたび車を走らせる。

摘まれた花は、摘まれない花より、はやく枯れる。だから エ 翼は花を摘まない。でも、わたしは花を摘む。摘まれた花はだって、咲いた場所とは違うところに行ける。違う景色を見ることができる。たとえ命が短くても。

（中略）

時々、昔のことを思い出す。あのまま*肘差《ひじさし》にいたら、今頃どうなっていたかな、と。あれやこれやと不満を溜《た》めながら、それなりに生きていけたような気もしている。

このあいだお店に来てくれた八十四歳の女性のことも思い出す。ひ孫が生まれたと言っていたあのひと。お宮参りには行けたのだろうか。行けたのならいいな、と思う。行くのを渋っているご主人と一緒に。わたしが選ばなかった、選べなかった種類の未来を生きているひと。

隣の部屋から、がさごそと物音が聞こえる。続けて、ガラス戸が開かれる気配があった。隣人が帰宅したらしい。急いでわたしもベランダに出る。

煙草《たばこ》に火をつけていた隣人が、大あわてで顔を出したわたしを見て驚いたらしく、わっと叫んで後ずさりした。

ことの次第を話すと、目を［ Ⅳ ］。ほんのすこしうれしそうに笑ったように見えたのは気のせいだろうか。しかし部屋を間違えてプレゼントを届け続けていたくだりにさしかかると、はあ、と溜息《ためいき》をついた。

「バカですね、なべりんは」

言ってから、あ、という顔をした。*田鍋はどうやら、なべりんと呼ばれているらしい。

「お父さんのことが原因？　ひとり置いて家を出ていけないとか、考えてたんじゃないの？」

　あるいは翼が父との同居を望んで、それを相手に拒まれたとか。きっとそうだ。そうに違いない。最近の若い女性は、親との同居など嫌がるに決まっている。

「バカね、翼。そんなこと気にしなくていいのに」

「違うって」

「あのね、子が親の面倒を見るべきだなんて、思わなくていいの。なんにもできないひとだけど、ひとりになったらなったで、なんとかするのよ。いいえ、なんとかしなきゃ。翼がひとりで全部背負う必要はないの」

　逃げてもいいのよと言いかけて、口を［　Ⅰ　］。翼が唇をかたく結んで、わたしの顔を見ている。

「七種類」

　ア翼が、静かに言った。七種類、と繰り返してから、目を［　Ⅱ　］。

「お父さんが飲んでる薬、七種類あるんだ。毎食後と、食間のと、夜寝る前に、っていうのもある。しょっちゅう飲み忘れるし、管理がたいへんだ」

　毎週土曜に、通院もしてる、と続けた。あぶなっかしいから運転はさせられないのだと。

　翼が「お母さん」と顔を上げた。

「逃げてもいいとか、簡単に言うのはやめてほしいな」

「……そうね。真っ先にあのひとを捨てて逃げ出したわたしには、そんなふうに言う資格がないわよね」
　①俯《うつむ》くと、ベンチに置かれた翼の手が見える。華奢《きゃしゃ》だけれどもわたしよりはるかに大きな手。女の子みたいな顔立ちの、泣き虫だった息子はもうどこにもいない。そう気づかされる。通学帽いっぱいに桜の花びらを拾って差し出してくれたあの子は。
「お母さんを責めてるわけじゃないんだよ」

　本来お母さんが背負うべきだったものを俺が背負ってる、とかそんなことを言いたいわけでもないんだと、翼は首を大きく振る。

「お母さんは、自分は逃げた、あの家を捨てた、と思ってるのかもしれないけど、違うから。離婚したいっていうお母さんの意思を受け入れたのはお父さんの意思なんだし……それと同じ……同じだよ。あの家で暮らすことを、俺は毎日選び続けてるんだよ、自分で。自分の意思で。人間が人間を捨てることなんてほんとはできないんだよ、ゴミじゃないんだから捨てるとか捨てられるとか、そんなふうに……そんな言いかたやめてくれよ」

　目を［　Ⅲ　］、ごめんなさい、と呟《つぶや》いたわたしの声は今にも消え入りそうだった。

　わたしが捨てたまちとひと。それはたしかに、a傲慢な考えかただったかもしれない。

　いや、こっちこそごめん、と翼は言って、小さく咳《せき》払いをした。

「でも、たぶんお母さんや世間のひとが想像してるような、みじめな暮らしをしてるわけじゃないって言いたかったんだ。三十二歳の息子と七十八歳の父親のふたり暮らしにだって、それなりに幸せなイ瞬間はあるんだよ。だから心配しないで」

「ウ『瞬間』なのね」

（ⅰ）空欄 Y に入る内容として最も適当なものを、次の中から一つ選びなさい。（14）

1．石場建てや蔵造りなど耐久性の高い建物を建てる高度な技術が成立した時期

2．歴史的町並みとして現在も伝わる伝統的な建物群の多くが建てられた時期

3．一般の町人の間で居心地の良い生活環境への改善が強く求められた時期

4．江戸を中心に各地で大規模な火災が相次ぎ、人々の防火意識が高まった時期

（ⅱ）空欄 Z に入る内容として最も適当なものを、次の中から一つ選びなさい。（15）

1．伝統的な建築技術で建てられた民家群は、文化財保護の観点から部分的な改修にとどめられていた

2．コンクリートは建築コストが高く、一般の町人は建て増しなど部分的な改良で対応するしかなかった

3．プライバシーを重視するのは戦後に広がった価値観で、戦前は伝統への批判が建て替えの主な要因だった

4．建物全体の建て替えが一気に進んだのは戦後であり、二十世紀前半は部分的な改造にとどまっていた

問七　この文章の構成・展開に関する説明として最も適当なものを、次の中から一つ選びなさい。（16）

1．この文章は、江戸時代の町並みに関する筆者の結論を第 1 段落で明示し、複数の具体例や専門家の見解を交えながらその論を裏付けていく構成をとっている。

2．この文章は、江戸時代の町並みに関する一般的な通念を第 1 段落で示し、それを単一の観点で徹底的に検証したうえで、第 17 段落で一気に覆す構成をとっている。

3．第 5 段落と第 11 段落では石場建ての民家の普及に関する同じ主張を繰り返すことによって、民家を持続させる社会の安定が長く続かなかったことが強調されている。

4．第 6 段落から第 10 段落の蔵造りの町並みに関する説明は、石場建て民家との違いを浮き彫りにすることで民家が耐久性を獲得した経緯を重層的に考察する仕掛けとなっている。

5．第 14 段落は、それまで説明してきた耐久性のある民家群について新たな論点を提示し、より発展的に考察を深めていく起点としての役割を果たしている。

二　次の文章を読んで、後の問いに答えなさい。

あのひととはどうなの、と言うと、翼は片眉を持ち上げた。

「いったい何年前の話だよ」

どうやら、とっくに別れてしまっていたらしい。

「どうして？　結婚すると思ってたのに」

どうして別れたの、ねえどうしてなの。突然、なにかをごまかすようにすごい勢いでおにぎりを食べはじめた息子を問いつめる。

「いいだろ、別に」

なに言ってるの全然よくないわよ、と首を振りながら、もしかしてあのひとのことが原因なのではないだろうか、と思った。

反映されていた時期だといえるから。

2. 十九世紀から二十世紀前半は、一般の民家にも寺社建築のような永続性が志向されたものの、社会や経済が成熟したことで潤沢な地域資源や費用を建築に注ぎ込めるようになり、耐久性を追求し続けた近世の職人技術の発展が集大成を迎えた時期だといえるから。

3. 十九世紀から二十世紀前半は、意匠性に富んだ石場建てや蔵造りの町並みが至るところで普及すると同時に、職人や町人らの民家保全に対する意識が高まったことによって、江戸の豪快な町人気質と調和した歴史的な町並みが質の高い生活文化として結実した時期だといえるから。

4. 十九世紀から二十世紀前半は、建築技術の向上や社会の安定、生活文化の発展によって支配層だけでなく一般の町人の民家も耐久性の高い民家を群として維持できるようになり、社会階層ごとに異なる類型を有していた近世民家の流れが終焉《えん》を迎えた時期だといえるから。

5. 十九世紀から二十世紀前半は、明治維新以降の近代的な生活様式への変化に伴い、石場建てのような伝統的な建築技法で造られた町並みが淘汰《とうた》されたことによって、江戸時代に生まれた職人技術や生活文化が民家の意匠に強い影響を与えた最後の時期だといえるから。

問六　次に示すのは、この文章を読んだ四人の生徒が話し合っている場面である。これを読み、後の（i）・（ii）の問いに答えなさい。

生徒A　蔵造りの町並みは地元の埼玉でも川越市に残っているね。観光名所にもなっているけど、通り沿いにずらりと蔵が並んでいて、重厚な感じがしたよ。

生徒B　川越に蔵造りの町並みができたのは「明治二十六年の大火」がきっかけだったそうだよ。火事で焼け残った建物が伝統的な蔵造りだったから、そこに着目した商人たちがこぞってそれを採用したんだって。

生徒C　明治二十六年ということは、十九世紀末か。筆者が注目する［　Y　］と重なるね。

生徒A　たしかにちょうどその時期だ。そう考えるとやはり貴重な文化財なんだね。でもそんな強固な民家群が全国的には長続きせず、急速に衰退してしまったのはなぜだろうか。

生徒D　明治になって近代的な価値観が入ってきたことが原因だと思う。プライバシー保護や生活の利便性向上のためには、抜本的に建物を造り替える必要があったはずだからね。大正時代のモダンな建築は鉄筋コンクリートのものが多いでしょ。

生徒B　いや、それはどうだろうか。民家に関して言えば［　Z　］というのが筆者の見解でしょう。伝統的な民家が備えていた柔軟性に関する言及もあったはずだよ。

生徒C　なるほど。建物の歴史的な流れを追うだけで、いろんな観点が出てきて面白いね。街歩きの楽しみが増えそうだよ。

e 「ヨウソウ」（5）

1. 閉会式で今大会をソウカツする。
2. 進路について先生にソウダンする。
3. 大雨が降ることをソウテイする。
4. 頭の中でソウダイな計画を立てる。
5. 新たな企画のソウアンを練る。

問二　空欄 A から D に入る語句として最も適当なものを、次の中からそれぞれ一つずつ選びなさい。ただし、同じものを二回以上用いてはいけません。（6～9）

1. さらに
2. つまり
3. たとえば
4. 一方で

問三　傍線部①「石場建ての民家」に関する説明として最も適当なものを、次の中から一つ選びなさい。（10）

1. 近世民家を代表する建築形式として全国で普及していった要因として、その耐久性の高さや建築のための費用の安さが指摘されている。
2. 建築技術の成立と同時に建物の保守管理技術が普及し、民家の耐久性が向上したことにより住民生活や社会の安定がもたらされた。
3. 掘立式の民家に比べて耐久性に優れているが、主流の建築形式として各地で普及するには技術の成立から一世紀以上の時間を要した。
4. 町役人や村役人など支配層の民家から一般町人の民家に広がった時期は、関東地方より関西地方の方が早かったとする研究記録がある。
5. 石場建てが普及した時期を検証することで、江戸時代の封建的な社会階層が建物の形式にどのように反映されていたかを知ることができる。

問四　空欄 X には次の一連の文が入る。正しく並べ替えたとき、二番目（11）と四番目（12）にあたる文を次の中からそれぞれ一つずつ選びなさい。

1. よって、真壁より大壁の形式の方が、民家の大敵である類焼の抑止という面では、より高い耐火性能をもつことになる。
2. これに対して、柱を塗り込めるように壁で覆い、柱が外に露出せずに壁で覆われた作り方が大壁だ。
3. 土壁や漆喰《しっくい》壁は、木部に対して火災に強い耐火性を持つ。
4. 真壁というのは、規則正しく柱が配置されたその柱と柱の間に壁を設けて、柱が見える形式をいう。
5. 民家の外壁の作り方に、真壁と大壁の違いがある。

問五　傍線部②「クライマックスと称した所以である」とあるが、筆者がそのように述べる理由として最も適当なものを、次の中から一つ選びなさい。（13）

1. 十九世紀から二十世紀前半は、耐久性の高い民家を建てる職人技術が十分に確立しただけでなく、保全意識の高まりや安定した経済状況などの多くの条件が揃ったことによって、江戸時代から続いてきた文化や社会の成熟ぶりが町並みに最もあった。［D］、こうした部分的改造による生活改善の方が、より安価でコンパクトに実現できたという現実的な要因もあったであろう。

［17］ところがである。二十世紀後半の昭和戦後にもなるとヨウソウが一変していく。民家の近代的な生活改善のために、構造体も含めた建物それ自体の建替えが急速に進展していくことになった。つまり、伝統的な民家やそれが群として普及した歴史的町並みが衰退するのは、江戸から明治へという近世・近代の変化においてではなく、むしろ昭和を境にした現象であったのだ。逆に明治は、伝統的な民家・町並みの系譜をより強固に受け継ぎ、耐久性を獲得する時代という、江戸からの延長として位置づけることができる時代だ。

［18］このような歴史的な流れをながめてみると、日本で幾世代にもわたり受け継がれる民家が町並みを形成し、安定的に存続した時代は、実は十九世紀から二十世紀前半の百数十年間に過ぎなかったことが見えてこよう。

［19］だが、この時期こそまさに、技術、社会、そして生活文化の発展が町並みを形成し維持することに結晶した成熟時代であった。宮本雅明がクライマックスと称した所以である。

（中村琢巳『生きつづける民家』）

（注）＊家別人別帳……現代の戸籍簿にあたるもの。

＊柱礎……建物の柱と、土台になる石。

問一　傍線部ａからｅと同じ漢字を使うものを、次の中からそれぞれ一つずつ選びなさい。

ａ「タイゲン」［1］
1. ヨウゲンの種類と活用を学ぶ。
2. ゲンカクな性格の父に叱られる。
3. パソコンのデンゲンを入れる。
4. ゲンシ時代の生活に興味を持つ。
5. 厳しいゲンジョウを確認する。

ｂ「ショウゴウ」［2］
1. 彼の無実をショウメイする。
2. 小説のジョショウを書き終える。
3. 夏場はニッショウ時間が長い。
4. 無駄な部分をショウリャクする。
5. この地域はショウバイが盛んだ。

ｃ「ケンチョ」［3］
1. 理科の時間にケンビ鏡で観察する。
2. リーダーには大きなケンゲンがある。
3. 真面目でケンジツな生活を送る。
4. ケンセイ史上初の事態が起こる。
5. 彼のケンキョな姿勢に感心する。

ｄ「フゴウ」［4］
1. 正月に一年のホウフを語る。
2. 人類のフヘン的な課題に迫る。
3. フカクにも居眠りしてしまう。
4. 駅で東京行きのキップを買う。
5. 第三者がギョフの利を得る。

れるが、町並みを形成するほどの普及はみられない。それに対して、東日本で蔵造りの町並みが普及した背景としては、その発生が江戸を中心に展開したという地理的な説明のほか、土蔵造りの豪快な意匠性が東日本の町人気質に調和したという意匠的好みからも説明されている。なお、土蔵造りの形式を備えるのは、あくまで類焼に晒《さら》される通り側の店舗のみに限定されることが多く、民家全体に及ぶわけではない。

10 この通り側の蔵造りの町並みの普及もまた、民家が群として耐久性を獲得した事例のひとつである。そして、その普及時期をみると、さきほどの農家の石場建てと類似する傾向がある。[C]、蔵造りの町並みの普及は、江戸時代後期以降、よりケンチョ[c]には明治時代にピークを迎えるという、やはり十九世紀に広くみられたものだった。

11 十七世紀（江戸時代前期）に支配層の民家から始動した石場建てへの技術改良が、およそ十九世紀（江戸時代後期）までには広く普及し、民家が群として耐久性を備えていった。そしてこのような技術の普及に、住まいを持続させる社会や生活の成熟があわさったとき、現在に伝わる耐久性のある歴史的集落や町並みが成立したのである。

12 この物的・社会的・生活的な成熟の時期は石場建ての普及からそうかからなかった。およそ十九世紀中期から二十世紀初頭にかけて、すなわち江戸時代後期から明治時代にかけての時代であった。現代に、歴史的町並みとして伝えられる全国各地の「伝統的建造物群保存地区」を構成する民家の建設年代をみると、およそこの時期にフゴウ[d]する。

13 歴史的町並みとは、物的に耐久性を備えた民家が、安定的な社会経済および成熟した生活文化のもとで、群としてあたかも寺社建築のように記念的・永続的を志向して高い技術で建てられ、かつサステイナブルに維持がなされたものであった。一九九〇年代から精緻な町並み調査・保存対策を推進した都市史研究者である宮本雅明は、「地域の潤沢な天然資源を使い、技能に優れた職人の技を結集し、蓄積した富を注ぎ込み、永続性を目指して建設された」歴史的町並みを、社会・経済が町並みに結晶した文化の「クライマックス」と表現している。

14 石場建てであれ、蔵造りの町並みであれ、こうした群として耐久性を備えた民家は、実はその後に安定して存続したわけではなかった。それは続く二十世紀、急激な変化を伴う生活様式の近代化にさらされることとなったからだ。

15 居心地の良い生活環境への改善、プライバシーの重視、過酷な家事労働の脱却といった近代にうみだされた価値観は、伝統的な民家の空間を批判的に捉え、その改良を促す視点をうみだした。とくに農村部においては、大正時代の生活改善運動の名の下で、伝統的な民家の改良が組織的に目指されていくこともあった。

16 ただしこの改善運動が起こった二十世紀前半は、民家の堅牢《けんろう》な木組みを残しつつ、建て増しや内装の模様替え、設備の更新などの部分的な改修で変革の波を乗り越えることができた。これは先に述べた通り、伝統的な民家は、まるごと建て替えを施さなくとも、部分的な改造で環境向上を図ることができる柔軟性を備えていたからで

【国　語】（五〇分）〈満点：一〇〇点〉

一　次の文章を読んで、後の問いに答えなさい。なお、設問の都合で本文の段落に1～19の番号を付してある。

1　江戸時代の住まいは、その平面形式や意匠において、社会階層に対応した類型を有した。近世民家と呼ばれる所以《ゆえん》は、この江戸時代的な社会階層を民家の形式がaタイゲンしていたからでもある。そして今日、文化財指定を受けた近世民家は、そのような幅広い階層のなかでも、村役人（名主・庄屋《しょうや》）や町役人といった地域の支配層の住まいがほとんどである。民家が耐久性を備えたのはまずこの地域の支配層の住まい、すなわち近世民家から始動した。

2　全国の民家調査の実践を踏まえた宮澤智士によれば、現在まで残りうるような記念性と強固な構造をもった本格的な建築の成立は、関西で十七世紀中頃から後半、中部・関東・中国・四国地方で十七世紀後半と指摘されている。

3　ただし、石場建てという技術的改良が支配層の民家にとどまらず、より幅広く本百姓や一般の町人の住まいへと広まるには、これよりもかなりの歳月が必要だった。①石場建ての民家が群として普及した時期は地域的な相違があるが、村ではおおむね十八世紀後期から十九世紀以降まで待たねばならなかった。

4　[A]、江戸時代の信濃地方における*家別人別帳や紀行文を網羅的に検討した箱崎和久は、*柱礎形式がわかる民家の記述を分析し、掘立《ほったて》式から石場建てへの変遷時期を導いている。それによれば、十七世紀の村では掘立式の民家がほとんどだったものの、おおむね十八世紀後半から石場建てが過半数を占めはじめ、十九世紀には石場建てが村の大勢を占めたという。さらにこの普及時期について、有力な物証を提示するのは考古学である。多摩地域における掘立柱建物跡を遺物とbショウゴウした研究では、十九世紀前期から中期を掘立式の建物が激減し、石場建て民家が激増する時期と評価する。むろん地域によってその時代は相違するものの、都市の影響が強い江戸近郊の村々においてでさえ、十九世紀にようやく耐久性のある石場建ての建物へと変革していったことがうかがえよう。

5　[B]、石場建てに改良された民家が普及したとしても、すぐさま現在まで生き残るほど安定的に存続しうる集落・町並みが成立したわけではなかった。長持ちする建物をつくりあげる技術の普及とともに、それを維持し続けるメンテナンスの技術が備わり、さらに社会や生活の安定化といった様々な条件が揃《そろ》う必要があったからである。

6　民家が群として耐久性を獲得する時期を考えるうえで、「農家」における石場建ての普及と並んで江戸時代後期から普及していく「蔵造りの町並み」の成立という展開についても触れておきたい。

7　[X]

8　民家の一角に、貴重な家財や食料を保管する土蔵を設けるのは、こうした火災に対する備えを意識した対策である。そして、この土蔵の形式が、通りの町並みを構成する民家で統一的に採用されたものが、蔵造りの町並みである。

9　蔵造りの町並みは、川越（埼玉県）、高岡（富山県）、会津若松（福島県）、村田や登米（宮城県）といった、東日本に多くみられるという地域性がある。関西においては、局所的に土蔵造りの町家がみら

MEMO

大切なことはメモしておこうネ！

第1回

2023年度

解　答　と　解　説

《2023年度の配点は解答欄に掲載してあります。》

＜数学解答＞《学校からの正答の発表はありません。》

1　(1)　ア 5　イ 0　ウ 0　(2)　エ −　オ 8　カ 5　(3)　キ 1
ク 5　(4)　ケ 8　コ 0　(5)　サ 3　シ 2　ス 6

2　(1)　ア 1　イ 4　(2)　ウ 3　エ 3　オ 2　(3)　カ 1　キ 3
ク 2　ケ 5　コ 6

3　(1)　ア 2　イ 3　(2)　ウ 6　(3)　エ 2　オ 9　カ 5　キ 3

4　(1)　ア 2　イ 2　ウ 4　(2)　エ 1　オ 6　(3)　カ 1　キ 6
ク 1　ケ 0

5　(1)　ア 5　イ 3　ウ 0　(2)　エ 5　オ 1　カ 1　キ 2
(3)　ク 1　ケ 0　コ 1　サ 1

○推定配点○

1　(1)・(2)　各5点×2　他　各6点×3　2　各6点×3　3　各6点×3　4　各6点×3
5　各6点×3　計100点

＜数学解説＞

1　(計算の工夫，式の値，方程式の利用，箱ひげ図，平面図形)

(1)　$23^2+23\times14-27\times13=23(23+14)-27\times13=(13+10)(27+10)-27\times13=13\times27+130+270+100-27\times13=500$

基本　(2)　$x^2+4x-17=(x+2)^2-21=(2-\sqrt{5}+2)^2-21=16-8\sqrt{5}+5-21=-8\sqrt{5}$

重要　(3)　元の定価をa円とすると，題意より，$a\times\left(1+\dfrac{x}{100}\right)\times\left(1+\dfrac{3x}{100}\right)=a\times\left(1+\dfrac{4.45x}{100}\right)$　$1+\dfrac{4x}{100}+\dfrac{3x^2}{10000}=1+\dfrac{4.45x}{100}$　$400x+3x^2=445x$　$x^2-15x=0$　$x(x-15)=0$　$x>0$より，$x=15$

基本　(4)　図より，70点以上の人数が最も多い教科は，第1四分位数が71点の英語であるから，求める第3四分位数は80点である。

重要　(5)　右の図で，斜線部分の面積は，△OBC＋(おうぎ形OCD)＋△OAD−(おうぎ形BCO)−(おうぎ形AOD)で求められる。1辺aの正三角形の面積は，$\dfrac{\sqrt{3}}{4}a^2$で表されるから，△OBC＝△OAD＝$\dfrac{\sqrt{3}}{4}\times1^2=\dfrac{\sqrt{3}}{4}$　(おうぎ形OCD)＝(おうぎ形BCO)＝(おうぎ形AOD)＝$\pi\times1^2\times\dfrac{60}{360}=\dfrac{\pi}{6}$
よって，斜線部分の面積は，$\dfrac{\sqrt{3}}{4}\times2-\dfrac{\pi}{6}=\dfrac{\sqrt{3}}{2}-\dfrac{\pi}{6}$

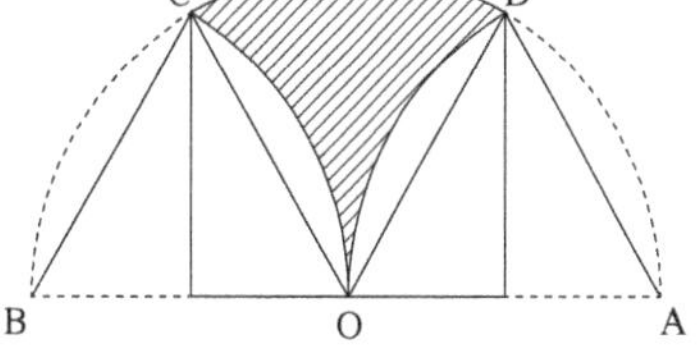

2　(確率)

ルール②の4つの点Pの移動の仕方を上から順にア，イ，ウ，エとすると，これらの起こり方はそれぞれ9通りずつあるので同様に確からしい。

基本　(1)　題意を満たすのは，(1回目，2回目)＝(ア，ウ)，(イ，エ)，(ウ，ア)，(エ，イ)の4通りだか

ら，求める確率は，$\frac{4}{4\times4}=\frac{1}{4}$

(2)　題意を満たす点Pの移動の仕方の組み合わせは，(ア，ア，エ)，(イ，ウ，ウ)で，それぞれ3通りずつあるから，求める確率は，$\frac{2\times3}{4\times4\times4}=\frac{3}{32}$

(3)　②の操作を5回行って，点Pが原点に止まる移動の仕方の組み合わせは，(ア，ア，ア，ウ，エ)，(ア，ア，イ，エ，エ)，(ア，イ，ウ，ウ，ウ)，(イ，イ，ウ，ウ，エ)で，(ア，ア，ア，ウ，エ)の出方はウとエが何回目かを考えて$5\times4=20$(通り)で，(ア，イ，ウ，ウ，ウ)も同様に20通りある。(ア，ア，イ，エ，エ)の出方はイが何回目かを考え，アが残りの4回のうちどの2回か考えて，$5\times(4\times3\div2)=30$(通り)で，(イ，イ，ウ，ウ，エ)も同様に30通りある。よって，②の操作を5回行って，点Pが原点に止まる確率は，$\frac{20+30+20+30}{4\times4\times4\times4\times4}=\frac{25}{256}$である。このうち，求める確率は，操作の2回目または3回目で一度原点に止まり，5回目に再び原点に止まる場合を除くから，$\frac{25}{256}-\frac{1}{4}\times\frac{3}{32}-\frac{3}{32}\times\frac{1}{4}=\frac{13}{256}$

③　(平面図形の計量)

基本　(1)　線分BDは直径だから，$\angle BCD=90°$　仮定より，$\triangle BCD$は内角が30°，60°，90°の直角三角形だから，$CD=\frac{\sqrt{3}}{2}BD=\frac{\sqrt{3}}{2}\times2\times2=2\sqrt{3}$

重要　(2)　弧BCの円周角だから，$\angle BAC=\angle BDC=30°$　AB=ACより，$\angle ACB=(180°-30°)\div2=75°$　よって，$\angle DCE=90°-75°=15°$　$\triangle CDE$の外角だから，$\angle CEB=30°+15°=45°$　Cから線分BDにひいた垂線をCHとすると，$CH=\frac{1}{2}CD=\sqrt{3}$　$\triangle CEH$は直角二等辺三角形だから，$CE=\sqrt{2}CH=\sqrt{6}$

重要　(3)　直線AOと線分BCとの交点をIとする。$\triangle OBC$は正三角形だから，$OI=\frac{\sqrt{3}}{2}OB=\sqrt{3}$　$\triangle ABC=\frac{1}{2}\times BC\times AI=\frac{1}{2}\times2\times(2+\sqrt{3})=2+\sqrt{3}$　$OE=BH+HE-OB=1+\sqrt{3}-2=\sqrt{3}-1$　$\triangle OEC=\frac{1}{2}\times OE\times CH=\frac{1}{2}\times(\sqrt{3}-1)\times\sqrt{3}=\frac{3-\sqrt{3}}{2}$　よって，$\triangle ABC:\triangle OEC=(2+\sqrt{3}):\frac{3-\sqrt{3}}{2}=2:\frac{3-\sqrt{3}}{2+\sqrt{3}}$　ここで，$\frac{3-\sqrt{3}}{2+\sqrt{3}}=\frac{(3-\sqrt{3})(2-\sqrt{3})}{(2+\sqrt{3})(2-\sqrt{3})}=\frac{6-5\sqrt{3}+3}{4-3}=9-5\sqrt{3}$　したがって，$\triangle ABC:\triangle OEC=2:(9-5\sqrt{3})$

④　(図形と関数・グラフの融合問題)

基本　(1)　$y=ax^2$に$x=-4$，6をそれぞれ代入して，$y=16a$，$36a$　よって，A$(-4,\ 16a)$，B$(6,\ 36a)$　直線ℓの傾きは，$\frac{36a-16a}{6-(-4)}=\frac{20a}{10}=2a$　直線ℓの式を$y=2ax+b$とすると，点Aを通るから，$16a=2a\times(-4)+b$　$b=24a$　よって，直線ℓの式は，$y=2ax+24a$

重要　(2)　直交する2直線の傾きの積は-1だから，点Cを通り，直線ℓと直交する直線の式は，$y=-\frac{1}{2a}x+24a$…①　また，この直線と直線OBとの交点をDとすると，$\triangle OAB$の面積が二等分されるから，AC：CB=4：6より，OD：DB=1：5となる。直線OBの傾きは，$\frac{36a-0}{6-0}=6a$より，直線OBの式は$y=6ax$　よって，D$(1,\ 6a)$である。直線①は点Dを通るから，$6a=-\frac{1}{2a}+24a$　$\frac{1}{2a}=18a$　$a^2=\frac{1}{36}$　$a>0$より，$a=\frac{1}{6}$

重要　(3)　$a=\frac{1}{6}$のとき，A$\left(-4,\ \frac{8}{3}\right)$，B$(6,\ 6)$，C$(0,\ 4)$，D$(1,\ 1)$　$\triangle OAB$において，OからABにひいた垂線をOHとする。$\triangle OAB=\triangle OAC+\triangle OBC=\frac{1}{2}\times4\times4+\frac{1}{2}\times4\times6=20$

$AB=\sqrt{(-4-6)^2+\left(\frac{8}{3}-6\right)^2}=\frac{10\sqrt{10}}{3}$　$\triangle OAB=\frac{1}{2}\times AB\times OH$より，$OH=40\div\frac{10\sqrt{10}}{3}=\frac{6\sqrt{10}}{5}$

よって，求める立体の体積は，$\frac{1}{3}\pi\times OH^2\times AB=\frac{1}{3}\pi\times\frac{360}{25}\times\frac{10\sqrt{10}}{3}=16\sqrt{10}\pi$

⑤　(空間図形の計量)

重要　(1)　$AB=a$，$AD=b$，$AE=c$とすると，$a^2+b^2=5^2$…①　$a^2+c^2=(2\sqrt{5})^2$…②　$b^2+c^2=$

$(\sqrt{15})^2$…③　(①+②+③)÷2より，$a^2+b^2+c^2=30$　よって，③より，$a^2=15$　②より，$b^2=10$　①より，$c^2=5$　したがって，直方体の体積は，$abc=\sqrt{a^2\times b^2\times c^2}=\sqrt{15\times10\times5}=5\sqrt{30}$

重要 (2)　△CFHにおいて，$\mathrm{CF}=\mathrm{AH}=\sqrt{15}$，$\mathrm{CH}=\mathrm{AF}=2\sqrt{5}$，$\mathrm{FH}=\mathrm{AC}=5$　CからFHにひいた垂線をCIとし，$\mathrm{FI}=x$とすると，$\mathrm{HI}=5-x$　CI^2について，$\mathrm{CF}^2-\mathrm{FI}^2=\mathrm{CH}^2-\mathrm{HI}^2$　$15-x^2=20-(5-x)^2$　$10x=20$　$x=2$　よって，$\mathrm{CI}=\sqrt{15-2^2}=\sqrt{11}$より，$\triangle\mathrm{CFH}=\frac{1}{2}\times\mathrm{FH}\times\mathrm{CI}=\frac{1}{2}\times5\times\sqrt{11}=\frac{5\sqrt{11}}{2}$

基本 (3)　四面体A－CFHの4つの面は合同であるから，求める表面積は，$4\triangle\mathrm{CFH}=4\times\frac{5\sqrt{11}}{2}=10\sqrt{11}$

★ワンポイントアドバイス★

[1]の小問数が5題に戻ったが，出題構成や難易度に変化はない。時間内完答をめざし，ミスのないようにできるところから確実に解いていこう。

＜英語解答＞《学校からの正答の発表はありません。》

1　(1)　[1] 9　[2] 8　[3] 2　[4] 3　[5] 7　[6] 5　(2)　②

2　(1)　[8] 3　[9] 5　[10] 2　[11] 1　[12] 6　[13] 4　(2)　[14] 2　[15] 1

3　(1)　②　(2)　4　(3)　1　(4)　2　(5)　3　(6)　4

4～6　リスニング問題解答省略

○推定配点○

1～3　各4点×20(2(2)完答)　4～6　各2点×10　計100点

＜英語解説＞

1　(長文読解問題・説明文：語句補充，正誤問題)

(全訳)　あなたはよく夜に夢を見るだろうか。ほとんどの人はそうする。朝目が覚めると，彼らは自分自身にこう言う。「なんて奇妙な夢を見たんだ！　どうしてそんな夢を見たのだろう？」

時には夢は恐ろしいものだ。恐ろしい生き物が私たちを脅かし，追いかける。時々，夢の中では願いが[1]叶う。空を飛んだり，山の頂上から浮いたりできる。また，すべてが混乱している夢に悩まされることもある。私たちは[2]道に迷い，家に帰る道を見つけることができない。①世界はひっくり返ったようで，何も意味がない。

夢の中で私たちは非常に奇妙な行動をする。私たちは[3]起きているときは絶対にしないことをする。私たちは決して考えたり言ったりしないことを考えたり言ったりする。夢はなぜこんなに変なのか？　夢はどこから来るのか？

②人々は太古の昔からこれに答えようとしてきた。しかし，ジークムント・フロイトほど満足のいく[4]答えを出した人はいない。人の夢の世界は奇妙でなじみのないものに見える，と彼は言った。なぜなら，夢は人が認識も制御もできない心の部分から来るからである。彼はこれを「無意識の心」と名付けた。

ジークムント・フロイトは約100年前に生まれた。彼は生涯のほとんどをオーストリアのウィーンで過ごしたが，第二次世界大戦が始まって間もなくロンドンでその生涯を終えた。

フロイトは，私たちの時代の偉大な探究者の1人だった。しかし，彼が探求した新しい世界は，人間自身の中にあった。③無意識の心は，記憶と感情に満ちた深い井戸のようなものだからだ。これらの記憶と感情は，生まれた瞬間から，おそらく生まれる前からそこに保存されている。私たちの意識的な心はそれらを忘れた。不幸な経験や[5]異常な経験によって思い出したり，夢を見たりするまで，それらがそこにあるとは思わない。すると突然，ずっと前に忘れていた顔を見る。私たちは，幼い頃に感じたのと同じように，ねたみや恐れや失望を感じる。

このフロイトの[6]発見は，人々がなぜそのように行動するのかを理解したい場合，非常に重要だ。私たちの中にある無意識の力は，少なくとも私たちが知っている意識的な力と同じくらい強力である。なぜ私たちは別の友人ではなく，一人の友人を選ぶのだろうか？　ある物語は私たちを泣かせたり笑わせたりするのに，別の物語は私たちにまったく影響を与えないのはなぜか？　おそらく，私たちはその理由を知っている。④もしそうなら，その理由は私たちの無意識の心の奥深くにあるかもしれない。

(1)　[1]　〈 come true 〉は「実現する」という意味を表す。　[2]　〈 be lost 〉で「道に迷っている」という意味を表す。　[3]　awake は「起きている」という意味の形容詞である。　[4]　名詞の answer は「答え」という意味を表す。　[5]　直前に unhappy という語があるので，関連する語を選ぶ。　[6]　フロイトが見つけだしたことを表す語を選ぶ。

(2)　②の文は在完了進行形が使われているが，一時的にある動作が行われ続けていることを表すための語法なので，ここでは現在完了の継続用法が望ましい。〈 People have tried ～ 〉とする。

2　(長文読解問題・説明文：語句補充，語句整序)

(全訳)　なぜ人は火星や金星ではなく，地球に住めるのか？　答えは私たちの周りにある：私たちの大気だ。[8]私たちの大気は，生命に必要なガスでできている。最も重要な2つのガスは，窒素(78%)と酸素(20%)だ。私たちの大気の残りの2%は，他の多くのガスでできており，私たちの気候にとってこれらのガスの中で最も重要なものは二酸化炭素(CO_2)だ。

私たちの大気は私たちに空気を与えてくれるので重要であり，私たちが生きるためには空気が必要だ。しかし，それには別の重要な仕事がある。私たちの大気のおかげで，地球は暑すぎたり寒すぎたりしない。火星には薄い大気があり，温度は約－50℃だ。金星には厚い大気があり，温度は約+460°Cだ。[9]地球の大気は，この2つの間のどこかにある。

200年前，フランスで，ジョセフ・フーリエという科学者が太陽と地球について疑問を持っていた。太陽が輝くと，地球は熱くなる。[10]しかし，太陽が輝いていないとき，夜には何が起こるのかと彼は自問した。なぜ地球は熱を失わないのか？　フーリエは庭に温室(ガラスでできた建物)を持っていて，空気が暖かかったのでそこに若い植物を置いていた。彼は，地球の大気は温室のガラスのようなものだと考えていた。暖かい空気はガラスによって温室内にとどまり，暖かい空気は大気によって地球にとどまる。〔現在，私たちはジョセフ・フーリエよりも大気について多くのことを知っている〕が，今日でも彼の言葉(「温室効果」)を使用している。

では，なぜ地球は寒くならないのか？　温室効果はどのように機能するのか？

太陽からの光は地球の大気を通って地球を暖める。[11]しかし，この熱は太陽の光とは異なる。地球からのこの熱のすべてが大気を通って戻ることはできず，宇宙に逃げる。私たちの大気には，熱が宇宙に逃げるのを止めるガスがいくつかある。[12]そのため，これらのガスは「温室効果ガス」と呼ばれている。その中で最も重要なのはCO_2で，大気中に100年間とどまる。他のどの温室ガスよりもはるかに長いのだ!

しかし，世界中の暑い場所がますます暑くなるのを止めているのは何だろうか？　そして，なぜ寒い場所はどんどん寒くならないのだろうか？　⑬これらの質問に答えるには，海について少し学ばなければならない。

海の水は川のように世界中を流れている。暖かい水は世界中の寒い場所に移動し，それらを暖かくする。そして，冷たい水は暖かい場所に移動し，それらをより涼しくする。海には非常に多くの水があるため，気候に大きな変化をもたらすことができる。

(1)　全訳参照。

(2)　並べ替えると (We) know much more about the atmosphere now than Joseph Fourtier knew (,) となる。文の基本となる部分は We know more than Joseph Fourtier knewである。more に対して about the atmosphere が修飾している。また，now が know を修飾している。

3　**(長文読解問題・物語文：正誤問題，内容吟味)**

(全訳)　ポールは博物館でアンナ・ウェイン，コーラ・ターナー，リンダ・ジェームズ，デレク・ハリアデイ，ロジャー・フォックスと働いている。バルフォア氏は博物館のマネージャーだ。ヤードリー氏は町の重要なビジネスマンだ。ギルバートソン夫人は博物館に非常に貴重なネックレス，ギルバートソン ネックレスを借りさせた。

ある日，ギルバートソンのネックレスが盗まれた！　各部屋の天井には防犯カメラが設置されていたが，ネックレスを映しているカメラは新聞紙で覆われていた。

警察が到着し，彼らは質問を始めた。

「その部屋を使えますか？」主任警部はロジャー・フォックスに尋ねた。彼は玄関の部屋の隅にあるバルフォア氏のオフィスのドアを指差した。

「ええ，きっと大丈夫です」とロジャーは言った。「ミスター・バルフォアは半時間は帰って来ません」

クレイヴン主任警部と制服を着た警官の一人がバルフォア氏の部屋に向かった。「中に入るように頼むまで待っていてください」主任警部は私たちに言った。

「ミスター・フォックス，まずあなたからお願いします」

私たちの残りが待っている間，ロジャーは彼らについてバルフォア氏の部屋に入った。私は他の人たちを見た。彼らは皆，ネックレスの盗難にショックを受けたようだった。

「これはひどい」とヤードリー氏は言った。「誰かギルバートソン夫人に話しましたか？」

コーラ・ターナーは首を横に振った。「まだです」と彼女は言った。「①たぶん，バルフォアさんが戻ってくるのを待つべきです」

「ええ，私はあなたが正しいと思います」とヤードリー氏は言った。彼はアンナを見た。「私はあなたが新しいディスプレイをどのように使用しているかを確認するために戻ってきました。アラームが鳴ったとき，私は階段を上っていました。」

「ギルバートソン夫人はとても不機嫌になるだろう」リンダは切符売り場の端に座って言った。

「泥棒は逃げたんだわ」とコーラ・ターナーが言った。11時にテレビの画面が暗いことに気付きましたが，その後数人が建物を離れました。ロジャーは11時10分に博物館のドアを閉めました。これは泥棒に逃走するための丸10分をあげたのです。」

セキュリティ用のテレビ画面は，チケットデスクの後ろにあった。②今はすべてのスクリーンが美術館の部屋を映していることに私は気がついた。

私たちは互いを見た。それぞれが，相手が何を考えているかを知っていた。泥棒は私たちのうちの一人だろうか？

ロジャーがバルフォア氏の部屋から出てきた。「主任警部は次にあなたに会いたいと言っています，コーラ」と彼は言った。

コーラは，クレイヴン主任警部に会いに行ったとき，緊張しているように見えた。それから，博物館のドアベルが鳴るのが聞こえ，制服を着たもう一人の警官がドアを開けた。二人の警官が入ってきた。

私はそのうちの一人を知っていたが，彼女は私を認識していないようだった。うれしかった。(A)私には，彼女に思い出させたくないことがあった。

「彼らはみんなを調べるためにここに来たんだ」とロジャーは言った。「主任警部が私に言ったよ」

「調べる！」とリンダは言った。

ロジャーは頷いた。「③彼は私たちがネックレスを身につけていないことを確認したいんだ」と彼は言った。

「(B)彼らは私を調べていないわ」とリンダが言った。

「では，警察はあなたが何かを隠していると考えるだろうよ，リンダ」とロジャーは言った。「彼らは君を泥棒だと思うだろう.」

「でも，どうして私が泥棒になれるの？」彼女は怒って言った。「私はデレク・ハリアデイと一緒に本社ビルの最上階にいたのよ」彼女は急に恥ずかしそうになり，顔を赤らめた。「彼は土曜日の夜，一緒に映画館に行くように私に頼んでいたの」

ロジャーは微笑んだ。「映画を楽しんでよ」と彼は言った。「でも彼がいたとき，どうしてそれがちょうど11時だとわかるのかな」

「デレクが，バルフォア氏が博物館に戻ってくるまであとどれくらいかかるか尋ねたからよ」とリンダは言った。「オフィスの時計を見ると，11時だったわ。それから私はデレクに，バルフォア氏があと1時間で戻ってくると言ったの」

「じゃあ，あなたとデレクは何も心配する必要はないさ。泥棒が起こったとき君たち二人は一緒にいたんだ」とロジャーは言った。

リンダは不機嫌そうに見えたが，彼女が女性警察官に調べられるのを許すつもりだったのはわかっていた。彼女は警察に自分が泥棒だと思われたくないのだと私は思った。

コーラはバルフォア氏の部屋から出てきて，アンナに次へ行くように言った。彼女が通り過ぎると，アンナは私に微笑んだ。「私たちは心配する必要はないわよ，ポール」と彼女は言った。「ネックレスが盗まれたとき，私たちは一緒にいたのよね？」

④私は彼女が小さなオフィスに入るのを見た。アンナはコーヒーマシンに行き，セキュリティアラームが鳴る直前に戻ってきた。彼女がコーヒーを持って戻ってくる前に彼女がネックレスを盗まなかったことをどうやって知ることができるだろうか？　しかし，私は(C)それを信じたくなかった。私はアンナが好きだった。

(1)「①～④の下線の文のどれが文法的に正しくないか。」②の文には受動態が使われているが，スクリーンは部屋を映すものなので，能動態にするべきである。

重要 (2)「空欄(A)を一番適切な答えでうめよ。」一人の警官が自分のことに気づいていないと知って，「うれしかった」とあるので，ポールには何か言われたくないことがあるとわかるので，4が答え。　1「彼女が私に知らせたいことは何もなかった。」何もなければうれしがる必要がないので，誤り。　2「彼女が私に知らせたいことが何かあった。」ポールの側に気になることがあったので，誤り。　3「私が彼女に思い出してほしくないことは何もなかった。」何もなければうれしがる必要がないので，誤り。　4「私が彼女に思い出してほしくないことが何かあった。」

(3)「下線部分(B)は何を意味するか。」1「私は彼等が私を調べることを許さない。」後に調べられないと疑われるとあるので，答え。　2「私は彼等にすぐ私を調べてほしい。」「ほしい」という意味の表現がないので，誤り。　3「私は彼等によって調べられていない。」直後の内容に合わないので，誤り。　4「私は彼等が私を調べる必要がないと思うことを確信している。」前後の内容に合わないので，誤り。

(4)「下線部分(C)は何を意味するか。」直前の文にはアンナが盗んだかもしれない可能性があることを言っているので，2が答え。　1「アンナは私にうそを言った。」うそを言ってはいないので，誤り。　<u>2「アンナがネックレスを盗んだ。」</u>3「アンナはネックレスを盗まなかった。」盗んだ可能性があることに反するので，誤り。　4「アンナはコーヒーマシンに行った。」前後の内容に関係がないので，誤り。

(5)「バルフォア氏は博物館にいつ戻るか。」「オフィスの時計を見ると，11時だったわ。それから私はデレクに，バルフォア氏があと1時間で戻ってくると言った」とあるので，3が答え。
1「11時頃。」　2「11時半頃。」　<u>3「12時頃。」</u>　4「12時30分頃。」

重要 (6)「文章によると，次の文のどれが正しいか。」1「ロジャーはリンダが泥棒ではないと理解したので，リンダは安心した。」リンダが安心したという場面は書かれていないので，誤り。
2「博物館で働いている誰もが，泥棒は外部の人間だと思った。」内部の人間の仕業かと疑っているので，誤り。　3「ポールとアンナは，ネックレスが盗まれたその日の午前中ずっと一緒にいた。」書かれていない内容なので，誤り。　<u>4「ロジャーが博物館のドアを閉めるまで，泥棒は博物館から去るチャンスがあった。」</u>「ロジャーは11時10分に博物館のドアを閉めました。これは泥棒に逃走するための丸10分をあげたのです」とあるので，答え。

4～6　リスニング問題解説省略。

★ワンポイントアドバイス★

3の④には〈watch ＋ O ＋動詞の原形〉(O が～するのを見る)が使われている。この文を受動態にするときは不定詞を用いることを覚えておこう。この文を書き換えると She was watched to go into the little office by me. となる。

＜国語解答＞《学校からの正答の発表はありません。》

一　問一　a 3　b 1　c 2　d 5　e 4　問二　A 4　B 3　C 2　D 1
問三　3　問四　4　問五　[12] 5　[13] 1　問六　(i) 1　(ii) 1　問七　5

二　問一　a 2　b 2　c 3　問二　1　問三　1・2　問四　4　問五　2
問六　3　問七　4　問八　1　問九　2

三　問一　a 3　b 5　c 3　問二　1・4　問三　2　問四　4　問五　2

○推定配点○

一　問一・問二　各2点×9　他　各4点×6(問五完答)

二　問一・問七　各2点×4　他　各4点×7(問三完答)

三　問一　各2点×3　他　各4点×4(問二完答)　計100点

＜国語解説＞

一　(論説文―大意・要旨，内容吟味，文脈把握，段落・文章構成，接続語の問題，脱文・脱語補充，漢字の読み書き)

問一　a 捕獲　1 保育　2 稲穂　3 捕縛　4 補足　5 舗装

b　増殖　1　殖産　2　就職　3　装飾　4　食卓　5　植樹
c　蓄積　1　畜産　2　含蓄　3　逐一　4　竹馬　5　構築
d　浸出　1　水深　2　申告　3　審理　4　刷新　5　浸透
e　解体　1　階段　2　破壊　3　公開　4　曲解　5　改革

やや難 問二　A　[6]段落では「牛と人間の間」の「相依の関係」について述べている。「ハゲワシが……疫病の拡大を喰い止めていた」という前に，後で「ムンバイのパルシー教徒たちは……ハゲワシの居場所をつくり出していた」と付け加えているので，添加の意味を表す語が入る。　B「牛と人間の間には相依の関係が築かれていた」という前に対して，直後の段落でジフロフェナクの登場によって「人間による牛への投薬が，牛を食べるハゲワシに死をもたらした」と相反する内容を述べているので，逆接の意味を表す語が入る。　C　後の「牛の死はハゲワシの生を支えていた」は過去の内容になるので，過去に，という意味を表す語が入る。　D　直後に「こう言い換えてもいい」とあるので，同類のうちのどれか一つという意味を表す語が入る。

問三　3は「ネズミ」という「動物」と「病原体」について述べているので，傍線部①「人間と動物の〈あいだ〉」ではない。他の選択肢は，傍線部①を含む文の内容に適当である。

問四　同じ段落で，傍線部②「ジフロフェナク」には鎮痛効果があるが「ベンガルハゲワシは，抗炎症薬が投与された家畜の死骸を食べることで体内にチクセキするジフロフェナクのせいで九九%減少した」と説明している。この内容を言い換えている4が最も適当。[7]段落「ハゲワシに腎不全による死をもたらす」に1は合わない。2の「棲息環境は改善されていった」，3の「炭疽菌に対する免疫力を弱め」，5の「炭疽自体の被害は収束」とは述べていない。

やや難 問五　直前の段落の最後に「ハゲワシに死をもたらした」とあるので，「ハゲワシがいないと」とある2が一番目となる。2に「南インドでは」とあるので，「インド」について説明する5が二番目にあたる。1と3は「犬」について述べているので，犬の話題につなげるための「それだけではない」とある4が三番目にあたる。「野良犬」の増加を述べる1の後に，「イヌ」について説明している3が五番目となる。[X]の直後に，「イヌは」と続いていることも確認する。

重要 問六　(i)「人と動物の〈あいだ〉」について[2]段落で「関係性の生じる『場』」を「〈あいだ〉」と呼ぶと説明している。この「関係性を生じる」を「両者に影響を及ぼし得る」と言い換えている1が入る。2の「均衡が保たれた」や3の「科学の力を超えた」，4の「抜き差しならない空間」に通じる内容は書かれていない。　(ii)　感染症に対する筆者の考えは，[13]段落「人間，動物，病原体が絡まり合って入り乱れ，死が生を支え，生はいつの間にか死を生むという，常ならざる人間以上の世界の根源的な探求」を問うべきだと書かれており，この主張は1に重なる。2の「個別なつながりを……解き明かしていく」ことや，3の「持続可能な世界の構築」，4の「生態系の維持」を訴えているわけではない。

問七　[13]段落の「～問いではないだろうか」「～次なる課題であろう」という問いかけは，それまで考察してきた本文の内容をふまえたものなので，5の「逆方向の新たな問題」ではない。

[二]　(小説―主題・表題，情景・心情，内容吟味，文脈把握，脱文・脱語補充，語句の意味，ことわざ・慣用句，文と文節，品詞・用法)

問一　a「なよっと」は，何かに頼ろうとする様子を表す。　b「み(の)ほどし(らずな)」と読む。　c「まゆ(をひそめて)」と読む。不快を感じで顔をしかめる様子を表す。

問二　Ⅰ　前に「困ったように」とあるが，「掻いた」か「さすった」か，判断が難しい。

Ⅱ　前の「踵」はかかとのこと。「踵を[Ⅱ]」で，引き返すという意味になる語句が入る。

Ⅲ　前で「働き過ぎなんだよ，木綿子さんはさあ」と小柳さんは文句を言っている。「唇を[Ⅲ]」で不満な様子を表す語句が入る。　Ⅳ　後の「手術あとが痛む」に着目する。顔が苦痛でゆがんだという意味になる語句が入る。したがって，1の組み合わせが最も適当。

やや難 問三　前に「時田翼が女を愛せないからあたしに興味がない……傷つかずに済むだろう」とあるように，「あたし」は翼に恋心を抱いている。後で「なんにたいしてこんなに怒っているのか自分でもよくわからない」とあるが，「あたし」は翼が自分の恋心に気づかず，女性を連れて来たことに対して怒っていると想像できるので1が適当。また，直前の「大人っていうのは……雰囲気のあるお店を選ぶんじゃないのかな！」から，2の心情も読み取れる。翼は3の「平野さんに煮え切らない態度を取っている」わけではない。4の「合理的」であることに対する怒りではない。5の「男性に対し威厳や懐の深さを求める」と読み取れる描写はない。

問四　前に「このまちでは噂が広まるのが異様にはやい……何年経過しても，とっておきのお菓子を味わうように話題にして楽しむ」ことに対して，「あたし」は「窮屈だ」と感じている。翼は「あたし」の言葉に対して「首を縦に振っ」て「どこだってここと同じくらい窮屈なんだよ」と答えており，この様子を「窮屈さを仕方ないものだと思っている」と表現している4が最も適当。1の「諭している」や3の「批判」，5の「余裕を見せている」はこの翼の様子に合わない。翼は，2「過去の事実は変わらない」とは言っていない。

問五　「あたし」が「車を降りた」場面に「転がるようにして」とあるので，「あたし」は母の容態を確認することに頭がいっぱいだったから，翼に「礼を言わ」なかったとわかる。1の「口を利きたくなかった」や4の「何も信用できなくなっていた」は，「あたし」の心情に合わない。3の「あえて病名を告げ」なかったわけではない。車を降りたときに「あたし」は動転しており，5の「余計な言葉は発せない」という冷静さはそぐわない。

問六　直前の文の「小柳さんに同情」した理由を述べた文が入る。一つ前の文の「『三男のぶんまで生きてほしい』という願いをこめて三四郎と名づけられた」から，自分一人の人生だけでも大変なのにあらかじめ他の人の人生まで背負わされているからという3の理由が読み取れる。他の選択肢は，「『三男のぶんまで生きてほしい』という願い」をふまえていない。

問七　傍線部④の「あたしは……飛び出した」には，「反発し」「言い負かさ」「むくれ」「飛び出し」という動詞が四つ含まれているので，4が最も適当。

重要 問八　「真夜中に」で始まる段落の「真夜中に飛び出したあたしを受け入れてくれる場所はファミリーレストランぐらいしかなかった」や，「ドリンクバー」で始まる段落の「全部受け入れてしまう懐の深さ」「メニューの豊富さというか雑多さ」「同じような内装で統一されている安心感，全部が好きだ」「あたしなりの敬意」などの表現に適当なものは1。他の選択肢は，本文の内容や「あたし」の心情にそぐわない。

重要 問九　波線部イの前で「あたし」は翼が「たぶんどこだってここと同じぐらい窮屈なんだよ」と答えた時のことを思い出しており，後で車中での翼との会話に戻っている。波線部クの前でも「あたし」はファミリーレストランのことを考えており，後で母との会話に戻っているので，2が最も適当。1は「直喩」。3は「擬態語」。波線部オで「あたしも振り返った」のは，「小柳さんがはっとそちらを見」たためで，4の「翼の声に……思わず反応」したわけではない。5の波線部カとキは，他の部分と同様に「あたし」の視点で描かれている。

三 (古文一大意・要旨，内容吟味，文脈把握，脱文・脱語補充，口語訳)

〈口語訳〉　ある時，蝿が，蟻に向かって自慢して，「おい蟻殿。かしこまって聞け。私ほど，運に恵まれているものは，世にない。というのも，天の神に献上し，あるいは国王に供えられた物も，まず私が，先に味見をし，それだけではなく，多くの役人や大臣の頭の上も恐れることなく，好きに飛び回る。(それに比べて)お前さん方の様子は，なんとまあ，いやしい様子」と笑いました。

蟻が，答えて言うには，「確かに，あなたはおっしゃる通り立派でいらっしゃる。けれども，世間でうわさしておりますが，あなたほど人に嫌われるものはない。だからといって，蚊や蜂などのように，力強く仇討つこともせず，どうかすると，人に殺される。それだけではなく，春が過ぎ夏が去って秋風が吹くころには，そろそろと翼を叩き，頭をなでて，手をすりあわせる様子だ。秋が深くなるにしたがって，翼は弱り，腰が抜けて，たいそう見苦しい，と申しておりました。我が身はいやしいものですが，春や秋の季節の移り変わりにも関係なく，豊かに暮らしております。(あなた様は)むやみと人を馬鹿になさるものですね」と(蝿は蟻に)恥ずかしめられ，立ち去った。

そのように，少し自分に優れた面があるからといって，むやみに人を馬鹿にすることがあってはならない。それはまた，自分を馬鹿にすることでもあるのだ。

やや難 問一　a　直後の「或いは国王に供はる」と同様に，「奉り」は「献上し」の意味だと判断する。
b　蟻が自慢する蝿に向かって言っている。「御辺」は「あなた」，「めでたく」は立派だ，すばらしいという意味になる。　c　ここでの「技」は優れたところという意味で用いられている。

問二　直後の「その故は」以降で理由を述べている。

問三　冒頭の段落で，蝿は蟻に「和殿原が有様，あつぱれ，つたなき有様」と言っている。

問四　蟻の言葉に着目する。蝿は「秋深くなるに随ひて，翼よはり，腰抜けて，いと見苦し」と言われているが，蟻は「春秋」の季節に関係なく「豊かに暮し」ていると言っている。

重要 問五　蝿は蟻に自慢して蟻を馬鹿にしたが，蟻は蝿は人から嫌われ反撃することもできず秋になると弱って死んでしまうといううわさを伝えて反論している。蝿は蟻に「恥ぢしめられ，立ち去りぬ」という内容に，2が最も適当。他の選択肢は，この寓話の展開に合わない。

★ワンポイントアドバイス★

選択肢には紛らわしいものが含まれている。正誤の根拠となる部分を見極めて解答することを心がけよう。

第2回

2023年度

解　答　と　解　説

《2023年度の配点は解答欄に掲載してあります。》

＜数学解答＞《学校からの正答の発表はありません。》

1 (1) ア 4　イ 0　ウ 4　エ 6　(2) オ 9　(3) カ 6　キ 2
ク 0　ケ 0　(4) コ 2　サ 4　(5) シ 2　ス 8

2 (1) ア 1　イ 2　(2) ウ 1　エ 1　オ 1　カ 8　(3) キ 3
ク 1　ケ 3　コ 6

3 (1) ア 1　イ 0　ウ 3　(2) エ 6　オ 5　カ 9　(3) キ 6
ク 5　ケ 3　コ 6

4 (1) ア 6　(2) イ 1　ウ 4　(3) エ 1　オ 2　カ 2

5 (1) ア 3　(2) イ 1　ウ 5　エ 4　(3) オ 1　カ 9　キ 2

○推定配点○

1 (1)・(2) 各5点×2　他 各6点×3　2 各6点×3　3 各6点×3　4 各6点×3
5 各6点×3　計100点

＜数学解説＞

1 (計算の工夫，式の値，方程式の利用，箱ひげ図，平面図形)

基本 (1) $2023=x$とすると，与式$=(x+2)(x-1)-(x+1)(x-2)=x^2+x-2-(x^2-x-2)=2x=2\times 2023=4046$

重要 (2) $xy+3x-2y-6=x(y+3)-2(y+3)=(y+3)(x-2)=(1-\sqrt{7}+3)(6+\sqrt{7}-2)=(4-\sqrt{7})(4+\sqrt{7})=16-7=9$

(3) 食塩の量について，$100\times\frac{x}{100}=(100+y)\times\frac{2}{100}$より，$100x=200+2y$…①　$200\times\frac{x}{100}=(200+y)\times\frac{3}{100}$より，$200x=600+3y$…②　①×2−②より，$0=-200+y$　$y=200$　これを①に代入して，$100x=200+400$　$x=6$

基本 (4) 四分位範囲は，A市が$29-14=15$(℃)，B市が$28-12=16$(℃)，C市が$21-9=12$(℃)だから，最も大きい市はB市で，その中央値は24(℃)である。

重要 (5) 右の図のように，A～Mを決める。平行線と比の定理より，AF：FK＝AD：EK＝3：1　△AEK$=72\times\frac{1}{6}=12$より，△AEF$=\frac{3}{3+1}$△AEK$=\frac{3}{4}\times 12=9$　平行線の同位角は等しく，2組の角がそれぞれ等しいので，△AEF∽△BGH∽△CIJ　相似比は，AE：BG：CI＝3：2：1　よって，面積比は，$3^2:2^2:1^2=9:4:1$より，△BGH＝4，△CIJ＝1　△MDJ，△LIH，△KGFも同様であるから，斜線部分の面積は，$(9+4+1)\times 2=28$

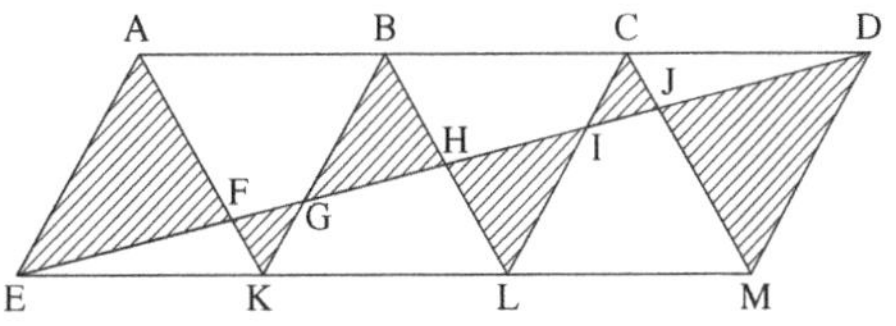

2 (確率)

基本 (1) さいころの目の出方の総数は6×6＝36(通り)　1回目にどの目が出ても，2回目に1，3，5の目が出なければ，記録した座標の値は異なるから，求める確率は，$\frac{6\times3}{36}=\frac{1}{2}$

重要 (2) さいころの目の出方の総数は$6\times6\times6=216$(通り) 1回目に記録する座標の値は-1，0，$+1$の3種類で，2回目に記録する座標の値は-2，-1，0，$+1$，$+2$の5種類で，3回目に記録する座標の値は-3，-2，-1，0，$+1$，$+2$，$+3$の7種類である。3回とも記録した座標の値が同じになる確率は，1回目にどの目が出ても，2回目，3回目に1，3，5の目が出るときで，$\frac{6\times3\times3}{216}=\frac{1}{4}$ 3回とも記録した座標の値が異なるのは，記録する座標の値が(1回目，2回目，3回目)$=(-1,\ -2,\ -3)$，$(-1,\ 0,\ +1)$，$(0,\ -1,\ -2)$，$(0,\ +1,\ +2)$，$(+1,\ 0,\ -1)$，$(+1,\ +2,\ +3)$のときで，それぞれ$1\times1\times1=1$(通り)，$1\times2\times2=4$(通り)，$3\times1\times1=3$(通り)，$3\times2\times2=12$(通り)，$2\times1\times1=2$(通り)，$2\times2\times2=8$(通り)あるから，その確率は$\frac{1+4+3+12+2+8}{216}=\frac{5}{36}$ よって，求める確率は，$1-\frac{1}{4}-\frac{5}{36}=\frac{11}{18}$

基本 (3) (2)より，求める確率は，$1-\frac{5}{36}=\frac{31}{36}$

重要 3 (平面図形の計量)

(1) 角の二等分線の性質より，BD：DC＝AB：AC＝5：13 よって，$BD=\frac{5}{5+13}BC=\frac{5}{18}\times12=\frac{10}{3}$

(2) △ABDにおいて，$AD^2=AB^2+BD^2=5^2+\left(\frac{10}{3}\right)^2=\frac{325}{9}$ AEは直径だから，∠ADE＝90° △ADEと△ABDにおいて，∠ADE＝∠ABD＝90° 仮定より，∠DAE＝∠BAD 2組の角がそれぞれ等しいので，△ADE∽△ABD よって，AE：AD＝AD：AB $AE=\frac{AD^2}{AB}=\frac{325}{9}\div5=\frac{65}{9}$

(3) △ADCと△BDFにおいて，対頂角だから，∠ADC＝∠BDF 弧ABの円周角だから，∠ACD＝∠BFD 2組の角がそれぞれ等しいので，△ADC∽△BDF 面積比は，$AD^2:BD^2=\frac{325}{9}:\left(\frac{10}{3}\right)^2=13:4$ △ADE：△ADC＝AE：AC＝$\frac{65}{9}:13=5:9$ よって，△ADE：△BDF＝$\frac{5}{9}$△ADC：$\frac{4}{13}$△ADC＝65：36

4 (図形と関数・グラフの融合問題)

重要 (1) 直線ACの式を$y=bx+c$とすると，2点A，Cを通るから，$5=-b+c$，$4=4b+c$ この連立方程式を解いて，$b=-\frac{1}{5}$，$c=\frac{24}{5}$ よって，$y=-\frac{1}{5}x+\frac{24}{5}$ 点Bを通りy軸に平行な直線と直線ACとの交点をDとすると，$D\left(2,\ \frac{22}{5}\right)$ $\triangle ABC=\triangle ABD+\triangle CBD=\frac{1}{2}\times\left(\frac{22}{5}-2\right)\times(2+1)+\frac{1}{2}\times\left(\frac{22}{5}-2\right)\times(4-2)=6$

基本 (2) aの最小値は，$y=ax^2$が点Cを通るときだから，$4=a\times4^2$ $a=\frac{1}{4}$

重要 (3) 3点O，B，Cは直線$y=x$上にあるから，OB：BC＝$(2-0):(4-2)=1:1$ よって，△ABC＝△OAB 仮定より，△ABC＝△OAPだから，△OAB＝△OAPとなり，OA//BPである。直線OAの傾きは，$\frac{5-0}{-1-0}=-5$より，直線BPの式を$y=-5x+d$とすると，点Bを通るから$2=-10+d$ $d=12$ よって，$y=-5x+12$ この直線と直線ACとの交点をEとすると，$E\left(\frac{3}{2},\ \frac{9}{2}\right)$ したがって，$y=ax^2$が点Bを通るとき，$2=a\times2^2$ $a=\frac{1}{2}$ $y=ax^2$が点Eを通るとき，$\frac{9}{2}=a\times\left(\frac{3}{2}\right)^2$ $a=2$ よって，aの取り得る値の範囲は，$\frac{1}{2}\leqq a\leqq2$

5 (空間図形の計量)

(1) 上の球の中心から切断面の円の中心までの長さをxとすると，$x=(6-2-2)\div2=1$ 切断面の円の半径をrとすると，$r^2=2^2-1^2=3$より，切断面の円の面積は，$\pi r^2=3\pi$

(2)　下の球の中心から切断面の円の中心までの長さをyとすると，$x+y=10-2-4=4$…①　r^2について，$2^2-x^2=4^2-y^2$　$x^2-y^2=-12$…②　①を②に代入して，$x^2-(4-x)^2=-12$　$8x=4$　$x=\frac{1}{2}$　よって，$r^2=2^2-\left(\frac{1}{2}\right)^2=\frac{15}{4}$より，切断面の円の面積は，$\pi r^2=\frac{15}{4}\pi$

(3)　右の図で，$O_1B/\!/O_2C$，$O_1B：O_2C=2：4=1：2$より，$AB=BC$　ここで，O_1からO_2Cにひいた垂線をO_1Iとすると，$BC=O_1I=\sqrt{4^2-(4-2)^2}=2\sqrt{3}$　よって，$\triangle ABO_1$は3辺の比が$1：2：\sqrt{3}$の直角三角形だから，$AO_1=2O_1B=4$　また，2組の角がそれぞれ等しいので，$\triangle ABO_1 \backsim \triangle AHD$　$AH=4+4+4=12$より，$DH=\frac{1}{\sqrt{3}}AH=\frac{12}{\sqrt{3}}=4\sqrt{3}$　よって，直円錐の体積は，$\frac{1}{3}\pi\times(4\sqrt{3})^2\times12=192\pi$

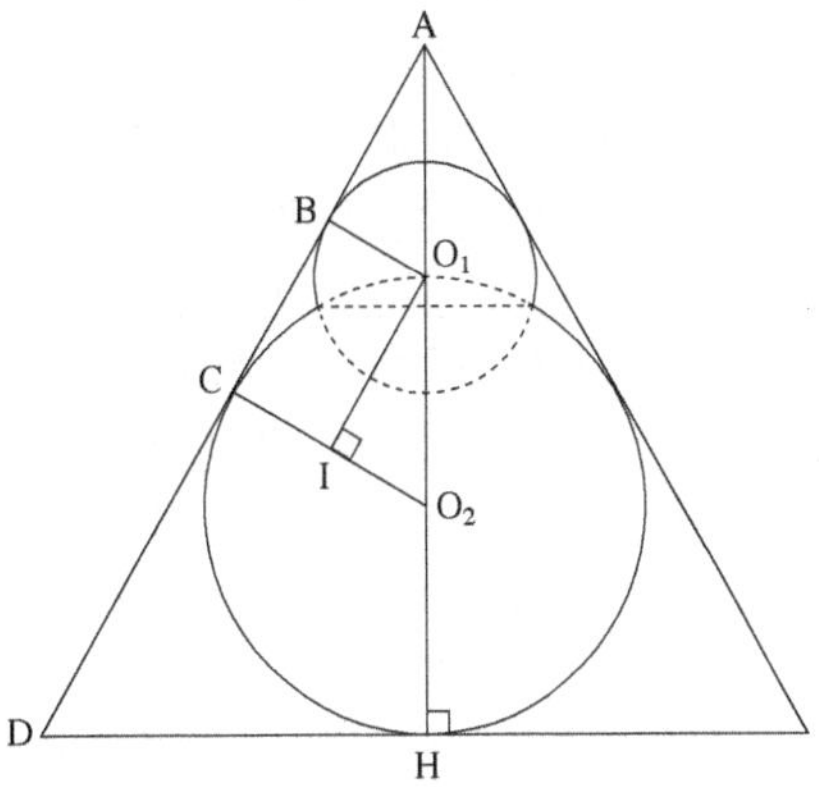

★ワンポイントアドバイス★

第1回と出題構成は同じだが，難易度はややややさしい。大問2以降の各小問は関連しているので，前問を手がかりに解いていこう。

＜英語解答＞《学校からの正答の発表はありません。》

1　(1)　[1] 2　[2] 1　[3] 5　[4] 6　[5] 9　[6] 0　(2)　③

2　(1)　[8] 3　[9] 4　[10] 2　[11] 6　[12] 1　[13] 5　(2)　[14] 4　[15] 3

3　(1)　1　(2)　2　(3)　1　(4)　4　(5)　3　(6)　4

4～6　リスニング問題解答省略

○推定配点○

1～3　各4点×20（2(2)完答）　4・5　各2点×10　計100点

＜英語解説＞

1　（長文読解問題・説明文：語句補充，正誤問題）

（全訳）　私がアラスカを追い求めるようになったのは，およそ15年前にさかのぼる。私が18歳のときで，現在のあなたたちよりそんなに年上ではない頃だ。

私は子供の頃から自然と動物が[1]大好きで，少年の頃に読んだ本の多くは動物や探索的冒険に関するものだった：たとえば，ジュール・ヴェルヌの空想科学小説やデルス・ウザーラでのアルセーニエフ大尉の偉業などだ。①私がずっと考えていたのは，いつか，あの物語の主人公たちと同じようなことをしてみたいということだった。通常，子供は成長するにつれて，そのような夢を放棄するか，関心が別の方向に移る。でも私の場合は，大学に入学した後も同じように考え続けていたので，あまり成長しなかったのかもしれない。1年生の時，私はアラスカに行く[2]決心をした。②アラスカに決めた理由をはっきりと説明することはできない。北極圏の自然への漠然とした憧れからだったと思う。

当時，日本でアラスカの資料を入手するのは非常に困難だったので，アメリカから本などを[3]入手した。その中に，私がとても気に入った写真集があった。私は毎日飽きずに眺めていたのだが，見るたびに必ず「見ねばならなかった」ページがあった。それは北極海の小さな島にあるエスキモーの村の非常に美しい航空写真だった。③その写真は，太陽が北極海に沈む直前に飛行機から撮影されたものだった。

この写真に惹かれたのは，地球の果てのように何もない場所でさえ，人々がどのように暮らしているかに[4]魅力を感じたからだ。私もあなたと同じように都会で[5]育ったので，④そういうところに人が住んでいると思い込みがちだった。でも，考えているうちに，だんだんその村に行きたくなった。写真に添えられた英語の説明をよく読んでみると，村の名前がシシュマレフであることがわかった。そして地図を[6]取り出してアラスカのどこに村があるのかを突き止め，その時から行きたい気持ちがますます強くなった。

(1)　[1]　have a love で「愛する」という意味を表す。　[2]　make up one’s mind で「決心する」という意味を表す。　[3]　obtain は「得る」という意味を表す。　[4]　〈 find A B 〉で「A が B であるとわかる」という意味を表す。　[5]　grow up で「成長する」という意味を表す。

基本　[6]　〈 take out ～ 〉で「～を取り出す」という意味を表す。

(2)　③には過去完了が用いられている。しかし just as the sun was setting into the Arctic Ocean とあるように，太陽が沈もうとしていた「ちょうどその時」とあり，同じ時に起きたことを表すので，過去形を用いるのが妥当である。

2　(長文読解問題・説明文：内容吟味，語句整序)

(全訳)　長い間，人々は火星に生命がいると考えていた。[8]1877年，イタリアの天文学者ジョバンニ・スキャパレリは，火星に直線がいくつかあることに気づいた。彼はそれらが何であるかを知らなかったが，アメリカの天文学者，パーシバル・ローウェルもそれらを見て，それらが運河であると判断した。火星には人がいるにちがいない，これらの火星人は，火星の北にある氷に覆われた北極から暖かい南に水を運ぶための運河を建設した，とローウェルは考えた。

[9]火星人というアイデアは興味深く刺激的だった。1898年にH・G・ウェルズによって書かれた「宇宙戦争」と呼ばれる本は，火星人が地球に来て戦争を始めるという物語を語っている。1938年，アメリカのラジオで，ラジオ シアターの一部として「宇宙戦争」が放送された。聞いた一部の人々は，それが本当だと思い，火星人からの危険から逃れるために都市から車を走らせた。

幸いなことに，黒い目をした背の高い灰色の火星人はいない。1960年代に最初の宇宙船が火星を通過したとき，彼らはクレーターで覆われた乾燥した場所の写真を送り返してきたー月と同じくらい静まり返っている。[10]火星人も直線もなかった。

しかしその後，1971年に探査機マリナー9号が火星に大接近し，驚くべきことを発見した。火星には運河はなかったたが，古い川があったのだ！　[11]今は水がなかったが，何百万年も前には，水で満たされていたのだ。

では，水はどこへ行ったのだろうか。[12]また今もそこにいくらかあるのか？　これらは非常に重要な問題だ。なぜなら，火星に水があるとすれば，そこにも生命が存在する可能性があるからだ。そして，もし水があれば，いつの日か人間がそこに行って生活できるようになるかもしれない。

〔火星の表面で撮影された写真は，かつて火星に水があったことを示している一大量の水が。〕火星の表面にある小さな岩は地球上の川の底にある小さな岩のように見える。科学者たちは，多くの水が薄い大気を通って宇宙に漂ったと考えている。[13]しかし，彼らはその一部がまだそこにあり，地下で岩となって凍っていることを望んでいる。もしそれが本当なら，岩にはすでに非常に小さな生命体一バクテリア一が生息している可能性がある。

(1) 全訳参照。

重要 (2) 並べ替えると Photos taken on the surface of Mars show that there (was water there once — lots of it.) となる。taken on the surface of Mars の部分が Photos を修飾し，全体が主語になっている。また，〈 show A B 〉で「A に B を見せる」という意味を表し，Bに当たる部分が there 以降になっている。

3 **(長文読解問題・物語文：内容吟味)**

(全訳) テイラー・アンダーソンは，バージニア州リッチモンド出身のアメリカ人英語教師だった。2008年に石巻市に来て，市内の7つの小中学校で教鞭をとった。ナオとの出会いは渡波中学校時代だった。市では毎年英語スピーチコンテストを開催している。各学校から優等生2名が選ばれ，市役所で3分間のスピーチを行う。ナオはその生徒の一人だった。テイラーは彼女がスピーチを書くのを手伝った。

渡波中学校は海辺にある。防風林として松が植えられた。ナオは海からの風が木々にぶつかり，窓から漂ってくる音が好きだった。そこでナオは浜辺のゴミ問題について話すことにした。2009年の夏休み中，テイラーはナオのスピーチを手伝うためによく立ち寄った。彼女の仕事上の責任ではなかったが，テイラーはナオがプレゼンテーションの準備をするのを楽しんでいるようだった。

彼女が夏休みに入る前に先生は原稿を録音し，ナオにテープを渡し，ナオが自分で練習できるようにした。ナオは練習するためにテープの先生の声を真似た。スピーチ当日，突然テイラーが会場に現れ，ナオに日本語で励ましの手紙を渡した。テイラーの登場は，緊張していた9年生に，その日話すために必要な自信を与えた。テイラーがナオを好きだったことは明らかで，教師として彼女の職業に真摯に取り組んでいた。ナオは，彼女の手紙が今まで受け取った中で最高のものの1つだと感じた。

仙台に引っ越して友人の安否を心配する時間ができたとき，ナオはテイラーにメールを送った。たとえアメリカ人の友人が無事だったとしても，彼女にこのことを伝える方法はないだろうとナオは知っていた。そのため，返信がなかったとき，彼女は自分に言い聞かせ「大丈夫よ。私を見て。私が3日目に現れるまで誰もが私は死んだと思ったものよ。彼女は電源を失っただけか，携帯電話自体を失ったのかもしれないわ。」

ナオはネットで生存者名簿を常にチェックしていた。テイラーの「状況」は何日も「行方不明」のままだった。3月22日，ナオの叔父から電話があり，新聞記事で行方不明のアメリカ人英語教師が死んでいるのが発見されたと伝えられた。叔父はその先生はテイラーかもしれないと言った。ナオはすぐにサイトを再度確認したが，「行方不明」のままだった。それで彼女は怒って友達は死んでいないと答えた。

テイラーの両親と親しい友人たちは，3月11日以来，彼女を必死に探していた。日本政府は，福島の原子力災害のため，この地域への立ち入りを拒否した。彼らは国に来ることができたかもしれないが，北方には行けなかった。テイラーの父，アンディは，娘について収集できるすべての情報をワシントンの日本大使館に提供した。彼は，彼女がどこに住んでいて，彼女が通常どのルートを通って仕事に行くかを示すグーグルマップも作成した。

アンダーソン一家は，その地域に旅行できることがわかったとき，テイラーの父アンディ，テイラーの弟ジェフ，テイラーの妹ジュルツの夫ローリー，そしてテイラーのボーイフレンドのジェームズの飛行機を予約し，できる限り捜索を手伝った。3月21日午前7時30分に家を出る予定だったが，大使館から遺体発見の電話があったのは午前5時半だった。アンダーソン夫妻は，ジェフはテイラーの母親ジャンヌと一緒に，ローリーはジュルツと一緒にいて，アンディとジェームズだけが日本に行くべきだと決めた。

テイラーの父アンディとボーイフレンドのジェームズは，彼女の死を確認するために日本に飛んだ。ジェームズは最初にテイラーを見て，アンディに彼女は眠っているように見えると伝え，アンディは彼女が安らかに見えると思った。津波から3か月後，テイラーの生徒は彼女のバッグが瓦礫の山にあることに気づいた。学校はそれをアンダーソン家に送り，バッグの中には20手紙が入っていた。1つはジェームスから，もう1つはナオから。テイラーはいつもそれらを持ち歩いていたのだ。テイラーの携帯電話は，友達が初めて彼女のアパートに入ったとき，彼女のアパートで発見された。彼女はおそらく友人や家族に電話をかけることができるように，それを取り戻すために自分のアパートに戻っていたと考えられた。

(1) 「テイラー・アンダーソンを説明したものとして一番よいものを選べ。」 1 「2008年から石巻市にずっといた先生」 「2008年に石巻市に来て，市内の7つの小中学校で教鞭をとった」とあるので，答え。 2 「ナオの家庭教師」 学校の先生なので，誤り。 3 「日本の文化を愛した先生」 文中に書かれていない内容なので，誤り。 4 「スピーチコンテストに参加する先生」 生徒が参加するコンテストなので，誤り。

(2) 「テイラーはナオについてどう思ったか。」 1 「ナオはスピーチの能力が乏しいと思った。」 文中に書かれていない内容なので，誤り。 2 「ナオを助けたいと思った。」 第2，3段落の内容に合うので，答え。 3 「ナオから日本の文化を学べると思った。」 文中に書かれていない内容なので，誤り。 4 「ナオは世界の環境問題についてくわしいと思った。」 文中に書かれていない内容なので，誤り。

(3) 「ナオはなぜ仙台に引っ越したか。」 1 「石巻での生活環境が変わった。」 東日本大震災が起こったときの様子を描いているので，答え。 2 「両親が仙台で働かねばならなくなった。」 文中に書かれていない内容なので，誤り。 3 「仙台の高校に行った。」 文中に書かれていない内容なので，誤り。 4 「何らかの方法でいじめられた。」 文中に書かれていない内容なので，誤り。

(4) 「アンディはテイラーの事件に関して何をしたか。」 1 「日本の大使館に電話した。」 「ワシントンの日本大使館に提供した」とあるので，誤り。 2 「彼はジェームズにひとりで日本に行くよう頼んだ。」 「アンディとボーイフレンドのジェームズは，彼女の死を確認するために日本に飛んだ」とあるので，誤り。 3 「彼はウェブサイトでテイラーの安全を確かめた。」 文中に書かれていない内容なので，誤り。 4 「彼はジェフに，アンディの妻といっしょにいるよう頼んだ。」 「アンダーソン夫妻は，ジェフはテイラーの母親ジャンヌと一緒に」いるように言ったとあるので，答え。

(5) 「次のどの言葉が空欄(20)に最もよく当てはまるか。」 1 「携帯電話」 自分の部屋に置いてあったとあるので，誤り。 2 「ハンカチ」 前後の内容に合わないので，誤り。 3 「手紙」 いつも持ち歩いていたとあり，前後の内容に合うので，答え。 4 「家のカギ」 前後の内容に合わないので，誤り。

(6) 「次のどの意見が正しいか。」 1 「ナオはテイラーに，スピーチの原稿を録音してくれるよう頼んだ。」 ナオが頼んだわけではないので，誤り。 2 「ナオは，自分の携帯電話が電池切れだったので，連絡することができなかった。」 文中に書かれていない内容なので，誤り。 3 「テイラーの体は，地震が日本を襲った9日後に見つけられた。」 テイラーを探し始めた時は「3月11日以来」とあり，発見されたのが「3月21日」とあるので，誤り。 4 「地震が起こった時，テイラーは自分の携帯電話を持っていなかった。」 最後の段落の内容に合うので，答え。

4～6 リスニング問題解説省略。

★ワンポイントアドバイス★

3の(4)の2には〈ask ＋人＋ to ～〉「人に～するよう頼む」が用いられている。これは please を使った命令文で書き換えられることを覚えておこう。
(例) He asked James to go to Japan. ＝ He said to James, “Please go to Japan.”

＜国語解答＞《学校からの正答の発表はありません。》

一 問一 a 5 b 3 c 1 d 4 e 2 問二 A 3 B 4 C 2 D 1 問三 3 問四 11 4 12 3 問五 2 問六 (i) 2 (ii) 2 問七 5

二 問一 a 1 b 2 c 4 問二 5 問三 1 問四 1 問五 2 問六 4 問七 5 問八 2 問九 3

三 問一 a 4 b 1 c 3 問二 1 問三 (i) 5 (ii) 2 問四 4 問五 1

○推定配点○

一 問一・問二 各2点×9 他 各4点×6(問四完答)
二 問一・問五 各2点×4 他 各4点×7
三 問一・問二・問三(ii) 各2点×5 他 各4点×3 計100点

＜国語解説＞

一 (論説文―大意・要旨，内容吟味，文脈把握，段落・文章構成，接続語の問題，脱文・脱語補充，漢字の読み書き)

問一 a 体現 1 用言 2 厳格 3 電源 4 原始 5 現状
b 照合 1 証明 2 序章 3 日照 4 省略 5 商売
c 顕著 1 顕微 2 権限 3 堅実 4 県政 5 謙虚
d 符合 1 抱負 2 普遍 3 不覚 4 切符 5 漁夫
e 様相 1 総括 2 相談 3 想定 4 壮大 5 草案

問二 A 直前の段落の「石場建ての民家が群として普及した時期」の例を，後で「信濃地方」と「多摩地域」と挙げているので，例示の意味を表す語句が入る。 B 「十九世紀にようやく耐久性のある石場建ての建物へと変革していった」という前と並行して，後の「石場建てに改良された民家が普及したとしても……安定的に存続しうる集落・街並みが成立したわけではなかった」という事態があるという文脈なので，……でありながら他方で，という意味の語句が入る。
C 「蔵造りの町並みの普及も……農家の石場建てと類似する傾向がある」という前について，後で「蔵造りの町並みの普及は……やはり十九世紀に広くみられたもの」と具体的に述べているので，説明の意味を表す語句が入る。 D 直前の文の「柔軟性を備えていたから」という前に，後で「より安価でコンパクトに実現できたという現実的な要因」を付け加えているので，添加の意味を表す語句が入る。

やや難 問三 第4段落の「十七世紀の村では掘立式の民家がほとんど」「十九世紀にようやく耐久性のある石場建ての建物へと変革していった」という説明に，3が最も適当。第4段落で「費用の安さ」

については述べていないので，1は適当ではない。第16段落の「安価」は，二十世紀の民家の改造について言っている。第5段落の内容に，「建築技術の成立と同時に」とある2は適当ではない。第2段落の「本格的な建築の成立は，関西で十七世紀中頃から後半，中部・関東・中国・四国地方で十七世紀後半」は，4の「支配層の民家から一般町人の民家に広がった時期は関東より関西の方が早かった」と重ならない。第1段落の内容から「石場建て」と「江戸時代の封建的な社会階層」の関連は読み取れないので，5も適当ではない。

問四　一連の文はいずれも「外壁」について述べており，「真壁と大壁」という新しい語を提示している5が一番目にあたる。2に「これに対して……大壁だ」とあるので，先に「真壁」について説明している。「真壁というのは」で始まる4が二番目で，「大壁」を説明する2が三番目にあたる。2の「柱が外に露出せず」を受けて3の「木部に対して……強い耐火性を持つ」と述べているので，四番目は3。最後に「真壁より大壁の形式の方が……より高い耐火性能をもつ」とまとめる1が最後となる。「高い耐火性能」が第8段落の内容に続くことを確認する。

やや難 問五　傍線部②を含む「宮本雅明がクライマックスと称した所以」について，第13段落で「『地域の潤沢な天然資源を使い，技能に優れた職人の技を結集し，蓄積した富を注ぎ込み，永続性を目指して建設された』歴史的町並みを，社会・経済が町並みに結集した文化の『クライマックス』」と説明している。この「社会・経済が町並みに結集した」ことを中心に述べている2が最も適当。「クライマックス」は最高に盛り上がったところという意味なので，「終焉を迎えた」とある4や，「最後の時期」とある5は適当ではない。1の「江戸時代から続いてきた文化や社会の成熟ぶり」，3の「江戸の豪快な町人気質」などの表現は，宮本雅明の考えと合わない。

重要 問六　(i)　四人の生徒は「蔵造りの町並み」について話し合っている。直前の文に「十九世紀末」とあるので，第12段落の「十九世紀中期から二十世紀初頭にかけて……現代に，歴史的町並みとして伝えられる全国各地の『伝統的建造物群保存地区』を構成する民家の建築年代」に着目する。この内容を言い換えている2が入る。　(ii)　生徒Aの「強固な民家群が……急速に衰退してしまった」理由について，「鉄筋コンクリートのものが多い」という生徒Dの考えを生徒Bは否定している。第16段落で「伝統的な民家が備えていた柔軟性」と「部分的改造……の方がより安価でコンパクトに実現できた」と筆者の見解を述べており，この「安価」について言及している2が最も適当。1の「文化財保護の観点」や，3の「伝統への批判」については述べていない。4は，生徒Bの後の会話にある「柔軟性」と並立して述べられない。

問七　第14段落までで「耐久性を備えた民家」の成立について説明し，第15段落以降で「生活様式の近代化にさらされる」民家について論を展開している。この構成・展開に5が最も適当。

二　(小説一主題・表題，情景・心情，内容吟味，文脈把握，脱文・脱語補充，語句の意味，ことわざ・慣用句，文と文節，品詞・用法)

問一　a「ごうまん(な)」と読む。　b　他のことに心を奪われている様子を表す。　c「めんく(らった)」と読む。

問二　Ⅰ　前に「言いかけて」とあるので，「口を［Ⅰ］」で話すのをやめたという意味になるが，「閉ざした」か「噤んだ」かは，判断ができない。　Ⅱ　直後の会話は父の深刻な状態を述べるものなので，「口を［Ⅱ］」で翼の深刻な様子を表す「うるませる」か「伏せる」が入る。　Ⅲ　直後の「ごめんなさい，と呟いた」様子には「伏せて」か「落として」がふさわしい。Ⅱと同じ語句が入るので，「伏せて」を選ぶ。　Ⅳ　直後の「ほんのすこしうれしそうに笑った」に続くには，「目を［Ⅰ］」で驚いて目を見張るという意味になる「まるくした」が入る。5の組み合わせが最も適当。

基本 問三　直後の「華奢だけれどもわたしよりはるかに大きな手……泣き虫だった息子はもうどこにも

いない」から，長い年月が過ぎ息子との隔たりを感じているとある1が最も適当。2の「閉口」，3の「悔やんでいる」，4の「釈然としない」，5の「悔しさや憤り」は感じられない。

問四　「隣人」は最初田鍋に対する不満を述べていたが，「わたし」や千夜子と話すうちに田鍋の良い所に気づき，自らを反省している。傍線部②の直前「……彼に，電話してみます」は，田鍋とよりを戻そうとしていることがわかる。傍線部②の「ぎゅっと掴んで」からは，1にあるように「隣人」の決意が読み取れるが，5の「不安」は読み取れない。

問五　2の付属語は「の」「の」「が」「られる」「が」「た」の六つなので適当。「しばらく」は副詞，「閉められる」の「られる」は受身，4は十二単語，「聞こえたから」の「から」は理由。

問六　X は，直後の文「生まれてから死ぬまでの時間で均してみれば」と倒置されている。「時間で均してみれば」に続くので，「総量は同じ」とある4が入る。

問七　直後の文「千夜子さんでも過去を振り返ったりするの？」からは「わたし」の驚きが感じられるので，5が最も適当。この描写に2の「少し安心」はそぐわない。1の「皮肉めいた」や4の「棘のある」様子は読み取れない。後で「わたし」は千夜子に聞き質そうとしていないので，「興味を抱いた」とある3も適当ではない。

重要　問八　直後に「きっぱりとした決別の言葉だと思った」とあるが，最終場面に「あれは決別の言葉ではなかった。翼からのプレゼントだ。これまでのわたしと，これからのわたしへの。」とあるように，翼の言葉に対する「わたし」の受け止め方は変化している。この変化を「決別」から「励まし」と表現している2が最も適当。他の選択肢は，最終場面の描写に合わない。

やや難　問九　波線部エは二人の人生観の違いを暗示しているので，3は適当。1「三人称の語り手」は登場していない。2「冷やかした」わけではない。4「『わたし』の性格と相対する」ことや，5「今後も千夜子とともに生きていく決意」が読み取れる描写はない。

三　(古文一大意・要旨，文脈把握，指示語の問題，熟語，文と文節，口語訳)

〈口語訳〉　漢朝に元啓という者がいた。年が十一歳の時に，父が，妻の言葉に従って，年老いた親を山に捨てようとしている。元啓は何度も忠告して止めたけれども(父は息子の)忠告を聞き入れないで，元啓と二人で，間に合わせに手輿を作って，持って奥深い山の中に(年老いた親を)捨てた。元啓が，「この手輿を持って帰ろう」と言うので，父は，「もう輿は必要ない。捨てなさい。」と言う時に，「父が年老いたときに，また持って捨てようとするためです」と言う。その時，父ははっと気付いて，「私が，父を捨てることは，実に悪い行いであった。このことをまねて，(お前が)私を捨てることがあるに違いない。善くないことをしてしまったものだ」と，思い直して，父を連れて帰って世話したのだった。この事が，世に知られて，父に教え祖父を助けた孝行者であるとして，孝孫と言ったのだった。おさない心が父を教え，知恵が深かったことは，誠実な賢人である。人というものは，良い事は必ずまねをするわけではないが，悪い事はまねるという，罪を知らせた心こそが，実にありがたいのだ。

問一　a 「年たけたる」は年老いたという意味。　b 父は元啓の言葉を「用ゐ」なかったという文脈になる。　c 今となっては何に使うというのか，何にも使えないという意味になる。

問二　傍線部①を含む会話は，元啓が父に向かって，父が年老いた時に元啓が手輿を持って父を捨てると言うものである。

重要　問三　(i)　直前の文の「父を捨つる事」を指している。　(ii)　「まなびて」は，まねてという意味。自分が父を捨てたのをまねて，いつか元啓も自分を捨てるだろうと父は気付いたのである。自分の行いに応じてその報いがあるという意味の四字熟語を選ぶ。

問四　元啓の言葉を聞いて，父は「思ひ返して，父を具して帰りて養ひける」とある。「父」が連れて帰って養ったⅣの「父」が，元啓にとっての「祖父」ということになる。

重要 問五 「この事，天下に聞こえて，父を教へ祖父を助けたる孝養の者なりとて，孝孫とぞ云ひける」に，1が合致している。2の「幼い元啓は父を捨てようとした」，3「元啓は救い出した祖父のもとで善行を積んだ」，4「智恵ある息子を『孝孫』と称えただけでなく，元啓の名を自ら世間に広めた」，5「親のようにはなるまいと努力した」の部分が，本文の内容に合致していない。

★ワンポイントアドバイス★

漢字の読み書きや語句の意味，文法事項は確実に得点ができるよう，練習を重ねておこう。

2022年度

★★★★★★★★★★★★★★★★★★★★★★★

入　試　問　題

2022年度

栄東高等学校入試問題（第１回）

【数　学】（50分）〈満点：100点〉

【注意】

1　問題の文中の $\boxed{\text{ア}}$，$\boxed{\text{イウ}}$ などには，特に指示がないかぎり，符号（−，±）又は数字（0～9）が1つずつ入る。それらを解答用紙のア，イ，ウ，…で示された解答欄にマークして答えること。

例　$\boxed{\text{アイウ}}$ に−83と答えたいとき

ア	**⊖**	±	⓪	①	②	③	④	⑤	⑥	⑦	⑧	⑨
イ	⊖	±	⓪	①	②	③	④	⑤	⑥	⑦	**⑧**	⑨
ウ	⊖	±	⓪	①	②	**③**	④	⑤	⑥	⑦	⑧	⑨

なお，同一の問題文に $\boxed{\text{ア}}$，$\boxed{\text{イウ}}$ などが2度以上現れる場合，原則として，2度目以降は $\boxed{\text{ア}}$，$\boxed{\text{イウ}}$ のように細字で表記する。

2　分数形で解答する場合，分数の符号は分子につけ，分母につけてはいけない。

例えば，$\frac{\boxed{\text{エオ}}}{\boxed{\text{カ}}}$ に $-\frac{4}{5}$ と答えたいときは，$\frac{-4}{5}$ とすること。

また，それ以上約分できない形で答えること。

例えば，$\frac{3}{4}$ と答えるところを，$\frac{6}{8}$ のように答えてはいけない。

3　根号を含む形で解答する場合，根号の中に現れる自然数は最小となる形で答えること。

例えば，$\boxed{\text{キ}}\sqrt{\boxed{\text{ク}}}$ に $4\sqrt{2}$ と答えるところを，$2\sqrt{8}$ のように答えてはいけない。

4　根号を含む分数形で解答する場合，例えば $\frac{\boxed{\text{ケ}}+\boxed{\text{コ}}\sqrt{\boxed{\text{サ}}}}{\boxed{\text{シ}}}$ に $\frac{3+2\sqrt{2}}{2}$ と答えるところを，$\frac{6+4\sqrt{2}}{4}$ や $\frac{6+2\sqrt{8}}{4}$ のように答えてはいけない。

$\boxed{1}$　次の各問いに答えよ。

(1)　$19^2+18^2+17^2-13^2-12^2-11^2=\boxed{\text{アイウ}}$

(2)　$x=\sqrt{2}-2$ のとき，$x^2+4x+3=\boxed{\text{エ}}$ である。

(3)　ある店では，商品Aの価格を毎月変更している。1月の価格は10,000円で，2月の価格は1月の価格に比べて x%値上げした。3月の価格は，2月の価格に比べて $2x$%値下げした。3月の価格が，1月の価格に比べて4.32%低いとき，$x=\boxed{\text{オ}}$ である。

(4)　次ページの図は，ある中学校の3年生25人の国語，数学，英語のテストの得点データを箱ひげ図で表したものである。60点以上の人数が最も多い教科の四分位範囲は $\boxed{\text{カ}}$ である。

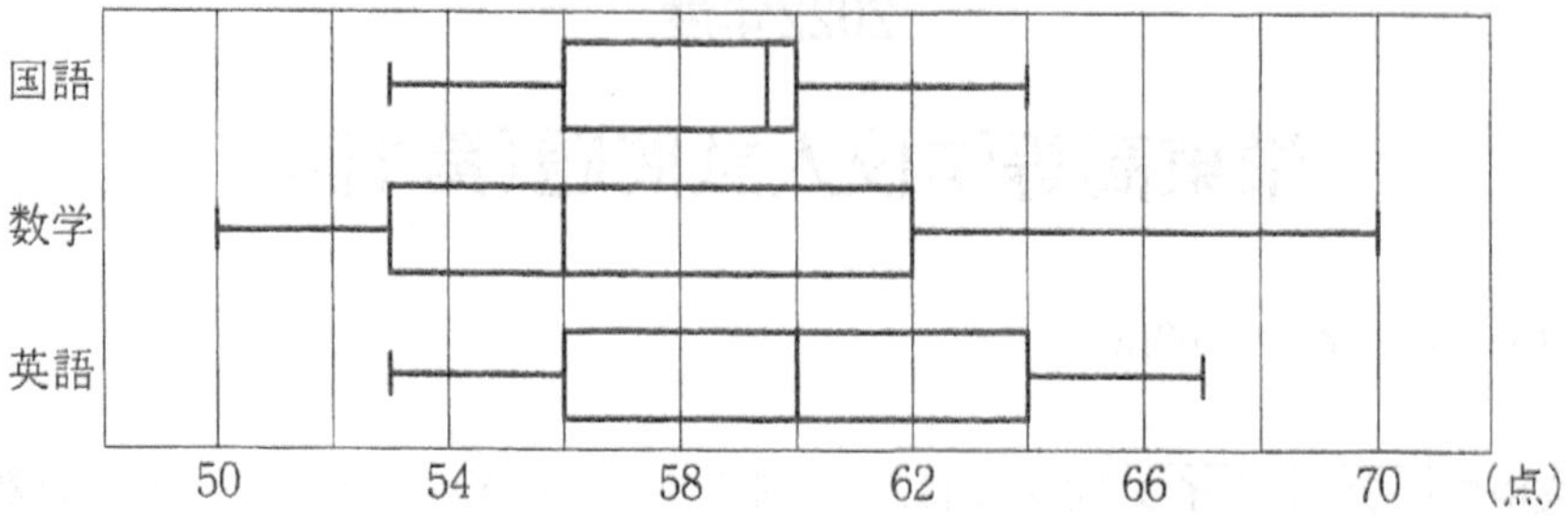

2 さいころを続けて3回投げて，1回目に出た目の数をx，2回目に出た目の数をy，3回目に出た目の数をzとし，$(x+y)\times z=\mathrm{A}$とする。

(1) A＝4となる確率は $\dfrac{\boxed{ア}}{\boxed{イウ}}$ である。

(2) Aが奇数となる確率は $\dfrac{\boxed{エ}}{\boxed{オ}}$ である。

(3) Aが5の倍数となる確率は $\dfrac{\boxed{カキ}}{\boxed{クケコ}}$ である。

3 図のように，AB＝ACの△ABCが円に内接している。
また，円周上にBD＝BC，∠DBC＝90°となるように点Dをとる。
BC＝6のとき，次の各問いに答えよ。

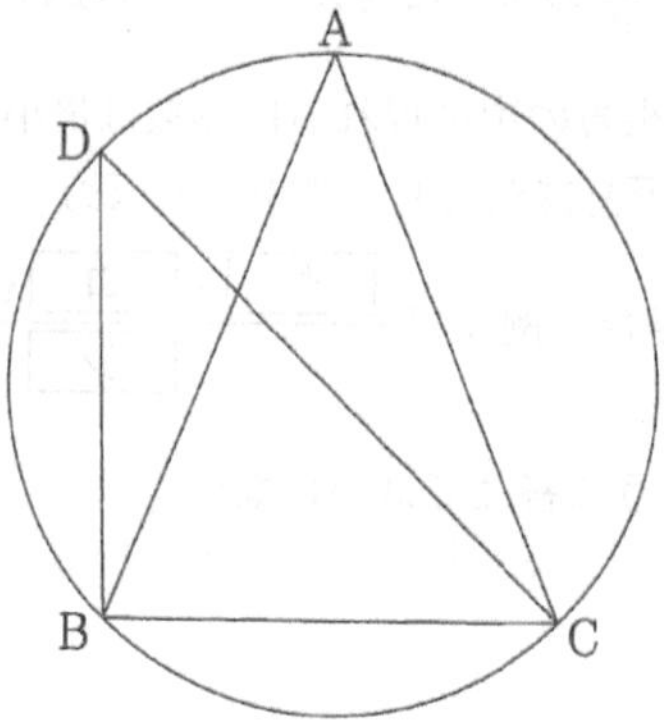

(1) 円の半径は $\boxed{ア}\sqrt{\boxed{イ}}$ である。

(2) △ABCの面積は $\boxed{ウ}(\sqrt{\boxed{エ}}+\boxed{オ})$ である。

(3) 点Bを通りCDに垂直な直線とACの交点をEとする。
△BDEの面積は $\boxed{カ}\sqrt{\boxed{キ}}$ である。

4　図のように，放物線$y=ax^2(a>0)$と四角形がある。四角形の4つの頂点のうち，3つが放物線上に存在し，そのうち1つは原点である。

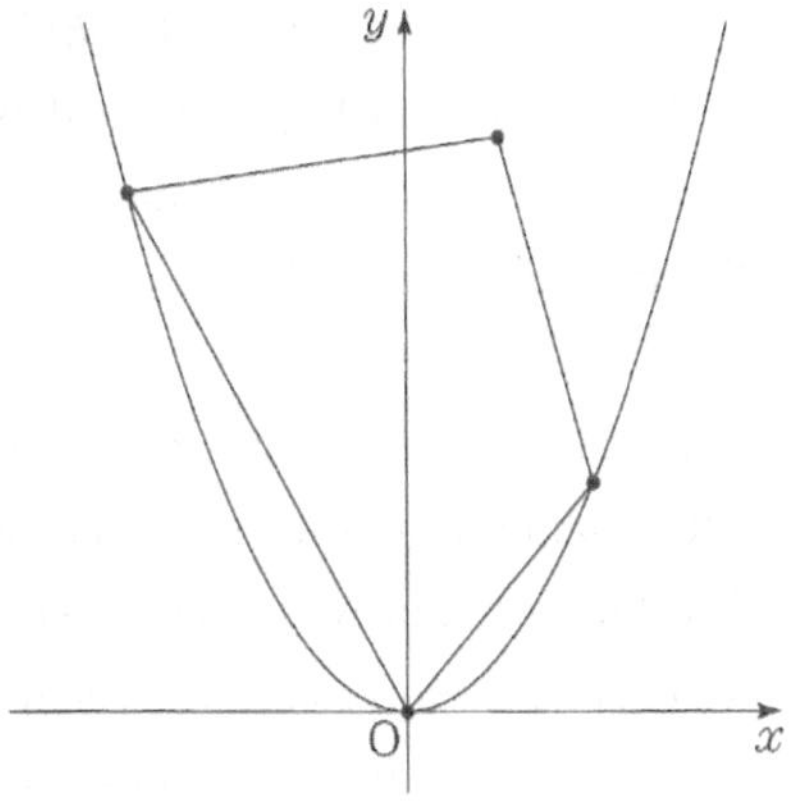

(1)　四角形が平行四辺形で，対角線の交点が（0，2）のとき，4つの頂点のうち放物線上に存在しない頂点の座標は（［ア］，［イ］）である。

(2)　$a=1$とする。
四角形がひし形で，面積が16のとき，2本の対角線のうち長い方の対角線の長さは［ウ］である。

(3)　$a=\frac{1}{2}$とする。
四角形が正方形のとき，1辺の長さは$\boxed{\text{エ}}\sqrt{\boxed{\text{オ}}}$である。

5　図のように，底面が1辺の長さ3の正方形で，OA＝OB＝OC＝OD＝4の正四角錐O－ABCDがある。

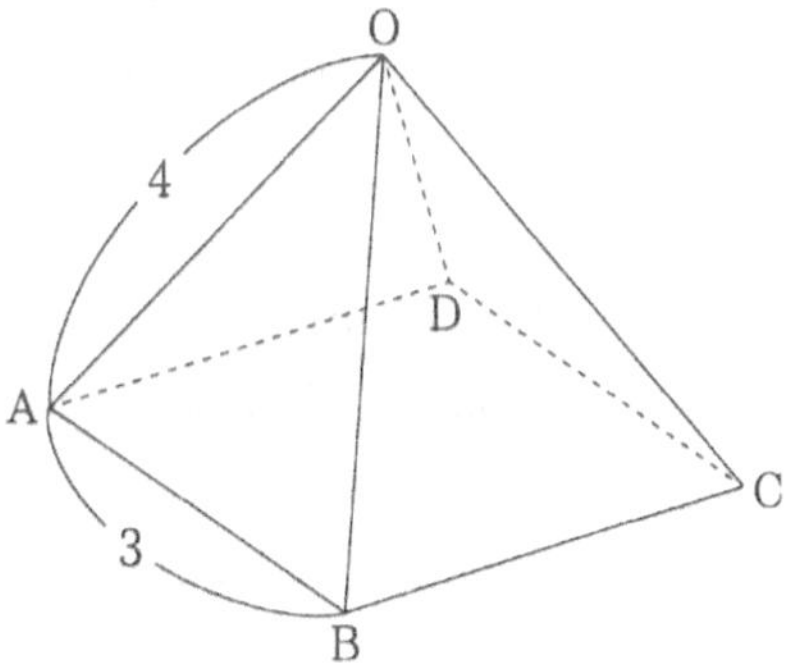

(1)　頂点Oから底面に下ろした垂線の長さは$\dfrac{\sqrt{\boxed{\text{アイ}}}}{\boxed{\text{ウ}}}$である。

OAの中点をE，OBの中点をFとする。

(2)　2点E，Fを通り底面と平行な平面で正四角錐を切断したとき，頂点Oを含む立体の体積は$\dfrac{\boxed{\text{エ}}\sqrt{\boxed{\text{オカ}}}}{\boxed{\text{キク}}}$である。

(3)　平面CDEFで正四角錐を切断したとき，頂点Oを含む立体の体積は$\dfrac{\boxed{\text{ケ}}\sqrt{\boxed{\text{コサ}}}}{\boxed{\text{シス}}}$である。

【英　語】（50分）〈満点：100点〉

1．次の英文を読み，あとの問いに答えなさい。（文中の＊印の語(句)には注があります）

About four hundred years ago, *pilgrims from England sat down to a large *feast with Native Americans in an area of Massachusetts that is known today as the city of Plymouth. This meal took place in November of 1621, and it is commonly (　1　) to be the "first" *Thanksgiving meal.

The pilgrims who had come from England were among the first Europeans to *settle America. However, their journey across the Atlantic lasted for sixty-six days, and when they (　2　) in the "New World," they were sick, hungry, and weak. They were also unfamiliar with the new land. ①They did not know how to grow vegetables that would do well in the soil and climate; they did not know how to hunt American animals; and they did not know the best way to get resources from the American forests. As the pilgrims *struggled to build shelter, find food, and found a town, a nearby tribe of Native Americans *offered to help the pilgrims. ②The Native Americans taught the pilgrims how to grow corn, catch fish, and collect *sap from the trees. They also (　3　) the pilgrims the various forest plants, teaching them which ones were poisonous and which ones weren't. In this way, the pilgrims came to understand how to live in the new country.

Almost a year later, the pilgrims' first corn crop was harvested successfully. To celebrate the harvest and to (　4　) the Native Americans who had helped them, the pilgrims hosted a large feast that lasted several days.

Historians say the local Wampanoag tribe attended the event, bringing with them five deer to eat. The pilgrims prepared for the meal by hunting wild birds. ③Historians believe that the food that was eaten at the meal was prepared the traditional Native American way.

Thanksgiving Day was officially (　5　) a *federal holiday in 1863, when President Abraham Lincoln signed the holiday into law. However, because the Civil War was going on at the time, the holiday was not celebrated nationwide until after the war ended.

④The tradition of inviting friends and family to a Thanksgiving meal continue today. In America, Thanksgiving is celebrated on the fourth Thursday in November. The classic Thanksgiving meal tries to *recreate what the Native Americans and pilgrims might have eaten on the first Thanksgiving meal. A roast turkey is the main course, with side dishes of yams, potatoes, corn, cranberry sauce, turkey gravy, and stuffing — a seasoned bread dish that is served either stuffed inside the turkey or on the side. A must-have dessert at Thanksgiving is pumpkin pie. This pie is often topped with whipped cream to (　6　) it extra sweetness.

（注）pilgrim　最初の入植者　　feast　宴会　　Thanksgiving　感謝祭(の)　　settle　～に定住する
struggle to　～しようと奮闘する　　offer to　～することを申し出る　　sap　樹液　　federal　連邦の
recreate　～を再現する

(1)　英文の空所（ [1] ）～（ [6] ）に入れるのに最も適切なものを１～０の中から１つずつ選びなさい。ただし，同一のものを２回以上用いてはいけません。

１．used　　２．live　　３．thought　　４．reached　　５．made
６．thank　　７．leave　　８．arrived　　９．showed　　０．give

(2)　英文の下線部①～④の中で，文法上あるいは文脈上，誤りがある英文が１つあります。その番号を答えなさい。解答は[7]にマークしなさい。

２．次の英文を読み，あとの問いに答えなさい。（文中の＊印の語（句）には注があります）

The Earth is very old. It has changed often during its long life, and it is still changing. Millions of years ago, when dinosaurs like **Tyrannosaurus rex* were alive, the Earth was much warmer. There was very little ice on the land or on the sea, even in the very north or the very south of the world. ([8])

There have been many changes since that time, sometimes to a warmer climate, sometimes to a colder one. About 20,000 years ago, for example, a time called an Ice Age began. There was ice over much of the world, and it was 3 kilometers deep over much of North America and Europe. And the sea was not as high as it is today. Our climate has changed many times, and it will change again.

Why does our climate change? ([9]) For example, the Earth moves around the Sun — this is called the Earth's orbit. Every few thousand years, the Earth changes its orbit around the Sun. The change happens slowly, and it brings the Earth near to the Sun or it takes it far away from the Sun. When this happens, it can finish an Ice Age — or it can start a new one.

([10]) An example of this is the *volcano of Krakatoa. When it erupted in 1883, the sky became dark over many countries, and stayed dark for months. And for more than a year, the Earth was 1℃ colder than before.

But now, for the very first time, people are changing the climate. In the year 1900, the Earth was 0.7℃ colder than it was in 2000, just one hundred years later. ([11]) Some people think that this is a small change. But think about this. A change of just 5 to 7℃ can start or finish an Ice Age.

([12]) The film *The Day After Tomorrow* is about a change that happens very quickly. In the film, the Earth's climate changes in only a few days, and a new Ice Age begins in the north of the world.

Can the climate change like this? Scientists think that it can — but not as quickly as this. Scientists do not always agree. Some think that the climate is changing a lot, and some think that it is changing a little. Some think that it will change quickly, and some slowly. ([13]) The important question is this: how dangerous will the change be?

Al Gore, who worked next to President Clinton of the USA between 1993 and 2001, thinks that the change will be dangerous. In his film *An Inconvenient Truth*, 〔１. how　２. has　３. Al Gore　４. the Earth's climate　５. describes　６. changed〕. He has talked about the dangers of climate change for more than twenty years, but is he right? Is climate change a dangerous problem?

Must we do something about it? And what can we do?

（注） *Tyrannosaurus rex* ティラノサウルス　volcano of Krakatoa クラカタウ火山

(1) 英文の空所（ [8] ）～（ [13] ）に入れるのに最も適切なものを１～６の中から１つずつ選びなさい。ただし，同一のものを２回以上用いてはいけません。

1．Sometimes the change comes from outside the Earth.
2．Does climate change happen quickly or slowly?
3．But all scientists agree that climate change is happening.
4．Changes can also come from inside the Earth.
5．And the sea was much higher than it is today.
6．This change did not happen because of the Earth's orbit — it happened because of us.

(2) 英文の〔　〕内の語(句)を並べかえ，英文を完成させなさい。解答は[14]と[15]に入れるものをそれぞれ答えなさい。

In his film *An Inconvenient Truth*, ______ [14] ______ ______ [15] ______.

３．次の英文を読み，あとの問いに答えなさい。(文中の＊印の語(句)には注があります)

Sonia French and Charles Darrell decide to kill Sonia's husband, Robert. Sonia is bored with Robert, although he doesn't seem to realize this. Sonia and Charles are lovers for months, but Sonia thinks Robert will never give her a *divorce.

They hit on the idea for their murder plan when a police officer visits *the Frenches' house one evening. Charles is also there. The *inspector tells Robert that there have been several *burglaries near there and the burglar, who carries a gun, hasn't been caught. He also worries that Robert has a lot of silver.

'What are you trying to say?' asked Robert.

'I'm saying that it's sensible to be careful,' said the inspector. 'Very careful. ①Why not put your silver in the bank, until the burglar is caught?'

'I don't want to do that,' said Robert.

The inspector tried not to sound angry. 'Well, I have warned you, sir,' he said. 'Please remember that.' The inspector left.

Three nights later, Sonia was lying awake in her bed. Robert was asleep. It was ten minutes to two. Sonia was excited. 'Ten minutes before Charles enters the house,' she thought.

And then she heard a noise. Glass breaking, ②followed by the sound of a window as it was pushed up.

Robert did not wake up. ③Sonia was waited until she heard the sound of Charles climbing through the open window, then she reached across to Robert's bed.

'Robert!' She was shaking him. 'Wake up. There's somebody downstairs!'

He sat up in bed, awake now. 'There *is* someone! I'll have to go down, I suppose.'

He put on his old grey dressing-gown, and went out of the room. Sonia waited in the dark. It seemed a very long wait, but it was less than half a minute. Then a thin line of light appeared under the bedroom door. Sonia heard her husband give a sudden cry, then she heard a gun explode. Something — or someone — heavy fell to the floor, then a door was banged open, and there was the sound of running feet outside the house.

Sonia waited. ④ 'Charles must have time to escape before I call the police,' she thought.

She put on her bedside light and got out of bed. Now it was all over, she felt strangely calm. She knew (A) what she was going to say to the police. How soon could she marry Charles? Six months from now? They could go to Venice for a holiday, after they were married. She had always wanted to see Venice ...

Then the door opened.

And Robert walked in.

(B) For a long moment, Sonia could only look at him, her stomach sick with fear. He looked back at her, silent, white-faced and untidy. But alive.

'What — what happened?' she said.

'He got away,' said Robert. 'I'm afraid he's taken some of my best silver with him. I wish now I had listened to the inspector and sent it to the bank.'

'But I heard a gun,' said Sonia. 'I thought you — you're not hurt, Robert?'

'No, Sonia, I'm not hurt,' said Robert. 'But I have some bad news. It's Charles. I think the dear, brave man was watching the house, and followed the burglar in, to try and help us. He's at the bottom of the stairs. I'm afraid he's dead.'

Sonia fell forwards, her eyes closing, and Robert caught her. He carried her to the bed, then went downstairs. When he reached the bottom, he had to step over (C) the body. He did this calmly, stepping around the blood on the carpet. But when he walked into the room where he kept his silver, (D) he wanted to cry. All of the best pieces were gone.

He closed the door. Before he telephoned the police, he was careful to clean the small gun that was in his dressing-gown pocket. Then he locked it inside his desk. He had taken care of the one problem in his usually very tidy life, and he wanted to make sure he would have no more trouble.

As the inspector said, (　　　E　　　).

（注） divorce　離婚　　the Frenches'　フレンチ夫妻の　　inspector　警部　　burglary　強盗事件

(1) Which of the underlined sentences ①～④ is grammatically ***NOT*** correct? 16

(2) What does the underlined part (A) mean? 17

1．She was going to say to the police that the burglar had already gone.

2．She was going to say to the police that the burglar had killed Robert.

3．She was going to say to the police that she would marry Charles.

4．She was going to say to the police that Robert had killed Charles.

(3) What does the underlined part (B) mean? 18

1．She was surprised to see Robert's white face.

2．She was relieved because Robert was still alive.

3．She didn't understand why Robert was alive.

4．She was sad to know Charles had been killed.

(4) What does the underlined part (C) mean? 19

1．Sonia's body

2．Robert's body

3．Charles' body

4．the burglar's body

(5) What does the underlined part (D) mean? 20

1．He wanted to cry because his silver was stolen.

2．He wanted to cry because Sonia fell unconscious.

3．He wanted to cry because he killed Charles.

4．He wanted to cry because he knew Sonia and Charles were lovers.

(6) Fill in the blank (E) with the most appropriate answer. 21

1．I should put the silver in the bank

2．it was sensible to be careful

3．the burglar has not been caught

4．I remember his warning me

リスニング問題

4．これから二人の対話を聞き，質問に対する答えとして最も適切なものを1つ選びなさい。なお，対話と質問は二度読まれます。

22 1．He ate too much.

2．He lost his wallet.

3．He had a headache.

4．He cannot eat the spicy food.

23 1．The extra charge.

2．The room service.

3．The wrong change.

4．The payment method.

24 1．He is too busy to eat anything.

2．He is trying to lose weight safely.

3．He has broken up with his girlfriend.

4．He has something wrong with his stomach.

5．これから短い英文を聞き，質問に対する答えとして最も適切なものを1つ選びなさい。なお，英文と質問は一度だけ読まれます。

25 1．A parasol.

2．A raincoat.

3．An umbrella.

4．A pair of sunglasses.

26 １．In the bus.
２．In the library.
３．At the theater.
４．At the bus stop.

27 １．Because one of the members lost interest in playing music.
２．Because one of the members believed someone would take his place.
３．Because the band is said to be one of the most successful rock bands of all time.
４．Because the band didn't think they could continue to play or perform music anymore.

６．これから少し長めの英文を聞き，質問に対する答えとして最も適切なものを１つ選びなさい。なお，英文は二度読まれます。

28 Why did Mr. Iwazaki decide to make food samples?
１．Because real food got dirty.
２．Because real food got cold soon.
３．Because real food cost a lot to make.
４．Because real food needed a lot of time to make.

29 Why are food samples important for some foreign visitors?
１．Because they can take pictures of them.
２．Because they want to know a lot about Japan.
３．Because they don't know which menu is healthy.
４．Because they sometimes have difficulty reading menus in Japanese.

30 Why are food samples perfect for Japanese people?
１．Because they like beautiful and colorful things.
２．Because they are good at making food samples.
３．Because they enjoy the shape and color of food.
４．Because they export food samples to make a lot of money.

31 Which statement is true about the passage?
１．Food samples today are not made of wax.
２．Mr. Iwazaki first saw food samples in Osaka.
３．Mr. Iwazaki tried to make tiny flowers with wax.
４．The first food sample was made by Mr. Iwazaki's wife.

※リスニングテストの放送台本は非公表です。

一線を画した貫禄がある。

2．非凡な才能を持つ者は、相手の所作から同様の雰囲気を感じ取るため侮らずに行動する。

3．世に名を馳《は》せる武士は、凡庸な者のふりをして争いを避け、相手を傷つけないようにする。

4．身なりや年齢といった表面上の要素だけで相手を見下す者は、すぐれた武士とは言えない。

5．武術をきわめた非凡な勇将は、馬の立て方だけで相手を怖気《おじけ》づかせることができる。

4．凡人が話しかけてはいけない
5．尋問して馬から下ろすべきだ

b　さればこそ ㉘
1．なんと気づかなかった
2．偶然の出会いだ
3．さっぱりわからなかった
4．やはりそうだったのだ
5．やっと思い出した

c　郎等をいさめて、無為なりけり ㉙
1．従者に争いごとを任せて、自分は何もせずに漫然と過ごした
2．自分の従者をよく制したことによって、何事もなく無事でいられた
3．従者と共に幽霊を退治したところ、それからは何も起こらなかった
4．従者に助言するだけで自分は何もしなかったが、自然に有名になった
5．従者をしかりつけたことによって、二人とも死なずに済んだ

問二　傍線部①について、致経の発言の内容として最も適当なものを、次の中から一つ選びなさい。㉚
1．自分の父は田舎者であるので、きっと事情をわきまえずに無作法なふるまいをしたことだろう。
2．愚か者で頑固な自分の父は、人を敬う心が欠けているので、わざと馬から降りなかったようだ。
3．保昌のほうが身分が上であることを知らず、自分の父が馬から降りないという無礼を働いたようだ。
4．自分の父は田舎出身であるので、よく知らないまま礼儀を欠いたふるまいをしても恥じることはない。
5．愚かな父が先ほどの自分の態度について反省しているので、息子である私が代わりに謝りに来た。

問三　傍線部②について、その説明として最も適当なものを、次の中から一つ選びなさい。㉛
1．虎のように激しく戦えば死んでしまうので、人である以上抗争は極力避けたほうがいいということ。
2．武士が獰猛《どうもう》で残酷な虎のように戦えば、従者を含めてどちらの軍でも多くの死者が出るということ。
3．虎のように勇猛な武士同士が戦うと、痛手を負うどころか互いに死なないでは済まないということ。
4．強豪同士の戦いでは双方が共に死ぬことはあまりないが、必ず一方は倒れることになるということ。
5．虎のように死ぬまで戦うのではなく、引き際をわきまえるのが人間同士の戦い方であるということ。

問四　傍線部③とは誰のことか。最も適当なものを、次の中から一つ選びなさい。㉜
1．保昌　2．国司の郎等　3．致経
4．致頼　5．頼信　6．維衡

問五　本文の主旨に合致しているものとして最も適当なものを、次の中から一つ選びなさい。㉝
1．経験を積んだ武士は、馬の立て方一つをとっても他の者とは

４．世俗的な存在として人々の身近にいた

５．近代化に伴ってその役目を変えてきた

問七　傍線部③がもたらしたことの説明として最も適当なものを、次の中から一つ選びなさい。⑮

１．都市の中心から神仏や死者のための施設がなくなったことで、日常生活の中でカミの存在を意識する機会がなくなり、トラブルの際にも宗教に頼らない人間が増えた。

２．現実社会がカミによる支配を離れ、人間中心の統治へと移行した結果、特権をめぐって住民同士が直接衝突する事態が頻発し、身分や貧富の差が生じるようになった。

３．現実社会と死後の世界が切り離され、人権の観念が人々の間で共有された一方、共同体や国家間の秩序維持のあり方が崩れ、他者への敵がい心を高める事態が増えた。

４．宗教的儀礼の重要性が薄れ、人々の神仏への信仰心が弱まった結果、個人が他者への関心を持たなくなり、住民同士が協力して共同体を維持することが困難になった。

５．非科学的なカミの支配が否定され、ヒューマニズムに基づく人権意識が浸透した一方で、無人島の領有権争いなど人類の手では解決できない問題が多発するようになった。

二　※問題に使用された作品の著作権者が二次使用の許可を出していないため、問題を掲載しておりません。

（原田マハ　『生きるぼくら』）

三　次の文章を読んで、後の問いに答えなさい。

丹後守保昌《たんごのかみやすまさ》、任国に下向の時、与謝の山にて、白髪の武士一騎あひたりけり。木の下に少しうち入りて、笠をかたぶけて立ちたりけるを、国司の郎等いはく、「この老翁、なんぞ馬より下りざるや。奇怪なり。とがめ下ろすべし」といふ。ここに国司のいはく、「一人当千の馬の立てやうなり。ただものにあらず。a あるべからず」と制止して、うち過ぐるあひだ、三町ばかりさがりて、大矢《おほや》右衛門尉《うゑもんのじよう》致経《むねつね》、あまたの従類を具してあひたり。弓取り直して、国司に会釈のあひだ、①致経いはく、「ここに老翁や一人、あひ奉りて候ひつらむ。あれは愚父平五大夫《へいごだいふ》にて候ふ。堅固の田舎人にて、子細を知らず。さだめて無礼をあらはし候ふらむ」といひけり。致経過ぎてのち、国司、b「さればこそ。致頼《むねより》にてありけり」といひけり。

この党は、頼信《よりのぶ》、保昌、維衡《これひら》、致頼とて、世に勝《すぐ》れたる四人の武士なり。②両虎たたかふ時は、ともに死せずといふことなし。保昌、③かれが振舞《ふるまひ》を見知りて、さらに侮らず。c 郎等をいさめて、無為なりけり。いみじき高名なり。

（『十訓抄』）

問一　傍線部ａからｃの解釈として最も適当なものを、次の中からそれぞれ一つずつ選びなさい。

ａ　あるべからず　㉗

１．自ら下馬するのを待つべきだ

２．この世に存在してはならない

３．厳しく責め立ててはいけない

問二　空欄[A]から[D]に入る語として最も適当なものを、次の中からそれぞれ一つずつ選びなさい。ただし、同じものを二回以上用いてはいけません。（[6]～[9]）

1．そのため　2．かつて
3．しかし　4．あるいは

問三　次の一文を入れるのに最も適当な箇所を、本文中の（1）から（5）の中から一つ選びなさい。（[10]）

人が住まない場所はカミの支配する領域だったのである。

問四　傍線部①について、その説明として最も適当なものを、次の中から一つ選びなさい。（[11]）

1．目に見えない死者や神仏を超越的存在として崇《あが》め、都市の一等地に祀《まつ》ることで市民の信仰心や畏敬の念を強くかき立てていたということ。
2．生活圏の中心に教会や寺社、墓地をつくることで死者や神仏との距離を縮め、共同体を運営する上で生じる責任や役割を共有していたということ。
3．実在する生物よりも目に見えない死者や神仏への親近感を強め、法会や祭礼を通じて生の声に耳を傾けながら生活を営んでいたということ。
4．人間が死者や神仏など不可視の存在を仲間として尊重し、現実社会を成り立たせるのに欠かせない重要な存在として捉えていたということ。
5．死者や神仏だけでなく、動植物にも人間を超える優れた能力があるという認識を、同じ集団で生活する住民たちが分かち合っていたということ。

問五　傍線部②について、「カミ」・「神」が前近代の人間社会において果たしていた機能や役割に関する説明として適当でないものを、次の中から二つ選びなさい。（[12]・[13]）

1．海峡に浮かぶ島に祀られ、人知を超える力で航海者の安全を守ることによって不可侵の存在となり、島の領有をめぐる国家間の衝突を未然に防いだ。
2．社会生活上のトラブルで共同体間の対立が極限まで悪化した際、人々が神判という儀式を通じて神の意思を確認し、それに双方が従うことで紛争を解決した。
3．定期的な祭礼を通じて人々がカミの存在を意識し、仲間と協力して準備作業に当たることで、集団の帰属意識が高まり、人間関係の結びつきが強まった。
4．個人や集団が自らの正当性を訴える宣誓の監視者として神仏が起請文に勧請され、対立の裁定を担うことで、人間の処罰に際して生じる負の感情を和らげた。
5．深山など未開の土地への人間の立ち入りを制限し、鳥獣の乱獲を厳しく処罰することにより、個人や集団同士が獲物をめぐって争う事態を回避した。

問六　空欄[X]に入る内容として最も適当なものを、次の中から一つ選びなさい。（[14]）

1．人知を超えた力で人々の命を守っていた
2．緩衝材としての役割を果たしてきた
3．集団間の対立を巧みに仲裁していた

間の隙間を埋めていた緩衝材が失われていくことを意味した。体に棘《とげ》をはやした人間が狭い箱に隙間なく詰め込まれ、少しの身動きがすぐさま他者を傷つけるような時代が幕を開けた。

　明治期の北海道に典型的なように、カミが支配した山や大海や荒野は「無主」の地とよばれ、人間の支配の手が伸び、分割され目にみえない境界線が引かれた。（５）荒涼たる砂漠や狭小な無人島の帰属をめぐって、会ったこともない「国民」間で負の感情が沸騰するような現象が日常化するのである。

（佐藤弘夫『日本人と神』一部省略）

（注）

＊　カミ……筆者は「聖なるもの」を意味する「カミ」と、日本の「神」とを区別して表記している。

＊　勧請……神仏のおいでを願うこと。

＊　贅言……むだな言葉。

問一　傍線部ａからｅと同じ漢字を使うものを、次の中からそれぞれ一つずつ選びなさい。

ａ　「ヘイセツ」［1］

1．二つの乾電池をヘイレツでつなぐ。
2．ヘイメン上に二本の直線を引く。
3．有力な企業同士がガッペイする。
4．あまりの事態にヘイコウする。
5．彼のオウヘイな態度に腹を立てる。

ｂ　「トげる」［2］

1．この砥石《といし》は包丁がよくトげる。
2．ついに富士山をノボり切った。
3．試合に負けてトホウに暮れる。
4．トタンの苦しみをなめる。
5．極秘の作戦をスイコウする。

ｃ　「ジュンカン」［3］

1．教育のイッカンで実施する。
2．優勝旗がヘンカンされる。
3．子供の授業サンカンに行く。
4．様々な事情をカンアンする。
5．本番でアッカンの演技をみせる。

ｄ　「ヘダてた」［4］

1．カクシキの高さに戸惑う。
2．二つのデータをヒカクする。
3．制度カイカクに着手する。
4．機械をエンカクで操作する。
5．カクイツ的な教育を改める。

ｅ　「ハイジョ」［5］

1．高齢者の食事のカイジョをする。
2．規約違反の会員をジョメイする。
3．長編小説のジョショウを読む。
4．ありのままにジョジュツする。
5．通学路はジョコウして運転する。

だれかを裁かなければならなくなったとき、人々はその役割を超越的存在に委ねることによって、人が人を処罰することに伴う罪悪感と、罰した側の人間に向けられる怨念のｃジュンカンを断ち切ろうとした。カミによって立ち上げられた公共の空間は、羊水のように集団に帰属する人々を穏やかに包み込み、人間同士が直《じか》にぶつかりあうことを防ぐ緩衝材の役割を果たしていたのである。（２）

カミが緩衝材の機能を果たしていたのは、人と人の間だけではなかった。集団同士の対立が極限までエスカレートすると、人はその仲裁をカミに委ねた。前近代の日本列島では、村の境界や日照りの際の川からの取水方法をめぐって共同体間でしばしば紛争が生じ、死傷者が出ることも珍しいことではなかった。その対立が抜き差しならないレベルにまで昂《たか》まったときに行われたものが、神判とよばれる神意を問う行為である。

神判の代表的なものに、盟神探湯《くかたち》がある。これは熱湯のなかに手を入れてなかの小石などを拾わせるものであり、対立する双方の共同体から代表者を選出し、負傷の程度の軽い方を勝ちとした。両者に焼けた鉄片を握らせる鉄火という方法もあった。勝利した側に神の意思があるとされ、敗者側もその裁定に異議を差し挟むことは許されなかった。神の実在に対するリアリティの共有が、こうした形式による紛争処理を可能にしたのである。

前近代の日本列島では、深山や未開の野には神が棲《す》むと考えられていた。そのため、そこに立ち入ったり狩りを行ったりするときには土地の神に許可をえる必要があった。かつて猟師の世界では、狩りのために山に立ち入るにあたって数々の儀礼を行うことが不可欠とされてきた。また山中でも、言動をめぐって多くのタブーが存在した。（３）

その背景には、人の住まない山は神の支配する領域であり、狩りという行為は神の分身、［Ａ］神の支配下にある動物を分けていただく儀式という認識があった。［Ｂ］、狩りの対象は必要最小限に留め、獲物のいかなる部位も決して無駄にしないように努めなければならなかった。それが乱獲を防ぎ、獲物をめぐる集団同士の衝突を防止する役割を担ったのである。

カミは海峡をｄヘダてた国家の間においても、［　Ｘ　］。朝鮮半島との間に浮かぶ沖ノ島には、四世紀以来の長期にわたる祭祀《さいし》の跡が残されている。日本から朝鮮半島と大陸に渡ろうとする航海者たちは、この島に降り立って、その先の海路の無事を神に祈った。

島も大海原も、その本源的な支配者はカミであると信じられていた。［Ｃ］辺境の無人島はその領有を争う場所ではなく、身と心を清めて航海の無事を静かにカミに祈る場所だった。島だけではない。王の支配する国家の間に広がる無人地帯も、その本源的所有者はカミだった。（４）

だが、近代に向けて③世俗化の進行とカミの世界の縮小は、そうしたカミと人との関係の継続を許さなかった。人の世界からは神仏だけでなく、死者も動物も植物もｅハイジョされ、特権的存在としての人間同士が直に対峙《たいじ》する社会が出現した。人間中心主義としてのヒューマニズムを土台とする、近代社会の誕生である。

近代思想としてのヒューマニズムが、人権の拡大と定着にどれほど大きな役割を果たしたかについては＊贅言《ぜいげん》する必要もない。［Ｄ］、近代化は他方で、わたしたちが生きる世界から、人物間、集団間、国家

【国　語】〈五〇分〉〈満点：一〇〇点〉

一　次の文章を読んで、後の問いに答えなさい。

　かつて人々は死者を大切な仲間として扱い、対話と交流を欠かさなかった。死者だけではない。神や仏など目に見えぬもの、人を超えた存在と空間・時間を分かち合い、そのために都市と社会のもっとも重要な領域を提供した。

　わたしは今世紀に入ったころから、各地の史跡をめぐり歩くようになった。よく行くのは古都や神社仏閣である。国内だけでなく、ヨーロッパの中世都市やインドの寺院、インドネシアのボロブドゥール、カンボジアのアンコール・ワットなどアジアの遺跡もたびたび訪れた。

　わたしたちは都市というと、人間が集住する場所というイメージをもっている。（1）しかし、実際に古今東西の史跡に足を運んでみると、街の中心を占めているのは神仏や死者のための施設である。

　中世ヨーロッパでは、都市は教会を中心に建設され、教会には墓地がaヘイセツされていた。日本でも縄文時代には、死者は集落中央の広場に埋葬された。有史時代に入っても、寺社が都市の公共空間の枢要に位置する時代が長く続いた。そうした過去の風景を歩いていると、現代が、日常の生活空間から人間以外の存在を放逐してしまった時代であることを、改めて実感させられる。

　前近代の日本列島では、①人々は目に見えない存在、自身とは異質な他者に対する生々しい実在感を共有していた。神・仏・死者だけではない。動物や植物までもが、言葉と意思の通じ合う一つの世界を構成していた。超越的存在と人間の距離は時代と地域によって異なったが、人々はそれらの超越的存在＝カミ*のまなざしを感じ、その声に耳を傾けながら日々の生活を営んでいた。

　カミは単に人とこの空間を分かち合っていただけではない。②社会のシステムが円滑に機能する上で不可欠の役割を担っていた。定期的に開催される法会や祭礼は、参加者の人間関係と社会的役割を再確認し、構成員のつながりを強化する機能を果たした。祭りという大きな目的に向けての長い準備期間のなかで、人々は同じ集団に帰属していることが決して偶然ではないことを自覚し、自分たちをここに居合わせるようにしむけたカミのために、一致協力して仕事を成しbトげる重要性を再確認していくのである。

　自分たちの周囲を振り返ってみればわかるように、人間が作る集団はそれがいかに小さなものであっても、その内部に感情的な軋轢《あつれき》や利害の対立を発生させることを宿命としている。共同体の人々は、宗教儀礼を通じてカミという他者へのまなざしを共有することによって、構成員同士が直接向き合うことから生じるストレスと緊張感を緩和しようとした。

　中世に広く行われた起請文には、集団の秩序維持に果たした神仏の役割が端的に示されている。起請文とは、ある人物ないしは集団がみずからの宣誓の真実性を証明するために、それを神仏に誓った文書であり、身分階層を問わず膨大な数が作成された。起請文の末尾には監視者として神仏が*勧請《かんじょう》され、起請破りの際にはそれらの罰が身に降りかかる旨が明記された。双方の言い分が対立したとき、起請文を作成した上で二人を堂社に籠もらせ、先に体に異変が起こった方を負けとする方法もしばしば取られた。

2022年度

栄東高等学校入試問題（第2回）

【数　学】（50分）〈満点：100点〉

【注意】

1　問題の文中の $\boxed{\text{ア}}$，$\boxed{\text{イウ}}$ などには，特に指示がないかぎり，符号（－，±）又は数字（0～9）が1つずつ入る。それらを解答用紙のア，イ，ウ，…で示された解答欄にマークして答えること。

例　$\boxed{\text{アイウ}}$ に－83と答えたいとき

ア	⊖	⊕	⓪	①	②	③	④	⑤	⑥	⑦	⑧	⑨
イ	⊖	⊕	⓪	①	②	③	④	⑤	⑥	⑦	⑧	⑨
ウ	⊖	⊕	⓪	①	②	③	④	⑤	⑥	⑦	⑧	⑨

なお，同一の問題文に $\boxed{\text{ア}}$，$\boxed{\text{イウ}}$ などが2度以上現れる場合，原則として，2度目以降は $\boxed{\text{ア}}$，$\boxed{\text{イウ}}$ のように細字で表記する。

2　分数形で解答する場合，分数の符号は分子につけ，分母につけてはいけない。

例えば，$\dfrac{\boxed{\text{エオ}}}{\boxed{\text{カ}}}$ に $-\dfrac{4}{5}$ と答えたいときは，$\dfrac{-4}{5}$ とすること。

また，それ以上約分できない形で答えること。

例えば，$\dfrac{3}{4}$ と答えるところを，$\dfrac{6}{8}$ のように答えてはいけない。

3　根号を含む形で解答する場合，根号の中に現れる自然数は最小となる形で答えること。

例えば，$\boxed{\text{キ}}\sqrt{\boxed{\text{ク}}}$ に $4\sqrt{2}$ と答えるところを，$2\sqrt{8}$ のように答えてはいけない。

4　根号を含む分数形で解答する場合，例えば $\dfrac{\boxed{\text{ケ}}+\boxed{\text{コ}}\sqrt{\boxed{\text{サ}}}}{\boxed{\text{シ}}}$ に $\dfrac{3+2\sqrt{2}}{2}$ と答えるところを，$\dfrac{6+4\sqrt{2}}{4}$ や $\dfrac{6+2\sqrt{8}}{4}$ のように答えてはいけない。

1　次の各問いに答えよ。

(1)　$\dfrac{2022^2-2021^2}{156^2-155^2}=\boxed{\text{アイ}}$

(2)　$a-b=4$，$a^2-b^2=128$ のとき，$a=\boxed{\text{ウエ}}$，$b=\boxed{\text{オカ}}$ である。

(3)　ある店で買い物をしたら，消費税込みの合計金額が16,320円であった。レシートを見ると，税抜き合計金額の4割には10%，6割には8%の消費税がかかっていた。税抜き合計金額は $\boxed{\text{キクケコサ}}$ 円である。

(4)　次ページの図は，ある中学校の3クラスA，B，Cの身長測定のデータを箱ひげ図で表したものである。3クラスとも在籍は30人である。160 cm以上の人数が最も多いクラスの第1四分位数は $\boxed{\text{シスセ}}$ である。

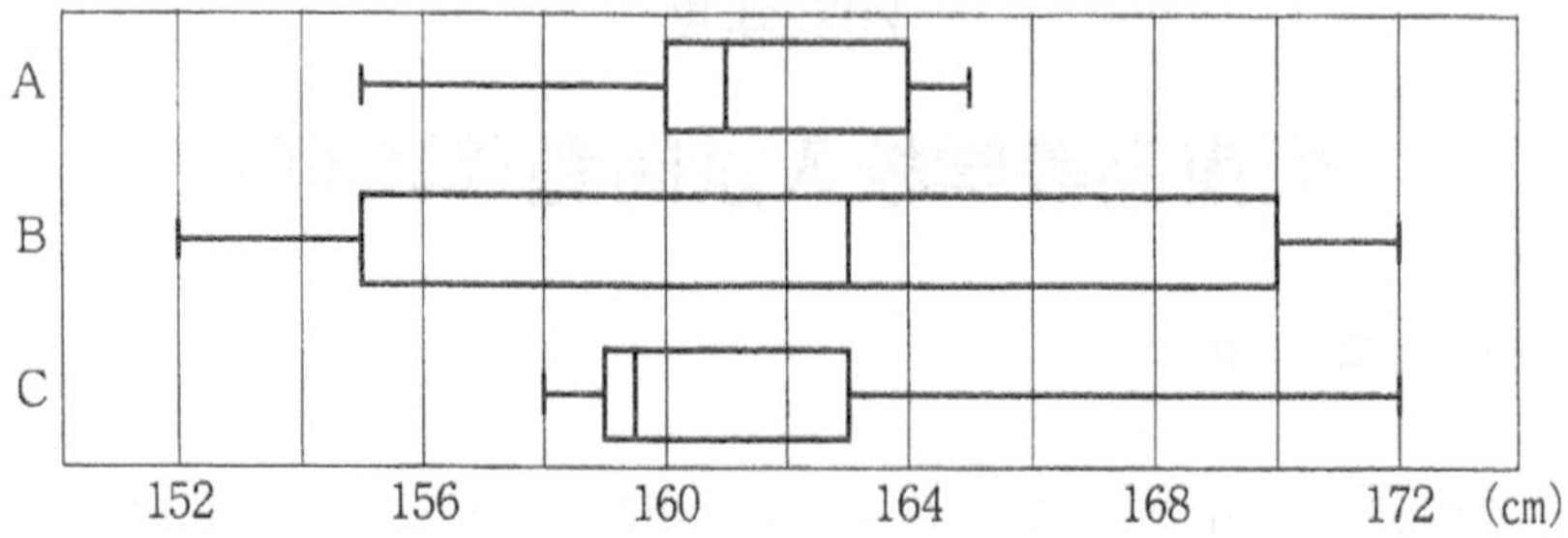

2　図のように，さいころが1の面を上面にして置かれている。このさいころを以下のルールにしたがって置き直す。

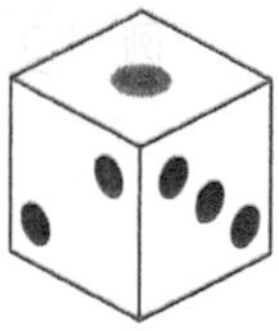

<ルール>

4つの側面から1つの面を選び，その面が上面になるようにさいころを置き直す。このとき，どの側面が選ばれる確率も同様に確からしい。

(1)　さいころを2回置き直したとき，上面が1の目である確率は $\dfrac{\boxed{\text{ア}}}{\boxed{\text{イ}}}$ である。

(2)　さいころを3回置き直したとき，上面が1の目である確率は $\dfrac{\boxed{\text{ウ}}}{\boxed{\text{エ}}}$ である。

(3)　さいころを4回置き直したとき，上面が1の目である確率は $\dfrac{\boxed{\text{オ}}}{\boxed{\text{カキ}}}$ である。

3　図のように，点Oを中心とする2つの円があり，大きい円の半径は5，小さい円の半径は3である。大きい円の直径ABに対して，点Aを通る弦ACが小さい円とDで接している。

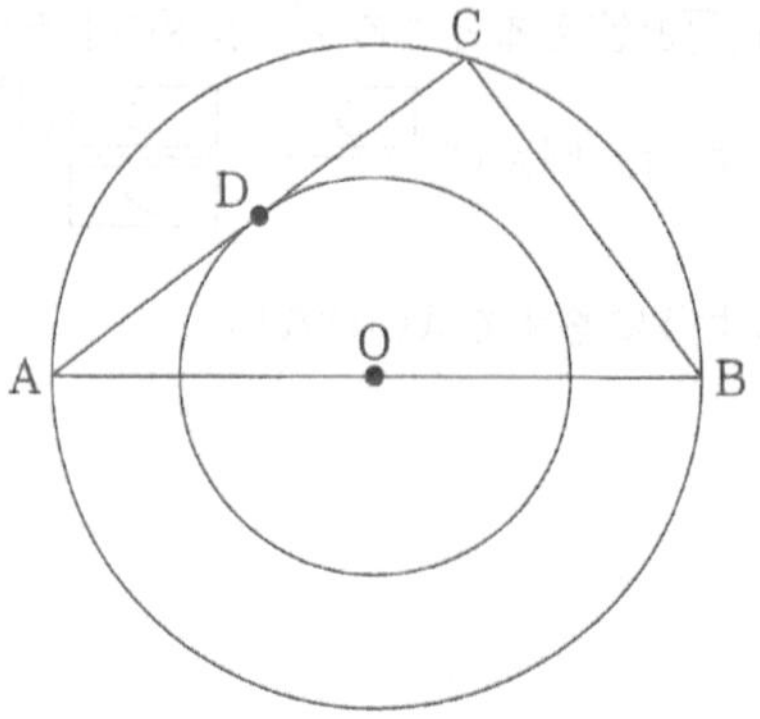

(1)　BC＝$\boxed{\text{ア}}$ である。

線分BDとOCの交点をEとする。

(2)　OE＝$\dfrac{\boxed{\text{イ}}}{\boxed{\text{ウ}}}$ である。

(3)　△ODEの面積は $\boxed{\text{エ}}$ である。

4　図のように，放物線$y=x^2$上に2点A，Bがあり，x座標はそれぞれ-3，2である。

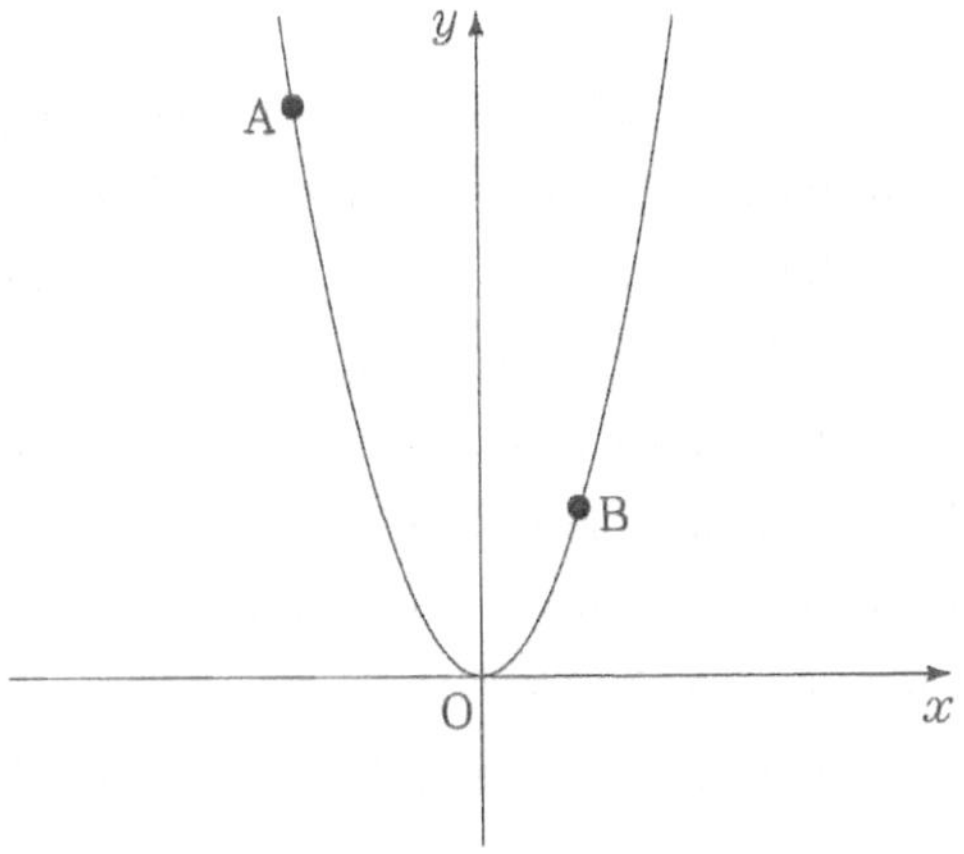

(1)　△OABの面積は$\boxed{アイ}$である。

(2)　放物線上に点Bと異なる点Cを，△OABの面積＝△OACの面積となるようにとる。点Cの座標は（$\boxed{ウエ}$，$\boxed{オカ}$）である。

(3)　四角形OACBの面積を2等分するy軸と平行な直線と，放物線の交点は

$\left(\dfrac{\boxed{キク}}{\boxed{ケ}},\ \dfrac{\boxed{コ}}{\boxed{サ}}\right)$である。

5　図のように，AB＝1，AD＝1，AE＝2の直方体ABCD－EFGHが球に内接している。（直方体の8つの頂点が球面上にある。）

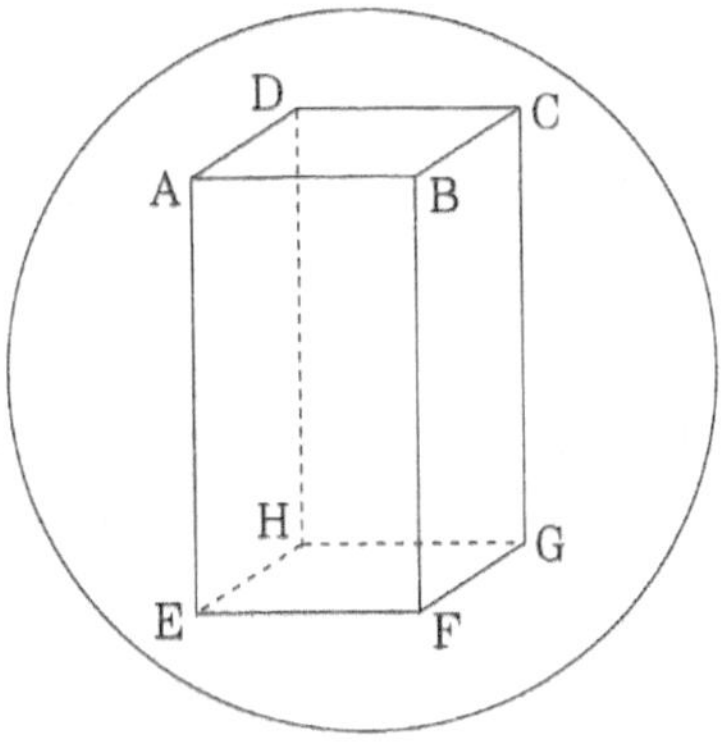

(1)　球の半径は$\dfrac{\sqrt{\boxed{ア}}}{\boxed{イ}}$である。

(2)　3点A，C，Fを通る平面でこの立体を切断したとき，球の切断面の面積は$\dfrac{\boxed{ウエ}}{\boxed{オカ}}\pi$である。

(3)　頂点Bから(2)の切断面に下ろした垂線の足をIとするとき，

$\mathrm{FI}=\dfrac{\boxed{キ}\sqrt{\boxed{ク}}}{\boxed{ケ}}$である。

【英　語】（50分）〈満点：100点〉

1．次の英文を読み，あとの問いに答えなさい。（文中の＊印の語(句)には注があります）

I think that before I came to Japan, the word ‘beverage’ had never once passed my ([1]). I knew the word, of course — ①but I very much doubt that I had ever used it. In Japan, however, people who spoke English seemed to use the word a lot. At first I thought it was simply one of the *oddities of Japanese English — but I was wrong — it was, as American friends were quick to inform me, American English. Since those days I have had several misunderstandings with this word, and all together they make an interesting history.

My first surprise, as I just mentioned, was that people used the word at all — I had always thought of it as overly formal and half-way to being *obsolete. In England the word ‘beverage’ is not used much, even on menus; it is used sometimes in *descriptive writing, sometimes in advertising, and perhaps most frequently in humorous writing, and is used to give a more formal or exotic feeling in contrast to the more ([2]) ‘drink’. Once I got used to the idea that using the word ‘beverage’ was not a joke or a mistake, I was then given ([3]) surprise — I was informed that ‘beverage’ has a more specific meaning than ‘drink’, that it means ‘cold non-alcoholic drinks’. Knowing that ‘beverage’ comes from the Latin *bibere*, meaning ‘to drink’ (hot or cold), I assumed that this must be some sort of ([4]). But it wasn't. I asked American friends (again) and they looked at me like I was some sort of *idiot (again), and said of course it was a word used for cold non-alcoholic drinks, ②and by the way, which *backwoods, out-of-the-way planet did I grow up on? Well, you learn something every day, I suppose, but at least I could insist that in backwoods, out-of-the-way England ‘beverage’, if anyone used the word at all, could mean any kind of drink.

③And there the discussion rested, until recently. Lately, I have noticed a tendency for American speakers on the television to prefer far more formal-sounding word choices than I would expect in Britain. People say ‘return’ instead of ‘go back’, people say ‘seek’ instead of ‘look for’, people use ‘facilitate’ instead of ‘help’, and so on. I even noticed this effect in British friends living in the United States — that they started to make more ([5]) word choices in their everyday speech. Very interesting. I recently ran a check in a computer *corpus of 10 million words of British conversational English — not one single example of ‘beverage’ came up — but when I checked American English — lots of ([6]). And surprisingly, many of the example sentences which came up in the American sample were talking about warm drinks, and even alcoholic drinks. ④Clearly things have never changed.

（注）oddities　奇妙なところ　　obsolete　すたれている　　descriptive　記述的な　　idiot　愚か者
backwoods, out-of-the-way　進歩の遅れた，へんぴな　　corpus　文例データベース

(1) 英文の空所([1])～([6])に入れるのに最も適切なものを1～0の中から1つずつ選びなさい。ただし，同一のものを2回以上用いてはいけません。

1．words	2．hits	3．important	4．lips	5．formal
6．mistake	7．unique	8．common	9．another	0．idea

(2) 英文の下線部①～④の中で，文法上あるいは文脈上，誤りのある英文が1つあります。その番号を答えなさい。解答は[7]にマークしなさい。

2．次の英文を読み，あとの問いに答えなさい。

Fast-food restaurants are everywhere. They're by freeways, in small towns, and big cities. They are called "chain restaurants." They are part of a group of restaurants owned by big companies. The hamburgers you can buy in Tokyo〔1．can buy　2．as　3．the　4．same　5．the ones　6．taste　7．you〕from the same company in San Francisco. People come back again and again to eat their favorite food. Some fast-food restaurants serve only Mexican food (tacos), Asian food (sushi), and Italian food (pizzas). ([8])

Fast food is made for people in a hurry. Many people don't have time to go into a restaurant and sit down, order food, and wait for it to be cooked. ([9]) Students studying for exams, friends having pizza parties, and truck drivers all stop at fast-food restaurants.

And fast-food restaurants aren't expensive. People can save money. They are popular for everyone, from the very rich to the very poor. People grow up eating fast food. ([10]) They go to their favorite fast-food restaurant because they know that if they order the burger, it will be as delicious as they remembered it in fourth grade.

([11]) Busy people enjoy traditional dishes sold from small carts and tables set up on sidewalks all over the world. You can have noodles in Asia. Try falafel in the Middle East. Or enjoy a hot dog from one of New York's famous hot-dog stands.

Fast-food restaurants make almost $570 billion a year. The first fast-food restaurant sold fish and chips in London in 1860. After Americans built highways across their country, people began driving everywhere. "Drive-in" restaurants became popular. People parked their cars. ([12])

Why do people keep coming back to their favorite fast-food chain restaurants? Well, fast food is cheap, delicious, and easy. ([13]) And they know that their favorite food will always taste the same — in London and Yokohama.

(1) 英文の空所([8])～([13])に入れるのに最も適切なものを1～6の中から1つずつ選びなさい。ただし，同一のものを2回以上用いてはいけません。

1．Moms get fast food for their families after working late.
2．Then waitresses on roller skates came to the cars and took food orders.
3．And not all fast-food restaurants are modern.
4．Others specialize in fish and chips, donuts, bagels, fried chicken, or ice cream.
5．It's perfect for people in a hurry without a lot of money.
6．Even rich people still love the taste of a fast-food sandwich they enjoyed in elementary school.

(2) 英文の〔　〕内の語(句)を並べかえ，英文を完成させなさい。解答は[14]と[15]に入れるものをそれぞれ答えなさい。

The hamburgers you can buy in Tokyo ＿＿ ＿＿ [14] ＿＿ ＿＿ [15] ＿＿ from the same company in San Francisco.

3．次の英文を読み，あとの問いに答えなさい。（文中の＊印の語(句)には注があります）

Ada was the daughter of celebrities — famous from the day she was born. Her father was the *legendary poet, Lord George Gordon Byron, and her mother was Lady Anne Isabella "Annabella" Milbanke, a woman who (A)adored math.

Annabella was worried that her daughter would grow up to be foolish and *unpredictable like her famous father — with good reason. Lord Byron's world was filled with chaos. He liked to gamble and he had many *love affairs. Unable to live with Byron any longer, Annabella took baby Ada and went to live with her parents.

(B)Annabella did not want Ada's imagination to run free, and she wanted to make sure that Ada shared her love of math. Annabella told the people who looked after Ada to only speak the truth to her. She tried so hard to keep Ada from thinking about fantastical, *nonsensical things, but being curious, Ada wondered about them anyway.

・・・

Byron might have been unpredictable, but he had other qualities that made him an exceptional poet. Like her father, Ada was inventive and always *observing. These *traits would help her to achieve great things when she grew up. As a young girl, Ada watched birds to figure out how they were able to fly. She wondered about the clouds in the sky, and was *intensely interested in everything she saw and everywhere she went.

(C)No matter how hard Annabella tried, she couldn't squash Ada's curiosity. Ada showed a strong desire to understand how things work. She was especially curious about rainbows, as she wanted to discover the science behind them, not just admire their beauty. Ada spent a lot of time studying rainbows, and noticed that if you look at the sky after it rains you might see one. Sometimes, Ada looked closer and saw a second rainbow. To find out why this happened, she wrote to her tutor, William Frend.

Ada wanted to know why all the rainbows she had seen were curve-shaped, why they seemed to form part of a circle, and how second rainbows are made. She *instinctively knew how the colors of a rainbow are separated, but could not grasp why the colors appear differently when there are two rainbows in the sky.

William had also tutored Ada's mother, Annabella. He was a traditional academic who taught his students "*certainty, not uncertainty," only wanting to focus on scientific fact.

William only wanted to teach Ada about things that were certain, so he agreed to answer her questions about rainbows.

It's likely that he would have explained that the second rainbow is caused by a double reflection of sunlight inside raindrops — rather than the single reflection of sunlight inside raindrops that makes a single rainbow.

The angle of light from the double reflection means that the second rainbow looks like it's upside down. The colors go from violet on the outside to red on the inside, the opposite of a normal rainbow!

William's explanation should have satisfied Ada's curiosity about rainbows, but she always had more questions about other topics. Whether she asked her tutors these questions, or later found her answers in books, Ada never stopped wanting to know more about how things worked.

Ada lived during a time when scientific study was not *encouraged in girls. However, she did not let (D) <u>that</u>, or her mother's attempts to discourage her, stop her search for answers. Ada's thoughts had no bounds — she was always *determined to learn as much as she could.

We know that Ada's curiosity and endless questions led her to imagine one of the most important inventions of our world — the programmable computer.

（注） legendary　伝説的な　　unpredictable　きまぐれな　　love affairs　色恋沙汰
nonsensical　ばかげた　　observing　洞察力の鋭い　　trait　特徴
intensely　強烈に　　instinctively　直感的に　　certainty　確実なこと
encourage　～を奨励する　　determined　確たる意志を持った

(1) What does the underlined word (A) mean? [16]

1. hated　　2. loved　　3. understood　　4. was not good at

(2) What is the reason for the underlined part (B)? Fill in the blank of the following sentence. [17]

Annabella was afraid that her daughter Ada (　　　).

1. would not succeed as an athlete
2. would be a better mathematician than she was
3. would not think what her mother said was true
4. would be an unpredictable person like her husband

(3) What does the underlined part (C) mean? [18]

1. Annabella tried to get Ada to study mathematics hard, but Ada didn't become interested in it.
2. Annabella tried teaching Ada about rainbows, but it was difficult for Ada to understand what Annabella said.
3. Though Annabella tried to discover the science behind beautiful rainbows, she couldn't find any answers.
4. Though Annabella tried to stop Ada from being interested in anything, it was too difficult for Annabella to do that.

(4) According to the passage, how can the two types of rainbows be seen? [19]

	1.	2.	3.	4.
second rainbow	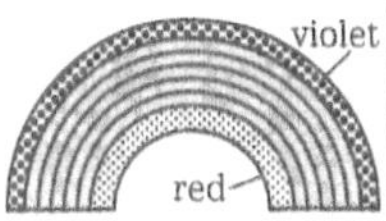	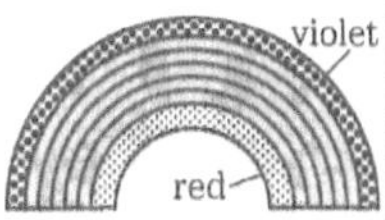	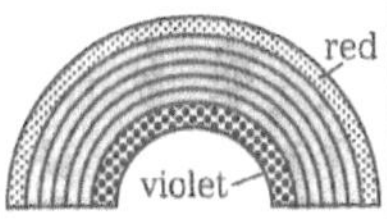	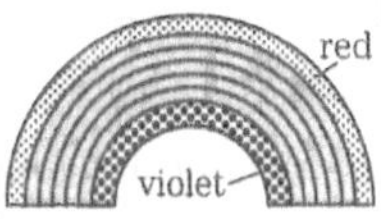
normal rainbow	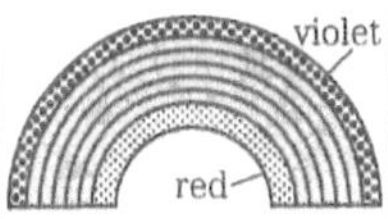	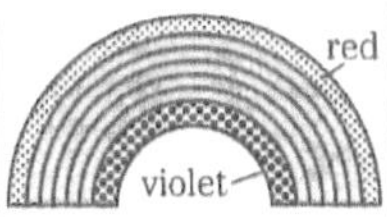	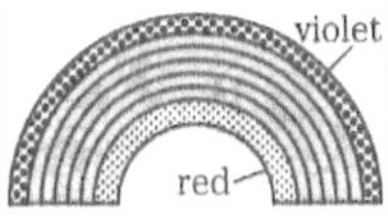	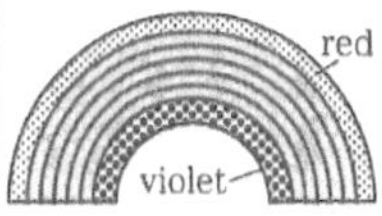

(5) What does the underlined part (D) refer to? [20]

1. the fact that it was a time when scientific study was not encouraged in girls
2. some books in which she found answers to her questions
3. Ada's curiosity and endless questions about different topics
4. William's explanation about how the colors of a rainbow are separated

(6) Which of the following statements is true? [21]

1. Ada's father was not only a great poet but also a successful mathematician.
2. Every time William was asked a question by Ada, he found the answer in books.
3. Ada was able to imagine the programmable computer because she had curiosity and strong desire to understand how things worked.
4. William taught both Ada and her mother why rainbows were curve-shaped.

リスニング問題

4．これから二人の対話を聞き，質問に対する答えとして最も適切なものを1つ選びなさい。なお，対話と質問は二度読まれます。

[22]
1. He lost his bag.
2. His bag was fixed.
3. He called the police.
4. He bought a new bag.

[23]
1. He is late for the test.
2. He has a bad stomachache.
3. He doesn't remember the test day.
4. He has entered a wrong classroom.

[24]
1. Her will is important.
2. She should support her parents.
3. It is difficult for her to live alone.
4. She must decide what to study now.

5．これから短い英文を聞き，質問に対する答えとして最も適切なものを1つ選びなさい。なお，英文と質問は一度だけ読まれます。

[25]
1. The World Cup.
2. The Olympic Games.
3. Major League Baseball.
4. Inter-High School Championships.

[26]
1. At 3:30.
2. At 3:35.
3. At 4:05.
4. At 4:10.

27 1．Children should study before they sleep.
2．Children should study after they wake up.
3．Children should not watch TV in the morning.
4．Children should not use smartphones before studying.

6．これから少し長めの英文を聞き，質問に対する答えとして最も適切なものを１つ選びなさい。なお，英文は二度読まれます。

28 What is Atlantis?
1．A city which was built under the sea.
2．A city which people today have never seen.
3．A city which many famous scientists were born in.
4．A city which was attacked two thousand years ago.

29 According to the passage, what can we do today thanks to modern technology?
1．Find an unexplored land.
2．Live on the bottom of the sea.
3．Travel around the world by ship.
4．See the inside of a ship that disappeared under the sea.

30 What was found underwater close to the shore in Italy?
1．Lost towns.
2．A famous ship.
3．New types of animals.
4．Bones of ancient people.

31 Why did the author mention the *Titanic* in the passage?
1．To tell the secret about the ocean.
2．To explain why the disaster happened.
3．To show what modern science cannot do.
4．To say that a lost city could be found in the future.

※リスニングテストの放送台本は非公表です。

c　ことなかりけり　㉘

1．人を助けることはなかった
2．他人の罪を被ることはなかった
3．離れることがなかった
4．神仏のご加護に事欠かなかった
5．平穏無事に過ごした

問二　傍線部①について、仏師は何をするために上ったのか。最も適当なものを、次の中から一つ選びなさい。㉙

1．噂通り九重の塔の金物の部分が牛の皮で作られていたならば、金物に交換する必要があるため。
2．九重の塔の金物の部分が牛の皮で作られているという、世間の噂が事実であるかどうかを確かめるため。
3．自らの忠誠心を帝に見せることによって、今後も長きにわたって帝に仕えられるようにするため。
4．高いところが苦手なふりをして噂の真偽を確かめずにすませることで、定綱に恩を売るため。
5．定綱の名誉のために、九重の塔の金物の部分が牛の皮で作られているという噂は嘘《うそ》であると確認するため。

問三　傍線部②について、このようになった理由として最も適当なものを、次の中から一つ選びなさい。㉚

1．白河院は、九重の塔の途中で引き返してきたことを謝りもせずただ泣き続ける仏師を見てかわいそうだと思ったから。
2．白河院は、主人である定綱が処罰されないために必死に臆病者を演じている仏師の機転を素晴らしいと思ったから。
3．白河院は、仏師が怖がるほどの高さの塔ならば牛の皮であっても誰も確認する人はいないだろうと判断したから。
4．白河院は、今後も帝に仕えたいと訴える仏師を見て危険なところに上る仕事を任せてしまったことを反省したから。
5．白河院は、高所に対する恐ろしさで涙を流し震えながら弁明する仏師の様子を聞いて許してやろうと思ったから。

問四　傍線部③の動作の主体として最も適当なものを、次の中から一つ選びなさい。㉛

1．白河院　　2．定綱　　3．仏師
4．章仲将　　5．顕隆

問五　本文の主旨に合致しているものとして最も適当なものを、次の中から一つ選びなさい。㉜

1．あえて権力者の指示通りに動かないことで、身分に関係なく周囲の注目の的となることができる。
2．本来嘘をつくことは悪行だが、人を助けるためにつく嘘は善行として認められ、周囲に評価される。
3．他人の罪を自ら率先して被るという善行を積めば、その先の自分の待遇が確実に保障される。
4．周囲からの評価を気にせず、機転を利かせて人を助ける思いやりのある人には神仏のご加護がある。
5．どんなに人々から馬鹿にされていても、身分の高い人に認められれば一転して評価が上がる。

のポスターが選ばれていたら、そこから店の売り上げが下がっただろうし、春代は負けてしまったけどそれで良い側面もあったかもね。

生徒Ｅ　熱が冷めた春代が編集者を驚かせるのは、きっと栄一が店を閉めて新たな事業をスタートさせる時だろうな。この店を続けている間も春代は仕事の依頼主が最低限求めるようなレベルの作品は描くはずではあるけどね。

1．生徒Ａ　2．生徒Ｂ　3．生徒Ｃ
4．生徒Ｄ　5．生徒Ｅ

三　次の文章を読んで、後の問いに答えなさい。

白河院の御時、九重の塔の金物を、牛の皮にて作れりといふこと、世に聞こえて、修理したる人、ａ定綱朝臣《さだつなのあそん》、ことにあふべき由《よし》、聞こえたり。仏師なにがしといふもの召して、「たしかに、まこと、そらごとを見て、ありのままに奏せよ」と仰せられければ、承りて、①上りけるを、なからのほどより、帰り下りて、涙を流して、色を失ひて、「身のあればこそ、君にも仕へ奉れ。肝心失せて、黒白見分くべき心地も侍らず」といひもやらず、わななきけり。君、聞こしめして、笑はせ給ひて、②ことなる沙汰なくて、やみにけり。

*かの韋仲将《ゐちゆうじやう》が、凌雲台《りようんだい》に上りけむ心地も、ｂかくやありけむとおぼゆ。

*時人《じじん》、いみじき痴《をこ》のためしにいひけるを、顕隆卿《あきたかきやう》聞きて、「こやつは必ず*冥加《みやうが》あるべきものなり。人の罪蒙《かうむ》るべきことの、罪を知りて、みづから、痴のものとなれる、やんごとなき思ひはかりなり」とぞほめられける。まことに久しく君に③仕へ奉りて、ｃことなかりけり。

（『十訓抄』）

（注）
＊かの韋仲将が、凌雲台《りようんだい》に上りけむ心地……中国の魏の国の韋仲将が、高楼凌雲台の額を書くために七、八十メートルの空中につり上げられたという話。本文の「九重の塔」の高さもほぼ同じ。
＊時人……その当時の人々。
＊冥加……知らず知らずのうちに神仏のご加護を被ること。

問一　傍線部ａからｃの解釈として最も適当なものを、次の中からそれぞれ一つずつ選びなさい。

ａ　定綱朝臣、ことにあふべき由、聞こえたり　26
1．定綱が罰せられるだろうという話が広まった
2．定綱が帝に申し開きをしたことが噂になった
3．定綱がずさんな修理をしたと噂になった
4．定綱が金を牛の皮にすり替えたと話題になった
5．定綱がもう一度修理をするという話になった

ｂ　かくやありけむとおぼゆ　27
1．これ以上に恐ろしかったのだと思われる
2．忘れないように書き留めておいたと思われる
3．これほど怖かったのだろうかと思われる
4．罪なき人を助けるためであったと思われる
5．高い所は危険だと考えていたと思われる

立つ」「鎮まり」「映し出される」といった言葉に置き換えつつ、直喩を用いることでその思考の迷いのなさが強調されている。

問九　次の会話は、二重傍線部に関する教師の発言を聞いた生徒達が意見を述べ合ったものである。本文の内容をふまえて正しく解釈している生徒を、次の中から一つ選びなさい。㉕

教師　二重傍線部では雑誌のカバーイラストを描く将来を想像していますが、この小説の続きを読むと、春代に広告ポスターの依頼という大きな仕事の話が来たようですね。コンペティションだから春代のイラストの採用が決まったわけではありませんが。そして小説の最後のあたりにはこんな文章があります。

> 「出来レースだったみたいですね。大方裏でリベートでもらってるんじゃないかなあ。つまんないポスターが選ばれて、みんな呆《あき》れ返ってますよ。もうこの業界、馬鹿ばっかり」
> 　電話口でディレクターが盛大に愚痴をこぼしていた。
> 「はあ、そうですか」
> 　すれたものの言い方に同調したくないので、曖昧に返事をしてかわした。「何かあったらまたお願いします」と言われたが、あてにするまいと自分に言い聞かせた。
> なんとなく、熱が冷めたのだ。
> 　とがっていたものが、しんなりと折れていく感じがした。ハリネズミが針を寝かせるような。あるいは角のあったチーズが溶けていくような――。気持ち全体が、丸みを帯びている。
> 　不思議なことに、あまりくやしくなかった。あんなに一所懸命に描いたイラストなのに。まあいいか、と鷹揚《おうよう》に構えている。

では、これらも踏まえて、この小説について話し合ってみましょう。

生徒A　出来レースだったってことは、最初から春代は負ける運命にあったんだね。それを分かっていながらも仕事の依頼をしなければいけないディレクターもある意味ではかわいそうだし、一所懸命に描いた見事な作品が採用されないのはさぞかし残念だっただろうな。

生徒B　そう考えると最後の「まあいいか」は春代の最後の抵抗や、強がりなのかもしれないね。「とがっていたもの」が「折れてい」っているんだから、「不思議なことに、あまりくやしくなかった」なんて思ってはいないよ。

生徒C　本当にそうかな。「鷹揚に構えている」って書いてあるんだから、春代は次の作品製作に向けて気持ちを切り替えているんだよ。このディレクターからの仕事には「あてにするまい」ってあるから期待していないかもしれないけどね。

生徒D　ところで、ここで春代がコンペティションで負けたということは、栄一の店の売り上げは上々だと考えられる。春代

1.「最初の客はこのビルのオーナーだった」は五文節十単語から構成されている。
2.「つまり」の品詞は接続詞である。
3.「温厚そうな」の「そうな」は伝聞を表す助動詞の連体形である。
4.「どうやら」の品詞は連体詞である。
5.「気に入られているらしい」の「らしい」は「その服はいかにもかわいらしい」の「らしい」と同じ意味・用法である。

問六　傍線部④について、その理由として最も適当なものを、次の中から一つ選びなさい。(22)

1. 人を選ばずアルバイトを採用するなど経営者としての力に疑問符が付くため、今後の経営が上手くいくか不審がっている春代をよそ目に、栄一は人望だけを武器に営業しているから。
2. 新しく店を開くというある種の賭《か》けに出ているはずなのに、その危機感も覚えずに仕事をする栄一を見ていると、春代の将来までもが暗いような気がしてきたから。
3. 後先考えず始めた店で無計画な人材採用など経営上の問題が見えてきたのに、栄一には危機感が乏しく能天気な様子であることに、先行きへの不安や苛立ちが募ったから。
4. アルバイトの人柄に難がある上、適材適所の人材配置のできない栄一にもより不安感を抱いてしまい、今後は春代が先頭に立って経営を指揮していかねばならないと感じたから。
5. 春代自身忙しい中で店を手伝っているにもかかわらず、無意識とはいえ癇《かん》に障る発言をする上に、勘定の計算さえもできないことで栄一に対して徐々に怒りを覚えはじめたから。

問七　空欄 X に入ることばとして最も適当なものを、次の中から一つ選びなさい。(23)

1. わたしの頭にアイデアがどんどん湧き出てくる
2. 仕事が軌道に乗っている夫を調子付かせない
3. あなたがカン違いしてわたしを見下さない
4. むしろあなたの才能を引き出してくれる
5. 夫が仕事でコケても一人で生きていける

問八　波線部アからオについて、その説明として最も適当なものを、次の中から一つ選びなさい。(24)

1. 波線部アでは、批判をされて少し腹を立てていた春代が、陣中見舞いをもらったことでその批判もすっかり忘れ、今後もこの編集者とともに仕事がしたいと心から思っていることが表現されている。
2. 波線部イでは、過去の作品ファイルを広げて見返してみると、編集者の指摘が的を射ているのではないかと思わざるを得ないが、同時に信じたくもないという心の葛藤が表現されている。
3. 波線部ウでは、必ずしも仕事ができるとは言えない夫ではあるが、他者からの信頼を得ることにおいて非常に優れており、その点では春代が栄一を尊敬してやまないことが表現されている。
4. 波線部エでは、栄一の持つ博愛の精神に対して春代は皮肉を言ってやりたいと思ったが、社長夫人が口出しをしすぎるのは夫の精神衛生上良くないと思い、何とか自制したことが強調されている。
5. 波線部オでは、頭の中にアイデアが消えても浮かぶ様子を、「波

4. Ⅰ 立てる　Ⅱ ひそめた
　Ⅲ 打った　Ⅳ 置けない
5. Ⅰ 売る　Ⅱ 曇らせた
　Ⅲ 組んだ　Ⅳ 置けない
6. Ⅰ 売る　Ⅱ 吊り上げた
　Ⅲ 打った　Ⅳ 利いた

問三　傍線部①について、このような表現をしているのはなぜか。その説明として最も適当なものを、次の中から一つ選びなさい。⑲

1. 今回の作品が非常に優れたものだという認識ではいたが、普段は電話かメールのやりとりしかしない編集者がわざわざ訪問してきたことに疑心暗鬼になっているから。
2. たまには雰囲気の異なる作品を描き上げようと意気込んで創作した結果、案の定編集者の目に留まっていることをほくそ笑んでいるが、それを表情には出せないから。
3. 自分が晩成型のクリエーターだという自覚はあったが、その指摘をしてほしいがために編集者からの賛辞をあえて受け入れず、さらなる言葉を待っていたから。
4. 編集者の発言は大変な褒め言葉であったため、春代は恐れ多いという思いを抱きつつも、今回の作品の出来映えの良さには自分でも自信があったから。
5. 今回の作品の出来映えがよいことは紛れもない事実であるが、編集者が言うほどの優れたものではなく、自分はさらによい作品を作れるという自負心があるから。

問四　傍線部②について、その説明として最も適当なものを、次の中から一つ選びなさい。⑳

1. 出来映えのよい作品を作れるのは春代の実力そのものであるが、そういった作品を作れる周期は栄一のベンチャースピリットにあふれている時期とも合致しており、この閃きは夫婦の心がシンクロしている象徴だと言える。
2. 周期的に変わったイラストを描いているという意識はなかったものの、たしかにチャレンジ精神に富んだ製作をしていると認識していた時期はあり、それが栄一の退職の時期と重なるため、この閃きは栄一が与えてくれた好機だと言える。
3. クリエーターの本能によって描かれる優れた作品は編集部の話題を集めるが、その作品を作ることができるのは栄一が故意に春代の不安を煽《あお》るようなことをするからであり、この閃きは生きていくために危機回避する本能によるものだと言える。
4. 編集者からの指摘で過去の作品を振り返ると、たしかに作品の出来がいい時期が周期的にやって来ており、その製作時期が栄一が新規事業を始めるときと一致しているため、この閃きは自分が無意識に家計を支えようとした結果だと言える。
5. 冒険的な作品を描いている自覚がないのは晩成のクリエーターだからであり、また栄一が新規事業を立ち上げたがるおかげで春代も刺激をもらって作品の出来栄えが良くなっているので、この閃きは夫婦二人三脚によるものだと言える。

問五　傍線部③について、その文法的な説明として最も適当なものを、次の中から一つ選びなさい。㉑

トに刺激されて、眠っていた才能が目を覚ますんじゃないかな」

栄一がしたり顔で言った。まるで感謝しなさいと言わんばかりの態度だ。

「ちがうと思う。［　X　］ように、きっと神様が配慮してくれてるのよ」

春代が言い返すと、栄一は松本清張のように下唇をむき、部屋を出て行った。

口からでまかせに言ったことだが、春代は案外当たっているのではないかと思った。我が家の危険度を本能が感知し、補おうとしているのだ。栄一が事業に失敗したとしても、春代から離婚する気はない。愛しているから、とまでは情熱的でないけれど、いないとかなり淋《さび》しいからだ。

ともあれ、満足のゆく作品が描けたときは気分がいい。いつか雑誌のカバーイラストを描くようになったりして――。春代はしばしば甘い空想に浸った。

（奥田英朗『夫とカーテン』）

（注）

＊　アジびら……激しい調子のことばを用いて、人々を扇動する目的で書かれた宣伝びらのこと。

問一　傍線部ａからｃの語句の本文中における意味として最も適当なものを、次の中からそれぞれ一つずつ選びなさい。

ａ　異才の片鱗　⑮

1. 業界内で異端な人物の一人
2. 人並み外れた才能の一端
3. 優れた才女としての一面
4. 他者とは違う才能の一部分
5. 作風の異なるもののうちの一作品

ｂ　気を揉（む）　⑯

1. あれこれと心配して苛立《いらだ》つ
2. 心が休まらず疲弊する
3. 気が気でなくてやつれる
4. 思い悩んで塞ぎ込む
5. 不安から目を背ける

ｃ　猪突猛進　⑰

1. 唐突な思い付きを実行に移すこと
2. 躍起になって視野が狭くなること
3. 向こう見ずに突き進むこと
4. 間髪を容《い》れずに急進すること
5. 不意を突いて走り出すこと

問二　文章中の空欄［Ⅰ］から［Ⅳ］に入る語句の組み合わせとして最も適当なものを、次の中から一つ選びなさい。⑱

1. Ⅰ　成す　Ⅱ　ひそめた　Ⅲ　貸した　Ⅳ　利いた
2. Ⅰ　成す　Ⅱ　曇らせた　Ⅲ　組んだ　Ⅳ　晴れる
3. Ⅰ　立てる　Ⅱ　吊り上げた　Ⅲ　貸した　Ⅳ　晴れる

最中も店番は必要だし」

「だったら、配達のときだけ学生バイトを都合つければいいことじゃない」非難する口調で言った。

「そうか。そうだったね」

④頭が痛くなってきた。まずは沼田に辞めてもらわなければ。できれば塚本もチェンジしたい。

「あのね。気立てのいい若い女の子を見えるところに配置して、あなたは奥で雑務をしながら待つ。お客さんが来たら、あなたが出ていって商品を勧める。このやり方じゃないとだめ」

「じゃあ塚本さんをレジに置くわけだね」

エ気立てがよければね――。そう言いたいのを堪《こら》え、吐息を漏らした。浮気の心配をしなくて済むのは助かるが、栄一は女に対して博愛の精神が過ぎる。

　自分の仕事があるのに、一日店で世話を焼いてしまった。来た客は、少し離れた場所にある公団の主婦グループが数組で、バーゲン品だけを買っていった。初日の売り上げは五万円にも満たなかった。ますます不安が募る。

　唯一感心したのは、栄一の好かれっぷりだった。主婦たちは賑やかに品定めをしながら、すぐに栄一と打ち解けた。春代は、栄一が営業マンとして重宝がられる理由がわかった。人に警戒心を抱かせないのだ。

「来週になれば、運河沿いのタワーマンションの入居が始まるから、そこが最初の勝負どころだね。五百戸の引っ越しだから、そのうちの一割が来てくれればそれだけで大繁盛だよ」

栄一はあくまでも前向きだった。

「そうそう。さっさと稼いで逃げましょう。わはは」

沼田が胸をそらせて笑う。無口な塚本は黙って注文書を捌《さば》いていた。

　家に帰ってイラストの仕事に取りかかると、次々とアイデアが浮かび、依頼された五点のカットをわずか二時間で仕上げることができた。オ波立っていた湖面が鏡のように鎮まり、そこに何かが映し出される、そんな感じなのだ。しかもすべて出来がいい。筆に迷いがないことが自分でもわかり、イラスト全体が勢いにあふれていた。

　うーん、またまた編集部で話題になるかも――。機嫌がよくなり、思わずハミングする。春代は弾む気持ちを抑えられなかった。

「なんか、うれしそうじゃん」栄一が仕事部屋をのぞきにきた。「鼻歌なんか唄っちゃってさ」

「ねえねえ、このイラスト、どう？」

「君が描いたの？」

「わたしじゃなきゃ誰が描くのよ」

「背後霊とかさ」

「もう少し気の［Ⅳ］こと言えば？」

　軽蔑の目で答えつつ、栄一の軽口にふと考え込んだ。背後霊はともかく、何かが降りてくる感じはある。自分の胸にしまっておくのももったいないので、栄一にここ最近の仕事の好調ぶりについて話してみた。作品のインスピレーションが自然と湧いてくること、過去の例を調べてみると、それが栄一が事業を始めた時期と奇妙に一致していること。

「きっと夫婦だからシンクロしてるんだよ。夫のベンチャースピリッかれていた。

　なんでだろう――。窓の外の景色を見ながら考えに耽《ふけ》る。

　ふと思い立ち、気に入っている作品の製作時期をチェックしてみた。雑誌は月号でわかるし、パンフレットは欄外に小さく発行日が記されている。

　これを描いたとき、自分は何をしていたんだっけ。一昨年の夏といえば……。そうだ。栄一がリース会社を辞めて出前代行業を始めたときだ。相談もなく突っ走る栄一に、一人で気をｂ揉《も》んでいた覚えがある。

　もう一枚、毛筆に初めてチャレンジした作品を見てみた。三年前の秋といえば……。そうだ。栄一がアパレル会社を辞めて同窓会幹事代行業を始めると言い出した時期だ。

　春代はファイルを広げたまま眉を［Ⅱ］。イこれは……。いや、単なる偶然だろう。

　ほかの作品もチェックした。しかし記憶をたどるごとに、出てくるのは栄一のことばかりだった。いい作品を描いているときは、決まって栄一が会社を辞めて事業を始めた時期と一致するのだ。

　なんなのだ、この奇妙な符合は。栄一の起業が自分にいい作品を描かせているとでもいうのだろうか。あのｃ猪突猛進《ちょとつもうしん》の亭主が――。

　適当な感想が浮かんでこなかった。春代は作品ファイルを見ながら一時間以上も呆然《ぼうぜん》としていた。

　いよいよ栄一の店が開店した。春代は家でじっとしていられなくて手伝いに行った。既存のマンションや公団には開店セールのチラシを配布していた。春代が作った手書きのチラシだ。栄一が塚本に作らせたものはアングラ劇団の*アジびらのようで、見るに見かねて春代が手を［Ⅲ］のだ。

「お客さん、来るといいね」毎度のことながらどきどきした。成功すればマンションと子作りだ。いつの間にか春代まで夢を見ている。

「来るんじゃない？」栄一は呑気《のんき》だ。

「来ますよ。財布握ってわんさか来ますよ。わははは」

　沼田が大口を開けて笑う。春代はどうしてもこの下品な男が好きになれなかった。店の金を持ち逃げされやしないかと、そんな縁起でもないことまで考えている。

　③最初の客はこのビルのオーナーだった。つまり大家だ。温厚そうな老夫婦が「がんばってね」と励ましてくれ、玄関マットを買っていった。どうやら栄一は気に入られているらしい。だいいち前の会社の社長から花輪が届いていた。ウ人望だけはメジャーリーグ級なのだ。

　しかしそれ以降は、まったく客が来なかった。通りを歩くのはサラリーマンかＯＬばかりである。そもそも住宅街も商店街もないのが品川駅前だ。

　春代は通りに出て、店を眺めてみた。ディスプレイは悪くない。表にはセール品のカーペットが立てかけられ、賑《にぎ》わいはある。ただし店員が多過ぎる。一人客は入りづらいだろう。栄一が隣にやってきた。

「呼び込みでもするの？」

「馬鹿言ってるんじゃないの。それより店員が景色を壊してる。客がいないときは奥の事務室に待機させた方がいいと思う」

「わかった。じゃあそうする」

「ところで、どうして二人も雇ったわけ？」

「だってカーペットの配達なんかは二人じゃないとできないし、その

1．生徒A　　2．生徒B　　3．生徒C

4．生徒D　　5．生徒E

［二］ 次の文章を読んで、後の問いに答えなさい。

編集者からは期待通りの反応が返ってきた。あまりに出来栄えがよいので、特集の扉ページに使いたいと言ってきたのだ。ギャラも余計に払ってくれると言う。そしていつもは電話かメールのやりとりだけなのに、「たまにはご挨拶にうかがいたい」と春代の住む町までやってきた。駅前の喫茶店で向かい合う。

「大山さん、なにやら新境地を切り拓いたって感じですね」編集者が上機嫌で言った。「知らない人が作品を見たら別人かと思うでしょうね」

「そんな……」春代が苦笑して首を振る。①もちろん謙遜だ。

「いやあ、クリエーターという人種は、どこかで一皮剝《む》けるものなんですよ。大山さんの場合は今がそれなのかもしれませんね」

「わたし、もう三十四ですよ」

「いやいや、晩成の方が本物なんですよ。イラストレーターは若くして名を［Ｉ］人が多いけど、そういう人は飽きられるのも早いですからね。その点、大山さんは本物だ」

褒められて春代もその気になった。もしかしたら人気イラストレーターとして名前が売れるかもしれない。

「でも、ぼくは編集部に来て一年ほどですが、前からいる連中に聞いたら、大山さんはときどきa異才の片鱗《へんりん》を見せてたそうですね」

「そうなんですか？」春代が眉を寄せる。それは初耳だった。

「周期的に変わったイラストを描いて、部内で話題になっていたらしいんですよ。やっぱりクリエーターは本能で描くんですね」

春代は考え込んだ。そう言われれば、思い当たる節がないわけではない。ときどき②妙な閃《ひらめ》きがあって、小さな冒険をしてきた。自分でもいいのか悪いのかわからないものもあったが、気に入った作品も多々あった。

「こういうことを言うと失礼ですが、ここ半年ほどは大山さんもマンネリかなあって思うこともあったんですよ。まあ、今だから言うんですけどね」

春代はややむっとした。水準以上のものを描いてきたつもりなのに。

「ああ、ごめんなさい。悪くはないんですよ。つまり、仕上がりが予想できたって意味で……」

「ええ。そうかもしれませんね」

「編集者は驚きたいんですよ。新しいものを見たいんですよ。だから傑作が送られてくると、こっちもうれしくなって陣中見舞いをしたくなるわけです」編集者がそう言いながら、床に置いてあった紙袋を持ち上げた。「フォションのクッキーです。仕事の合間にでもつまんでください」

「きゃあー」春代は声を上げていた。ア続いて鼻の奥がつんとくる。

感激の気持ちと共に勇気が湧いてきた。仕事を続けてきてよかった。やりがいがあってこその人生だ。

家に帰って春代は過去の作品ファイルを広げた。編集者の言った「周期的に変わったイラストを描いて――」という言葉が気になったのだ。

調べてみると、確かに冒険している時期と、そうでない時期とに分

問六　傍線部③について、カントの考えを述べたものとして最も適当なものを、次の中から一つ選びなさい。⑬

1．人間の生活に悪影響を及ぼすような残虐な動物実験を禁止する一方で、人間の目的的な人格が尊重されるような残酷さは許容すべきであるとしている。

2．生きた動物を残酷に扱うことは人間の道徳に反することであるとする一方で、生きた個性のある存在ではない動物であれば神聖な目的のために利用すべきだとしている。

3．人間生活において目的を達成する手段としての動物利用は正当化する一方で、動物に対する道徳的感情が脅かされるような動物実験は正当化していない。

4．医学などの発展を目的とした動物実験を認める一方で、人間が生活するうえで自律的道徳に反するような動物への非道な行為は認めていない。

5．人間が動物に対して行う残酷な振る舞いは黙認する一方で、その振る舞いが道徳に反した目的のないものである場合は行為の改善を促すべきだとしている。

問七　傍線部④について、このあと本文で「動物福祉的な見方」について筆者の意見が述べられる。教師の発言を参考に、筆者が考える「動物福祉的な見方」について正しく解釈していない生徒を、次の中から一つ選びなさい。⑭

教師　このあと本文では、「動物福祉的な見方」についてこう述べられています。

> 現代の常識である動物福祉的な見方というのは、動物を人間の手段として利用することを前提にしながらも、動物に対してできる限り思いやりのある扱いをするというものである。カント同様に、動物が人間同様に目的視されることはないが、かといって全く好き勝手に扱って虐待をしてはならないという考え方である。

この引用文とこれまで読んできた本文をふまえて、「動物福祉的な見方」について話し合ってみましょう。

生徒A　現代では、動物虐待を悪行だとして罰する法律があるよね。これはまさに「動物福祉的な見方」と大いに関係があると思う。

生徒B　確かにそうだね。この法律が施行されていることからも、現代では人々の間に動物を思いやる心が浸透しているようだ。

生徒C　僕は新聞やニュースで、マウスを利用した実験をしている人たちを見たことがあるよ。これって、人間がマウスを手段として利用しているから、法律違反にはならないよね。

生徒D　なるほど。仮にマウスの実験が成功して人間の生活が向上すれば、違法にはならないということだね。

生徒E　ペットとして飼っているハムスターにマウスの実験と同じようなことをしたら心が痛むのは、わたしたち人間の常識としてペットへの思いやりが染みついている証拠だと思う。

e 「ヨウニン」⑤

1. なんともケイヨウしがたい物体だ。
2. 沖縄ミンヨウに触れたい。
3. しばらくの間キュウヨウしていた。
4. ドウヨウを隠しきれていない。
5. 国からのヨウセイには従おうと思う。

問二 空欄［A］から［D］に入る語として最も適当なものを、次の中からそれぞれ一つずつ選びなさい。ただし、同じものを二回以上用いてはいけません。⑥〜⑨

1. つまり　2. 例えば　3. そして　4. しかし

問三 傍線部①とはどういうことか。その説明として最も適当なものを、次の中から一つ選びなさい。⑩

1. 人間と動物の本源的な繋《つな》がりが科学技術の発展により明らかになったため、人間は権威ある独立した存在だという伝統的な思想とは切り離して考えるべきだということ。
2. 科学や文明の発展によって動物と人間との強固な関係性が顕著になり、これまでの人間の独自性を説くような伝統的な思想とは異なるものとして考えた方がよいということ。
3. 人口爆発がもたらした動物科学への影響は深刻な環境破壊の一因となっており、動物との共存が可能であった伝統的な思想とは一線を画すものであるということ。
4. 以前から文明の進歩については予見されていたが、現代の動物科学の成長は人間の想像をはるかに超えるもので、伝統的な思想とは差がありすぎるということ。
5. 人間と動物との関連性が失われた現代においては、動物を利用するという手段を取らざるを得ず、そこに伝統的な思想との繋がりは見出せないということ。

問四 次の一文を入れるのに最も適当な箇所を、本文中の（1）から（5）の中から一つ選びなさい。⑪

まさにそのような人間が奴隷なのであり、このような奴隷売買が制度化されていたのが奴隷制社会だった。

問五 傍線部②について、その理由として最も適当なものを、次の中から一つ選びなさい。⑫

1. 中古車販売におけるクルマのような、ある目的を達成するための手段として用いられる動物とは異なり、人間は目的であり尊ぶべきであるという潜在意識があるから。
2. 人間が隷属的な扱いを受けることは悪であるという共通認識があるので、同胞意識を抱いていない動物がその役割を担っても同情をよせる必要はないと感じているから。
3. 人間は主体的に値札を外すことのできる自律した尊ばれるべき存在であるが、動物は他者への依存で自由を得る存在であり、自分の力で物事を判断することが不可能だから。
4. 人格的な存在である人間はその存在自体が尊ばれるものであると自覚しており、それとは対照的な存在である動物にはどんな悪行もまかり通ると考えているから。
5. 動物とは異なる目的的存在である人間は、動物を自分たちとは異なる個性なき生命体としか認識しておらず、その動物を手段として扱うことが常識化してしまっているから。

物実験は、それをしなくても同様の目的に達せられるのならばするべきではないとしておきながらも、他方で動物実験の目的自体はdショウサンに値し、生きた動物を実験に使う生体解剖者の行為は残虐であるが、この残虐な行為も動物が道具になることによって正当化されるとしている。つまり、できれば残酷な動物実験をするべきではないが、それ以外に目的に達する方法がなければ、神聖な目的のために残酷さはeヨウニンされるとしているのである（『コリンズ道徳哲学』）。これはまさに動物が人格ではなくて物件だからで、もし人間ならば、たとえ医学の発展のためという大義名分があったとしても、残酷な生体解剖をカントが許容することはないだろう。それは人間が動物と異なり、手段的な物件ではなく、目的的な人格だからである。

こうしたカントの考えは、単に代表的な哲学者による典型的な伝統的動物観として重要なだけではなく、現在の我々にとって動物を扱う上での常識となっている④動物福祉的な見方に通じるところが多く、その意味でも興味深い。

（田上孝一『はじめての動物倫理学』）

（注）
＊ラスコー洞窟の壁画……フランス南部にある、死にゆく男とさまざまな動物が描かれた壁画。
＊カント……ドイツの哲学者。

問一　傍線部aからeと同じ漢字を使うものを、次の中からそれぞれ一つずつ選びなさい。

a「ブンケン」[1]
1. 彼はケンビキョウで観察した。
2. どうぞごケントウください。
3. 彼女が下した判断はケンメイだった。
4. 特産品をケンジョウした。
5. 何事もケイケンしてみなければわからない。

b「ソウシシャ」[2]
1. 生存キョウソウは予想以上に激しい。
2. 演劇の舞台にソウショクを施す。
3. 各学級のソウイ工夫が随所に見られる。
4. 私の兄はソウメイな人だ。
5. ソウゴに依存しあう関係。

c「ケイヤク」[3]
1. 昔からテイケイしている会社がある。
2. この坂道のケイシャは急だ。
3. 教室のケイコウトウが切れそうだ。
4. 先生の言葉をケイキに行動を改善した。
5. 見慣れたコウケイだ。

d「ショウサン」[4]
1. 国が事実としてショウニンした。
2. 試合前に肩をコショウしてしまった。
3. 万歳をショウワする。
4. タイショウ的な図形である。
5. 些細なことからソショウに発展した。

ではこのカントは、人間ならぬ動物をどう考えていたのか？

この点で興味深いのは、カントが債権について説明する際に、馬の引き渡しに関するｃケイヤクを例示していることである（『人倫の形而《けいじ》上学《じょうがく》』「法論」第二一節）。現代であれば中古車の売買にあたるような場面である。クルマを引き取れば完全に自分の物になるが、いまだ取引先のガレージにある場合は、所有権は不安定だという話をしている。カントではクルマではなく馬であり、ガレージではなく厩舎《きゅうしゃ》だった。［Ｂ］その本質は同じである。カントにとって馬は、現代の我々にとってはクルマと同じである。つまりそれは乗るための移動手段であり、取引によって売買される物件であって、生きた個性ある存在ではないのである。カントにとって動物は人間のような人格ではなくて、物としての物件だったのである。（３）

カントが人間を目的として扱うべきだというのは、それが人格だからである。目的は手段あってこその目的である。ある何かを目的として尊ぶためには、遠慮なく使える手段が必要である。人間は目的であるから、もっぱら手段として無造作に使ってはいけない。人間をもっぱら手段として扱うことの最たるものは、人間をあたかも物件のように、値段を付けて売買することである。（４）

カントは人間は生まれながらに平等であるという近代社会の理念を体現する哲学者の一人として、人間の本質をそれが手段化されえない人格であるとみなし、悪しき奴隷制の過去と決別した。しかしカントの奴隷制に対する否定は、本当は不十分だった。確かに彼は人間の隷属を徹底的に否定したが、それは動物の隷属と表裏一体だったからである。②もはや人間の首に値札がかけられることはなくなったが、馬は相変わらず売り買いの対象とされているのである。

［Ｃ］これは全くカントに限ったことではない。何となれば今現在に至っても、馬の売買は変わることなく続いているからである。つまりこれは、人類は同胞に関しては奴隷的に隷属させることの悪を常識としてあまねく浸透させることができたのに、こと動物に関してはそうではないということである。そしてこの現在の常識を悪弊として告発することが、後にみるように、動物倫理学の主要な理論内容となるのである。（５）

とまれ、カントにあっては人間と対照的にもっぱら物件としてしか認められなかった動物であるが、③ではそうした物としての動物は、物であるがために人間が自由気ままに扱ってよいとカントはみていたのだろうか？

決してそんなことはなかったのである。先にみたように、カントにとって道徳の根拠は自律であり、道徳として課せられる義務は、他者から強制されるものでなく、自分自身の義務である。そしてカントははっきりと、動物を残酷に扱うことは人間の自分自身に対する義務に背くことであるとした（『人倫の形而上学』「徳論」「倫理学の原理論」第一七節）。

ところが、カントが動物に対する非道を禁じたのは、あくまでそれが人間自身の心のあり方に影響を及ぼすからという理由であるに過ぎない。［Ｄ］動物に残酷な振る舞いをすると動物の苦痛に対する同情心が鈍くなり、それが人間同士の道徳感情に悪影響を与えるからだというのだ。動物それ自体が道徳的配慮の目的ではないということである。カントは一方で、単に知識を増やすためだけにする苦痛の多い動

【国　語】〈五〇分〉〈満点：一〇〇点〉

一　次の文章を読んで、後の問いに答えなさい。

人間はその発生の当初から常に動物とのかかわりの中でその生を紡いできた。*ラスコー洞窟の壁画で有名なように、絵画の最初のモチーフも動物であった。人類はこれまで動物について莫大《ばくだい》な思索を重ね、ａブンケンをはじめとして、哲学や文学の中にその考えを示してきた。当然倫理学史にあっても、動物への探求は連綿として続いていた。

しかし現代の学問としての動物倫理学では、こうした伝統的思想との連続性以上に①断絶の面が大きい。それは動物をめぐる現代の状況が、過去の思想家には想像も付かないレベルのものになっているということに起因する。

一つは動物関連科学の飛躍的な発展である。動物と人間の連続性は後でみるように、すでに先駆者によって予見されてはいたが、現代の科学は人間と動物との本源的な連続性を分子生物学的なレベルにまで精緻《せいち》化した形で証明している。このことは、人間と動物との断絶に立脚して人間の独自性を説いてきた旧来の伝統がもはや維持不可能になっていることを示唆する。

もう一つは産業革命後の文明発展、特に二〇世紀に入ってからの人口爆発が、人間社会における動物の位置を根本的に変えてしまったということである。人間は常に動物を利用しようとするため、多数の人口にはそれに見合う数に動物が増えないといけない。そのため人類は莫大な数の動物を新たに誕生せしめた。その主要な種類は家畜であり、家畜の総数は今や地球人口を軽く凌駕《りょうが》するほどに膨れ上がっている。この結果、人間の動物利用が人間に利便性をもたらすだけに留まらずに、その副作用として深刻な環境破壊の一因となってしまっている。増えすぎた人口と伝統的な動物利用のライフスタイルは、人類にとって持続可能性を脅かすものへと転化してしまっている。（１）

この時代状況に呼応するように、動物倫理学は伝統的な動物観を相対化し、それを現代社会にふさわしいものへと変えようとすることを問題意識の前提としている。では伝統的な動物観とはどのようなものであったか。

動物倫理学が相対化しようとする動物観は、単に伝統的なだけではなく、一般的な常識としては今も強固な前提として広く浸透しているような考え方である。動物は人間に似ているところも多々あるが、しかしその類似は表層的なものであり、本質的な深いレベルでは人間とは異なる存在だという見方である。

この動物観は古来のものだが、現代に直結する近代の思想家たちにも堅持されていた。［Ａ］、まさに近代を代表する哲学者の一人である*カントに、その典型をみることができる。

カントは先に、規範倫理学の主要学説の一つである義務論のｂソウシャとしてその倫理学説を瞥見《べっけん》したが、自律としての自由を本質とする人間はカントにとって、人格的な存在者でもあった。人格的であるというのはそれが単なる手段として扱われてはならない目的的なものであることを意味する。人格としての目的的存在であることに人間の尊厳の根拠がある。倫理的義務の遂行は人格的存在としての人間の尊厳を守り高める行為だというのが、カントの人間観であり、倫理観でもあった。（２）

MEMO

大切なことはメモしておこうネ！

第1回

2022年度

解　答　と　解　説

《2022年度の配点は解答欄に掲載してあります。》

＜数学解答＞ 《学校からの正答の発表はありません。》

1　(1)　ア　5　イ　4　ウ　0　(2)　エ　1　(3)　オ　4　(4)　カ　8

2　(1)　ア　1　イ　5　ウ　4　(2)　エ　1　オ　4

(3)　カ　7　キ　1　ク　2　ケ　1　コ　6

3　(1)　ア　3　イ　2　(2)　ウ　9　エ　2　オ　1　(3)　カ　9　キ　2

4　(1)　ア　0　イ　4　(2)　ウ　8　(3)　エ　2　オ　2

5　(1)　ア　4　イ　6　ウ　2　(2)　エ　3　オ　4　カ　6　キ　1　ク　6

(3)　ケ　9　コ　4　サ　6　シ　1　ス　6

○配点○

1　各6点×4　2　(1)・(2)　各6点×2　(3)　7点　3　(1)・(2)　各6点×2　(3)　7点

4　(1)・(2)　各6点×2　(3)　7点　5　(1)・(2)　各6点×2　(3)　7点　計100点

＜数学解説＞

1　（計算の工夫，式の値，方程式の利用，箱ひげ図）

(1)　$19^2+18^2+17^2-13^2-12^2-11^2=19^2-13^2+18^2-12^2+17^2-11^2=(19-13)(19+13)+(18-12)(18+12)+(17-11)(17+11)=6\times32+6\times30+6\times28=6\times(32+30+28)=6\times90=540$

基本　(2)　$x^2+4x+3=(x+1)(x+3)=(\sqrt{2}-2+1)(\sqrt{2}-2+3)=(\sqrt{2}-1)(\sqrt{2}+1)=2-1=1$

(3)　題意より，$10000\times\left(1+\frac{x}{100}\right)\times\left(1-\frac{2x}{100}\right)=10000\times\left(1-\frac{4.32}{100}\right)$　$10000\left(1-\frac{x}{100}-\frac{2x^2}{10000}\right)=9568$　$10000-100x-2x^2=9568$　$x^2+50x-216=0$　$(x-4)(x+54)=0$

$x>0$より，$x=4$

基本　(4)　中央値は，国語が59.5点，数学が56点，英語が60点だから，60点以上の人数が最も多い教科は英語で，その四分位範囲は，$64-56=8$である。

2　（確率）

基本　(1)　さいころの目の出方の総数は$6\times6\times6=216$（通り）　$(x+y)\times z=4$となるx，y，zの値の組は，$(x,\ y,\ z)=(1,\ 1,\ 2)$，$(1,\ 3,\ 1)$，$(2,\ 2,\ 1)$，$(3,\ 1,\ 1)$の4通りだから，求める確率は，$\frac{4}{216}=\frac{1}{54}$

重要　(2)　題意を満たすのは，$x+y$の値が奇数で，zも奇数のときである。$x+y$の値が奇数となるx，yの値の組は，$(x,\ y)=(1,\ 2)$，$(1,\ 4)$，$(1,\ 6)$，$(2,\ 1)$，$(2,\ 3)$，$(2,\ 5)$，$(3,\ 2)$，$(3,\ 4)$，$(3,\ 6)$，$(4,\ 1)$，$(4,\ 3)$，$(4,\ 5)$，$(5,\ 2)$，$(5,\ 4)$，$(5,\ 6)$，$(6,\ 1)$，$(6,\ 3)$，$(6,\ 5)$の18通りで，zは1，3，5の3通りであるから，求める確率は，$\frac{18\times3}{216}=\frac{1}{4}$

重要　(3)　題意を満たすのは，①$x+y=5$で，$z=1$，2，3，4，6のとき，$(x,\ y)=(1,\ 4)$，$(2,\ 3)$，$(3,\ 2)$，(4，

1)の4通りだから，$4\times5=20$(通り)　②$x+y=10$で，$z=1,\ 2,\ 3,\ 4,\ 6$のとき，$(x,\ y)=(4,\ 6)$，$(5,\ 5)$，$(6,\ 4)$の3通りだから，$3\times5=15$(通り)　③$z=5$のとき，x，yの値の組は36通りあるから，$1\times36=36$(通り)　①～③より，求める確率は，$\frac{20+15+36}{216}=\frac{71}{216}$

3 (平面図形の計量)

基本 (1)　仮定より，△BCDは直角二等辺三角形だから，円の直径$\mathrm{CD}=\sqrt{2}\mathrm{BC}=6\sqrt{2}$　よって，半径は$\frac{1}{2}\times6\sqrt{2}=3\sqrt{2}$

重要 (2)　$\angle\mathrm{BAC}=\angle\mathrm{BDC}=45°$　Bから辺ACにひいた垂線をBHとし，$\mathrm{BH}=x$とする。△ABHは直角二等辺三角形だから，$\mathrm{AC}=\mathrm{AB}=\sqrt{2}\mathrm{BH}=\sqrt{2}x$　また，$\mathrm{AH}=\mathrm{BH}=x$より，$\mathrm{CH}=\sqrt{2}x-x=(\sqrt{2}-1)x$　△BCHに三平方の定理を用いて，$\mathrm{BC}^2=\mathrm{BH}^2+\mathrm{CH}^2$　$6^2=x^2+(\sqrt{2}-1)^2x^2$　$36=(1+2-2\sqrt{2}+1)x^2$　$x^2=\frac{36}{2(2-\sqrt{2})}=\frac{18(2+\sqrt{2})}{(2-\sqrt{2})(2+\sqrt{2})}=9(2+\sqrt{2})$　$\triangle\mathrm{ABC}=\frac{1}{2}\times\mathrm{AC}\times\mathrm{BH}=\frac{\sqrt{2}}{2}x^2=\frac{\sqrt{2}}{2}\times9(2+\sqrt{2})=9(\sqrt{2}+1)$

重要 (3)　線分BEは円の中心Oを通るから，$\angle\mathrm{CBE}=90°\div2=45°$　よって，2組の角がそれぞれ等しいので，△BCE∽△ACB　したがって，△BCEはBE＝BCの二等辺三角形である。よって，$\triangle\mathrm{BDE}=\frac{1}{2}\times\mathrm{BE}\times\mathrm{OD}=\frac{1}{2}\times6\times3\sqrt{2}=9\sqrt{2}$

4 (図形と関数・グラフの融合問題)

基本 (1)　放物線上に存在しない頂点を$\mathrm{P}(x,\ y)$とする。平行四辺形の2つの対角線はそれぞれの中点で交わるから，線分OPの中点の座標が$(0,\ 2)$となる。$\frac{0+x}{2}=0$より，$x=0$　$\frac{0+y}{2}=2$より，$y=4$　よって，求める頂点の座標は$(0,\ 4)$

重要 (2)　$a=1$のとき，放物線上の1点を$\mathrm{A}(t,\ t^2)$ $(t>0)$とすると，ひし形OAPBの対角線は垂直に交わるから，$\mathrm{B}(-t,\ t^2)$，$\mathrm{P}(0,\ 2t^2)$と表せる。ひし形OAPBの面積は，$\frac{1}{2}\times\mathrm{AB}\times\mathrm{OP}=\frac{1}{2}\times2t\times2t^2=2t^3$　$2t^3=16$　$t^3=8$　$t>0$より，$t=2$　よって，長い方の対角線の長さは，$\mathrm{OP}=2\times2^2=8$

重要 (3)　$a=\frac{1}{2}$のとき，$\mathrm{A}\left(t,\ \frac{1}{2}t^2\right)$，$\mathrm{B}\left(-t,\ \frac{1}{2}t^2\right)$，$\mathrm{P}(0,\ t^2)$　OP＝ABより，$t^2=2t$　$t(t-2)=0$　$t>0$より，$t=2$　よって，$\mathrm{A}(2,\ 2)$となるから，正方形の1辺の長さは，$\mathrm{OA}=\sqrt{2^2+2^2}=2\sqrt{2}$

重要 5 (空間図形の計量)

(1)　頂点Oから底面に下ろした垂線をOHとすると，Hは線分ACの中点だから，$\mathrm{AH}=\frac{1}{2}\mathrm{AC}=\frac{1}{2}\times\sqrt{2}\mathrm{AB}=\frac{3\sqrt{2}}{2}$　△OAHに三平方の定理を用いて，$\mathrm{OH}=\sqrt{4^2-\left(\frac{3\sqrt{2}}{2}\right)^2}=\frac{\sqrt{46}}{2}$

(2)　求める立体と正四角錐O－ABCDは相似で，相似比は1：2だから，体積比は$1^3:2^3=1:8$　正四角錐O－ABCD の体積は，$\frac{1}{3}\times3^2\times\frac{\sqrt{46}}{2}=\frac{3\sqrt{46}}{2}$　よって，求める立体の体積は，$\frac{3\sqrt{46}}{2}\times\frac{1}{8}=\frac{3\sqrt{46}}{16}$

(3)　求める立体は四角錐O－CDEFで，その体積は，三角錐O－CDFと三角錐O－DEF の体積の和に等しい。(三角錐O－CDF)：(三角錐O－BCD)＝△OFD：△OBD＝OF：OB＝1：2　また，△OEFと△OAB は相似で，相似比は1：2だから，面積比は$1^2:2^2=1:4$　よって，(三角錐O－DEF)：(三角錐O－ABD)＝△OEF：△OAB＝1：4　三角錐O－BCDと三角錐O－ABDの体積は正四角錐O－

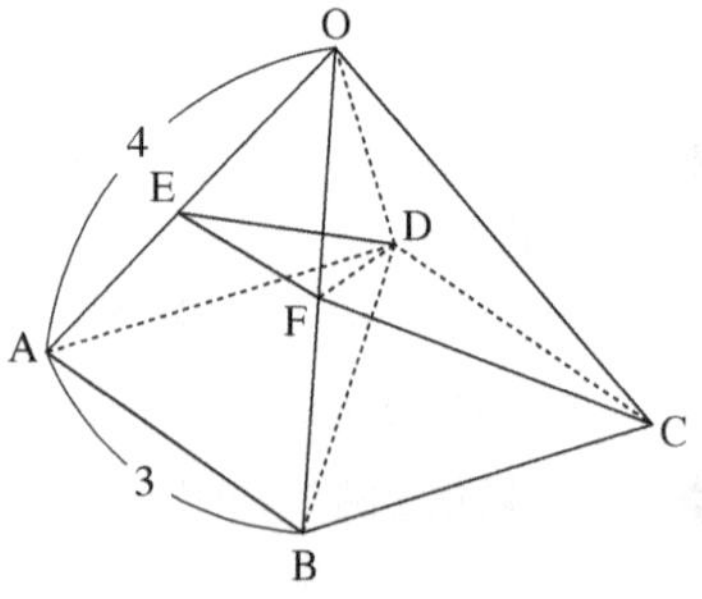

ABCD の体積の$\frac{1}{2}$だから，求める立体の体積は，正四角錐O－ABCD の体積の$\frac{1}{2}\times\frac{1}{2}+\frac{1}{2}\times\frac{1}{4}=\frac{3}{8}$　よって，$\frac{3\sqrt{46}}{2}\times\frac{3}{8}=\frac{9\sqrt{46}}{16}$

★ワンポイントアドバイス★

[1]の小問数が減り，難易度もややややさしくなった。時間内完答をめざし，ミスのないようにできるところから確実に解いていこう。

＜英語解答＞ 《学校からの正答の発表はありません。》

1　(1)　[1] 3　[2] 8　[3] 9　[4] 6　[5] 5　[6] 0　(2)　4

2　(1)　[8] 5　[9] 1　[10] 4　[11] 6　[12] 2　[13] 3　(2)　[14] 5　[15] 2

3　(1)　3　(2)　2　(3)　3　(4)　3　(5)　1　(6)　2

4～6　リスニング問題解答省略

○配点○

1～3　各4点×20(2(2)完答)　4～6　各2点×10　計100点

＜英語解説＞

1　(長文読解問題・説明文：語句補充，正誤問題)

(全訳)　約400年前，イギリスからの最初の入植者たちは，今日プリマスの街として知られているマサチューセッツ州の地域で，ネイティブアメリカンとの大宴会に腰を下ろした。この食事は1621年11月に行われ，一般的に「最初の」感謝祭の食事であると[1]考えられている。

イギリスから来た入植者たちは，アメリカに定住した最初のヨーロッパ人の一人だった。しかし，大西洋を横断する彼らの旅は66日間続き，彼らが「新世界」に[2]到着したとき，彼らは病気で，空腹で，弱っていた。彼らはまた，新しい土地に不慣れだった。①彼らは，そこの土壌や気候でうまくいく野菜を育てる方法を知らなかったし，アメリカの動物を狩る方法を知らなかった，そして彼らはアメリカの森から資源を得る最良の方法を知らなかった。入植者たちが避難所を建設し，食べ物を見つけ，町を作ろうと奮闘していたとき，近くのネイティブアメリカンの部族が入植者たちを助けることを申し出た。②ネイティブアメリカンは入植者たちに，トウモロコシの栽培方法，魚の捕獲方法，木から樹液を集める方法を教えた。彼らはまた入植者たちに様々な森林の植物を[3]見せ，どれが有毒でどれがそうでないかを教えた。このようにして，入植者たちは新しい国での生活の仕方を理解するようになった。

ほぼ1年後，入植者たちの最初のトウモロコシは収穫に成功した。収穫を祝い，彼らを助けてくれたネイティブアメリカンに[4]感謝するために，入植者たちは数日間続く大宴会を主催した。

歴史家によると，地元のワンパノアグ族がイベントに参加し，食べるための5頭の鹿を連れてきた。入植者たちは野鳥を狩って食事の準備をした。③歴史家は，食事で食べられた料理は伝統的なネイティブアメリカンの方法で調理されたと信じている。

感謝祭の日は，エイブラハム・リンカーン大統領が祝日として法に署名したとき，1863年に正式に連邦の祝日に[5]なされた。しかし，当時は南北戦争が続いていたため，終戦後まで全国的に祝日は祝われなかった。

友人や家族を感謝祭の食事に招待するという伝統は今日も続いている。アメリカでは，感謝祭は11月の第4木曜日に祝われる。古典的な感謝祭の食事は，ネイティブアメリカンと入植者たちが最初の感謝祭の食事で食べたかもしれないものを再現しようとする。七面鳥のローストがメインコースで，ヤム，ジャガイモ，トウモロコシ，クランベリーソース，七面鳥のグレービーソース，詰め物のサイドディッシュがある。味付けされたパン料理は，七面鳥の内側または側面に詰めて提供される。感謝祭の必需品はパンプキンパイだ。このパイには，さらに甘さを[6]加えるためにホイップクリームがトッピングされることがよくある。

(1) [1] 〈 think it to be ～ 〉を受動態の形にしたものである。 [2] 〈 arrive in ～ 〉で「～に到着する」という意味を表す。reach も「着く」という意味を表すが，前置詞を用いないので，不適切。 [3] 直前の文にある taught に近い意味の動詞を選ぶ。 [4] 直前の段落に，ネイティブアメリカンは生きるのに苦労していた入植者たちを助けたという内容が書いてある。1年後に収穫が成功したので，入植者はその恩に感謝した。 [5] make Thanksgiving Day a federal holiday を受動態の形にしたものである。 [6] it はパイを指しているので，パイに甘さを与えると言っている。

基本

(2) ④の文の主語は tradition なので，三単現の主語である。よって，動詞の continue には三単現を表す s が必要である。

2 (長文読解問題・説明文：内容吟味，語句整序)

(全訳) 地球はとても古い。それはその長い寿命の間に頻繁に変化し，そしてそれはまだ変化し続けている。数百万年前，ティラノサウルスレックスのような恐竜が生きていたとき，地球ははるかに暖かかった。世界の最北端や最南端でも，陸や海には氷がほとんどなかった。[8]そして，海は今日あるよりもはるかに高かった。

それ以来，多くの変化があり，時には温暖な気候に，時には寒い気候に変化した。約2万年前，例えば，氷河期と呼ばれる時代が始まった。世界の大部分に氷があり，それは北アメリカとヨーロッパの大部分で3キロメートルの深さだった。そして，海は今日ほど高くなかった。私たちの気候は何度も変化し，また再び変化するだろう。

なぜ私たちの気候は変化するのか？ [9]時々，変化は地球の外から来る。たとえば，地球は太陽の周りを移動する―これは地球の軌道と呼ばれる。数千年ごとに，地球は太陽の周りの軌道を変える。その変化はゆっくりと起こり，地球を太陽に近づけたり，太陽から遠ざけたりする。これが発生すると，氷河期を終了させることができ―あるいは，新しい氷河期を開始することができる。

[10]変化はまた地球の内部からももたらされ得る。この例は，クラカタウ火山だ。それが1883年に噴火したとき，空は多くの国で暗くなり，何ヶ月も暗くなった。そして1年以上，地球は以前より1度寒かった。

しかし今，初めて，人々が気候を変えている。1900年には，地球はちょうど100年後の2000年よりも0.7度寒かった。[11]この変化は地球の軌道のために起こったのではなかった―それは私たちのせいで起こった。これは小さな変化だと考える人もいる。しかし，これについて考えてください。わずか5度から7度の変化で氷河期を開始したり，終了させたりできるのだ。

[12]気候変動は急速に起こるのだろうか，それともゆっくり起こるのだろうか？ 映画「デイ・アフター・トゥモロー」は，非常に急速に起こる変化についてである。この映画では，地球の気候はわずか数日で変化し，新しい氷河期が世界の北部で始まる。

気候はこのように変化し得るのだろうか？ 科学者たちはそれができると考えている―しかしこれほど速くはない。科学者たちは必ずしも同意するわけではない。気候が大きく変化していると考える人もいれば，少ししか変化していないと考える人もいる。急速に変化するだろうと考える人もいれば，ゆっくりと変化するだろうと考える人もいる。13しかし，すべての科学者は気候変動が起こっていることに同意している。重要な質問はこれだ：変化はどれほど危険なのか？

1993年から2001年にかけて米国のクリントン大統領の隣で働いていたアル・ゴアは，この変化は危険だと考えている。彼の映画「不都合な真実」の中で，アル・ゴアは地球の気候がどのように変化したかを説明している。彼は20年以上にわたって気候変動の危険性について話してきたが，彼は正しいのだろうか？　気候変動は危険な問題なのか？　私たちはそれについて何かしなければならないのか？　そして，私たちは何ができるのか？

(1)　全訳参照。

(2)　並べ替えると (In his film An Inconvenient Truth,) Al Gore describes how the Earth's climate has changed (.) となる。疑問文なので，〈疑問詞＋主語＋動詞〉の形になる。Al Gore describes A の A に当たる部分に，疑問が入る。疑問文としてはもともと How has the Earth's climate changed であって，それを疑問文の形に並べる。

3　**(長文読解問題・物語文：正誤問題，内容吟味，語句補充)**

(全訳)　ソニア・フレンチとチャールズ・ダレルは，ソニアの夫であるロバートを殺害することにした。ソニアはロバートに退屈しているが，彼はこれに気付いていないようだ。ソニアとチャールズは何ヶ月も恋人同士だが，ソニアはロバートが離婚することは決してないと考えている。

ある晩，警察官がフレンチの家を訪れたとき，彼らは殺人計画のアイデアを思いついた。チャールズもそこにいる。警部はロバートに，近くにいくつか強盗があり，銃を持っている強盗は捕まえられていないと言う。彼はまた，ロバートがたくさんの銀を持っていることを心配している。

「何を言おうとしているのですか？」とロバートは尋ねた。

「注意するのが賢明だと言っているんです。」と警部は言った。「よく注意してください。①泥棒が捕まるまで，銀を銀行に預けませんか？」

「そんなことはしたくない」とロバートは言った。

警部は怒っていると聞かれないようにした。「まあ，私はあなたに警告しましたよ。」と彼は言った。「それを覚えておいてください。」警部は去った。

3夜後，ソニアはベッドで目を覚ましていた。ロバートは眠っていた。2時まであと10分だった。ソニアは興奮していた。「チャールズが家に入る10分前だわ」と彼女は思った。

そして，彼女は騒音を聞いた。ガラスが割れ，②続いて押し上げられた窓の音。

ロバートは目を覚まさなかった。③ソニアは，開いた窓からチャールズが登る音が聞こえるまで待ってから，ロバートのベッドに向かった。

「ロバート！」彼女は彼を震わせていた。「起きて。階下に誰かがいるわ！」

彼はベッドに腰を下ろし，今は目覚めていた。「誰かいる！　私は降りていかねばいけないだろう，と思う。」

彼は古い灰色のドレッシングガウンを着て，部屋から出た。ソニアは暗闇の中で待っていた。非常に長く待ったようだったが，30分未満だった。すると，寝室のドアの下に細い光の線が現れた。ソニアは夫が突然叫ぶのを聞いた後，銃が爆発するのを聞いた。何か―または誰か―重いものが床に落ち，それからドアが強打されて開かれ，家の外で走っていく足音がした。

ソニアは待っていた。「④私が警察に電話する前にチャールズが逃げる時間が必要だわ」と彼女は思った。

彼女はベッドサイドのライトをつけてベッドから出た。今ではすべてが終わったので，彼女は奇妙に落ち着きを感じた。彼女は(A)警察に何を言おうとしているのかわかっていた。彼女はどれくらい早くチャールズと結婚できるだろうか？　今から半年？　彼女らは結婚した後，休暇でヴェネツィアに行くことができるだろう。彼女はいつもヴェネツィアを見たいと思っていた…

それからドアが開いた。

そしてロバートが入って来た。

(B)長い間，ソニアは彼を見ることしかできなかった。彼女の胃は恐怖で具合が悪くなった。彼は彼女を振り返り，静かで，白い顔をして，だらしなかった。しかし，生きていた。

「何が―何が起こったの？」彼女は言った。

「奴は逃げた」とロバートは言った。「私は彼が最高の銀のいくつかを持っていったのではないかと心配している。警部の話を聞いて銀行に送っておけばよかったと今思っている。」

「しかし，私は銃声を聞いたわ」とソニアは言った。「私はあなたが―あなたは怪我をしていないの，ロバート？」

「いや，ソニア，ぼくは怪我をしてないよ」とロバートは言った。「しかし，悪い知らせがある。チャールズだ。親愛なる勇敢な男が家を見ていて，泥棒を追いかけてぼくたちを助けようとしたんだと思う。彼は階段の一番下にいるよ。ぼくは彼が死んでいるのではないかと心配している。

ソニアは前に倒れ，目を閉じ，ロバートは彼女を支えた。彼は彼女をベッドに運び，それから階下に行った。彼が階下に達したとき，彼は(C)その死体をまたぐ必要があった。彼はこれを静かに行い，カーペットの上の血の周りを歩いた。しかし，彼が銀を保管している部屋に入ったとき，(D)彼は泣きたいと思った。最高の作品はすべてなくなっていた。

彼はドアを閉めた。警察に電話する前に，彼はドレッシングガウンのポケットにあった小さな銃を注意深く掃除した。それから彼はそれを自分の机の中にしまいこんだ。彼は普段はとても整頓された生活の中で一つの問題に対処していて，それ以上問題がないことを確認したかったのだ。

基本　警部が言ったように，(E)注意するのは賢明だった。

(1)　「①～④の下線の文のどれが文法的に正しくないか。」

③の文にはSonia was waitedとあるが，waitは自動詞なので，受動態にはならない。

(2)　「下線部分(A)は何を意味するか。」 ソニアとチャールズは強盗を装ってロバートを殺す計画を立てていた。ソニアは部屋の外で銃声や激しい物音を聞いたため，チャールズがロバートを殺したと思ったので，2が答え。　1「彼女は，強盗はすでに去ってしまったと警察官に言おうとしていた。」 ロバートの死について言うつもりだったので，誤り。　2「彼女は，強盗がロバートを殺したと警察官に言おうとしていた。」　3「彼女は，彼女がチャールズと結婚するつもりだと警察官に言おうとしていた。」 警察官に言うべき内容ではないので，誤り。　4「彼女は，ロバートがチャールズを殺したと警察官に言おうとしていた。」 ロバートがチャールズを殺すとは思っていなかったので，誤り。

(3)　「下線部分(B)は何を意味するか。」 ソニアは，チャールズがロバートを殺したと思いこんでいたので，ロバートが生きているのを見て驚いた。よって，3が答え。　1「彼女はロバートの白い顔を見て驚いた。」 白い顔だから驚いたわけではないので，誤り。　2「彼女はロバートがまだ生きていたので安心した。」 安心したわけではないので，誤り。　3「彼女はロバートがなぜ生きているのかわからなかった。」　4「彼女はチャールズが殺されたと知って悲しかった。」チャールズが殺されたとは思っていないので，誤り。

(4)　「下線部分(C)は何を意味するか。」 ロバートが殺したのはチャールズだったので，3が答え。

1「ソニアの体」　2「ロバートの体」　3「チャールズの体」　4「強盗の体」

(5)　「下線部分(D)は何を意味するか。」 直後に「最高の作品はすべてなくなっていた」とあるので，1が答え。　1「彼は銀が盗まれたので泣きたかった。」　2「彼はソニアが意識を失くしたので泣きたかった。」 銀について悲しがっていたので，誤り。　3「彼は彼がチャールズを殺したので泣きたかった。」 銀について悲しがっていたので，誤り。 4 「彼はソニアとチャールズが恋人同士だったので泣きたかった。」 銀について悲しがっていたので，誤り。

重要 (6) 「空欄(E)を最も適切な答えで埋めなさい。」 ロバートは自分の大切な銀を盗まれたので，もっと注意するべきだったと感じた。また，自分の銃をよく掃除してしまい込んだことから，ロバートはチャールズを自ら殺したと読み取れるので，ソニアがチャールズに奪われないように注意して良かったとも思った。 1 「私は銀を銀行に預けるべきだ。」 銀のことしか書かれていないので，誤り。 2 「注意するのは賢明だった」 3 「強盗は捕らえられていない」 銀やチャールズのことが書かれていないので，誤り。 4 「私は彼が私に警告したのを覚えている」 銀やチャールズのことが書かれていないので，誤り。

4～6 リスニング問題解説省略。

★ワンポイントアドバイス★

2(2)には how が使われている。how を関係代名詞を使って書き換えると〈 the way that ～ 〉となることを覚えておこう。この文を書き換えると，Al Gore describes the way that the Earth's climate has changed となる。

＜国語解答＞ 《学校からの正答の発表はありません。》

一 問一 a 3 b 5 c 1 d 4 e 2
問二 A 4 B 1 C 2 D 3
問三 (4) 問四 2 問五 1・5 問六 2 問七 3

二 問一 a 4 b 3 c 1 問二 3 問三 4 問四 2 問五 5
問六 1 問七 3 問八 2 問九 4

三 問一 a 3 b 4 c 2 問二 1 問三 3 問四 4 問五 1

○推定配点○

一 問一・問二 各2点×9 他 各4点×5(問五完答) 二 問一・問四 各2点×4
他 各4点×7 三 問一 各2点×3 他 各5点×4 計100点

＜国語解説＞

一 (論説文一大意・要旨，内容吟味，文脈把握，接続語の問題，脱文・脱語補充，漢字の読み書き)

問一 a 併設 1 並列 2 平面 3 合併 4 閉口 5 横柄
b 遂げる 1 研げる 2 登り 3 途方 4 塗炭 5 遂行
c 循環 1 一環 2 返還 3 参観 4 勘案 5 圧巻
d 隔てた 1 格式 2 比較 3 改革 4 遠隔 5 画一
e 排除 1 介助 2 除名 3 序章 4 叙述 5 徐行

問二 A 前の「神の分身」と後の「神の支配下にある動物」のどちらかという文脈なので，選択の意味を表す語が入る。 B 「狩りという行為は神の分身……を分けていただく儀式という認識があった」という前から当然予想される内容が，後に「狩りの対象は必要最小限に留め，獲物のいかなる部位も決して無駄にしないように努めなければならなかった」と続いているので，順接の意味を表す語が入る。 C 後で「辺境の無人島は……カミに祈る場所だった」と過去の内容を述べているので，過去のある一時期を意味する語が入る。　D「近代思想としてのヒューマニズムが，人権の拡大と定着にどれほど大きな役割を果たしたかについては贅言する必要もない」という前に対して，後で「近代化は他方で……人物間，集団間，国家間の隙間を埋めていた緩衝材が失われていくことを意味した」と相反する内容を述べているので，逆接の意味を表す語が入る。

問三　挿入文の内容から，「人が住まない場所」について述べている後に入ると推察する。(4)の前に書かれている「辺境の無人島」と「王の支配する国家の間に広がる無人地帯」は，「人が住まない場所」である。また，「カミに祈る場所だった」や「本源的所有者はカミであった」という説明は，挿入文の「カミの支配する領域だった」に通じるので，(4)に入れるのが適当。

問四　傍線部①の「前近代の日本列島」について，直前の段落で「日本でも……死者は集落中央の広場に埋葬された」「寺社が都市の公共空間の枢要に位置する」ことを述べ，直後の段落以降で「神仏や死者のための施設」の機能を具体的に述べている。「参加者の人間関係と社会的役割を再確認し，構成員のつながりを強化する」や，「一致協力して仕事を成し上げる重要性を再確認していく」という機能を，「共同体を運営する上で生じる責任や役割を共有していた」と言い換えて説明している2が適当。「神仏や死者のための施設」が街の中心にあるのは，1の「信仰心や畏敬の念を強くかき立て」るためではない。死者の「生の声」は聞けないので，3は適当ではない。「神仏や死者のための施設」は，4にあるように「現実社会を成り立たせるのに欠かせない……存在」ではない。5の「動植物にも人間を超える優れた能力がある」とは述べていない。

やや難　問五　「その背景には」で始まる段落で「狩りという行為」について述べているが，5の「鳥獣の乱獲を厳しく処罰する」とは述べていない。「カミは海峡を」で始まる段落に，沖ノ島は「不可侵の存在」とはあるが，「人知を超える力で航海者の安全を守る」とは述べていない。したがって，適当でないものは1と5。2は「神判とよばれる神意を問う行為」について述べた部分に，3は「カミは単に」で始まる段落の「祭り」について述べた部分に，4は「だれかを」で始まる段落の内容に適当。

問六　直前に「国家の間においても」と，同様の内容を述べる意味を表す「も」とあるので，前の内容に着目する。直前の文に「集団同士の衝突を防止する役割を担った」とあり，この内容と同様の内容が入る。「衝突を防止する」を「緩衝材」と言い換えている2が入る。他の選択肢は，「集団同士の衝突を防止する」にそぐわない。

重要　問七　直後の文「人の世界からは神仏だけでなく，死者も動物も植物もハイジョされ，特権的存在としての人間同士が直に対峙する社会が出現した」と同様の内容を述べている3を選ぶ。

二　**(小説一主題・表題，情景・心情，内容吟味，文脈把握，脱文・脱語補充，語句の意味，品詞・用法)**

問一　a「せつせつ(と)」と読む。　b　ここでの「叡智」は，すぐれた知恵という意味で用いられている。　c　驚きで一瞬息をとめる意味を表す。

問二　Ⅰ　直後の「話しこんだ」を修飾する語句が入る。直後で「なるほど。」と会話をまとめていることから，しばらくの間盛んにという意味の語句を選ぶ。　Ⅱ「カッコいい大人」の中でも志乃さんはどのように「カッコいい」と言っているのか。文句を言う余地がないという意味の語句が入る。　Ⅲ　ばあちゃんの様子から，「病に」にむしばまれるという意味の語句が入る。　Ⅳ　後に「みつめた」とある。「目を Ⅳ 」でじっと見つめるという意味になる語句が入る。

問三　「前言撤回」の「前言」は，人生が清掃の仕事を続けながら田んぼ作りをすると言ったことである。その言葉に対して，田端さんは「おばあちゃんに期待をさせておきながら，結局あまり手を貸すことができなかったら，かえっておばあちゃんの負担が増すだけだ」と言われたときの人生の心情を考える。傍線部①の「魂が抜けたような声でつぶやいた」からは，人生の決心が揺らいでいる心情が読み取れるので，4が適当。1の「母に対して恨みを……忘れようと」，2の「自分から働くという決意に大きな意味があった」，3の「絶対両立できると確信していた」は読み取れない。この時点では，5「田端さんから仕事を評価され」ていない。

問四　2は「もう／自分／は／やめ／ざる／を／得／ない」の八単語から構成されているので適当。1の品詞は副詞，3の「決して」に応じているのは「ない」，4の動詞は「手伝う」「言わ」「諭し」「い」の四つ，5の文末の「だ」は，断定の意味を表す助動詞なので，適当ではない。

やや難 問五　前の「大変かもしれないが，仕事と米作りを両立させる。それが志乃さんの結論だった」や，直後の文以降の「ばあちゃんの田んぼのこと……人生が稲作を手伝っても仕事に支障がないように自分もサポートするからと，社長に伝えておくと言ってくれた」「志乃さんの話を聞いて，人生ばかりか，つぼみまで励まされたようだった」という志乃さんの言動には，人生の悩みを受け止めて励ましてくれたと述べている5が適当。志乃さんの言動は落ち着いていて，1の「熱烈な意気込み」は感じられない。志乃さんは「自分もサポートする」とは言っているが，2「一緒にがんばろう」とは言っていない。米作りは，人生の3「長年の夢」ではない。人生は「仕事と米作りの両立」を悩んでおり，4「米作りの手伝いを断念しようかと思った」わけではない。

問六　傍線部④は，「しんと静まり返って，返事がない。電気もついていない」ばあちゃんの部屋を開けようとしているときの人生の様子を描写している。「ごとんと大きな石が動いたように心臓が鳴った」という表現からは，ばあちゃんの体調に異変があったのではと心配して動揺する気持ちが感じられる。この表現に，2の「腹を立てている」や5の「怒っている」は合わない。3の「ばあちゃんを苦しませてしまった」ことを心配しているわけではない。「返事がない」ことから人生が心配しているのはばあちゃんの体調で，4のとんでもないことをしているのではないかという恐怖ではない。

問七　直前の「つぼみは真っ青になって，その場に立ち尽くしていた。不安のあまり」から，つぼみの心情を読み取る。直前の段落にあるように「見知らぬ人のようだった」ばあちゃんを見て，つぼみは恐怖と不安を感じており，この内容を述べている3が適当。1の「様子を見てから家を出ればよかったという後悔」や，2の「想像していたのとは全く逆で」は読み取れない。人生のばあちゃんに対する対応は冷静なので，「人生も……まともな行動がとれていない」とある4や「人生も冷静を失っている」とある5も適当ではない。

重要 問八　前の「種籾を選ばなくちゃ……ひと粒の籾から，たくさんのお米ができるんだもの……それを，食べさせなくちゃ……私の家族に」という言葉からは，ばあちゃんにとって米作りは家族のために大切なものであったことが読み取れる。そのばあちゃんが「音もなく，静かに……壊れていくのを」「息を殺して見つめている」というのであるから，人生は衝撃を受けて呆然としているのである。この人生の様子を「強い衝撃を受けながら，眼前の事実にただ呆然としている」と説明している2が適当。この人生の様子に1の「自分の無力さを感じ」や3の「自分を責め」，4の「後悔」，5の「切ない思い」はそぐわない。

問九　本文は，人生がばあちゃんの米作りを手伝おうと決める様子が描かれ，後半ではばあちゃんの異様な行動が描かれる構成となっている。また，人生とつぼみがばあちゃんの部屋の中を見る場面では，短い文の多用が緊張感を生んでいる。この内容に言及している生徒Dの意見が，本文の内容をふまえている。生徒Aの「回想的に語り」，生徒Bの「不可思議な現象」，生徒Cの「一種の心理小説」，生徒Eの「隠喩」「現実離れした雰囲気」の部分が適当ではない。

三　**（古文－大意・要旨，内容吟味，文と文節，口語訳）**

〈口語訳〉　丹後守保昌が（国司として），任国に向かっている時に，与謝の山で，馬に乗った白髪の武士に出会った。(その武士が)木の下に少し入って，笠をかたむけて立ち去ったのを，国司の従者たちが言うには，「あのじいさんは，どうして馬から下りなかったのだろう。理解できない。責め立てて馬から下ろすのがよいだろう」と言う。そこで，国司が言うには，「一人で千人に匹敵するほどの馬の乗りようであった。ただものではない。厳しく責め立ててはいけない」と制止して，通り過ぎているうちに，三町ほど下ると，大矢右衛門尉致経が，多くの従者を従えているのに会った。(致経が)弓を取り直して，国司に挨拶をしている間に，致経が言うには「ここでじいさんが一人，お会い申し上げたことでしょう。あれは私の父で平五大夫でございます。頑固な田舎者ですので，詳しい(作法など)を知りません。きっと無礼な振る舞いをしたことでございましょう」と言った。致経が去った後で，国司は，「やはりそうだったのだ。(あのじいさんは)致頼であったのだ」と言った。

この一党は，頼信，保昌，維衡，致頼という，世に優れた四人の武士である。二頭の虎が戦う時は，どちらも死なずにすむことはない。保昌は，その武士の振る舞いを見て，決して侮らなかった。自分の従者たちをよく制したことによって，何事もなく無事でいられたのだ。たいそう有名なことであった。

やや難 問一　a 「べからず」は禁止の意味を表す。前の「とがめ下ろすべし」という「郎等」の言葉に保昌が答えていることから判断する。　b「されば」は，だから，やはり，という意味。「老翁」の正体を知った保昌の言葉である。　c「郎等をいさめて」は，前の「『一人当千の馬の立てやうなり。ただものにあらず。あるべからず』と制止し」たことを指している。ここでの「無為」は，何事もなく無事でいられたことを意味している。

問二　直後の「ここに老翁や一人，あひ奉りて候ひつらむ。あれは愚父平五大夫にて候ふ。堅固の田舎人にて，子細を知らず。さだめて無礼をあらはし候ふらむ」という致経の発言に着目する。自分の父は「堅固の田舎人」なので，「さだめて無礼をあらはし」ただろう，と述べている1が適当。他の選択肢は，この致経の発言内容に合わない。

問三　勇猛な武士を「虎」に喩えている。傍線部②「ともに死せずといふことなし」は，どちらも死なないということはない，つまりどちらかが死ぬことになるという意味になる。「ともに死せずといふことなし」に，1，2，4は合わない。5の「引き際をわきまえる」とは述べていない。

問四　保昌は誰の振る舞いを見て，侮らなかったのか。保昌は「白髪の武士」を見て「一人当千の馬の立てやうなり」と言っている。「白髪の武士」の正体は致経の父，致頼である。

重要 問五　「世に勝れたる四人の武士」の一人である致頼に出会ったときに，保昌はその正体を知らずとも「一人当千の馬の立てやうなり。ただものにあらず」と言っている。保昌は，致頼の馬の立て方を見て他の者とは違うと感じたのである。この内容を述べている1が合致している。2の「同様の雰囲気を感じ取る」，3の「凡庸な者のふりをして」，5の「相手を怖気づかせることができる」という叙述はない。

★ワンポイントアドバイス★

漢字の識別や語句の意味，文法などできちんと得点を重ねておきたい。その上で，読解問題の選択肢を選ぶ精度をあげていく意識を持とう。

第2回

2022年度

解 答 と 解 説

《2022年度の配点は解答欄に掲載してあります。》

＜数学解答＞ 《学校からの正答の発表はありません。》

1 (1) ア 1 イ 3 (2) ウ 1 エ 8 オ 1 カ 4
(3) キ 1 ク 5 ケ 0 コ 0 サ 0 (4) シ 1 ス 6 セ 0

2 (1) ア 1 イ 4 (2) ウ 1 エ 8 (3) オ 3 カ 1 キ 6

3 (1) ア 6 (2) イ 5 ウ 3 (3) エ 2

4 (1) ア 1 イ 5 (2) ウ － エ 5 オ 2 カ 5
(3) キ － ク 3 ケ 2 コ 9 サ 4

5 (1) ア 6 イ 2 (2) ウ 2 エ 5 オ 1 カ 8
(3) キ 4 ク 2 ケ 3

○配点○

1 各6点×4 2 (1)・(2) 各6点×2 (3) 7点 3 (1)・(2) 各6点×2 (3) 7点
4 (1)・(2) 各6点×2 (3) 7点 5 (1)・(2) 各6点×2 (3) 7点 計100点

＜数学解説＞

1 (計算の工夫，方程式の計算と利用，箱ひげ図)

(1) $\frac{2022^2-2021^2}{156^2-155^2}=\frac{(2022+2021)(2022-2021)}{(156+155)(156-155)}=\frac{4043}{311}=13$

(2) $a-b=4$…①，$a^2-b^2=128$より，$(a+b)(a-b)=128$ これに①を代入して，$a+b=32$…② ①＋②より，$2a=36$ $a=18$ これを②に代入して，$18+b=32$ $b=14$

(3) 税抜き合計金額をx円とすると，$0.4x\times(1+0.1)+0.6x\times(1+0.08)=16320$ $0.44x+0.648x=16320$ $1.088x=16320$ $x=15000$(円)

基本 (4) Aクラスの第1四分位数は160cmだから，Aクラスには160cm以上の人が少なくとも30－7＝23(人)いるので，160cm以上の人数が最も多いクラスはAクラスで，その第1四分位数は160である。

2 (確率)

基本 (1) 1回置き直したときの上面は2，3，4，5の目となり，どの場合も側面には1の目がある。よって，求める確率は，$\frac{1}{4}$

重要 (2) さいころを2回置き直したとき，上面が6の目である確率も$\frac{1}{4}$であるから，2回置き直したときの上面が2，3，4，5の目でないと，3回置き直したときの上面が1の目となることはない。よって，求める確率は，$\left(1-\frac{1}{4}-\frac{1}{4}\right)\times\frac{1}{4}=\frac{1}{8}$

やや難 (3) さいころを3回置き直したとき，上面が6の目である確率も$\frac{1}{8}$であるから，3回置き直したときの上面が2，3，4，5の目でないと，4回置き直したときの上面が1の目となることはない。よって，求める確率は，$\left(1-\frac{1}{8}-\frac{1}{8}\right)\times\frac{1}{4}=\frac{3}{16}$

3 (平面図形の計量)

基本 (1) 直角三角形の斜辺と他の1辺がそれぞれ等しいので，$\triangle OAD\equiv\triangle OCD$　よって，AD=CD 中点連結定理より，$BC=2OD=2\times3=6$

重要 (2) 中点連結定理より，OD//BCだから，平行線と比の定理より，OE：CE=OD：BC=1：2 よって，$OE=\frac{1}{1+2}OC=\frac{1}{3}\times5=\frac{5}{3}$

重要 (3) △ODE：△ODC=OE：OC=1：3　△ODCに三平方の定理を用いて，$CD=\sqrt{5^2-3^2}=4$ よって，$\triangle OCD=\frac{1}{2}\times4\times3=6$より，$\triangle ODE=6\times\frac{1}{3}=2$

4 (図形と関数・グラフの融合問題)

基本 (1) $y=x^2$に$x=-3$，2をそれぞれ代入して，$y=9$，4　よって，A$(-3, 9)$，B$(2, 4)$　直線ABの式を$y=ax+b$とすると，2点A，Bを通るから，$9=-3a+b$，$4=2a+b$　この連立方程式を解いて，$a=-1$，$b=6$　よって，$y=-x+6$　D$(0, 6)$とすると，$\triangle OAB=\triangle OAD+\triangle OBD=\frac{1}{2}\times6\times3+\frac{1}{2}\times6\times2=15$

重要 (2) △OAB=△OACだから，OA//BC　直線OAの傾きは，$\frac{9-0}{-3-0}=-3$　直線BCの式を$y=-3x+c$とすると，点Bを通るから，$4=-3\times2+c$　$c=10$　よって，$y=-3x+10$　$y=x^2$と$y=-3x+10$からyを消去して，$x^2=-3x+10$　$x^2+3x-10=0$　$(x-2)(x+5)=0$　$x=2$，-5　$y=x^2$に$x=-5$を代入して，$y=25$　よって，C$(-5, 25)$

重要 (3) E$(0, 10)$とし，四角形OACBの面積を2等分するy軸と平行な直線と線分BC，OAとの交点をそれぞれF，Gとする。$\triangle OAB:\triangle ABC=OA:BC=\{0-(-3)\}:\{2-(-5)\}=3:7=15:35$ よって，四角形OBFGの面積は，$(15+35)\div2=25$　また，$\triangle OBE=\frac{1}{2}\times10\times2=10$　したがって，平行四辺形OEFGの面積は，$25-10=15$となり，OEを底辺としたときの高さは，$15\div10=\frac{3}{2}$　よって，$y=x^2$に$x=-\frac{3}{2}$を代入して，$y=\frac{9}{4}$　求める交点の座標は$\left(-\frac{3}{2}, \frac{9}{4}\right)$

重要 5 (空間図形の計量)

(1) 球の直径$AG=\sqrt{1^2+1^2+2^2}=\sqrt{6}$より，半径は$\frac{\sqrt{6}}{2}$

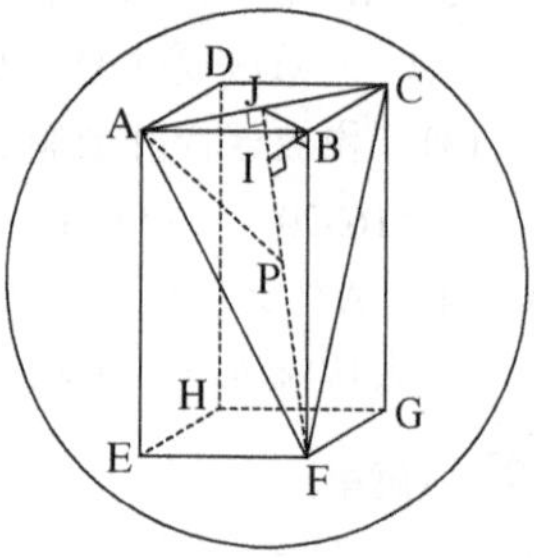

(2) $AC=\sqrt{1^2+1^2}=\sqrt{2}$，$FA=FC=\sqrt{1^2+2^2}=\sqrt{5}$　FからACにひいた垂線をFJとすると，$AJ=\frac{1}{2}AC=\frac{\sqrt{2}}{2}$　よって，$FJ=\sqrt{(\sqrt{5})^2-\left(\frac{\sqrt{2}}{2}\right)^2}=\frac{3\sqrt{2}}{2}$　求める球の切断面は円でその中心PはFJ上にある。円Pの半径PA=PF=rとすると，$PJ=\frac{3\sqrt{2}}{2}-r$　△PAJに三平方の定理を用いて，$PA^2=AJ^2+PJ^2$　$r^2=\left(\frac{\sqrt{2}}{2}\right)^2+\left(\frac{3\sqrt{2}}{2}-r\right)^2$　$r^2=\frac{1}{2}+\frac{9}{2}-3\sqrt{2}r+r^2$　$3\sqrt{2}r=5$　$r=\frac{5}{3\sqrt{2}}$　よって，求める球の切断面の面積は，$\pi r^2=\pi\times\left(\frac{5}{3\sqrt{2}}\right)^2=\frac{25}{18}\pi$

(3) Iは線分FJ上にあり，$\angle FBJ=90°$　2組の角がそれぞれ等しいので，$\triangle BFI\backsim\triangle JFB$　FI：FB=BF：JF　よって，$FI=2\times2\div\frac{3\sqrt{2}}{2}=\frac{8}{3\sqrt{2}}=\frac{4\sqrt{2}}{3}$

★ワンポイントアドバイス★
第1回と出題構成，難易度ともほぼ同じである。[2]以降は各小問は関連しているので，前問を手がかりに解いていこう。

＜英語解答＞ 《学校からの正答の発表はありません。》

1　(1)　[1] 4　[2] 8　[3] 9　[4] 6　[5] 5　[6] 1　(2)　4
2　(1)　[8] 4　[9] 1　[10] 6　[11] 3　[12] 2　[13] 5　(2)　[14] 4　[15] 7
3　(1)　2　(2)　4　(3)　4　(4)　2　(5)　1　(6)　3
4～6　リスニング問題解答省略

○配点○
1～3　各4点×20(2(2)は完答)　4～6　各2点×10　計100点

＜英語解説＞

1　**(長文読解問題・説明文：語句補充，正誤問題)**

(全訳)　私が日本に来る前は，「ビバレッジ(飲み物)」という言葉が一度も私の[1]唇から出たことはなかったと思う。私はもちろんその言葉を知っていた―①しかし，私がこれまでにそれを使用したというのは非常に疑わしい。しかし日本では，英語を話す人がその言葉をよく使うようだ。最初は，それは単に日本英語の奇妙なことの1つだと思っていた―しかし私は間違っていた―アメリカ人の友人がすぐに私に知らせてくれたのだが，それはアメリカ英語だった。当時から私はこの言葉についていくつかの誤解をしており，そしてそれらが一緒になって興味深い歴史をもたらす。

私の最初の驚きは，私が今述べたように，人々がその言葉をよく使用していたことだった―私はいつもそれを過度に形式的で時代遅れになりかかっていると思っていた。イギリスでは，メニューでも「ビバレッジ」という言葉はあまり使われていない；それは，記述的な著作や，時に広告で，そしておそらく最も頻繁にユーモラスな文章で使用され，より[2]一般的な「ドリンク」とは対照的に，より形式的でエキゾチックな感覚を与えるために使用される。「ビバレッジ」という言葉を使うのは冗談でも間違いでもないという考えに慣れてくると，[3]別の驚きがあった―「ビバレッジ」は「ドリンク」よりも具体的な意味があると知らされたのだ。つまりそれは，「冷たいノンアルコール飲料」を意味すると。「ビバレッジ」は「飲む」(熱くても冷たくても)を意味するラテン語の「ビベレ」に由来することを知っていたので，これはある種の[4]間違いであるに違いないと思った。しかし，そうではなかった。私はアメリカ人の友人に(再び)尋ね，そして彼らは私がある種の馬鹿であるように(再び)見たのであり，そしてもちろんそれは冷たいノンアルコール飲料に使われる言葉であって，②ちなみに，私はどんな進歩の遅れた，へんぴな惑星で育ったのだろうかと言った。ええと，あなたたちは毎日何かを学んでいると思うが，少なくとも私は，進歩の遅れた，へんぴなイギリスでは「ビバレッジ」は，もし誰かがその言葉を使うのであれば，あらゆる種類の飲み物を意味する可能性があると主張できる。

③そして，最近まで，そこで議論は止んでいた。最近，私はテレビのアメリカ人の話者たちが英国で予想するよりもはるかに形式ばった言葉の選択を好む傾向があることに気づいた。人々は「戻る(go back)」の代わりに「戻る(return)」と言い，「探す(look for)」の代わりに「探す(seek)」と言い，「助ける(help)」の代わりに「助ける(facilitate)」と言う。私は，米国に住

む英国人の友人たちにこの影響があることに気づいた━彼らは日常の会話でより[5]形式的な単語の選択をし始めた。とても興味深いことだ。私は最近，1,000万語のイギリス会話上の英語についてコンピューターの文例データベースを調べた━「ビバレッジ」の例は1つも出てこなかった━しかし，アメリカ英語をチェックすると━たくさんの[6]単語が表示された。そして驚くべきことに，アメリカのサンプルで出てきた例文は，温かい飲み物，さらにはアルコール飲料について話していた。④物事は明らかに決して変わってなどいないのだ。

(1)　[1]　口に出して言うことを比喩的に表現している。　[2]「ビバレッジ」よりも「ドリンク」という言葉の方がよく使われるので，一般的だと言っている。　[3]「ビバレッジ」という言葉を使うということが驚きであったのに，それに加えて別の驚きもあったと言っている。

[4]「ビバレッジ」は冷たいノンアルコール飲料にしか使わないと知って，語源からしてもそれは誤っているので，何かの間違いだと思ったと言っている。　[5]　直前にある言葉の例にもあるように，通常の言葉よりも形式ばった言葉を使いたがる傾向があると言っている。　[6]　文例データベースで調べたところ，アメリカ人は会話で「ビバレッジ」をよく使うことがわかったと言っている。

重要 (2)　筆者はアメリカ人の友人から「ビバレッジ」とは冷たいノンアルコール飲料にしか用いないと聞かされたが，文例データベースで調べたところ，アメリカ人はそれを温かい飲み物にもアルコール飲料にも使っていることがわかったと言っている。よって，物事は変化しつつあると言えるので，④の文は肯定文にするべきである。

2　(長文読解問題・説明文：内容吟味，語句整序)

(全訳)　ファーストフード店はいたるところにある。それらは高速道路，小さな町，そして大都市にある。それらは「チェーンレストラン」と呼ばれている。それらは大企業が所有するレストランのグループの一部である。東京で買えるハンバーガーは，(2)サンフランシスコの同じ会社で買えるハンバーガーと同じ味である。人々は好きな食べ物を食べるために何度も何度も戻ってくる。一部のファーストフードレストランでは，メキシコ料理(タコス)，アジア料理(寿司)，イタリア料理(ピザ)のみを提供している。[8]その他は，フィッシュアンドチップス，ドーナツ，ベーグル，フライドチキン，またはアイスクリームを専門としている。

ファーストフードは急いでいる人々のために作られている。多くの人はレストランに行って座り，食べ物を注文し，調理されるのを待つ時間がない。[9]ママは遅くまで働いた後，家族のためにファーストフードを手に入れる。試験勉強をしている学生，ピザパーティーをしている友達，トラックの運転手は全員，ファーストフード店に立ち寄る。

そして，ファーストフード店は高価ではない。人々はお金を節約することができる。それらは非常に金持ちから非常に貧しい人まで，誰にでも人気がある。人々はファーストフードを食べて育つ。[10]金持ちでも小学校で食べたファーストフードサンドイッチの味が大好きである。彼らは，ハンバーガーを注文すれば，4年生で覚えていたのと同じくらいおいしいことを知っているので，お気に入りのファーストフードレストランに行く。

[11]そして，すべてのファーストフードレストランが近代的であるわけではない。忙しい人は，世界中の歩道に設置された小さなカートやテーブルから売られている伝統的な料理を楽しむ。あなたはアジアで麺を食べることができる。中東ではファラフェルを試してみなさい。または，ニューヨークの有名なホットドッグスタンドの1つからホットドッグを楽しみなさい。

ファーストフード店は年間約5,700億ドルを稼ぐ。最初のファーストフード店は1860年にロンドンでフィッシュアンドチップスを販売した。アメリカ人が国中に高速道路を建設した後，人々は至る所で運転するようになった。「ドライブイン」レストランが人気になった。人々は自分の車を駐車した。12ローラースケートのウェイトレスが車にやって来て，食べ物の注文を取った。

なぜ人々はお気に入りのファーストフードチェーンレストランに戻ってくるのだろうか？　ええと，ファーストフードは安くて美味しくて簡単だからだ。13お金がなくて急いでいる人にぴったりである。そして，彼らは自分たちの好きな食べ物がロンドンと横浜でいつも同じ味になることを知っているのだ。

(1)　全訳参照。

(2)　並べ替えると (The hamburgers you can buy in Tokyo) taste the same as the ones you can buy (from the same company in San Francisco.) となる。〈 the same as A 〉で「Aと同じ」という意味を表す。また，you can buy が ones を修飾しているが，目的格の関係代名詞は省略されている。

3　(長文読解問題・物語文：正誤問題，内容吟味，語句補充)

(全訳)　エイダは有名人の娘だった─彼女が生まれたその日から有名だった。彼女の父親は伝説的な詩人，ジョージ・ゴードン・バイロン卿であり，母親は数学を(A)深く愛した女性であるアン・イザベラ「アナベラ」・ミルバンク夫人だった。

アナベラは，娘が成長して，有名な父親のように愚かできまぐれになるのではないかと心配していた。これには正当な理由がある。バイロン卿の世界は混沌に満ちていた。彼はギャンブルが好きで，多くの色恋沙汰があった。バイロンと一緒に暮らすことができなくなったアナベラは，赤ちゃんのエイダを連れて両親と一緒に暮らすようになった。

(B)アナベラはエイダの想像力が自由になることを望まず，そしてエイダが数学への愛を共有することを確実にしたかった。アナベラはエイダの世話をしている人々に，彼女に真実だけを話すよう言った。彼女はエイダが幻想的でばかげたことを考えないように一生懸命努力したが，好奇心旺盛で，エイダは彼らについてとにかく疑問に思った。

バイロン卿は予測不可能だったかもしれないが，彼には他の資質があり，彼を並外れた詩人にした。父親のように，エイダは独創的で常に洞察力が鋭かった。これらの特徴は，彼女が成長したときに素晴らしいことを成し遂げるのに役立った。幼い頃，エイダは鳥がどのように飛ぶことができたかを理解するために鳥を見た。彼女は空の雲について疑問に思い，彼女が見たすべてのものと彼女が行ったすべての場所に強い関心を持っていた。

(C)アナベラがどんなに頑張っても，エイダの好奇心を押しつぶすことはできなかった。エイダは，物事がどのように機能するかを理解したいという強い願望を示した。彼女は，虹の美しさを賞賛するだけでなく，その背後にある科学を発見したかったので，特に虹に興味を持っていた。エイダは虹の研究に多くの時間を費やし，そして雨が降った後に空を見ると，虹が見られることを知った。時々，エイダはより近くを見て，2番目の虹を見た。これが起こった理由を知るために，彼女は家庭教師のウィリアム・フレンドに手紙を書いた。

エイダは，彼女が見たすべての虹がなぜ曲線の形をしているのか，なぜそれらが円の一部を形成しているように見えるのか，そしてどのように2番目の虹が作られるのかを知りたがっていた。彼女は本能的に虹の色がどのように分離されているかを知っていたが，空に2つの虹があるときに色が異なって表示される理由を理解できなかった。

ウィリアムはまた，エイダの母親，アナベラを指導していた。彼は，科学的事実に焦点を合わせたいと思うためだけに，学生に「不確実性ではなく確実性」を教えた伝統的な学者だった。

ウィリアムはエイダに確かなことをエイダに教えたかっただけだったので，彼は虹についての彼女の質問に答えることに同意した。

2番目の虹は，一つの虹を作る雨滴の内部の太陽光の単一の反射ではなく，雨滴の内部の太陽光の二重の反射によって引き起こされると彼が説明した可能性がある。二重反射からの光の角度は，2番目の虹が逆さまに見えることを意味する。色は，通常の虹とは逆に，外側が紫から内側が赤に変わる。ウィリアムの説明は，虹についてのエイダの好奇心を満足させるはずだったが，彼女は常に他の話題についてより多くの質問をしていた。エイダは家庭教師にこれらの質問をしたり，後で本で彼女の答えを見つけたりして，彼女は物事がどのように機能するかについてもっと知りたいと思うのをやめなかった。

エイダは，科学的研究が女の子に奨励されていなかった時代に生きていた。しかし，彼女は(D)それを許さなかったし，母親が彼女を落胆させようとしても，答えを探すのをやめさせなかった。エイダの考えには限りがなかった―彼女は常にできる限り多くを学ぶことに確たる意志を持っていた。

エイダの好奇心と果てしない質問が，彼女に私たちの世界で最も重要な発明の1つ―プログラム可能なコンピューターを想像させたことを私たちは知っている。

(1) 「下線の語(A)は何を意味するか。」 adore は「深く愛する」という意味の動詞なので，2が答え。 1 「嫌った」 2 「愛した」 3 「理解した」 4 「得意でなかった」

(2) 「下線部分(B)の理由は何か。次の文の空欄部を埋めよ。」 第2段落の第1文の内容に合うので，4が答え。 「アナベラは娘のエイダが______ことを恐れた。」 1 「アスリートとして成功しない」 アスリートは関係がないので，誤り。 2 「自分より優れた数学者になる」 数学を愛するように願ったので，誤り。 3 「自分の母親が言ったことが本当だと思わない」 文中に書かれていない内容なので，誤り。 4 「自分の夫のようにきまぐれな人物になる」

(3) 「下線部分(C)は何を意味するか。」

基本 1 「アナベラはエイダに数学を熱心に学ばせようとしたが，エイダはそれに興味を持たなかった。」 文中に書かれていない内容なので，誤り。 2 「アナベラはエイダに虹について教えようとしたが，アナベラが言ったことを理解するのはエイダには難しかった。」 文中に書かれていない内容なので，誤り。 3 「アナベラは美しい虹の裏にある科学を発見しようとしたが，彼女はその答えを見つけられなかった。」 文中に書かれていない内容なので，誤り。 4 「アナベラはエイダがあらゆるものに興味を持つことを止めさせようとしたが，そうすることはアナベラには難しかった。」 第5段落の第1文の内容に合うので，答え。

(4) 「文章によれば，2つのタイプの虹はどのように見えるか。」 第10段落に「二重反射からの光の角度は，2番目の虹が逆さまに見えることを意味する。色は，通常の虹とは逆に，外側が紫から内側が赤に変わる」とあるので，2が答え。

(5) 「下線部分(D)は何に関しているか。」

1 「科学的な研究が少女に勧められていなかった時だったという事実」 直前の文の内容に当てはまるので，答え。 2 「彼女が自分の疑問に対する答えを見つけた本」 「本」について書かれていないので，誤り。 3 「様々な話題に関するエイダの好奇心と終わることがない質問」 直前の文の内容に当てはまらないので，誤り。 4 「虹の色がどのように分かれているかに関するウィリアムの説明」 直前の文の内容に当てはまらないので，誤り。

(6) 「次のどの意見が正しいか。」

1 「エイダの父親は偉大な詩人であるだけでなく，成功した数学者だった。」 文中に書かれていない内容なので，誤り。 2 「ウィリアムがエイダから質問されるたびに，彼は本の中にその答えを見つけた。」 文中に書かれていない内容なので，誤り。 3 「エイダは物事がどのように作用するかに関する好奇心と強い意欲を持っていたので，プログラムできるコンピューターを想像することができた。」 最後の段落の内容に合うので，答え。 4 「ウィリアムはなぜ虹のカーブを描くかについてエイダと母親の両方を教えた。」 文中に書かれていない内容なので，誤り。

4～6 リスニング問題解説省略。

★ワンポイントアドバイス★

3(C)には〈 no matter how ～ 〉「どれほど～しても」が使われている。これは however を使って書き換えることができることを覚えておこう。この文を書き換えると However hard Annabella tried, ～ となる。

＜国語解答＞ 《学校からの正答の発表はありません。》

一 問一 a 4 b 3 c 4 d 4 e 1
問二 A 2 B 4 C 3 D 1
問三 4 問四 (4) 問五 1 問六 4 問七 4

二 問一 a 2 b 1 c 3 問二 1 問三 2 問四 4 問五 1
問六 1 問七 5 問八 3 問九 5

三 問一 a 1 b 3 c 5 問二 2 問三 5 問四 3 問五 4

○推定配点○

一 問一・問二 各2点×9 他 各4点×5 二 問一・問五 各2点×4
他 各4点×7 三 問一 各2点×3 他 各5点×4 計100点

＜国語解説＞

一 (論説文―内容吟味，文脈把握，接続語の問題，脱文・脱語補充，漢字の読み書き)

問一 a 文献 1 顕微鏡 2 検討 3 賢明 4 献上 5 経験
b 創始者 1 競争 2 装飾 3 創意 4 聡明 5 相互
c 契約 1 提携 2 傾斜 3 蛍光灯 4 契機 5 光景
d 称賛 1 承認 2 故障 3 唱和 4 対称 5 訴訟
e 容認 1 形容 2 民謡 3 休養 4 動揺 5 要請

問二 A 前の古来の動物観を堅持していた「現代に直結する近代の思想家たち」の例として，後で「近代を代表する哲学者の一人であるカント」を挙げているので，例示の意味を表す語が入る。 B 「カントではクルマではなく馬であり，ガレージではなく厩舎であった」という前に対して，後で「その本質は同じ」と相反する内容を述べているので，逆接の意味を表す語が入る。 C 直前の段落の」「カントの奴隷制に対する否定は，本当は不十分だった」という内容に，後で「これは全くカントに限ったことではない」と付け加えているので，添加の意味を表す語が入る。 D 「人間自身の心のあり方に影響を及ぼすから」という前を，後で「動物に残酷な振る舞いをすると動物の苦痛に対する同情心が鈍くなり，それが人間同士の道徳感情に悪影響を与えるから」と言い換えているので，説明の意味を表す語が入る。

問三 同じ文は，現代の動物倫理学と動物に対する伝統的思想とは「断絶」していると述べている。直後の文の「動物をめぐる現代の状況が，過去の思想家には想像も付かないレベルのものになっているということに起因する」という理由と合わせて，「現代の動物科学の成長は人間の想像をはるかに超えるもので，伝統的な思想とは差がありすぎる」と言い換えて説明している4が適当。1の「人間と動物の本源的な繋がりが科学技術の発展により明らかになった」，2の「科学や文明の発展によって動物と人間との強固な関係性」の部分が適当ではない。3の「深刻な環境破壊の一因」，5の「人間と動物との関連性が失われた」とは述べていない

基本 問四　挿入文の内容から，「奴隷」や「奴隷売買」の様子を述べた部分の後に入る。(4)の前に「人間をあたかも物件のように，値段を付けて売買すること」とあるので，挿入文は(4)に入れるのが最も適当。他の箇所の前に，「奴隷」について述べているものはない。

やや難 問五　傍線部②の「人間の首に値札がかけられることはなくなったが，馬は相変わらず売り買いの対象とされている」はカントの理念によるものなので，カントの考えを述べている部分に着目する。「この点で」で始まる段落の「カントにとって馬は，現代の我々にとってはクルマと同じである」，「ところが」で始まる段落の「人間が動物とは異なり，手段的な物件ではなく，目的的な人格だからである」から，「人間は目的であり尊ぶべきであるという潜在意識」を理由としている1が適当。2の動物に「同情をよせる必要はないと感じている」や，4の「動物にはどんな悪行もまかり通ると考えている」ためではない。3の「人間は主体的に値札を外すことのできる」，5の「動物を自分たちとは異なる個性なき生命体としか認識しておらず」とは述べていない。

問六　動物に対するカントの考えを述べている部分を探す。直後の段落に「カントははっきりと，動物を残酷に扱うことは人間の自分自身に対する義務に背くことであるとした」とあり，一つ後の段落に「できれば残酷な動物実験をするべきではないが，それ以外に目的に達する方法がなければ，神聖な目的のために残酷さはヨウニンされる」とある。この内容を言い換えて説明しているのは4。1の「人間の生活に悪影響を及ぼすような残酷な動物実験」，2の「生きた個性のある存在ではない動物であれば」，3の「動物実験は正当化していない」，5の「動物に対して行う残酷な振る舞いは黙認する」の部分が，カントの考えに合わない。

やや難 問七　生徒Dの「仮にマウスの実験が成功して人間の生活が向上すれば，違法にはならない」に注目する。「マウスの実験が成功」してもしなくても「違法にはならない」ので，生徒Dは正しく解釈していない。

二 **(小説一情景・心情，内容吟味，文脈把握，脱文・脱語補充，語句の意味，ことわざ・慣用句，品詞・用法)**

問一　a 「異才」は人並み外れた才能，「片鱗」は多くの中のほんの少しの部分という意味。
b 「相談もなく突っ走る」夫に対する妻の様子である。同義語は「やきもきする」。　c 猪がまっしぐらに突進するという意味からできた語句。

問二 「名を Ⅰ 」で名声を得る，「眉を Ⅱ 」で気になる様子を表情に出した，「手を Ⅲ 」で手伝った，「気の Ⅳ 」でしゃれたという意味になる語句が入る。

問三　傍線部①の「謙遜」は，自慢したりせずにへりくだること。冒頭に「編集者から期待通りの反応が返ってきた。あまりに出来栄えがよいので，特集の扉ページに使いたいと言ってきた」から，自分でも作品に自信はあったが，それを表情には出せないことを「もちろん謙遜だ」と表現している。1の「疑心暗鬼」や5の「さらに良い作品を作れるという自負心」は読み取れない。後で編集者から「晩成型」と指摘されるので，この時点で「晩成型の……自覚」とある3は適当ではない。「もちろん謙遜だ」からは内心の自信が読み取れるので，「恐れ多い」とある4も適当ではない。

問四　春代の「閃き」について，具体的に述べている部分を探す。「ほかの作品も」で始まる段落に「いい作品を描いているときは，決まって栄一が会社を辞めて事業を始めた時期と一致するのだ」とあり，そのことについて「口から」で始まる段落で「我が家の危険度を本能が感知し，補おうとしているのだ……ともあれ，満足のゆく作品が描けたときは気分がいい」と春代の感想を

述べている。この内容を述べている4が適当。1の「夫婦の心がシンクロしている」や2の「栄一が与えてくれた好機だ」は栄一の感想であって，春代のものではない。3の「栄一が故意に春代の不安を煽るようなことをする」と春代は考えていない。5の「冒険的な作品を描いている自覚がないのは晩成のクリエーターだから」とは述べていない。

基本 問五　2と4の品詞は副詞，3は様態を表す助動詞，5は推量の助動詞が正しい。

問六　直後の「まずは沼田に辞めてもらわなければ。できれば塚本もチェンジしたい」から，春代の「頭が痛くなってきた」のは，栄一が人を選ばずアルバイトを採用したためだとわかる。前で「人望だけはメジャーリーグ級なのだ」とあるように，人望だけを武器に営業をしている栄一の経営に春代が不審がっているとある1が適当。2の「春代の将来までもが暗い」や3の「後先考えず始めた」，4の「今後は春代が先頭に立って経営を指揮していかねばならない」とは述べていない。春代の様子に，5の「怒りを覚えた」はそぐわない。

問七　春代の作品のインスピレーションが湧いてくる時期と栄一が事業を始めた時期とが一致していることについて，春代と栄一が話している場面である。後に「栄一は松本清張のように下唇をむき」とあることから，栄一にとって不満な内容が入るので，1と4は適当ではない。後の「我が家の危険度を本能が感知し，補おうとしている」に着目し，この内容に通じる5を選ぶ。

やや難 問八　ウの「人望だけはメジャーリーグ級」という表現からは，春代が栄一に人望があることを好ましく思っていることが読み取れるので，3は適当。波線部アから「今後もこの編集者とともに仕事がしたい」とは読み取れない。波線部イは，春代自身が気づいたことを述べているので，「編集者の指摘が的を射ているのではないか」とある2は適当ではない。春代の言動は，4の「社長夫人」を意識したものではない。波線部オに「鏡のように」という直喩が用いられているが，「アイデアが消えても浮かぶ様子」を波線部オ全体で隠喩として表現しているので，5も適当ではない。

重要 問九　本文中の「ほかの作品も」で始まる段落の「いい作品を描いているときは，決まって栄一が会社を辞めて事業を始めた時期と一致するのだ」から，栄一が仕事を続けている間は，春代はインスピレーションには恵まれないと想像できる。冒頭の編集者との会話で，春代は冒険をしないときでも「水準以上のものを描いてきたつもり」と自負しており，この内容をふまえて解釈しているのは5の生徒E。生徒Aの「春代は負ける運命にあった」や「ディレクターもかわいそう」，生徒Dの「春代のポスターが選ばれたら……店の売り上げが下がった」は正しく解釈していない。教師が提示した最後の場面の「なんとなく，熱が冷めた」からは，生徒Bの「春代の最後の抵抗や，強がり」や，生徒Cの「次の作品製作に向けて気持ちを切り替え」は感じられない。

三 **(古文―大意・要旨，内容吟味，文と文節，口語訳)**

〈口語訳〉　白河院の時代に，九重の塔の金物が，牛の皮で作ってあるということが，世の中で噂になって，修理をした人である，定綱朝臣が，罰せられるだろうという話が，広まった。(白河院は)仏師の何とかという者をお呼びになって，「確かに，本当か，嘘かを見て，ありのままを報告せよ」とおっしゃったので，(仏師は)承知して，(九重の塔に)上ったが，中ほどのところで，戻って下りて，涙を流して，顔色を失った様子で，「身があればこそ，主君にお仕え申し上げられます。胆がつぶれて，白黒見分ける心地もありません」と言い終わることもなく，ぶるぶるとふるえていた。白河院は，お聞きになって，お笑いになり，特別な処罰もなく，そのままになった。

かの韋仲将が，凌雲台に登った心地も，これほど怖かったのだろうかと思われる。

その当時の人々は，(仏師を)たいそうな愚か者の例として言っていたが，顕隆卿がお聞きになって，「こいつはきっと神仏のご加護があるはずの者だ。人が罪を受けるべきところ，(その)罪を知って，みずから，愚か者となった，並々ではない配慮である」とほめられたということだ。

確かに(その仏師は)長く白河院にお仕え申し上げ，平穏無事に過ごしたということだ。

やや難 問一　a「ことにあふ」は，一大事となるという意味。意味がわからない場合は，九重の塔の金物が牛の皮で作られているという噂が流れ，修理した人である定綱朝臣がどうなるという話が広まっているのかを推察して判断する。　b「かくやありけむ」は，これほどであったのだろうかという意味。(注)にあるように，七，八十メートルの空中につり上げられた章仲将を取り上げており，これほど怖かったのだろうか，という解釈だと判断する。　c「ことなかり」は「事無かり」と書き，何事もなく無事に，という意味になる。

問二　白河院が九重の塔の金物が牛の皮でできているという噂を聞いて，仏師に「たしかに，まこと，そらごとを見て，ありのままに奏せよ」と命じたことから判断する。「まこと，そらごと」は，真か虚言かという意味なので，この内容を述べている2が適当。「まこと，そらごとを見て，ありのままに奏せよ」と言われているので，1の「金物に交換する」ためではない。仏師は途中で下りてきているので，3と5は適当ではない。4の「定綱に恩を売るため」とは読み取れない。

やや難 問三　白河院は，仏師が「なからのほどより帰り下りて，涙を流して，色を失ひて，『身のあればこそ，君にも仕へ奉れ。肝心失せて，黒白見分くべき心地も侍らず』といひもやらず，わなな」く様子を見て，お笑いになったとある。ふるえながら弁明する仏師を見て，許してやろうと思ったとある5が適当。「笑はせ給ひて」とあるので，「かわいそうだと思った」とある1や，「反省した」とある4は適当ではない。仏師の主人は白河院なので，2も適当ではない。3の「誰も確認する人はいないだろう」という叙述はない。

問四　直前の段落の，顕隆卿が仏師の話を聞いて「こやつは必ず冥加あるべきものなり」と言ったことを踏まえている。「身もあればこそ，君にも仕へ奉れ」という言葉通り，「久しく君に仕へ奉」ったのは，3の仏師。

重要 問五　「時人」で始まる段落の「こやつは必ず冥加あるべきものなり。人の罪蒙るべきことの，罪を知りて，みづから，痴のものとなれる，やんごとなき思ひはかりなり」という顕隆卿の言葉と，最終段落の仏師が「まことに久しく君に仕へ奉りて，ことなかりけり」という結末に，4が合致している。仏師の行為は，1の「注目の的となる」ためではない。また，仏師は「時人」に「いみじき痴のためし」と言われているので，「周囲に評価される」とある2も合致しない。3にあるように「自分の待遇が確実に保証される」わけではない。仏師は，神仏のご加護で主人に無事仕えることができたが，5にあるように「一転して評価が上が」ったわけではない。

★ワンポイントアドバイス★

小説の読解問題では，表現に込められた心情を読み取らせるものが多い。選択肢に書かれている心情の言葉に注目して，適当でないものをすばやく外そう。残された選択肢のみを検討することで，時間短縮を図ることができる。

2021年度

★★★★★★★★★★★★★★★★★★★★★★★★

入　試　問　題

2021年度

栄東高等学校入試問題（第１回）

【数　学】（50分）〈満点：100点〉

【注意】

1　問題の文中の $\boxed{\text{ア}}$，$\boxed{\text{イウ}}$ などには，特に指示がないかぎり，符号（－，±）又は数字（0～9）が１つずつ入る。それらを解答用紙のア，イ，ウ，…で示された解答欄にマークして答えること。

例　$\boxed{\text{アイウ}}$ に－83と答えたいとき

ア	**⊖**	±	0	1	2	3	4	5	6	7	8	9
イ	⊖	±	0	1	2	3	4	5	6	7	**8**	9
ウ	⊖	±	0	1	2	**3**	4	5	6	7	8	9

なお，同一の問題文に $\boxed{\text{ア}}$，$\boxed{\text{イウ}}$ などが2度以上現れる場合，原則として，2度目以降は $\boxed{\text{ア}}$，$\boxed{\text{イウ}}$ のように細字で表記する。

2　分数形で解答する場合，分数の符号は分子につけ，分母につけてはいけない。

例えば，$\dfrac{\boxed{\text{エオ}}}{\boxed{\text{カ}}}$ に $-\dfrac{4}{5}$ と答えたいときは，$\dfrac{-4}{5}$ とすること。

また，それ以上約分できない形で答えること。

例えば，$\dfrac{3}{4}$ と答えるところを，$\dfrac{6}{8}$ のように答えてはいけない。

3　根号を含む形で解答する場合，根号の中に現れる自然数は最小となる形で答えること。

例えば，$\boxed{\text{キ}}\sqrt{\boxed{\text{ク}}}$ に $4\sqrt{2}$ と答えるところを，$2\sqrt{8}$ のように答えてはいけない。

4　根号を含む分数形で解答する場合，例えば $\dfrac{\boxed{\text{ケ}}+\boxed{\text{コ}}\sqrt{\boxed{\text{サ}}}}{\boxed{\text{シ}}}$ に $\dfrac{3+2\sqrt{2}}{2}$ と答えるところを，$\dfrac{6+4\sqrt{2}}{4}$ や $\dfrac{6+2\sqrt{8}}{4}$ のように答えてはいけない。

$\boxed{1}$　次の各問いに答えよ。

(1)　$49\times51-48\times52+47\times53-46\times54=\boxed{\text{アイ}}$

(2)　$a+3b=5$，$a^2+9b^2=13$ のとき，$2a^3b+4a^2b^2+18ab^3=\boxed{\text{ウエ}}$ である。

(3)　10％の食塩水が150 gある。この食塩水を x g捨てた後に，5％の食塩水を y g足すと8％の食塩水が200 gできた。

このとき，$x=\boxed{\text{オカ}}$，$y=\boxed{\text{キク}}$ である。

(4)　$\dfrac{1}{6}=\dfrac{1}{a}+\dfrac{1}{b}$ をみたす正の整数 a，b $(a<b)$ の組 $(a,\ b)$ を考える。

等式の両辺に $6ab$ を掛けて整理すると，$(a-6)(b-6)=\boxed{\text{ケコ}}$ となるので，$(a,\ b)$ は全部で $\boxed{\text{サ}}$ 組ある。

(5) 図において，BQ：CR＝3：1のとき，$\dfrac{AD}{BD}\cdot\dfrac{CE}{AE}=\dfrac{\boxed{\text{シ}}}{\boxed{\text{ス}}}$である。

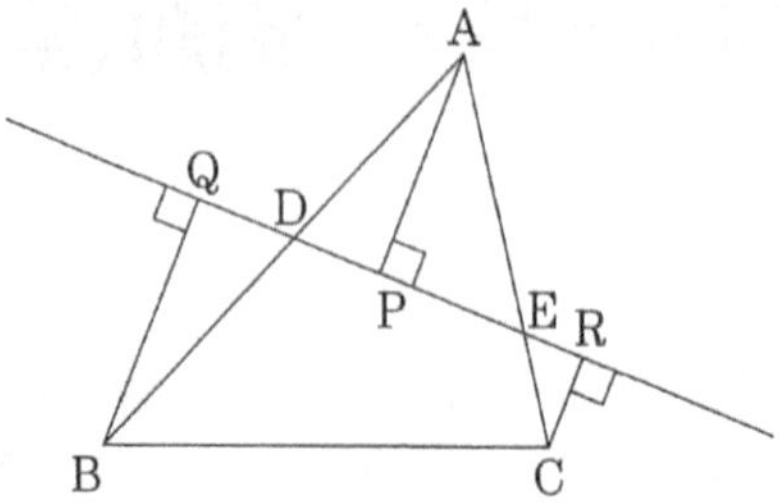

[2] 四角形ABCDと点Pがある。点Pは，はじめ頂点Aにあり，さいころを投げて出た目の数だけ反時計回りに頂点を移動する。

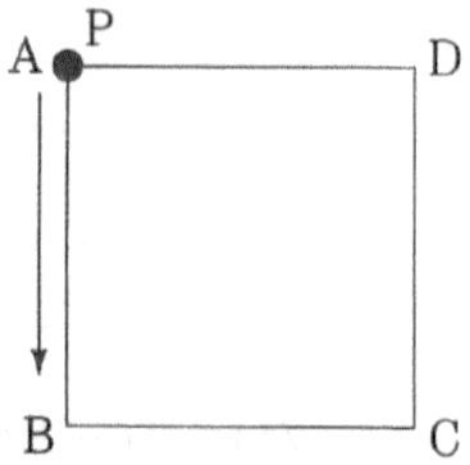

(1) さいころを1回投げて，点Pが頂点Bに移動する確率は$\dfrac{\boxed{\text{ア}}}{\boxed{\text{イ}}}$である。

(2) さいころを2回投げたとき，点Pが少なくとも1回，頂点Bに止まる確率は$\dfrac{\boxed{\text{ウ}}}{\boxed{\text{エ}}}$である。

(3) さいころを3回投げたとき，点Pが頂点Bにも頂点Cにも止まる確率は$\dfrac{\boxed{\text{オカ}}}{\boxed{\text{キクケ}}}$である。

[3] 図のように，AB＝4，BC＝6の長方形ABCDを，頂点Aが辺BCの中点Mに重なるように折る。折り目と辺AB，ADとの交点をそれぞれP，Qとする。

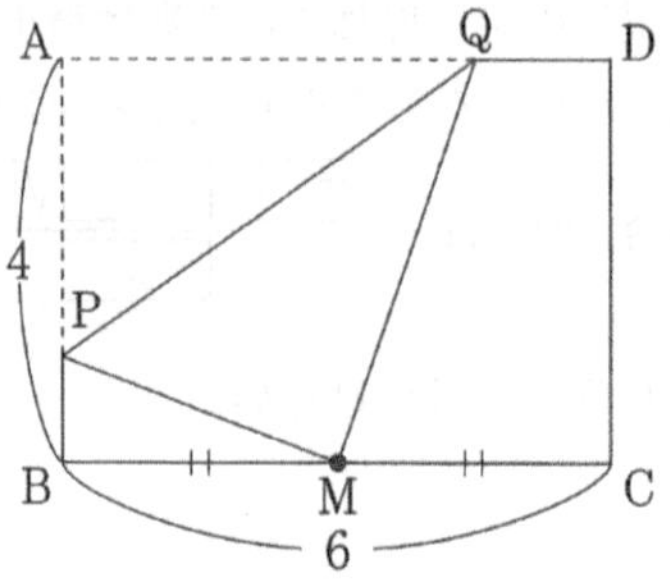

(1) APの長さは$\dfrac{\boxed{\text{アイ}}}{\boxed{\text{ウ}}}$，AQの長さは$\dfrac{\boxed{\text{エオ}}}{\boxed{\text{カ}}}$である。

(2) 点Cから線分PQに下ろした垂線の足をHとすると，CHの長さは$\dfrac{\boxed{\text{キク}}}{\boxed{\text{ケコ}}}$である。

(3) CHとMQの交点をRとすると，CR：RH＝$\boxed{\text{サシ}}$：$\boxed{\text{ス}}$である。

4 図のように，放物線$y=\frac{1}{3}x^2$と傾きが$-\frac{\sqrt{3}}{3}$である直線が2点A，Bで交わっている。点Aのx座標は$-2\sqrt{3}$である。

また，点Bとy軸に関して対称な点をB′とし，2点B，B′を通り，x軸と原点Oで接する半径2の円Cがある。

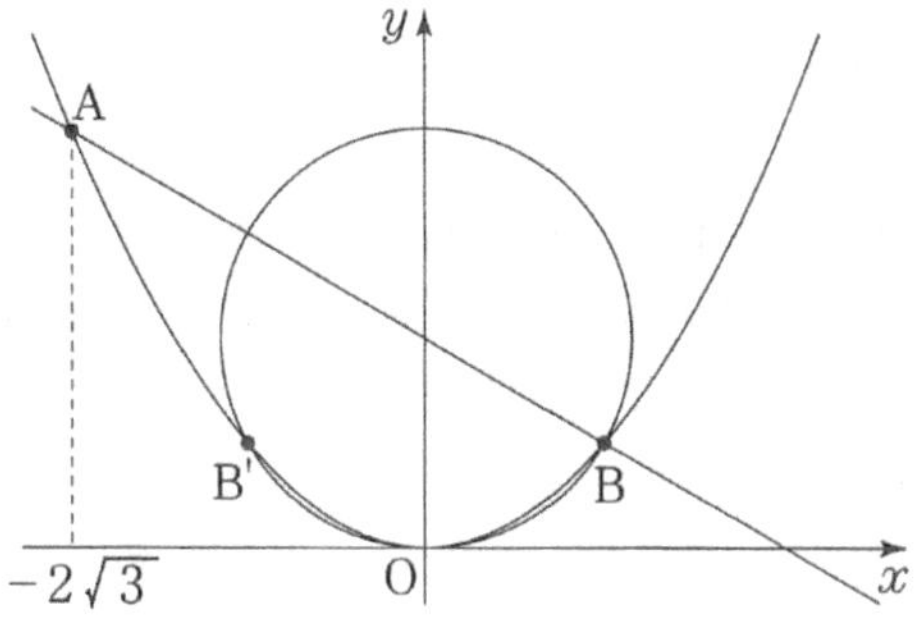

(1) 直線ABの方程式は，$y=-\frac{\sqrt{3}}{3}x+$ [ア] であり，B($\sqrt{\text{[イ]}}$，[ウ])である。

(2) 円Cの中心をPとすると，四角形OB′PBの面積は [エ] $\sqrt{\text{[オ]}}$ である。

(3) 点Bを通り，四角形OB′ABの面積を2等分する直線の方程式は，

$y=-\frac{\sqrt{\text{[カ]}}}{\text{[キ]}}x+\frac{\text{[クケ]}}{\text{[コ]}}$ である。

5 図のように，1辺の長さが2の立方体ABCD－EFGHがある。動点Pは，毎秒1の速さで点Eから辺EF，FG，GH上を点Hまで動く。

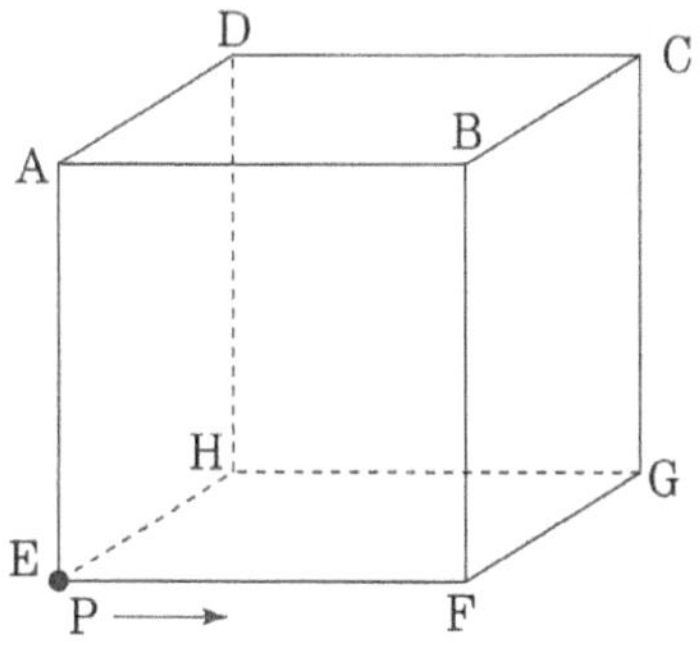

(1) 動点Pが動きはじめてから2秒後にできる△APCの面積はは [ア] $\sqrt{\text{[イ]}}$ である。

(2) 動点Pが動きはじめてから$\frac{5}{2}$秒後に，3点A，C，Pを通る平面で立方体を切断したとき，点Bを含む立体の体積は$\frac{\text{[ウ]}}{\text{[エ]}}$である。

(3) 3点A，C，Pを通る平面で立方体を切断したとき，点Bを含む立体の体積が$\frac{25}{4}$となるのは，動点Pが動きはじめてから$\frac{\text{[オカ]}}{\text{[キ]}}$秒後である。

【英　語】（50分）〈満点：100点〉

１．次の英文を読み，あとの問いに答えなさい。（文中の＊印の語句には注があります）

Queen Victoria ruled England from 1837 to 1901. That is called the Victorian Era. Many factories and business (1) then. England was a strong world power. It had the world's biggest navy. The telephone was invented then. The era's strangest and most dangerous invention was a bicycle called the "penny farthing."

You've probably seen old photographs of this funny-looking bike. It has a very big front wheel. The back wheel is very small. The front wheel is 140 centimeters in diameter, and the rear wheel is 36 centimeters in diameter. Their size difference gave the penny farthing its (2).

①Back then, an English "penny" was a large coin, and a "farthing" was a small coin. The bike was named after those coins because when the wheels were seen next to each other, they compared in (3) to the penny and the farthing coins.

The first "high-wheeler" was invented in France in 1869 by Eugene Meyer. He wanted to make a bike that was faster than the bikes people rode then. "High-wheeler" bikes did increase their speed. ②There are only two ways to go faster on a bicycle — pedal faster or make the wheel bigger. With their giant front wheels, penny farthings could go up to 40 km/h. Men loved them. Women didn't ride penny farthings because they didn't wear trousers then. Riders had to take running starts and jump on the tiny seats. ③Long dresses made it possible for women to jump on penny farthings.

The penny farthing's big wheels rolled over holes in the streets, while wheels of smaller bicycles fell into holes. The penny farthing was more (4) to ride than smaller bikes.

Going fast on bikes is dangerous. Penny farthings didn't have handbrakes. Riders sat on top of the wheel on a seat *way above the ground. Moving 40 km/h was very fast. If a rider ran into something, he'd (5) over the front wheel and hit the street. There were many serious accidents.

A penny farthing was brought to England in 1870. James Starley, a man called "the father of the bicycle industry," saw it and produced a penny farthing that he named the "Ariel." It became very popular. ④He invented the bicycle chain drive and bicycle gears. His invention eventually led to the modern bicycle design we can see everywhere.

Today's bikes have many gears, great tires, and are made out of strong, (6) metal. Many people feel that the penny farthing made bike racing and bike clubs popular. And there are still penny farthing clubs all over the world.

（注）　way above the ground　地面よりずっと上の

(1)　英文の空所（ 1 ）～（ 6 ）に入れるのに最も適切なものを１～０の中から１つずつ選びなさい。ただし，同一のものを２回以上用いてはいけません。

１．size　　２．fly　　３．get　　４．worked　　５．started
６．name　　７．black　　８．comfortable　　９．uncomfortable　　０．light

(2)　英文の下線部①～④の中で，文法上あるいは文脈上，誤りのある英文が１つあります。その番号を答えなさい。解答は 7 にマークしなさい。

2．次の英文を読み，あとの問いに答えなさい。(文中の＊印の語(句)には注があります)

Today I'm writing about writing. We've all experienced good and bad writing, but what exactly is the difference and why does it matter?

Bad writing changed my life direction. I was working on a *PhD in literature because I love good fiction. Unfortunately, literature students spend much of their time reading what other *academics write about literature, that is, literary criticism and critical theory. (8), but most of the required reading was simply unreadable.

I'll never forget a professor's comment on a critical paper I wrote. She thanked me for writing clearly and simply and said most of her students' papers were impossible to understand. (9). A lot of scholars and other professionals use *jargon and elevated language to sound important or profound. Sometimes they're actually hiding behind *fancy language because they don't know what they're talking about. Eventually, I changed my path away from *grad school to avoid reading terrible English.

Good writing is clear and simple, no matter who the audience is. (10). I don't. Writing for a Japanese audience is the perfect way to remember what's important in good writing.

As William Zinsser said in his classic guide, *On Writing Well*, "The secret of good writing is to strip every sentence to its cleanest *components." (11).

Which sentence is better? You decide:

1) Social media platforms are utilized to enhance opportunities for communication outside of the classroom.

2) We use Facebook and Twitter to help students communicate better outside class.

(12). Do you recognize this one? "Three visually deficient rodents, three visually deficient rodents. Observe how they perambulate ..." and so on. That is of course the beginning of this song: "Three blind mice, three blind mice. See how they run ...."

〔　　　　　　　　〕 If you're reading and understanding this essay, you're probably ready to write good English yourself. (13). That might be a fun way to start the new year!

(注) PhD　博士号　　academic　学者　　jargon　専門用語　　fancy　大げさな
grad school　大学院　　component　構成要素

(1) 英文の空所(8)～(13)に入れるのに最も適切なものを1～6の中から1つずつ選びなさい。ただし，同一のものを2回以上用いてはいけません。

1．I knew exactly what she meant
2．Practice by creating an English-only Facebook group with friends, or just keep a diary
3．When I was a kid, we used to make fun of big language by singing simple songs in a *complicated way
4．Some Japanese readers probably think I simplify my writing for second language learners
5．In other words, cut unnecessary words and use short, simple ones rather than big, long ones
6．Occasionally, I came across a critical book that really spoke to me

(注) complicated　複雑な

(2) 英文の〔　　〕について，最も自然な英語となるように与えられた語句を並べかえ，14と15に入れるものをそれぞれ答えなさい。なお、先頭にくる語も小文字にしてあります。

_____ ⑭ _____ is writing well ⑮ _____.

1．to take from　　2．doesn't require　　3．one lesson

4．a lot of fancy English　　5．all this

3．次の英文を読み，あとの問いに答えなさい。(文中の＊印の語(句)には注があります)

There's an old saying that 'Christmas isn't a season, it's a feeling'. I'm sure it's true. For most people that feeling is one of almost childish joy. Whether it's the *sheer excitement and anticipation of Christmas Eve or the warmth of the laughter around the table at Christmas dinner, that feeling is what makes it the happiest time of their year.

For the first thirty or so years of my life, the feeling Christmas *stirred in me was very different. I mostly associated it with sadness and loneliness. It was why I usually *dreaded it. It was why I had wanted it to simply go away.

My attitude was *hardly surprising *given the way my childhood and teenage years had unfolded.

I'd been born in Surrey but my parents had separated soon after my arrival in the world. Then, when I was three, my mum and I left England for Australia where she had *relatives. She had got a job as a star saleswoman for the photocopying company, Rank Xerox.

I was an only child and our life had been (A)<u>a pretty rootless one</u>; we'd moved from one city to another with my mum's job, which meant that I attended a lot of different schools. I didn't really settle in any of them and suffered a lot of *bullying as a result. I'd always tried a little too hard to fit in and make friends, which obviously made me stand out from the crowd. That was never a good thing at school. In the little town of Quinn's Rock in Western Australia, I'd been stoned by a bunch of kids who thought I was some kind of *misfit weirdo. It had left me *a nervous wreck.

I spent most of my home life alone as well, which didn't help. My mum worked hard, travelling around Australia and beyond and going to meetings all the time so I was effectively raised by a series of *nannies and babysitters. (B)<u>I rarely had company</u>.

This constant moving around meant that we didn't really do the traditional family Christmas. My dad remained in England so he couldn't come and visit but he was very generous with the gifts he sent over. I vividly remember receiving the original Transformers toys one year. I also got sets of walkie-talkies and expensive Matchbox cars. I really appreciated them, but felt even more excited when I was able to speak to my dad on the telephone. To me, hearing his *disconnected, slightly echoey voice at the other end of the world was often the highlight of my Christmas.

We did have family in Australia, in particular my mother's brother, my uncle Scott and his family, who we saw on rare occasions when we visited Sydney. We didn't spend the holiday season with them, however. Instead my mother's idea of a Christmas celebration was to spend a lot of money on trips for the two of us. She must have been making quite a bit of money at the time because they were quite *lavish affairs. We made at least three trips like (C)<u>this</u> and flew to

America, Thailand, Singapore and Hawaii. One year, for instance, we flew east from Australia to Hawaii, passing through the International Date Line. So we were effectively flying back in time. We left on Boxing Day but arrived in Hawaii when it was still Christmas Day.

So I had two Christmas Days. It must have been very exciting and I'm sure I must have had a great time. My mum has often talked to me about our travels, but (D)I remember very little.

（注） sheer 純粋な　stir ～を呼び起こす　dread ～を恐れる　hardly ほとんど～ない
given ～を考えると　relative 親族　bullying いじめ
misfit weirdo 周囲になじめない変わり者　a nervous wreck 精神的に参っている人
nanny 子守りをする人　disconnected 途切れ途切れの　lavish affair 豪華な出来事

(1) Which of the following statements best explains the underlined part (A)? [16]

1. His mother had many jobs.
2. He attended the school that he really settled in.
3. He didn't live with his father.
4. He and his mother never settled in one city.

(2) What does the underlined part (B) mean? [17]

1. He didn't have his own business.
2. He spent a lot of time alone.
3. He didn't spend time with his mother in her company.
4. He didn't really go to meetings with his mother.

(3) When his father remained in England, what was the most exciting thing for the author? [18]

1. The original Transformers toys.
2. The sets of walkie-talkies and expensive Matchbox cars.
3. The three trips.
4. The voice from the other end of the world.

(4) What does the underlined part (C) mean? [19]

1. Making trips spending a lot of money.
2. Making quite a bit of money.
3. Spending the holiday season with the family in Australia.
4. Spending the holiday season with his father.

(5) According to the underlined part (D), how did the author feel? [20]

1. He was excited to listen to his mother.
2. He was bored because his mother talked to him about their travels too many times.
3. He enjoyed his mother's gifts too much to remember the other details of Christmas.
4. He wanted to spend time with his family rather than travelling.

(6) Which of the following statements is ***NOT*** true of the author? [21]

1. He didn't want Christmas to come in his childhood.
2. His parents had lived separately before he was born.
3. He tried very hard to fit in and make friends.
4. He and his mother didn't see their family in Australia very often.

リスニング問題

4．これから二人の対話を聞き，質問に対する答えとして最も適切なものを1つ選びなさい。なお，対話と質問文は二度読まれます。

22 1．A glass of wine.
2．French fries.
3．Salad dressing.
4．Cakes and Pies.

23 1．Walk to the station.
2．Wait for her sister to come.
3．Make a phone call to her friend.
4．Ask George to drive her to the station.

24 1．Play soccer.
2．Stay at home.
3．Go to a movie.
4．Do some exercises indoors.

25 1．It was a bargain.
2．It was very cheap.
3．It was not on sale.
4．It was too expensive.

26 1．A room for a family.
2．Any room available.
3．An ocean-view room.
4．The cheaper single room.

5．これから少し長めの英文を聞き，質問に対する答えとして最も適切なものを1つ選びなさい。なお，英文は二度読まれます。

27 According to the passage, what have smartphones helped to do?
1．Buy something special.
2．Listen to music anywhere.
3．Enjoy certain applications.
4．See each other's faces when talking on the phone.

28 What made it difficult for sailors to travel to places far away?
1．There were no maps.
2．There were not enough sailboats.
3．They didn't know how to use smartphones.
4．They had to stay away from shores while traveling.

29 What did sailors and travelers use before the first compass was invented?
1．Stars.
2．Clouds.

3．Old books.

4．Mountains.

30 When was the first compass invented?

1．400 BC.

2．400 years ago.

3．Nobody knows.

4．Before the lodestone was discovered.

31 Which statement is true about a compass?

1．It was made by teachers in Asia.

2．It works with the Earth's magnetic field.

3．Its needle is made of a small piece of wood.

4．Its needle always points to the direction sailors are going.

※リスニングテストの放送台本は非公表です。

４．仏というものは自分の心の中に生まれるものなので、心を鍛えよ。

５．誰でも仏になれるので、自らに仏性を見いだすという目標を持て。

問五　傍線部③について、その理由として最も適当なものを、次の中から一つ選びなさい。(34)

１．貧しい男が昼夜を分かたず熱心に仏に祈ったところ、この世での平安を手に入れたうえ、最終的には仏になることができたから。

２．貧しい男が智恵のある僧のことを手を擦って泣きながら信仰し続けた結果、思いがけず財宝に恵まれて暮らしが豊かになったから。

３．貧しい男は智恵のある僧の言うことを素直に聞いて行動していたにも関わらず、寿命がのびることもなく早くに亡くなってしまったから。

４．貧しかった男が仏への信仰心を持ったことで財宝を得て、さらにこの世での生が終わるとすぐに極楽浄土に赴くことができたから。

５．貧しい男は仏を信仰したことによって財宝を得ることが出来たものの、最後まで結婚することはできずに亡くなってしまったから。

（注）
＊ 辺州……片田舎。
＊ 仏法……仏の説いた教え。
＊ 梵釈諸天……梵天《ぼんてん》、帝釈天《たいしゃくてん》、およびもろもろの天神。
＊ 浄土……煩悩の束縛から離れた清浄な国土で、仏・菩薩《ぼさつ》の居所。極楽浄土。

問一 傍線部アからウの解釈として最も適当なものを、次の中からそれぞれ一つずつ選びなさい。（28～30）

ア 後世はよき所に生れなん
1. 生まれ変わったら今より悪い状況にはならないだろう
2. 後世はきっと極楽浄土に生まれるだろう
3. 死んだ後には金持ちの家に生まれ変わるはずだ
4. 後世では結婚相手にも恵まれるだろう
5. 来世は身分の高い家に生まれることができる

イ たしかに承りて心を得て
1. はっきりとお聞きして納得をして
2. 確実に理解してその意図をつかみ
3. 間違いなく引き継いで常に心がけて
4. 正確な情報を得てその技を身につけ
5. しっかり約束してそれを厳守して

ウ 命終るに、いよいよ心、仏を念じ入りて
1. 臨終にあたって、とうとう仏に対しての思いを伝えて
2. 命が終わるときに、やっと仏に生まれ変わりを希望して
3. 死ぬ間際に、寿命の延長を仏に頼み込んだというのに
4. 命が終わるのに際して、ますます心の中で深く仏に祈願して
5. 死の告知を受けて、ついに心を込めて念仏を唱えて

問二 傍線部①について、男が僧に会った理由として最も適当なものを、次の中から一つ選びなさい。（31）
1. 貧しいこの状況では結婚相手も見つからないので、まずは財宝を得たいと思っていたから。
2. なんとかして財宝を手に入れて、羽振りの良い金持ちの生活を楽しみたいと思っていたから。
3. 妻子を養うために財宝を求めていたが長年手に入れることができず、途方に暮れていたから。
4. 智恵のある僧に相談すれば、自分のような貧乏人も必ず金持ちになれるはずだと思っていたから。
5. 財宝を得るためには仏を信じることが欠かせないので、僧に正しい信仰の方法を聞きたかったから。

問三 空欄 X に入る語として最も適当なものを、次の中から一つ選びなさい。（32）
1. 和　2. 誠　3. 賢　4. 裸　5. 偽

問四 傍線部②について、僧は何と言っているのか。最も適当なものを、次の中から一つ選びなさい。（33）
1. 自分の信仰心の中に仏がいるので、自身の心を離れず信仰せよ。
2. 私は仏に一番近い存在であるので、私に気に入られるように行動せよ。
3. 実は私自身が仏であるので、疑念を抱くことなく私を敬え。

なら母とも和解ができそうなので、かつての苦い記憶を思い出させる自分の想像上の少女はこの場にいないほうが好都合だと思ったから。

2．母に囚《とら》われ続けてきた「私」だが、かつては見たことのなかったような母の姿や認知症を患いながらも描いた絵に込められた思いを知り、母とのわだかまりがなくなった気がして、架空の少女はもう必要ないと思ったから。

3．「私」の身代わりになってくれる少女の存在は大切であり、「また来るから」と言った手前、再び実家に戻って来ないわけにもいかないので、その時「私」を守ってくれる心の拠《よ》り所として少女は地元に残っていてほしいと思ったから。

4．母と会うのは今日限りだと決意して実家を訪れたはずだったのに、帰り際に思いがけず「また来るから」と言ってしまったことで母の呪縛から逃れられていないことに気づき、せめて少女だけは解放してあげたいと思ったから。

5．母に叱られるたびに自分を庇《かば》ってくれていた少女が非実在であることに「私」は初めて気づいたが、変わり果てた母の姿を見た今、少女の存在はさして重要ではなくなり、「私」は一人で生きていけると思ったから。

問七　波線部アからオの表現の特徴を説明したものとして最も適当なものを、次の中から一つ選びなさい。(27)

1．波線部アでは、明文化されたルールさえ守れない母への怒りが「私」の心の中で語られている。

2．波線部イでは、久しく会っていなかった母の老化した様子が表現され、その様子を「私」は嘲笑している。

3．波線部ウでは、昔の「私」と同じように母の絵画教室に通う少女の様子を見て苦々しい記憶が思い出されている。

4．波線部エでは、モチーフが黄色なのは自分だと思いつつ確信できない「私」の心の葛藤が表現されている。

5．波線部オでは、「少女」がいると思い込むことで実家を離れる寂しさを紛らわしている「私」の様子が表現されている。

五　次の文章を読んで、後の問いに答えなさい。

今は昔、唐の辺州*に一人の男あり。家貧しくして宝なし。妻子を養ふに力なし。求むれども得る事なし。かくて歳月を経《ふ》。思ひわびて、①ある僧にあひて、宝を得べき事を問ふ。智恵ある僧にて、答ふるやう、「汝《なんぢ》宝を得んと思はば、ただ［X］の心を起《おこ》すべし。さらば宝もゆたかに、ア後世《ごせ》はよき所に生《うま》れなん」といふ。この人、「［X］の心とはいかが」と問へば、僧の曰《いは》く、「［X］の心を起すといふは、他の事にあらず。仏法*を信ずるなり」といふに、また問ひて曰く、「それはいかに。イたしかに承りて心を得て、頼み思ひて、二なく信をなし、頼み申さん。承るべし」といへば、②僧の曰く、「我が心はこれ仏なり。我が心を離れては仏なしと。しかれば我が心の故《ゆゑ》に仏はいますなり」といへば、手を摺《す》りて泣く泣く拝みて、それよりこの事を心にかけて夜昼思ひければ、*梵釈《ぼんしゃく》諸天来たりて守り給ひければ、はからざるに宝出で来て、家の内ゆたかになりぬ。ウ命終《をは》るに、いよいよ心、仏を念じ入りて、浄土*にすみやかに参りてけり。この事を聞き見る人、③貴《たふと》みあはれみけるとなん。

（『宇治拾遺物語』）

句に留《とど》めておこうと思ったから。

3．母はあらゆるものが色彩を帯びて見えているにも関わらず、自分の身の回りは見えていないのだということに気づき、皮肉を込めて母を咎《とが》めようと思ったから。

4．立派なアトリエにはそぐわない部屋の散らかり様に思わず片づけたくなったが、進んで部屋を片付けるとまた叱られるので、一言声をかけておこうと思ったから。

5．昔の母は部屋の片づけにうるさかったにも関わらず、年を重ねたことで寛容になっていたことが「私」は気に食わず、強く責め立てたいと思ったから。

問三　傍線部②について、ここに込められた「私」の心情の説明として最も適当なものを、次の中から一つ選びなさい。㉓

1．母の言葉を思い出すたびに美大受験に失敗したことを思い出して「私」はつらい思いをしているのに、母にはその言葉が娘の心の深い傷になっているという認識がなかったことに啞然《あぜん》としている。

2．母との決別を心に誓って実家に戻って来たはずだったのに、その母が認知症を患っていることに気づき、母自身が放った言葉さえ記憶していないのも仕方ないことだと諦めている。

3．十年以上もの間「私」を縛り続けてきた母の言葉をぶつけたが、認知症のせいで母がその言葉を思い出せないのだと感じ、自分の気持ちをどうしていいか分からず困惑している。

4．どんな仕事をしていても母の言葉が「私」の行動の指針となっているが、その言葉を母が意図的に覚えていないふりをしていることに改めて怒りが湧いてきている。

5．美大を目指していた際に言われた母の言葉によって「私」は心理的に拘束されて生きてきたのに、母はそれを謝罪するどころか記憶してさえいなかったことに愕然《がくぜん》としている。

問四　空欄 X に入ることばとして最も適当なものを、次の中から一つ選びなさい。㉔

1．怒って震えている　　2．怯《おび》えて揺れている

3．嘆いて憐れんでいる　　4．慈しんで微笑んでいる

5．気が抜けてぼんやりしている

問五　傍線部③とはどういうことか。その説明として最も適当なものを、次の中から一つ選びなさい。㉕

1．子供達に不安な思いはさせまいと考えて常に笑顔で接し続けてきたということ。

2．女性としての矜持《きょうじ》を保つために化粧だけは毎日欠かさずしてきたということ。

3．これまで子供達に対しては完璧な母親としての側面だけを見せてきたということ。

4．仕事も家事も育児も必要最低限だけを何とかこなして生きてきたということ。

5．子供達に最高の教育を行うために自分への投資はしてこなかったということ。

問六　傍線部④について、「少女」に対して「私」がこのように思った理由として最も適当なものを、次の中から一つ選びなさい。㉖

1．母が「私」の名前を思い出してくれたことに感動しており、今

には闘って、そういう女だと思われないように針鼠《はりねずみ》になって自分の暮らしだけはきちんとして、そうやって手に入れた店だ。

でも、私の口からこぼれ出たのは、まったく違う言葉だった。絶対に言わないはずだった言葉。

「また来るから」

来た時には夏はまだ続くのだと思っていたのに、季節がいつのまにか秋に変わっていることを帰り道の私は知る。

夕刻の風はひんやり冷たくて、駅前のロータリーの円形花壇に咲くコスモスをゆらゆらと揺らしていた。コスモスの花群れの中に、白いワンピースの女の子が立っていた。ワンピースのそこかしこにひまわりの花が咲いている。あくまでもモチーフだから、色は水色。

ずっとここにいたんだね。

駅にむかう私の後を少女がついてくる。学校が終わり、友だちとも遊べずに、のろのろと家への坂道を登る時の足どりで。

陽《ひ》はもう西に傾いていて、ホームのそこかしこに長い影をつくっていた。

オ私のつくる影はひとつだけだったけれど、私は二人で電車を待った。

ごめんね、ずっとほうっておいて。

④でも、もういいんだよ。

上り列車がホームに滑りこんでくる。

そして私は一人で乗った。

（荻原浩『いつか来た道』）

（注）

＊　少女……子供の頃の「私」は、自分を守るために「私」ではない別の少女が母に叱られていることにしていた。

＊　吉田さん……母のもとに来ている介護ヘルパー。ここでは「私」をこのヘルパーだと思っている。

問一　傍線部ａからｃの語句の本文中における意味として最も適当なものを、次の中からそれぞれ一つずつ選びなさい。⑲〜㉑

ａ　鳥の目

1．広く俯瞰《ふかん》して見るような目
2．視線を合わせないような目
3．近づいて細部を見るような目
4．よそ見をしているような目
5．焦点の合わないような目

ｂ　訝って

1．残念に思って　2．自信を持って　3．不安に思って
4．不審に思って　5．覚悟を持って

ｃ　眉をひそめられる

1．不快に思われる　2．疑念を抱かれる　3．心配される
4．軽蔑される　5．軽くあしらわれる

問二　傍線部①について、「私」がこのように言った理由として最も適当なものを、次の中から一つ選びなさい。㉒

1．かつて母は「私」に片づけについて厳しく教育してきたにも関わらず、今の母の部屋は散らかっていることに苛立《いら》ちを覚え、遠回しに母を非難しようと思ったから。

2．画家としての側面も持つ「私」は画材を大事にしない母に怒りを覚えたが、それを言葉にするのは大人げないので、少しの文

十六年前と同じ質素な化粧台の上には、母親の使う化粧品がありったけぶちまけられていた。

鏡に母親自身の文字で、こんなメモが貼られている。

『杏子　ＰＭ２：００』

私が訪れることを充から聞いて、着るべききちんとした服を探したのだろう。必死で化粧をしたのかもしれない。衰えを隠すために。自分が十六年前と少しも変わらない、と私に認めさせるために。おかしなところは少しもない、と思わせるために。

片づけておこうかと思ったが、やめておく。③個性派女優を演じ続けてきた人の舞台裏だ。見なかったことにしてあげよう。

（中略）

「見て、吉田*さん、絵ができた」

絵、といってもただの色とりどりの模様だ。淡い赤と薄い青と黄色の三色が、三本の太く短い柱のように塗り重ねられている。バッグは緑色。

私は首をかしげた。実際に首を左右にひねって絵を眺める。何を描こうとしたのだろう。

「何か意味があるの」

頬に塗られた濃すぎる紅が、作品の完成に紅潮しているように見えた。キャンバスの中ほどを筆先で指して言う。

「これは、わたしの娘」少し眉を曇らせてから言葉を続ける。「まだ子どもだったのに亡くなっちゃった上の娘」

久しぶりに母親の絵の解説を聞きたくて、私は調子を合わせることにした。

「お名前は？」

母親が困った顔になる。

「蓉子《ようこ》さんじゃないですか」

「そう、蓉子」

母親は姉の絵を描いていたのか。だが、解説にはまだ続きがあった。筆先を右に動かして青色の柱を指す。

「これは……えーと」何度か、えーとをくり返してから、安堵《あんど》のため息を漏らすように言った。「充。青は充。わたしの息子。もうすぐ結婚する」

そうか、最初の筆先は、真ん中の赤い柱を指していたのだ。

「じゃあ黄色は」

母親が唇の周りに縦じわをつくって口ごもる。エ助け船を出そうと思ったが、怖くてできなかった。「これは夫」と言われそうで。

母親が声をあげた。思い出せたことに興奮した早口で。

「杏子《きょうこ》」

「杏子？」で、いいんだね。

「そう、杏子。下の娘《こ》。美大に通ってる。わたしと同じ画家になるの」

妄想の中だけでも、美大に通わせていただいて、光栄。いや、素直に言おう。嬉《うれ》しい。

（中略）

ここへ来たら、言おうと思っていたことを、私はもうひとつ思い出した。

私、自分の店を持つことになったんだ。あなたには「下品ね」とc眉をひそめられるだろう夜の店だが、必死で働いて、自分を殺して、時

「そう言えば、あなた、絵は描いてる？」

「まさか」

じつは描いていた。水彩でときどきだが。いまの仕事柄、時間の取れる午前中、ジョギングを終えた後に。

「学校はどうしたの」

「え？」

いまさら何を言っているの。美大に落ちたことを蒸し返すつもり？

「今日、学校は？」

え？

「課題は終わったの？　美大って課題がすべてなのよ」

私はようやく気づいた。充が言っていた母親の病気がどういう種類のものなのか。

次の言葉を発するのには、長い間《ま》と勇気が必要だった。でも、聞かねばならないことだった。

「……私が誰だかわかってる？」

母親が眉根を寄せ、肉の薄い頬をひきつらせる。怒っていることはすぐにわかった。昔の私にしょっちゅう見せていた表情だから。その表情を昔の私はいつも窺《うかが》っていたから。

「あたりまえでしょう……あなたは……」

たぶん、名前を思い出せないのだ。だが、プライドの高いこの人は、そのことをけっして認めようとしない。

「あなたは……わたしの……娘よ」

視線が私の表情を手探りしていた。その目は［　X　］ように見えた。

たぶん、少し前まで、私が自分の娘であることも理解していなかったのだと思う。

全部、忘れているのだ。私が忘れようにも忘れられない、いままでのすべてを。

「カップ、洗ってくる」

私は母親から顔を逸《そ》らし、他に何も思いつくことができずに、トレイを抱えてアトリエを出た。

母親は夏の暑さも忘れ、テレピン油の酷《ひど》い臭いにも気づかずに、汗を流し化粧をまだらにしながら絵を描き続けているだろう。落書きのような絵を。

私はキッチンへ行き、カップを洗い、そして泣いた。

ずいぶん時間が経《た》ったように思えたが、対面式キッチンの向こう、ダイニングの掃き出し窓から見える庭には、あいかわらず夏の午後の容赦ない陽射しが降りそそいでいる。今日の天気は、パーマネントイエロー。

花のない庭を少女*が駆けていた。

あのおかっぱ頭の女の子だ。

ひまわりの柄のワンピースをひるがえして、小脇にスケッチブックを抱えて。きっと絵画教室の課題である、ウ夏の花を必死で探しているのだ。

夕方にのむ薬を探しに行った母親の寝室は、酷いありさまだった。洋服箪笥《だんす》の引き出しがすべて開けられ、抜き出されたワンピースやスカーフやターバンが、床やベッドに散乱している。ベッドは手すりとリクライニング機能が付いた介護用だ。

だけ人には見えない色彩が見えているとでもいうふうに。

私はアトリエにぐるりと首をめぐらせて尋ねる。

「①ねぇ、少し片づけようか」

親切心ではなく、皮肉で。

「どこを」

母親はどこにそれが必要なのかとb訝《いぶか》って周囲を見まわした。

「ここ」

本棚の中の画集の何冊かは上下さかさまに突っこまれている。収納ラックに置かれた石膏像《せっこうぞう》はそっぽを向いたり、背中を見せていたり。こういうの、苦手だ。直したくて体がむずむずする。そういうふうに育てられたからだ。

このザマは何？　年のせい？　もう正しい母親の役を降りて、ア自分のルールブックも破り捨てたの、ママ。

「よけいなお世話です。触らないで」

はいはい。

「でも、ひとつだけいい？」

私はサイドテーブルを指さした。そこには母親が手にしている円型パレットとは別の、屋外用の角型パレットが置かれている。何日も使っていないに違いない。載せた絵の具がすっかり干からびていた。桃の缶詰のケースに林立している筆も、どれも絵の具がこびりついたままだ。

「使ってない筆やパレットはこまめに洗えって、私は誰かさんに教わったんだけど？　これもこのままでいいの？」

左右非対称の描き眉がくりっとつり上がった。

「いいえ、使ってますとも。全部いま使ってます」

母親は桃缶のケースから穂先が固まってしまっているラウンド筆を抜き出して、乾燥して罅《ひび》の入った角パレットの絵の具をこすりはじめた。

私は、自分がここへ何を言いに来たのかをあらためて思い出した。

「ねえ、覚えてる、私に言った言葉」

母親は震える指先でテレピン油を角パレットに注ぎ、絵の具を溶かしはじめた。私は言葉を続けた。

「私にこう言ったんだよ。自分の暮らしをきちんとできない人には、絵を描く資格も、生きていく資格もないって」

ラウンド筆を握った母親がキャンバスに向かったが、手は動かさなかった。何の絵かは知らないが、画家なら必要のない色はけっして塗らない。

「忘れたなんて言わせないからね」

私はその言葉に呪縛されて生きてきた。信じてきたとも言える。どんな職業についていた時も。

母親が筆を下ろして私にむき直った。イほうれい線を深く刻んで唇をすぼめる。そうすると唇の周りに初めて見る縦じわができた。私に言葉の弾丸を浴びせかけてくるのだと思っていたのだが、ぼんやりした目をむけて、こう呟《つぶや》いただけだった。

「②なんのこと？」

覚えてないの？　私がずっと忘れずにいた言葉なのに。

母親の瞳の焦点がようやく私に合う。いま気づいたというふうに彼女は言った。

ぜ」に統合されていることに、そもそも気が付いていないから。

4．あらゆる生命体が進化する過程において、本質となる「なぜ」を考える際、「どのようにして」を経由するのは当然だから。

5．複雑な生命体が進化する過程において分化された「なぜ」と「どのようにして」は、本来同じ性質を持つ言葉であるから。

問五　傍線部③とはどういうことか。その説明として最も適当なものを、次の中から一つ選びなさい。⑰

1．二つの規範性を考える上で対象は異なるが、人間が進化の過程で様々な選択を迫られた際に、それをコントロールするために作られたミームであるということ。

2．道具と行為を選択する際に考えなければいけない規範性は異なるので、それを制御する必要があるが、人間においてはその役割を全てミームが担っているということ。

3．生物学の視点からすると、二つの規範性に共通するミームは全て人間の文化的進化に合うように作られたものであって、決して進化の過程で得られたものではないということ。

4．道具的規範性と社会的規範性は、良さという観点から見ると本来異なるものであるが、ミームという共通点を持ち合わせているため、人間の文化的進化を促進するということ。

5．道徳的良さと倫理的良さは、人間が進化していく過程において明確に意識されることはほとんどないが、二つの微妙な差を上手にコントロールしてくれているのがミームであるということ。

問六　本文の内容に合致するものを、次の中から一つ選びなさい。⑱

1．デネットは、人間が文化的進化をなし遂げるために、ミームの地位を向上させるべきだと考えている。

2．人間は、様々な場面でミームを介してコミュニケーションをはかることで、文化面での進化を可能にしている。

3．単純な生命体の脳内にはそもそもミームが備わっていないため、今後文化的発展を遂げる見込みはない。

4．目的を持ってミームを使うことさえできれば、単純な生命体であろうと進化を遂げることは難しくない。

5．文化的進化に必須とされていた規範性には多種多様なミームがあり、人間はそれを無意識のうちに使い分けている。

四　次の文章を読んで、後の問いに答えなさい。

病気になり車椅子生活をしている母に会いに行くよう弟の充に言われた「私」は、十六年ぶりに実家にいる母に会いに行った。

「いい加減にしてよ。私はもう――」

言いかけてやめた。もう四十二。しゃれにもならないせりふだ。

母親は鋭いようにも感情を置き忘れているようにも見える、鳥の目[a]で私を眺めて言った。

「あなたは、黄色の人よ。黄色が似合う」

勝手なことを。母親はすべての物事を色で表現しようとする。「あの人は嫌い。気取った薄紫色だから」「今日の天気は、ブリリアントグリーン」「あなたの声ってまるでカドミウムレッドみたい」自分に評価が定まっていなかったりすることが多い。その後の「理由提供ゲーム」の中で言語によって表象され、他の選択肢を支持する理由と比較対照される中で、評価が定まっていく。そうやって生き残り、定着した諸理由から「理由の論理空間」が構成される。「道具的規範性」と「社会的規範性」では対象が異なるので、やりとりされる「理由」の種類もゲームの進め方も異なるが、③いずれも人間の文化的進化の方向性を制御すべく、長期的に作用するものとして〝デザイン〟されたミームであることに変わりはない。（4）

（仲正昌樹『現代哲学の最前線』）

（注）

＊ 形而上……はっきりとした形が無く、感覚の働きによってはその存在を知ることができないもの。

＊ 遡及……過去にさかのぼること。

問一 空欄 A から E に入る語として最も適当なものを、次の中からそれぞれ一つずつ選びなさい。ただし、同じものを二回以上用いてはいけません。（9〜13）

1．あるいは　2．しかし　3．しかも　4．そこで

5．また

問二 傍線部①について、2段落までの内容を踏まえた説明として最も適当なものを、次の中から一つ選びなさい。（14）

1．ミームとは、人工知能処理システム同様、様々な文化を統合し発信する役割を持ち、常に新たな文化へと導いてくれる進化そのものである。

2．ミームとは、多様な媒体を人間の脳内で繋《つな》げて一つの情報単位として生成するだけでなく、これまでの生物進化における規範を覆す文化の概念である。

3．ミームとは、言葉のやりとりなどを手段として人類の進化を手助けし、多様な背景を持った人々との文化の拡散・普及を可能にする情報の単位である。

4．ミームとは、自己複製しながらあらゆる文化的背景を持った個人の脳を豊かにする手助けをし、生物の情報処理システムの進化における中心的な存在である。

5．ミームとは、時として矛盾を発生させることもあるが、ある集団が接触した際に円滑なコミュニケーションが取れるよう援助してくれるソフトウェア的存在である。

問三 次の一段落を入れるのに最も適当な箇所を、本文中の（1）から（4）の中から一つ選びなさい。（15）

こうした進化論的な見地に立つと、「理由」と「原因」をめぐって、細かい問題設定をしながら専門的な議論を積み重ねてきた従来の哲学のあり方が空虚に思えてくる。

問四 傍線部②について、その理由として最も適当なものを、次の中から一つ選びなさい。（16）

1．言葉に慎重に向き合ったとしても、「なぜ」と「どのようにして」の違いはそもそもすぐにはわからないものであるから。

2．理由を問う「なぜ」から原因を問う「どのようにして」が分化したという事実は、生命体の進化の過程で自明の理だから。

3．私たちは、原因を問う「どのようにして」が理由を問う「な

のような事態が生じた際に、自らに備わっているどの器官をどう用いるかはほぼはっきりしており、その動きは瞬間ごとにほぼ自動的に決定される。［Ａ］複雑な生命体になると、目の前の状況だけでなく、周囲の状況やしばらく後に起こることを予想し、どういう動作に集中するのが最善かを計算する必要が出てくる。［Ｂ］、（他の動作ではなく）「なぜ、その動作なのか」という問いが生じる。［Ｃ］、そうした複雑な生物は、それ以前の段階の遺伝情報を大量に継承しているため、その器官や機能は「どうして」存在しているのか、その「目的」がすぐに分からないものがある。場合によっては、もともとの用途（「いかに」）とは異なる「目的」が後から付与されることもあるだろう。

［４］「目的 purpose」とは、現に進行中の各段階の動作の連鎖から直接見えてこない、運動の方向性［Ｄ］ゴールだと言える。アリストテレスは、自然の運動に究極の「目的」があるという前提で自然哲学を展開したが、近代生物学も哲学も、「目的論」は＊形而上《けいじじょう》学的な発想だとして排除しようとしてきた。無論、デネットは、神と宇宙の究極の原理のようなものによって設定された絶対的な「目的」を復権させようとしているわけではないが、進化の過程で、その生物にとっての進化の方向性を示すものとして「目的」を再定義したうえで、自らの進化論の中に位置づける。彼は、生物が自らの運動の「目的」を——必ずしも意識することなく——見いだし、それを追求することを、工学用語を借りて「リバース・エンジニアリング reverse engineering」と呼ぶ。「リバース・エンジニアリング」とは、できあがった製品を分解して、その製品を動かす原理やコード、各機能が存在する目的などを明らかにすることだ。

（２）

［５］生物学の視点からは、他の高等動物も、自らの身体機能や特定の環境下での動作に関して＊遡及《そきゅう》的に「目的」の掘り起こしを行っていると見ることができるが、人間は「ミーム」、特に言語を介してそれを極めて効果的に行っている。［Ｅ］複数の個体の間で情報交換することで、さらに情報の精度を挙げることができる。そうした情報の核にあり、各人の選択と行為を正当化するのが「理由 reason」である。進化の途上で浮上してくる「目的」に関わる「理由」——「どの目的を追求すべきか？」「どういうやり方で追求すべきか？」「どうやったら、そのゴールに到達できるか？」などのやりとりを通して、人間の応答可能性＝責任能力（responsibility）が発達してきたのである。

［６］「理由」を提供し合うゲームを進行するにはルールが必要だが、その基準になるものをデネットは「規範性 normativity」と呼ぶ。「規範性」には、「道具的規範性 instrumental normativity」「社会的規範性 social normativity」の二種類がある。前者は、品質管理や結果の実効性に関わるもので、「工学的規範」と言い換えてもよい。後者はコミュニケーションや協力に関係するもので、倫理学で通常「規範」と呼ばれているのはこれである。二つの規範性では、「良さ」の基準が異なる。前者では「良い道具 good tool」という時の良さが問題になるのに対し、後者では「良い行い good deed」という時の良さが問題になる。

（３）

［７］私たちが道具や行為を選ぶ直接の「理由」は、その時点で明確に意識されていなかったり、それが「良い理由 good reason」かどうか、

1. まさに戦いの火ぶたが切られようとしていた。
2. 雷雨になったので出発を取りやめた。
3. 桜の花が見事に咲いている。
4. 暑いのに彼は上着を着ていた。
5. 人間は自然に対してか弱い存在である。

問三　次の空欄[ア]から[オ]には漢数字が入る。その中で、同じ漢数字が入る組み合わせとして最も適当なものを、次の中から一つ選びなさい。[8]

・朝[ア]暮四
・[イ]面楚歌
・[ウ]寸の虫にも五分の魂
・[エ]足のわらじ
・[オ]矢を報いる。

1. [ア]と[イ]　2. [ウ]と[エ]　3. [イ]と[ウ]　4. [イ]と[エ]
5. [ウ]と[オ]

[三]　次の文章を読んで、後の問いに答えなさい。

[1]人間の遺伝子と共進化（coevolve）する文化の遺伝子に相当するものを、デネットは①「ミーム meme」と呼ぶ。これはもともと生物学者で、進化論的な見地に立つ自然主義者として知られるドーキンス（一九四一〜）が、世界的に物議を醸した『利己的な遺伝子』（一九七六）で、人間に特有の「文化」を介した進化の仕方を説明するために導入した概念である。「ミーム」とは、人々の会話、教育、書物、メディア、儀礼などを媒体にして脳と脳の間をつなぎ、自己複製しながら進化を推進する情報の単位である。

[2]デネットは、『自由は進化する』以前の『解明される意識』（一九九一）や『ダーウィンの危険な思想』（一九九五）などの著作でも、人間の「心」の進化を説明するために部分的に「ミーム」概念を用いているが、文化的進化のメカニズムを論じた『心の進化を解明する』（二〇一七）では、「ミーム」に中心的な地位を与えている。この著作でデネットは、生物の情報処理システムの進化と、人工知能の情報処理システムを並行して記述しながら、「ミーム」がソフトウェアに似たような機能を果たしていると主張する。ソフトウェアであるとすると、かなり異なった特性を備えた個体間、異なった環境間でも文化の伝播《でんぱ》が可能である一方、今となっては何の役に立つのか分からず、バグ（矛盾）を引き起こす原因にもなる奇妙なコマンド（規範）が存在しているのも説明がつく。

（1）

（中略）

[3]②私たちは日常的に、「なぜ why」という問いと「どのようにして how」という問いを混同する。これは単に私たちが言葉に不注意だからではなく、進化論的な根拠があるとデネットは主張する。「原因」は「過程記述 process narrative」であり、〈how〉に対応しているのに対して、「理由」は〈why〉に対応していると考えている。両者はもともと同じ性質のものだったが、文化的進化に伴って、後者から前者が分化してきたのである。進化の途上にある各生物種や個体にとって問題になるのは、「どのようにして」自らの生命を維持し、自己を複製するかである。単純な構造しか備えていない生物にとっては、ど

【国　語】〈五〇分〉〈満点：一〇〇点〉

[一] 次のａからｅの文の傍線部と同じ漢字を使うものを、後の中からそれぞれ一つずつ選びなさい。

ａ　救助をヨウセイする。（[1]）
1．友との再会をチカい合った。
2．先生に教えをコう。
3．体調をトトノえる。
4．火のイキオいが衰えない。
5．愚かな行いをカエリみる。

ｂ　コウワ条約を締結する。（[2]）
1．コウドウで学年集会を行う。
2．ゲンコウ用紙の使い方を学ぶ。
3．新しい辞書をコウニュウする。
4．日本カイコウはとても深い。
5．人間関係をコウチクする。

ｃ　ヒフク室で実習を行う。（[3]）
1．ジンケンヒを削減する。
2．サンピが分かれた議案について再度話し合う。
3．シェークスピアは四大ヒゲキ作品を書いた。
4．台風で甚大なヒガイを受けた。
5．その行為は責任カイヒだ。

ｄ　いつでもネバり強く戦う。（[4]）
1．テンネン温泉にゆっくりつかる。
2．カネンごみの日は月曜日だ。
3．代わりの考えをネンシュツする。
4．弟と久しぶりにネンドで遊ぶ。
5．シンネンを曲げないことは大切だ。

ｅ　虎のイを借る狐《きつね》。（[5]）
1．イジンの伝記を読む。
2．ヨウイに解ける問題だ。
3．健康をイジする。
4．親のイゲンを示す。
5．イセキを発掘する。

[二] 次の各問いに答えなさい。

問一　傍線部の「から」と同じ意味・用法のものを、次の中から一つ選びなさい。（[6]）

私と彼とは一番仲の良い友達であるが、ちょっとしたことからけんかになった。

1．髪をとかしてから出掛けよう。
2．連日の忙しさからやっと解放された。
3．ここから先は立ち入りをご遠慮ください。
4．睡眠不足から仕事のミスを連発してしまった。
5．大宮駅から電車で栄東高校に向かいます。

問二　次の文の「に」と同じ意味・用法のものを、次の中から一つ選びなさい。（[7]）

正確に実験結果をまとめよう。

第1回

2021年度

解　答　と　解　説

《2021年度の配点は解答欄に掲載してあります。》

＜数学解答＞ 《学校からの正答の発表はありません。》

1　(1)　ア　1　イ　0　(2)　ウ　6　エ　8
(3)　オ　3　カ　0　キ　8　ク　0　(4)　ケ　3　コ　6　サ　4
(5)　シ　1　ス　3

2　(1)　ア　1　イ　3　(2)　ウ　1　エ　2
(3)　オ　7　カ　7　キ　2　ク　1　ケ　6

3　(1)　ア　2　イ　5　ウ　8　エ　2　オ　5　カ　6
(2)　キ　4　ク　3　ケ　1　コ　0　(3)　サ　3　シ　6　ス　7

4　(1)　ア　2　イ　3　ウ　1　(2)　エ　2　オ　3
(3)　カ　3　キ　7　ク　1　ケ　0　コ　7

5　(1)　ア　2　イ　3　(2)　ウ　7　エ　4　(3)　オ　1　カ　1　キ　2

○推定配点○

1　(1)・(2)　各5点×2　他　各6点×3　2　各6点×3　3　各6点×3　4　各6点×3
5　各6点×3　計100点

＜数学解説＞

1　（計算の工夫，式の値，方程式の利用，数の性質，平面図形）

(1)　$50=a$とおくと，$49\times51-48\times52+47\times53-46\times54=(a-1)(a+1)-(a-2)(a+2)+(a-3)(a+3)-(a-4)(a+4)=a^2-1-(a^2-4)+a^2-9-(a^2-16)=-1+4-9+16=10$

(2)　$a+3b=5$の両辺を2乗して，$(a+3b)^2=25$　$a^2+6ab+9b^2=25$　$6ab+13=25$　$2ab=4$　$2a^3b+4a^2b^2+18ab^3=2ab(a^2+2ab+9b^2)=4\times(13+4)=68$

(3)　食塩水の重さについて，$(150-x)+y=200$　$-x+y=50$…①　食塩の重さについて，$(150-x)\times\frac{10}{100}+y\times\frac{5}{100}=200\times\frac{8}{100}$　$1500-10x+5y=1600$　$-2x+y=20$…②　①－②より，$x=30$　これを①に代入して，$y=80$

重要　(4)　$\frac{1}{6}=\frac{1}{a}+\frac{1}{b}$の両辺に$6ab$をかけて，$ab=6b+6a$　$b(a-6)-6(a-6)=36$　$(a-6)(b-6)=36$…①　$a<b$より，$a-6<b-6$　①を満たす組は，$(a-6,\ b-6)=(1,\ 36)$，$(2,\ 18)$，$(3,\ 12)$，$(4,\ 9)$　よって，$(a,\ b)=(7,\ 42)$，$(8,\ 24)$，$(9,\ 18)$，$(10,\ 15)$の4組

(5)　BQ：AP＝3：aとおくと，平行線と比の定理より，AD：BD＝AP：BQ＝a：3　CE：AE＝CR：AP＝1：a　よって，$\frac{AD}{BD}\cdot\frac{CE}{AE}=\frac{a}{3}\times\frac{1}{a}=\frac{1}{3}$

2　（確率）

(1)　点Pが頂点Bに移動するのは1または5の目が出るときであるから，求める確率は，$\frac{2}{6}=\frac{1}{3}$

重要　(2)　さいころの目の出方の総数は$6\times6=36$(通り)　点Pが頂点A，B，C，Dのどこかにいて次に

投げるさいころの目と移動する頂点の関係は右の表のようになる。点Pが頂点Bに1回も止まらないのは，1回目に4の目を出し，頂点Aに移動するときは，2回目に2，3，4，6のどれかの目を出す場合の4通り。1回目に2または6の目を出し，頂点Cに移動するときは，2回目に1，2，4，5，6のどれかの目を出す場合で，$2\times5=10$(通り)　1回目に3の目を出し，頂点Dに移動するときは，2回目に1，3，4，5のどれかの目を出す場合の4通り。よって，求める確率は，$1-\frac{4+10+4}{36}=\frac{1}{2}$

	1	2	3	4	5	6
A	B	C	D	A	B	C
B	C	D	A	B	C	D
C	D	A	B	C	D	A
D	A	B	C	D	A	B

やや難　(3)　さいころの目の出方の総数は$6\times6\times6=216$(通り)　このうち，題意を満たす頂点の移動の順番と場合の数(カッコ内の数字)は，ABC(4)，ACB(2)，BAC(4)，BBC(4)，BCA(8)，BCB(4)，BCC(4)，BCD(8)，BDC(4)，CAB(8)，CBA(2)，CBB(2)，CBC(4)，CBD(4)，CCB(2)，CDB(8)，DBC(4)，DCB(1)であるから，求める確率は，$\frac{1+2\times4+4\times9+8\times4}{216}=\frac{77}{216}$

③　(平面図形の計量)

重要　(1)　$AP=MP=x$とおくと，$BP=4-x$　△BMPに三平方の定理を用いて，$MP^2=BP^2+BM^2$　$x^2=(4-x)^2+\left(\frac{6}{2}\right)^2$　$8x=25$　$x=\frac{25}{8}$　Qから辺BCにひいた垂線をQEとすると，△BMPと△EQMにおいて，$\angle MBP=\angle QEM=90°$　$\angle PMQ=\angle PAQ=90°$より，$\angle PMB=\angle MQE$　2組の角がそれぞれ等しいから，△BMP∽△EQM　PM：MQ＝BM：EQ　$MQ=\frac{25}{8}\times4\div3=\frac{25}{6}$　よって，$AQ=MQ=\frac{25}{6}$

(2)　△CPQ＝長方形ABCD－△APQ－△BCP－△CDQ$=4\times6-\frac{1}{2}\times\frac{25}{8}\times\frac{25}{6}-\frac{1}{2}\times6\times\left(4-\frac{25}{8}\right)-\frac{1}{2}\times4\times\left(6-\frac{25}{6}\right)=24-\frac{625}{96}-\frac{21}{8}-\frac{11}{3}=\frac{1075}{96}$　$PQ=\sqrt{\left(\frac{25}{8}\right)^2+\left(\frac{25}{6}\right)^2}=\frac{125}{24}$　△CPQ$=\frac{1}{2}\times PQ\times CH$より，$CH=\frac{1075}{96}\times2\div\frac{125}{24}=\frac{43}{10}$

重要　(3)　直線CHと辺ADとの交点をSとする。AM⊥PQより，AM//SC　また，AS//MC　よって，四角形AMCSは平行四辺形で，$AS=MC=3$　したがって，$QR=QS=\frac{25}{6}-3=\frac{7}{6}$　2組の角がそれぞれ等しいから，△RHQ∽△PMQ　RH：PM＝QR：QP　$RH=\frac{25}{8}\times\frac{7}{6}\div\frac{125}{24}=\frac{7}{10}$　よって，CR：RH＝$\left(\frac{43}{10}-\frac{7}{10}\right):\frac{7}{10}=36:7$

④　(図形と関数・グラフの融合問題)

重要　(1)　$y=\frac{1}{3}x^2$に$x=-2\sqrt{3}$を代入して，$y=4$　よって，$A(-2\sqrt{3},\ 4)$　直線ABの式を$y=-\frac{\sqrt{3}}{3}x+b$とすると，点Aを通るから，$4=-\frac{\sqrt{3}}{3}\times(-2\sqrt{3})+b$　$b=2$　よって，$y=-\frac{\sqrt{3}}{3}x+2$　$y=\frac{1}{3}x^2$と$y=-\frac{\sqrt{3}}{3}x+2$からyを消去して，$\frac{1}{3}x^2=-\frac{\sqrt{3}}{3}x+2$　$x^2+\sqrt{3}x-6=0$　$(x+2\sqrt{3})(x-\sqrt{3})=0$　$x=-2\sqrt{3},\ \sqrt{3}$　$y=\frac{1}{3}x^2$に$x=\sqrt{3}$を代入して，$y=1$　よって，$B(\sqrt{3},\ 1)$

基本　(2)　円Cの半径は2で，直線ABの切片は2だから，$P(0,\ 2)$　また，$B'(-\sqrt{3},\ 1)$　よって，$OP\perp BB'$より，四角形OB′PBの面積は，$\frac{1}{2}\times OP\times BB'=\frac{1}{2}\times2\times2\sqrt{3}=2\sqrt{3}$

重要 (3) 直線OB′の傾きは，$\frac{0-1}{0-(\sqrt{3})}=-\frac{\sqrt{3}}{3}$だから，AB//B′O　AB：B′O＝$\{\sqrt{3}-(-2\sqrt{3})\}:\{0-(-\sqrt{3})\}=3:1$より，線分AB′上にAD：DB′＝2：1となる点Dをとれば，△ABDと四角形OB′DBの面積は等しくなる。点Dのx座標は，$-2\sqrt{3}+\frac{2}{3}\times\{-\sqrt{3}-(-2\sqrt{3})\}=-\frac{4\sqrt{3}}{3}$　y座標は，$1+\frac{1}{3}\times(4-1)=2$　よって，$D\left(-\frac{4\sqrt{3}}{3},\ 2\right)$　直線BDの式を$y=mx+n$とすると，2点B，Dを通るから，$1=\sqrt{3}m+n$，$2=-\frac{4\sqrt{3}}{3}m+n$　この連立方程式を解いて，$m=-\frac{\sqrt{3}}{7}$，$n=\frac{10}{7}$

よって，$y=-\frac{\sqrt{3}}{7}x+\frac{10}{7}$

5 (空間図形の計量)

重要 (1) 2秒後に点Pは点Fにくるから，△APCは1辺の長さが$2\sqrt{2}$の正三角形になる。1辺aの正三角形の高さは$\frac{\sqrt{3}}{2}a$で表されるから，$\triangle APC=\frac{1}{2}\times2\sqrt{2}\times\left(\frac{\sqrt{3}}{2}\times2\sqrt{2}\right)=2\sqrt{3}$

重要 (2) $\frac{5}{2}$秒後に点Pは辺FG上にあり，$FP=\frac{5}{2}-2=\frac{1}{2}$　辺EF上に$FQ=\frac{1}{2}$となる点Qをとると，3点A，C，Pを通る切断面は台形AQPCとなる。3直線AQ，BF，CPは1点Oで交わり，OF：OB＝FP：BC＝$\frac{1}{2}:2=1:4$　よって，$OF=\frac{1}{4}-1BF=\frac{2}{3}$　したがって，求める立体の体積は，三角錐OABCと三角錐OQFPの体積の差に等しい。$\frac{1}{3}\times\frac{1}{2}\times2^2\times\left(\frac{2}{3}+2\right)-\frac{1}{3}\times\frac{1}{2}\times\left(\frac{1}{2}\right)^2\times\frac{2}{3}=\frac{16}{9}-\frac{1}{36}=\frac{7}{4}$

(3) 点Bを含まないほうの立体の体積は，$2^3-\frac{25}{4}=\frac{7}{4}$だから，(2)より，点Pは辺GH上にあり，$HP=\frac{1}{2}$である。よって，動点Pが動きはじめてから，$\left(2\times3-\frac{1}{2}\right)\div1=\frac{11}{2}$(秒後)

★ワンポイントアドバイス★

特別な難問はないが，計算力が要求される問題が多い。各大問の小問3題のうち2題を確実に解いていくつもりで取り組もう。

＜英語解答＞《学校からの正答の発表はありません。》

1 (1) [1] 5　[2] 6　[3] 1　[4] 8　[5] 2　[6] 0　(2) [7] 3

2 (1) [8] 6　[9] 1　[10] 4　[11] 5　[12] 3　[13] 2　(2) [14] 1　[15] 2

3 (1) 4　(2) 2　(3) 4　(4) 1　(5) 4　(6) 2

4・5 リスニング問題解答省略

○推定配点○

1～3　各4点×20(2(2)完答)　4・5　各2点×10　計100点

<英語解説>

1 (長文読解問題・説明文：語句補充，正誤問題)

(大意) ビクトリア女王は1837年から1901年までイングランドを支配しました。それはビクトリア朝時代と呼ばれています。その時，多くの工場や事業が[1]始まりました。イングランドは強力な世界大国でした。それは世界最大の海軍を持っていました。その時電話が発明されました。その時代の最も奇妙で最も危険な発明は，「ペニーファーシング」と呼ばれる自転車でした。

あなたはおそらくこの面白い見た目の自転車の古い写真を見たことがあると思います。それは非常に大きな前輪を持っています。後輪は非常に小さいです。前輪は直径140センチ，後輪は直径36センチです。それらのサイズの違いは，ペニーファーシングにその[2]名前を与えました。

①当時，英国の「ペニー」は大きなコインで，「ファーシング」は小さなコインでした。自転車は，車輪を隣り合わせて見たとき，ペニーとファーシングと[3]サイズを比較したので，それらのコインにちなんで命名されました。

最初の「ハイウィーラー」は，ユージン・マイヤーによって1869年にフランスで発明されました。彼は当時の人々が乗っていた自転車よりも速い自転車を作りたかったのです。「ハイウィーラー」は自転車のスピードを上げました。②自転車でより速く行く方法は2つしかありません―ペダルをより速くこぐか，車輪を大きくすることです。その巨大な前輪で，ペニーファーシングは時速40キロまで走ることができました。男性はそれを愛しました。女性はその頃ズボンをはかなかったので，ペニーファーシングに乗りませんでした。乗る人はランニングスタートを取り，小さな席にジャンプしなければなりませんでした。③長いドレスは，女性がペニーファーシングに乗ることを可能にしました。

ペニーファーシングの大きな車輪は通りの上にある穴を乗り越え，小さな自転車の車輪は穴に落ちました。ペニーファーシングは小さな自転車より乗るのに[4]快適でした。

自転車で速く進むのは危険です。ペニーファーシングはハンドブレーキがありませんでした。乗る人は車輪の上の地上から高い席に座りました。時速40キロの移動は非常に速かったです。乗る人が何かにぶつかったら，前輪の上を[5]飛んで通りに体を打ちつけるでしょう。重大な事故が多くありました。

ペニーファーシングは1870年に英国に持ち込まれました。「自転車業界の父」と呼ばれるジェームズ・スターリーという人物はそれを見て，彼が「アリエル」と名付けたペニーファージングを作り出しました。それはとても人気になりました。④彼は自転車用のチェーンドライブとギアを発明しました。彼の発明は，最終的に私たちがどこにでも見ることができる現代の自転車のデザインにつながりました。

今日の自転車には，多くのギアや素晴らしいタイヤがあり，強く，[6]軽い金属で作られています。多くの人々は，ペニーファーシングが自転車レースや自転車クラブを人気にしたと感じています。そして，世界中にまだペニーファーシングクラブがあります。

(1) [1] ビクトリア朝時代が活発な時代だったことを表している。

[2] ペニーファーシングという名前の由来について説明している。

[3] 〈compare in ～〉で「～について比較する」という意味を表す。

[4] 直前の内容からペニーファーシングは事故に遭いにくいことがわかる。

[5] 自転車で速く走っている時に何かにぶつかると，乗る人が前に飛ばされることを言っている。

[6] 現代の自転車の金属は軽いものだと言っている。

重要 (2) ③は長いドレスを着ているとペニーファーシングに乗ることができると言っているが，ペニーファーシングにはジャンプして乗らなければならないので，impossible とするのが正しい。

2 (長文読解問題・説明文:内容吟味,語句整序)

(大意) 今日は書くことについて書いています。私たちは皆,良い文章と悪い文章を経験してきましたが,違いは正確に何でしょうか,また,なぜそれが重要なのでしょうか?

悪い文章は私の人生の方向性を変えました。私は良いフィクションが大好きなので,文学の博士号に取り組んでいました。残念ながら,文学系の学生は,他の学者が文学について書いているもの,つまり文学批評と批判的理論を読むのに多くの時間を費やしています。[8]時折,私は本当に私に話しかけてくれる批判的な本に出会いましたが,必要な読書のほとんどは単に読みにくいものでした。

私は批判的な論文に書いたある教授のコメントを決して忘れません。彼女は私がはっきりと簡単に書いてくれたことに感謝し,生徒の論文のほとんどは理解できないと言いました。[9]私は彼女が何を意味するのか正確に知っていました。多くの学者や他の専門家は,重要または深遠に聞こえるように専門用語や高尚な言語を使います。時には,彼らは自分が何を話しているのか分からないので,実際に大げさな言語の後ろに隠れています。結局,私はひどい英語を読まないように,大学院から離れて私の道を変えました。

良い文章は,読む人が誰であろうと,明確でシンプルです。[10]日本人の読者の中には,第二言語学習者のために私が文章を単純化していると思う人もいるでしょう。私はそうしません。日本人の読者のために書くことは,良い文章の中で何が重要かを覚えるのに最適な方法です。

ウィリアム・ジンサーが彼の古典的な指導書であるOn Writing Wellで言ったように,「よく書くことの秘密は,すべての文章を最も簡潔な構成要素にそぎ落とすことです。」 [11]言い換えれば,不要な単語をカットし,大きな,長いものではなく,短く,単純なものを使用します。

どの文が良いですか? あなたが決めてください。

1)ソーシャルメディアプラットフォームは,教室外でのコミュニケーションの機会を高めるために利用されています。

2)私たちは,学生がクラス外でより良いコミュニケーションを取るのを助けるためにFacebookとTwitterを使用しています。

[12]私が子供の頃,私たちは複雑な方法で簡単な歌を歌うことによって偉そうな言葉をからかっていました。あなたはこれがわかりますか? 「3つの視覚的に欠乏したげっ歯類,3つの視覚的に欠乏したげっ歯類。彼らがどのように歩いて行くかを見なさい…」など。それはもちろん,この曲の始まりです「3匹の盲目のマウス,3匹の盲目のマウス。彼らがどう走るか見なさい…」

〔これらのことから得られる1つの教訓は,よく書くことには大げさな英語を多く必要としないということです。〕このエッセイを読んで理解しているなら,あなたはおそらく自分で良い英語を書く準備ができているでしょう。[13]友達と英語のみのFacebookグループを作成するか,単に日記をつけて練習してください。それは新しい年を始める楽しい方法かもしれません!

(1) 大意参照。

重要 (2) 並べ替えるとOne lesson to take from all this (is writing well) doesn't require a lot of fancy English(.)となる。One lessonを主語とし,to take ~ thisがlessonを修飾するように作る。またwriting wellを主語とする部分の直前には接続詞のthatが省略されていることに気づく必要がある。直前の例を受けて,大げさな言葉を使うと意味がわかりづらくなるという教えを表している。

3 (長文読解問題・物語文:内容吟味,正誤問題)

(大意) 「クリスマスは季節ではなく,気持ちだ」という古い言葉があります。私はそれが本当だと確信しています。ほとんどの人にとって,その気持ちはほとんど子供っぽい喜びの一つです。クリスマスイブの興奮と期待であろうと,クリスマスディナーのテーブルの周りの笑いの温かさであろうと，その気持ちは彼らの一年で最も幸せな時期です。

私の人生の最初の30年ほどの間，クリスマスが私の中にわき立てた気持ちは大きく違っていました。私は主にそれに悲しみや孤独を関連付けました。私がふつうそれを恐れていたからでした。私がただそれが消え去ることを望んでいたのはそのためでした。

私の子供時代と10代の頃の展開を考えると，私の態度はほとんど驚くに価しません。

私はサリーで生まれましたが，両親は私が世界に到着した直後に別れました。それから私が3歳のとき，母と私はイギリスを離れてオーストラリアに向かい，そこには親族がいました。彼女はコピー会社，ランクゼロックスのスターセールスウーマンとして仕事を得ていました。

私は一人っ子で，私たちの人生は(A)かなり根がないものでした。私たちは母の仕事で都市から別の都市に引っ越したので，私はいろいろな学校に通っていました。私は本当にそれらのどれにも落ち着かなかったし，結果としていじめの多くを被りました。私はいつも打ち解けて友達を作るために少し頑張りすぎていましたが，それは明らかに私をみんなから際立たせました。それは学校では決して良いことではありませんでした。西オーストラリア州のクインズロックの小さな町で，私のことを周囲になじめない変わり者だと思っている子供たちの一団から追い払われました。それは私を精神的に参っている人間にしました。

私は家庭生活のほとんどを一人で過ごしましたが，それは役に立ちませんでした。私の母は一生懸命働き，オーストラリアを旅し，いつも会議に行ったので，私は効果的に一連の乳母とベビーシッターによって育てられました。(B)私にはめったに仲間がいませんでした。

この絶え間ない引っ越しは，私たちが本当に伝統的な家族のクリスマスをしなかったことを意味しました。父はイギリスに残っていたので，訪ねることができませんでしたが，彼は自分が送る贈り物に非常に寛大でした。私はある年にオリジナルのトランスフォーマーのおもちゃを受け取ったことを鮮明に覚えています。私はまた，トランシーバーと高価なミニカーのセットを得ました。私は本当にそれらのことを感謝しましたが，私が電話で父と話すことができたとき，さらに興奮を感じました。私にとって，世界の反対側で彼の切断された，少しエコーがかかった声を聞くことは，しばしば私のクリスマスのハイライトでした。

オーストラリアには家族がいて，特に母の兄，叔父のスコットと彼の家族は，私たちがシドニーを訪れた時にまれに会いした。けれども私たちは彼らと一緒にホリデーシーズンを過ごしませんでした。代わりに私の母のクリスマスのお祝いのアイデアは，私たち二人のための旅行に多くのお金を費やしたことでした。それらはかなり豪華な出来事だったので，彼女は当時かなりお金を稼いでいたに違いありません。私たちは，(C)このような旅行を少なくとも3回行い，アメリカ，タイ，シンガポール，ハワイに飛びました。例えば，ある年，私たちはオーストラリアからハワイに向かって国際日付線を通過しながら東に飛びました。だから，私たちは効果的に時間をさかのぼっていました。私たちはボクシング・デーに出発しましたが，まだクリスマスの日だったハワイに到着しました。

だから，私は2つのクリスマスの日を持ちました。それは非常にエキサイティングだったに違いないし，私は素晴らしい時間を過ごしたに違いないと確信しています。母はよく私に旅行について話してくれましたが，(D)私はほとんど覚えていません。

(1) 「下線部(A)の説明に最も適した説明は，次のどれか。」 1 「彼の母親は多くの仕事を持っていた。」「根がない」ことに関係しないので，誤り。 2 「彼は本当に落ち着ける学校に通った。」学校で落ち着くことはなかったと言っているので，誤り。 3 「彼は父親と暮らしていなかった。」「根がない」ことに関係しないので，誤り。 4 「彼と彼の母親は決して一つの都市に定住しなかった。」 直後に「都市から別の都市に引っ越した」とあるように，「根がない」とは決まった場所に長い間とどまらなかったことを表すので，答え。

基本 (2) 「下線部分 (B) は何を意味するか。」 1 「彼は自分の仕事を持っていなかった。」 company は「仕事」という意味ではないので，誤り。 2 「彼は一人で多くの時間を過ごした。」「私は家庭生活のほとんどを一人で過ごした」とあるので，答え。 3 「彼は彼女の会社で母親と一緒に時間を過ごさなかった。」「私」の家庭生活に関することには関係がないので，誤り。 4 「彼は本当に母親との会合に行かなかった。」 文中に書いていない内容なので，誤り。

(3) 「父親がイギリスに残ったとき，著者にとって何が一番わくわくしたか。」 1 「オリジナルのトランスフォーマーのおもちゃ。」 父親と話すのが一番うれしかったので，誤り。 2 「トランシーバーと高価なミニカーのセット。」 父親と話すのが一番うれしかったので，誤り。 3 「3回の旅行。」 父親と話すのが一番うれしかったので，誤り。 4 「世界の反対側からの声。」 イギリスにいる父親と話すのが一番うれしかったとあるので，答え。

(4) 「下線部分(C)は何を意味するか。」 1 「多くのお金を費やして旅行をすること。」 2文前の内容に合うので，答え。 2 「かなりのお金を稼ぐこと。」 外国に旅行することについて言っていないので，誤り。 3 「オーストラリアで家族とホリデーシーズンを過ごすこと。」 外国に旅行することについて言っていないので，誤り。 4 「彼の父親とホリデーシーズンを過ごすこと。」 父親と過ごしたわけではないので，誤り。

(5) 「下線部分(D)によると，著者はどのように感じたか。」 1 「彼は母親の話を聞いて興奮していた。」 話をよく覚えていないとあるので，誤り。 2 「彼は，母親が彼らの旅行について何度も話したので退屈していた。」「退屈していた」とは書いていないので，誤り。 3 「彼はクリスマスの他の詳細を思い出すにはあまりにも多くの母親の贈り物を楽しんだ。」 母親の贈り物を楽しんだとは書いていないので，誤り。 4 「彼は旅行よりも家族と一緒に時間を過ごしたかった。」 筆者は父親や母親といっしょにクリスマスを過ごしたり，落ち着いた暮らしをしたいと思っていたので，答え。

(6) 「著者に当てはまらないのは次のどれか。」 1 「彼は子供の頃にクリスマスが来ることを望んでいなかった。」 クリスマスがなくなればいいと思っていたとあるので，正しい。 2 「彼の両親は彼が生まれる前に別々に住んでいた。」 生まれた直後に両親は離婚したと書いてあるので，誤り。 3 「彼は一生懸命に合わせて友達を作ろうとした。」 学校での様子に合うので，正しい。 4 「彼と彼の母親はオーストラリアで家族にあまり会わなかった。」 叔父にはシドニーを訪れた時にまれに会ったと書いてあるので，正しい。

4・5 リスニング問題解説省略。

★ワンポイントアドバイス★

1の③には compare が使われている。この動詞を用いて「AとBを比較する」と言うときには〈compare A with B〉とすることを覚えておこう。(例) Let's compare this bike with that bike.「この自転車とあと自転車を比べよう。」

<国語解答> 《学校からの正答の発表はありません。》

一　a 2　b 1　c 4　d 4　e 4

二　問一 4　問二 3　問三 5

三　問一 A 2　B 4　C 5　D 1　E 3　問二 3　問三 4　問四 5
問五 1　問六 2

四　問一 a 5　b 4　c 1　問二 1　問三 3　問四 2　問五 3　問六 2
問七 4

五　問一 ア 2　イ 1　ウ 4　問二 3　問三 2　問四 1　問五 4

○推定配点○

一・二　各2点×8　三　問一　各1点×5　他　各4点×5　四　問一　各2点×3
他　各4点×6　五　問一　各3点×3　他　各5点×4　計100点

<国語解説>

一　(漢字の読み書き)

a　要請　1 誓　2 請　3 整　4 勢　5 省
b　講和　1 講堂　2 原稿　3 購入　4 海溝　5 構築
c　被服　1 人件費　2 賛否　3 悲劇　4 被害　5 回避
d　粘　1 天然　2 可燃　3 捻出　4 粘土　5 信念
e　威　1 偉人　2 容易　3 維持　4 威厳　5 遺跡

二　(熟語，ことわざ・慣用句，品詞・用法)

問一　傍線部の「から」は原因や理由を表す格助詞で，同じ意味・用法のものは4。1は以後，2は変化する前の様子，3と5は起点を表す格助詞。

問二　「正確に」の「に」は，「正確だ」という形容動詞の連用形「正確に」の一部。同じ意味・用法のものは3。1は「まさに」という副詞の一部，2は結果を表格助詞，5は対象を表す格助詞，4は接続助詞「のに」の一部。

基本　問三　それぞれ・「チョウサンボシ」・「シメンソカ」・「イッスンのむしにもごぶのたましい」「ニソクのわらじ」・「イッシをむくいる」と読む。

三　(論説文―大意・要旨，内容吟味，文脈把握，接続語の問題，脱文・脱語補充)

問一　A 「単純な構造しか備えていない生物にとっては……その動きは瞬間ごとにほぼ自動的に決定される」という前に対して，後で「複雑な生命体になると……計算する必要が出てくる」と相反する内容を述べているので，逆接の意味を表す語が入る。　B 「どういう動作に集中するのが最善かを計算する必要が出てくる」という前から，当然予想される内容が後に「『なぜ，その動作なのか』という問いが生じる」と続いているので，順接の意味を表す語が入る。　C 「複雑な生命体」について述べている前の段落の内容に，後の段落で「そうした複雑な生物は……後から付与されることもある」と並べて述べているので，並立の意味を表す語が入る。　D 前の「運動の方向性」か後の「ゴール」のどちらを選んでもよいという文脈なので，選択の意味を表す語が入る。　E 「極めて効果的に行っている」という前に，後で「精度を挙げることができる」と付け加えているので，添加の意味を表す語が入る。

やや難　問二　1段落の「『ミーム』とは……自己複製しながら進化を推進する情報の単位である」 2段落の「かなり異なった特性を備えた個体間，異なった環境間でも文化の伝播が可能である」という内容を踏まえているのは3の説明。それぞれの選択肢の文末に着目して，1の「進化そのもの」，

2の「文化の概念」が本文の内容とそぐわないことを確認する。4は，[2]段落の「文化的進化のメカニズム……では，『ミーム』に中心的な地位を与えている」を踏まえていない。[2]段落に「ソフトウェアに似たような機能を果たしている」とあるが，コミュニケーションを援助してくれるわけではないので，5も適切ではない。

問三　挿入する段落の冒頭に「こうした進化論的な見地」とあるので，「進化論的な見地」について述べた段落の後に入れる。最終段落で「道具や行為を選ぶ」「理由」について，「いずれも人間の文化的進化の方向性を制御すべく，長期的に作用するものとして〝デザイン〟されたミームであることに変わりはない」と，人間の進化に関する筆者の考えを述べている。最終段落の「『理由』は，その時点で明確に意識されていなかったり」「評価が定まっていなかったり」，さらに「長期的に作用するもの」から，挿入する段落の「『理由』と『原因』をめぐって，細かい問題設定をしながら専門的な議論を積み重ねてきた従来の哲学のあり方が空虚に思えてくる」という内容につながるので，(4)に入れるのが最も適当。

問四　同じ段落の「両者はもともと同じ性質のものだったが，文化的進化に伴って，後者から前者が分化してきたのである」から理由を読み取る。前者は「なぜ　why」という問いを指し，後者は「どのようにして　how」という問いを指すことを確認する。「なぜ」と「どのようにして」が本来同じ性質を持つからと述べている5を選ぶ。

問五　同じ文の「『道具的規範性』と『社会的規範性』では対象は異なる」を「二つの規範性を考える上で対象は異なる」に，「人間の文化的進化の方向性を制御すべく」を「人間が進化の過程で様々な選択を迫られた際に，それをコントロールするために」に，「〝デザイン〟されたミーム」を「作られたミーム」と言い換えて説明している1が適当。

重要　問六　[1]・[2]段落の内容に2が合致する。1の「ミームの地位を向上させるべきだ」という考えや，3と4の単純な生命体とミームの関係については本文では述べていない。[6]段落に「『規範性』には，『道具的規範性　instrumental normativity』『社会的規範性　social normativity』の二種類がある」とあるが，5の「規範性には多種多様なミームがあり」とは述べていない。

[四]　(小説ー情景・心情，内容吟味，文脈把握，語句の意味)

問一　a　直前の「鋭いようにも感情にも置き忘れているようにも見える」に着目する。何を見ているかよくわからないという意味において，「鳥の目」と用いている。後に「母親の瞳の焦点がようやく私に合う」という表現がある。　b 「訝る」は，怪しく思う，疑わしく思うという意味。前後の「どこにそれが必要なのかと」「周囲を見まわす」という行動もヒントになる。　c 「眉をひそめる」は，不快な気持ちから眉を寄せること。直前の「下品ね」という言葉からも意味を推察することができる。

問二　直後に「親切心ではなく，皮肉で」とある。「皮肉」は遠回しに意地悪く相手を非難するという意味なので，1を選ぶ。少し後の「本棚の中の画集の何冊かは上下さかさまに突っこまれている……直したくて体がむずむずする。そういうふうに育てられたからだ」や，「私にこう言ったんだよ。自分の暮らしをきちんとできない人には，絵を描く資格も，生きていく資格もないって」からも，母の部屋が散らかっていることに私が苛立ちを覚えていることが読み取れる。

問三　母親の「自分の暮らしをきちんとできない人には，絵を描く資格も，生きていく資格もないって」という「言葉に呪縛されて生きてきた」のに，母親は「なんのこと？」と呟かれたときの「私」の心情を想像する。「覚えてないの？私がずっと忘れずにいた言葉なのに」からは，自分の気持ちをどうすればよいのかわからないという困惑が感じられる。自分を長年の間縛って来た「自分の暮らしをきちんとできない人には，絵を描く資格も，生きていく資格もないって」という言葉を母が覚えていないことに対して困惑しているので，1の「失敗したことを思い出して」

や，2の「諦めている」は適当ではない。母親は認知症を患っているので，「意図的に覚えていないふりをしている」とある4も適当ではない。5の「美大を目指していた際に言われた」という描写は見られない。

問四　前の「たぶん，名前を思い出せないのだ」や，直前の文の「視線が私の表情を手探りしていた」から，娘の名前を思い出せない母親の不安な心情が読み取れる。不安を「怯えて揺れている」と表現している2が入る。

やや難　問五　傍線部③「個性派女優を演じ続けてきた」は，母親の様子をたとえている。直前の段落「私が訪れることを充から聞いて，着るべききちんとした服を探したのだろう。必死で化粧をしたのかもしれない。衰えを隠すために。自分が十六年前と少しも変わらない，と私に認めさせるために。おかしなところは少しもない，と思わせるために」からは，完璧な母親としての姿を見せようとしていることがわかる。この内容を述べている3が適当。

重要　問六　文中に出現する少女は，「私」が幼い頃の自分自身の姿を投影したものである。その少女に対して，「私」が「もういいんだよ」と思ったのは，どういうことなのかを考える。母親が認知症を患いながらも自分を含めた三人の子どもの絵を描いたことから，母親に抱いていたわだかまりが消え，架空の少女の存在の必要がなくなったことが推察できる。母親は認知症なので，「今なら和解できそう」とある1は合わない。少女は実在していないので3は適当ではない。4の「母の呪縛から逃れられていない」や，5の「自分を庇ってくれていた」は，本文から読み取れない。

問七　「淡い赤と薄い青と黄色の三色が，三本の太く短い柱のように塗り重ねられている」絵を見て，母親は「淡い赤」が「亡くなっちゃった上の娘」で，「薄い青」は「わたしの息子」の充だと言っている。三本目の「黄色」は当然下の娘である「私」のことを描いていると思うが，直後の文に「『これは夫』と言われそうで」とあるように，確信できないでいる。心の中で相反する感情がからみあうという意味の葛藤が表現されているとしている4を選ぶ。1の「明文化されたルール」，2の「嘲笑している」，5の「寂しさを紛らわしている」は，本文からは読み取れない。夏の花を探している少女は昔の「私」の姿なので，「昔の『私』と同じように母の絵画教室に通う少女」とある3は適当ではない。

五　(古文―内容吟味，文脈把握，脱文・脱語補充，口語訳)

〈口語訳〉　今は昔，唐の片田舎に一人の男がいた。家は貧しくて宝はない。妻子を養う力もない。(宝を)求めても得ることはない。このようにして年月が経つ。(男は)思い悩んで，ある僧に会って，宝を得る方法を尋ねた。知恵のある僧だったので，答えるには，「お前が宝を得ようと思うならば，ただ誠の心を起こせばよい。そうすれば宝も(得て)豊かに(なり)，後世はきっと極楽浄土に生まれるだろう」と言う。この男が，「誠の心とはどのようなものか」と尋ねると，僧が言うには，「誠の心を起こすというのは，他でもない。仏法を信じることだ」と言うので，(男が)また尋ねて言うには，「それはどうする(ことです)か。はっきりとお聞きして納得して，(それを)頼みに思って，一も二もなく信心をして，お頼みいたします。教えてください」と言うと，僧が言うには，「自分の心こそが仏なのだ。自分の心を離れては仏はない。だから自分の心に仏はいらっしゃるのだ」と言ったので，(男は)手をすりあわせて泣きながら拝み，それからはこのことを心にかけて日夜思ったところ，梵天や帝釈天などの神々が来て守ってくださったので，おもいがけず宝を手に入れ，家の中が豊かになった。命が終わるのに際して，ますます心の中で，深く仏に祈願して，極楽浄土にすぐに赴いたのだ。このことを見聞きした人は，ありがたくしみじみと感じたとのことである。

やや難　問一　ア　「後世」は，死後の世界という意味。後に「浄土にすみやかに参りてけり」とあるのもヒントになる。　イ　「承る」には，お受けする，お聞きするなどの意味がある。「心を得」は，納得するという意味であることから判断する。　ウ　「いよいよ」は，ますますの意味。「仏を念じ入り」はどういう意味なのかを考える。オの「死の告知を受けて」の描写は本文にない。
問二　前の「家貧しくして宝なし。妻子を養ふに力なし。求むれど得る事なし。かくて歳月を経。思ひわびて」が理由にあたる。この内容を述べている3が適当。
問三　三つ目の X を含む「 X の心を起すといふは……仏法を信ずるなり」に着目する。仏を信じることに通じるのは，偽りのないまごころという意味の「誠」。
問四　直後の「我が心はこれ仏なり。我が心を離れては仏なしと。しかれば我が心の故に仏はゐますなり」の意味するところを考える。それぞれの人の心の中に仏はいるのだから，その心から離れず信仰しなさい，という意味になる。僧自身が仏だと言っているわけではないので，2と3は適当ではない。4の「心を鍛えよ」や5の「誰でも仏になれる」は，読み取れない。
重要 問五　男の生涯を見聞きした人が「貴みあはれ」んだのはなぜかを考える。貧しかった男が，仏への信仰心によって極楽往生を遂げたという内容にふさわしいものを選ぶ。1の「仏になることができた」，2の「智恵のある僧のことを手を擦って泣きながら信仰」，3の「早くに亡くなってしまった」，5の「最後まで結婚することはできずに」の部分が本文の内容にそぐわない。

★ワンポイントアドバイス★
選択肢には紛らわしいものが多い。本文の表現をどのように言い換えているのかを意識することで，正答を見抜こう。

MEMO

大切なことはメモしておこうネ！

解答用紙集

○月×日　△曜日　天気（合格日和）

◆ご利用のみなさまへ
＊解答用紙の公表を行っていない学校につきましては、弊社の責任において、解答用紙を制作いたしました。
＊編集上の理由により一部縮小掲載した解答用紙がございます。
＊編集上の理由により一部実物と異なる形式の解答用紙がございます。

人間の最も偉大な力とは、その一番の弱点を克服したところから生まれてくるものである。――カール・ヒルティ――

東京学参株式会社

栄東高等学校(第1回)　2024年度

◇数学◇

※ 208%に拡大していただくと，解答欄は実物大になります。

1	解答欄											
ア	±	−	0	1	2	3	4	5	6	7	8	9
イ	±	−	0	1	2	3	4	5	6	7	8	9
ウ	±	−	0	1	2	3	4	5	6	7	8	9
エ	±	−	0	1	2	3	4	5	6	7	8	9
オ	±	−	0	1	2	3	4	5	6	7	8	9
カ	±	−	0	1	2	3	4	5	6	7	8	9
キ	±	−	0	1	2	3	4	5	6	7	8	9
ク	±	−	0	1	2	3	4	5	6	7	8	9
ケ	±	−	0	1	2	3	4	5	6	7	8	9
コ	±	−	0	1	2	3	4	5	6	7	8	9
サ	±	−	0	1	2	3	4	5	6	7	8	9
シ	±	−	0	1	2	3	4	5	6	7	8	9
ス	±	−	0	1	2	3	4	5	6	7	8	9
セ	±	−	0	1	2	3	4	5	6	7	8	9
ソ	±	−	0	1	2	3	4	5	6	7	8	9
タ	±	−	0	1	2	3	4	5	6	7	8	9
チ	±	−	0	1	2	3	4	5	6	7	8	9
ツ	±	−	0	1	2	3	4	5	6	7	8	9
テ	±	−	0	1	2	3	4	5	6	7	8	9
ト	±	−	0	1	2	3	4	5	6	7	8	9
ナ	±	−	0	1	2	3	4	5	6	7	8	9
ニ	±	−	0	1	2	3	4	5	6	7	8	9
ヌ	±	−	0	1	2	3	4	5	6	7	8	9
ネ	±	−	0	1	2	3	4	5	6	7	8	9
ノ	±	−	0	1	2	3	4	5	6	7	8	9

2	解答欄											
ア	±	−	0	1	2	3	4	5	6	7	8	9
イ	±	−	0	1	2	3	4	5	6	7	8	9
ウ	±	−	0	1	2	3	4	5	6	7	8	9
エ	±	−	0	1	2	3	4	5	6	7	8	9
オ	±	−	0	1	2	3	4	5	6	7	8	9
カ	±	−	0	1	2	3	4	5	6	7	8	9
キ	±	−	0	1	2	3	4	5	6	7	8	9
ク	±	−	0	1	2	3	4	5	6	7	8	9
ケ	±	−	0	1	2	3	4	5	6	7	8	9
コ	±	−	0	1	2	3	4	5	6	7	8	9
サ	±	−	0	1	2	3	4	5	6	7	8	9
シ	±	−	0	1	2	3	4	5	6	7	8	9
ス	±	−	0	1	2	3	4	5	6	7	8	9
セ	±	−	0	1	2	3	4	5	6	7	8	9
ソ	±	−	0	1	2	3	4	5	6	7	8	9
タ	±	−	0	1	2	3	4	5	6	7	8	9
チ	±	−	0	1	2	3	4	5	6	7	8	9
ツ	±	−	0	1	2	3	4	5	6	7	8	9
テ	±	−	0	1	2	3	4	5	6	7	8	9
ト	±	−	0	1	2	3	4	5	6	7	8	9
ナ	±	−	0	1	2	3	4	5	6	7	8	9
ニ	±	−	0	1	2	3	4	5	6	7	8	9
ヌ	±	−	0	1	2	3	4	5	6	7	8	9
ネ	±	−	0	1	2	3	4	5	6	7	8	9
ノ	±	−	0	1	2	3	4	5	6	7	8	9

3	解答欄											
ア	±	−	0	1	2	3	4	5	6	7	8	9
イ	±	−	0	1	2	3	4	5	6	7	8	9
ウ	±	−	0	1	2	3	4	5	6	7	8	9
エ	±	−	0	1	2	3	4	5	6	7	8	9
オ	±	−	0	1	2	3	4	5	6	7	8	9
カ	±	−	0	1	2	3	4	5	6	7	8	9
キ	±	−	0	1	2	3	4	5	6	7	8	9
ク	±	−	0	1	2	3	4	5	6	7	8	9
ケ	±	−	0	1	2	3	4	5	6	7	8	9
コ	±	−	0	1	2	3	4	5	6	7	8	9
サ	±	−	0	1	2	3	4	5	6	7	8	9
シ	±	−	0	1	2	3	4	5	6	7	8	9
ス	±	−	0	1	2	3	4	5	6	7	8	9
セ	±	−	0	1	2	3	4	5	6	7	8	9
ソ	±	−	0	1	2	3	4	5	6	7	8	9
タ	±	−	0	1	2	3	4	5	6	7	8	9
チ	±	−	0	1	2	3	4	5	6	7	8	9
ツ	±	−	0	1	2	3	4	5	6	7	8	9
テ	±	−	0	1	2	3	4	5	6	7	8	9
ト	±	−	0	1	2	3	4	5	6	7	8	9
ナ	±	−	0	1	2	3	4	5	6	7	8	9
ニ	±	−	0	1	2	3	4	5	6	7	8	9
ヌ	±	−	0	1	2	3	4	5	6	7	8	9
ネ	±	−	0	1	2	3	4	5	6	7	8	9
ノ	±	−	0	1	2	3	4	5	6	7	8	9

4	解答欄											
ア	±	−	0	1	2	3	4	5	6	7	8	9
イ	±	−	0	1	2	3	4	5	6	7	8	9
ウ	±	−	0	1	2	3	4	5	6	7	8	9
エ	±	−	0	1	2	3	4	5	6	7	8	9
オ	±	−	0	1	2	3	4	5	6	7	8	9
カ	±	−	0	1	2	3	4	5	6	7	8	9
キ	±	−	0	1	2	3	4	5	6	7	8	9
ク	±	−	0	1	2	3	4	5	6	7	8	9
ケ	±	−	0	1	2	3	4	5	6	7	8	9
コ	±	−	0	1	2	3	4	5	6	7	8	9
サ	±	−	0	1	2	3	4	5	6	7	8	9
シ	±	−	0	1	2	3	4	5	6	7	8	9
ス	±	−	0	1	2	3	4	5	6	7	8	9
セ	±	−	0	1	2	3	4	5	6	7	8	9
ソ	±	−	0	1	2	3	4	5	6	7	8	9
タ	±	−	0	1	2	3	4	5	6	7	8	9
チ	±	−	0	1	2	3	4	5	6	7	8	9
ツ	±	−	0	1	2	3	4	5	6	7	8	9
テ	±	−	0	1	2	3	4	5	6	7	8	9
ト	±	−	0	1	2	3	4	5	6	7	8	9
ナ	±	−	0	1	2	3	4	5	6	7	8	9
ニ	±	−	0	1	2	3	4	5	6	7	8	9
ヌ	±	−	0	1	2	3	4	5	6	7	8	9
ネ	±	−	0	1	2	3	4	5	6	7	8	9
ノ	±	−	0	1	2	3	4	5	6	7	8	9

5	解答欄											
ア	±	−	0	1	2	3	4	5	6	7	8	9
イ	±	−	0	1	2	3	4	5	6	7	8	9
ウ	±	−	0	1	2	3	4	5	6	7	8	9
エ	±	−	0	1	2	3	4	5	6	7	8	9
オ	±	−	0	1	2	3	4	5	6	7	8	9
カ	±	−	0	1	2	3	4	5	6	7	8	9
キ	±	−	0	1	2	3	4	5	6	7	8	9
ク	±	−	0	1	2	3	4	5	6	7	8	9
ケ	±	−	0	1	2	3	4	5	6	7	8	9
コ	±	−	0	1	2	3	4	5	6	7	8	9
サ	±	−	0	1	2	3	4	5	6	7	8	9
シ	±	−	0	1	2	3	4	5	6	7	8	9
ス	±	−	0	1	2	3	4	5	6	7	8	9
セ	±	−	0	1	2	3	4	5	6	7	8	9
ソ	±	−	0	1	2	3	4	5	6	7	8	9
タ	±	−	0	1	2	3	4	5	6	7	8	9
チ	±	−	0	1	2	3	4	5	6	7	8	9
ツ	±	−	0	1	2	3	4	5	6	7	8	9
テ	±	−	0	1	2	3	4	5	6	7	8	9
ト	±	−	0	1	2	3	4	5	6	7	8	9
ナ	±	−	0	1	2	3	4	5	6	7	8	9
ニ	±	−	0	1	2	3	4	5	6	7	8	9
ヌ	±	−	0	1	2	3	4	5	6	7	8	9
ネ	±	−	0	1	2	3	4	5	6	7	8	9
ノ	±	−	0	1	2	3	4	5	6	7	8	9

【記入上の注意】
1. 記入は、HBの鉛筆またはシャープペンシルを使用してください。
2. 訂正する場合はプラスチック消しゴムで完全に消してください。
3. 用紙を折り曲げたり、汚したりしないでください。

【マーク例】

栄東高等学校（第1回）　2024年度

◇英語◇

※ 119％に拡大していただくと，解答欄は実物大になります。

問題番号	解答欄										問題番号	解答欄										問題番号	解答欄									
1	①	②	③	④	⑤	⑥	⑦	⑧	⑨	⓪	21	①	②	③	④	⑤	⑥	⑦	⑧	⑨	⓪	41	①	②	③	④	⑤	⑥	⑦	⑧	⑨	⓪
2	①	②	③	④	⑤	⑥	⑦	⑧	⑨	⓪	22	①	②	③	④	⑤	⑥	⑦	⑧	⑨	⓪	42	①	②	③	④	⑤	⑥	⑦	⑧	⑨	⓪
3	①	②	③	④	⑤	⑥	⑦	⑧	⑨	⓪	23	①	②	③	④	⑤	⑥	⑦	⑧	⑨	⓪	43	①	②	③	④	⑤	⑥	⑦	⑧	⑨	⓪
4	①	②	③	④	⑤	⑥	⑦	⑧	⑨	⓪	24	①	②	③	④	⑤	⑥	⑦	⑧	⑨	⓪	44	①	②	③	④	⑤	⑥	⑦	⑧	⑨	⓪
5	①	②	③	④	⑤	⑥	⑦	⑧	⑨	⓪	25	①	②	③	④	⑤	⑥	⑦	⑧	⑨	⓪	45	①	②	③	④	⑤	⑥	⑦	⑧	⑨	⓪
6	①	②	③	④	⑤	⑥	⑦	⑧	⑨	⓪	26	①	②	③	④	⑤	⑥	⑦	⑧	⑨	⓪	46	①	②	③	④	⑤	⑥	⑦	⑧	⑨	⓪
7	①	②	③	④	⑤	⑥	⑦	⑧	⑨	⓪	27	①	②	③	④	⑤	⑥	⑦	⑧	⑨	⓪	47	①	②	③	④	⑤	⑥	⑦	⑧	⑨	⓪
8	①	②	③	④	⑤	⑥	⑦	⑧	⑨	⓪	28	①	②	③	④	⑤	⑥	⑦	⑧	⑨	⓪	48	①	②	③	④	⑤	⑥	⑦	⑧	⑨	⓪
9	①	②	③	④	⑤	⑥	⑦	⑧	⑨	⓪	29	①	②	③	④	⑤	⑥	⑦	⑧	⑨	⓪	49	①	②	③	④	⑤	⑥	⑦	⑧	⑨	⓪
10	①	②	③	④	⑤	⑥	⑦	⑧	⑨	⓪	30	①	②	③	④	⑤	⑥	⑦	⑧	⑨	⓪	50	①	②	③	④	⑤	⑥	⑦	⑧	⑨	⓪
11	①	②	③	④	⑤	⑥	⑦	⑧	⑨	⓪	31	①	②	③	④	⑤	⑥	⑦	⑧	⑨	⓪	51	①	②	③	④	⑤	⑥	⑦	⑧	⑨	⓪
12	①	②	③	④	⑤	⑥	⑦	⑧	⑨	⓪	32	①	②	③	④	⑤	⑥	⑦	⑧	⑨	⓪	52	①	②	③	④	⑤	⑥	⑦	⑧	⑨	⓪
13	①	②	③	④	⑤	⑥	⑦	⑧	⑨	⓪	33	①	②	③	④	⑤	⑥	⑦	⑧	⑨	⓪	53	①	②	③	④	⑤	⑥	⑦	⑧	⑨	⓪
14	①	②	③	④	⑤	⑥	⑦	⑧	⑨	⓪	34	①	②	③	④	⑤	⑥	⑦	⑧	⑨	⓪	54	①	②	③	④	⑤	⑥	⑦	⑧	⑨	⓪
15	①	②	③	④	⑤	⑥	⑦	⑧	⑨	⓪	35	①	②	③	④	⑤	⑥	⑦	⑧	⑨	⓪	55	①	②	③	④	⑤	⑥	⑦	⑧	⑨	⓪
16	①	②	③	④	⑤	⑥	⑦	⑧	⑨	⓪	36	①	②	③	④	⑤	⑥	⑦	⑧	⑨	⓪	56	①	②	③	④	⑤	⑥	⑦	⑧	⑨	⓪
17	①	②	③	④	⑤	⑥	⑦	⑧	⑨	⓪	37	①	②	③	④	⑤	⑥	⑦	⑧	⑨	⓪	57	①	②	③	④	⑤	⑥	⑦	⑧	⑨	⓪
18	①	②	③	④	⑤	⑥	⑦	⑧	⑨	⓪	38	①	②	③	④	⑤	⑥	⑦	⑧	⑨	⓪	58	①	②	③	④	⑤	⑥	⑦	⑧	⑨	⓪
19	①	②	③	④	⑤	⑥	⑦	⑧	⑨	⓪	39	①	②	③	④	⑤	⑥	⑦	⑧	⑨	⓪	59	①	②	③	④	⑤	⑥	⑦	⑧	⑨	⓪
20	①	②	③	④	⑤	⑥	⑦	⑧	⑨	⓪	40	①	②	③	④	⑤	⑥	⑦	⑧	⑨	⓪	60	①	②	③	④	⑤	⑥	⑦	⑧	⑨	⓪

【 記入上の注意 】

1．記入は、ＨＢの鉛筆またはシャープペンシルを使用してください。

2．訂正する場合はプラスチック消しゴムで完全に消してください。

3．用紙を折り曲げたり、汚したりしないでください。

【 マーク例 】

良い例 　悪い例 

栄東高等学校(第1回)　2024年度　◇国語◇

※ 119%に拡大していただくと，解答欄は実物大になります。

問題番号	解答欄	問題番号	解答欄	問題番号	解答欄
1	1 2 3 4 5 6 7 8 9 0	21	1 2 3 4 5 6 7 8 9 0	41	1 2 3 4 5 6 7 8 9 0
2	1 2 3 4 5 6 7 8 9 0	22	1 2 3 4 5 6 7 8 9 0	42	1 2 3 4 5 6 7 8 9 0
3	1 2 3 4 5 6 7 8 9 0	23	1 2 3 4 5 6 7 8 9 0	43	1 2 3 4 5 6 7 8 9 0
4	1 2 3 4 5 6 7 8 9 0	24	1 2 3 4 5 6 7 8 9 0	44	1 2 3 4 5 6 7 8 9 0
5	1 2 3 4 5 6 7 8 9 0	25	1 2 3 4 5 6 7 8 9 0	45	1 2 3 4 5 6 7 8 9 0
6	1 2 3 4 5 6 7 8 9 0	26	1 2 3 4 5 6 7 8 9 0	46	1 2 3 4 5 6 7 8 9 0
7	1 2 3 4 5 6 7 8 9 0	27	1 2 3 4 5 6 7 8 9 0	47	1 2 3 4 5 6 7 8 9 0
8	1 2 3 4 5 6 7 8 9 0	28	1 2 3 4 5 6 7 8 9 0	48	1 2 3 4 5 6 7 8 9 0
9	1 2 3 4 5 6 7 8 9 0	29	1 2 3 4 5 6 7 8 9 0	49	1 2 3 4 5 6 7 8 9 0
10	1 2 3 4 5 6 7 8 9 0	30	1 2 3 4 5 6 7 8 9 0	50	1 2 3 4 5 6 7 8 9 0
11	1 2 3 4 5 6 7 8 9 0	31	1 2 3 4 5 6 7 8 9 0	51	1 2 3 4 5 6 7 8 9 0
12	1 2 3 4 5 6 7 8 9 0	32	1 2 3 4 5 6 7 8 9 0	52	1 2 3 4 5 6 7 8 9 0
13	1 2 3 4 5 6 7 8 9 0	33	1 2 3 4 5 6 7 8 9 0	53	1 2 3 4 5 6 7 8 9 0
14	1 2 3 4 5 6 7 8 9 0	34	1 2 3 4 5 6 7 8 9 0	54	1 2 3 4 5 6 7 8 9 0
15	1 2 3 4 5 6 7 8 9 0	35	1 2 3 4 5 6 7 8 9 0	55	1 2 3 4 5 6 7 8 9 0
16	1 2 3 4 5 6 7 8 9 0	36	1 2 3 4 5 6 7 8 9 0	56	1 2 3 4 5 6 7 8 9 0
17	1 2 3 4 5 6 7 8 9 0	37	1 2 3 4 5 6 7 8 9 0	57	1 2 3 4 5 6 7 8 9 0
18	1 2 3 4 5 6 7 8 9 0	38	1 2 3 4 5 6 7 8 9 0	58	1 2 3 4 5 6 7 8 9 0
19	1 2 3 4 5 6 7 8 9 0	39	1 2 3 4 5 6 7 8 9 0	59	1 2 3 4 5 6 7 8 9 0
20	1 2 3 4 5 6 7 8 9 0	40	1 2 3 4 5 6 7 8 9 0	60	1 2 3 4 5 6 7 8 9 0

【記入上の注意】
1. 記入は、ＨＢの鉛筆またはシャープペンシルを使用してください。
2. 訂正する場合はプラスチック消しゴムで完全に消してください。
3. 用紙を折り曲げたり、汚したりしないでください。

【マーク例】

良い例　悪い例　うすい

栄東高等学校(第2回)　2024年度

◇数学◇

※ 208%に拡大していただくと，解答欄は実物大になります。

1	解答欄										
ア	±	−	0	1	2	3	4	5	6	7	8	9
イ	±	−	0	1	2	3	4	5	6	7	8	9
ウ	±	−	0	1	2	3	4	5	6	7	8	9
エ	±	−	0	1	2	3	4	5	6	7	8	9
オ	±	−	0	1	2	3	4	5	6	7	8	9
カ	±	−	0	1	2	3	4	5	6	7	8	9
キ	±	−	0	1	2	3	4	5	6	7	8	9
ク	±	−	0	1	2	3	4	5	6	7	8	9
ケ	±	−	0	1	2	3	4	5	6	7	8	9
コ	±	−	0	1	2	3	4	5	6	7	8	9
サ	±	−	0	1	2	3	4	5	6	7	8	9
シ	±	−	0	1	2	3	4	5	6	7	8	9
ス	±	−	0	1	2	3	4	5	6	7	8	9
セ	±	−	0	1	2	3	4	5	6	7	8	9
ソ	±	−	0	1	2	3	4	5	6	7	8	9
タ	±	−	0	1	2	3	4	5	6	7	8	9
チ	±	−	0	1	2	3	4	5	6	7	8	9
ツ	±	−	0	1	2	3	4	5	6	7	8	9
テ	±	−	0	1	2	3	4	5	6	7	8	9
ト	±	−	0	1	2	3	4	5	6	7	8	9
ナ	±	−	0	1	2	3	4	5	6	7	8	9
ニ	±	−	0	1	2	3	4	5	6	7	8	9
ヌ	±	−	0	1	2	3	4	5	6	7	8	9
ネ	±	−	0	1	2	3	4	5	6	7	8	9
ノ	±	−	0	1	2	3	4	5	6	7	8	9

2	解答欄										
ア	±	−	0	1	2	3	4	5	6	7	8	9
イ	±	−	0	1	2	3	4	5	6	7	8	9
ウ	±	−	0	1	2	3	4	5	6	7	8	9
エ	±	−	0	1	2	3	4	5	6	7	8	9
オ	±	−	0	1	2	3	4	5	6	7	8	9
カ	±	−	0	1	2	3	4	5	6	7	8	9
キ	±	−	0	1	2	3	4	5	6	7	8	9
ク	±	−	0	1	2	3	4	5	6	7	8	9
ケ	±	−	0	1	2	3	4	5	6	7	8	9
コ	±	−	0	1	2	3	4	5	6	7	8	9
サ	±	−	0	1	2	3	4	5	6	7	8	9
シ	±	−	0	1	2	3	4	5	6	7	8	9
ス	±	−	0	1	2	3	4	5	6	7	8	9
セ	±	−	0	1	2	3	4	5	6	7	8	9
ソ	±	−	0	1	2	3	4	5	6	7	8	9
タ	±	−	0	1	2	3	4	5	6	7	8	9
チ	±	−	0	1	2	3	4	5	6	7	8	9
ツ	±	−	0	1	2	3	4	5	6	7	8	9
テ	±	−	0	1	2	3	4	5	6	7	8	9
ト	±	−	0	1	2	3	4	5	6	7	8	9
ナ	±	−	0	1	2	3	4	5	6	7	8	9
ニ	±	−	0	1	2	3	4	5	6	7	8	9
ヌ	±	−	0	1	2	3	4	5	6	7	8	9
ネ	±	−	0	1	2	3	4	5	6	7	8	9
ノ	±	−	0	1	2	3	4	5	6	7	8	9

3	解答欄										
ア	±	−	0	1	2	3	4	5	6	7	8	9
イ	±	−	0	1	2	3	4	5	6	7	8	9
ウ	±	−	0	1	2	3	4	5	6	7	8	9
エ	±	−	0	1	2	3	4	5	6	7	8	9
オ	±	−	0	1	2	3	4	5	6	7	8	9
カ	±	−	0	1	2	3	4	5	6	7	8	9
キ	±	−	0	1	2	3	4	5	6	7	8	9
ク	±	−	0	1	2	3	4	5	6	7	8	9
ケ	±	−	0	1	2	3	4	5	6	7	8	9
コ	±	−	0	1	2	3	4	5	6	7	8	9
サ	±	−	0	1	2	3	4	5	6	7	8	9
シ	±	−	0	1	2	3	4	5	6	7	8	9
ス	±	−	0	1	2	3	4	5	6	7	8	9
セ	±	−	0	1	2	3	4	5	6	7	8	9
ソ	±	−	0	1	2	3	4	5	6	7	8	9
タ	±	−	0	1	2	3	4	5	6	7	8	9
チ	±	−	0	1	2	3	4	5	6	7	8	9
ツ	±	−	0	1	2	3	4	5	6	7	8	9
テ	±	−	0	1	2	3	4	5	6	7	8	9
ト	±	−	0	1	2	3	4	5	6	7	8	9
ナ	±	−	0	1	2	3	4	5	6	7	8	9
ニ	±	−	0	1	2	3	4	5	6	7	8	9
ヌ	±	−	0	1	2	3	4	5	6	7	8	9
ネ	±	−	0	1	2	3	4	5	6	7	8	9
ノ	±	−	0	1	2	3	4	5	6	7	8	9

4	解答欄										
ア	±	−	0	1	2	3	4	5	6	7	8	9
イ	±	−	0	1	2	3	4	5	6	7	8	9
ウ	±	−	0	1	2	3	4	5	6	7	8	9
エ	±	−	0	1	2	3	4	5	6	7	8	9
オ	±	−	0	1	2	3	4	5	6	7	8	9
カ	±	−	0	1	2	3	4	5	6	7	8	9
キ	±	−	0	1	2	3	4	5	6	7	8	9
ク	±	−	0	1	2	3	4	5	6	7	8	9
ケ	±	−	0	1	2	3	4	5	6	7	8	9
コ	±	−	0	1	2	3	4	5	6	7	8	9
サ	±	−	0	1	2	3	4	5	6	7	8	9
シ	±	−	0	1	2	3	4	5	6	7	8	9
ス	±	−	0	1	2	3	4	5	6	7	8	9
セ	±	−	0	1	2	3	4	5	6	7	8	9
ソ	±	−	0	1	2	3	4	5	6	7	8	9
タ	±	−	0	1	2	3	4	5	6	7	8	9
チ	±	−	0	1	2	3	4	5	6	7	8	9
ツ	±	−	0	1	2	3	4	5	6	7	8	9
テ	±	−	0	1	2	3	4	5	6	7	8	9
ト	±	−	0	1	2	3	4	5	6	7	8	9
ナ	±	−	0	1	2	3	4	5	6	7	8	9
ニ	±	−	0	1	2	3	4	5	6	7	8	9
ヌ	±	−	0	1	2	3	4	5	6	7	8	9
ネ	±	−	0	1	2	3	4	5	6	7	8	9
ノ	±	−	0	1	2	3	4	5	6	7	8	9

5	解答欄										
ア	±	−	0	1	2	3	4	5	6	7	8	9
イ	±	−	0	1	2	3	4	5	6	7	8	9
ウ	±	−	0	1	2	3	4	5	6	7	8	9
エ	±	−	0	1	2	3	4	5	6	7	8	9
オ	±	−	0	1	2	3	4	5	6	7	8	9
カ	±	−	0	1	2	3	4	5	6	7	8	9
キ	±	−	0	1	2	3	4	5	6	7	8	9
ク	±	−	0	1	2	3	4	5	6	7	8	9
ケ	±	−	0	1	2	3	4	5	6	7	8	9
コ	±	−	0	1	2	3	4	5	6	7	8	9
サ	±	−	0	1	2	3	4	5	6	7	8	9
シ	±	−	0	1	2	3	4	5	6	7	8	9
ス	±	−	0	1	2	3	4	5	6	7	8	9
セ	±	−	0	1	2	3	4	5	6	7	8	9
ソ	±	−	0	1	2	3	4	5	6	7	8	9
タ	±	−	0	1	2	3	4	5	6	7	8	9
チ	±	−	0	1	2	3	4	5	6	7	8	9
ツ	±	−	0	1	2	3	4	5	6	7	8	9
テ	±	−	0	1	2	3	4	5	6	7	8	9
ト	±	−	0	1	2	3	4	5	6	7	8	9
ナ	±	−	0	1	2	3	4	5	6	7	8	9
ニ	±	−	0	1	2	3	4	5	6	7	8	9
ヌ	±	−	0	1	2	3	4	5	6	7	8	9
ネ	±	−	0	1	2	3	4	5	6	7	8	9
ノ	±	−	0	1	2	3	4	5	6	7	8	9

【記入上の注意】

1. 記入は、ＨＢの鉛筆またはシャープペンシルを使用してください。
2. 訂正する場合はプラスチック消しゴムで完全に消してください。
3. 用紙を折り曲げたり、汚したりしないでください。

【マーク例】

良い例　悪い例

栄東高等学校（第2回）　2024年度

◇英語◇

※ 119％に拡大していただくと，解答欄は実物大になります。

問題番号	解答欄	問題番号	解答欄	問題番号	解答欄
1	① ② ③ ④ ⑤ ⑥ ⑦ ⑧ ⑨ ⓪	21	① ② ③ ④ ⑤ ⑥ ⑦ ⑧ ⑨ ⓪	41	① ② ③ ④ ⑤ ⑥ ⑦ ⑧ ⑨ ⓪
2	① ② ③ ④ ⑤ ⑥ ⑦ ⑧ ⑨ ⓪	22	① ② ③ ④ ⑤ ⑥ ⑦ ⑧ ⑨ ⓪	42	① ② ③ ④ ⑤ ⑥ ⑦ ⑧ ⑨ ⓪
3	① ② ③ ④ ⑤ ⑥ ⑦ ⑧ ⑨ ⓪	23	① ② ③ ④ ⑤ ⑥ ⑦ ⑧ ⑨ ⓪	43	① ② ③ ④ ⑤ ⑥ ⑦ ⑧ ⑨ ⓪
4	① ② ③ ④ ⑤ ⑥ ⑦ ⑧ ⑨ ⓪	24	① ② ③ ④ ⑤ ⑥ ⑦ ⑧ ⑨ ⓪	44	① ② ③ ④ ⑤ ⑥ ⑦ ⑧ ⑨ ⓪
5	① ② ③ ④ ⑤ ⑥ ⑦ ⑧ ⑨ ⓪	25	① ② ③ ④ ⑤ ⑥ ⑦ ⑧ ⑨ ⓪	45	① ② ③ ④ ⑤ ⑥ ⑦ ⑧ ⑨ ⓪
6	① ② ③ ④ ⑤ ⑥ ⑦ ⑧ ⑨ ⓪	26	① ② ③ ④ ⑤ ⑥ ⑦ ⑧ ⑨ ⓪	46	① ② ③ ④ ⑤ ⑥ ⑦ ⑧ ⑨ ⓪
7	① ② ③ ④ ⑤ ⑥ ⑦ ⑧ ⑨ ⓪	27	① ② ③ ④ ⑤ ⑥ ⑦ ⑧ ⑨ ⓪	47	① ② ③ ④ ⑤ ⑥ ⑦ ⑧ ⑨ ⓪
8	① ② ③ ④ ⑤ ⑥ ⑦ ⑧ ⑨ ⓪	28	① ② ③ ④ ⑤ ⑥ ⑦ ⑧ ⑨ ⓪	48	① ② ③ ④ ⑤ ⑥ ⑦ ⑧ ⑨ ⓪
9	① ② ③ ④ ⑤ ⑥ ⑦ ⑧ ⑨ ⓪	29	① ② ③ ④ ⑤ ⑥ ⑦ ⑧ ⑨ ⓪	49	① ② ③ ④ ⑤ ⑥ ⑦ ⑧ ⑨ ⓪
10	① ② ③ ④ ⑤ ⑥ ⑦ ⑧ ⑨ ⓪	30	① ② ③ ④ ⑤ ⑥ ⑦ ⑧ ⑨ ⓪	50	① ② ③ ④ ⑤ ⑥ ⑦ ⑧ ⑨ ⓪
11	① ② ③ ④ ⑤ ⑥ ⑦ ⑧ ⑨ ⓪	31	① ② ③ ④ ⑤ ⑥ ⑦ ⑧ ⑨ ⓪	51	① ② ③ ④ ⑤ ⑥ ⑦ ⑧ ⑨ ⓪
12	① ② ③ ④ ⑤ ⑥ ⑦ ⑧ ⑨ ⓪	32	① ② ③ ④ ⑤ ⑥ ⑦ ⑧ ⑨ ⓪	52	① ② ③ ④ ⑤ ⑥ ⑦ ⑧ ⑨ ⓪
13	① ② ③ ④ ⑤ ⑥ ⑦ ⑧ ⑨ ⓪	33	① ② ③ ④ ⑤ ⑥ ⑦ ⑧ ⑨ ⓪	53	① ② ③ ④ ⑤ ⑥ ⑦ ⑧ ⑨ ⓪
14	① ② ③ ④ ⑤ ⑥ ⑦ ⑧ ⑨ ⓪	34	① ② ③ ④ ⑤ ⑥ ⑦ ⑧ ⑨ ⓪	54	① ② ③ ④ ⑤ ⑥ ⑦ ⑧ ⑨ ⓪
15	① ② ③ ④ ⑤ ⑥ ⑦ ⑧ ⑨ ⓪	35	① ② ③ ④ ⑤ ⑥ ⑦ ⑧ ⑨ ⓪	55	① ② ③ ④ ⑤ ⑥ ⑦ ⑧ ⑨ ⓪
16	① ② ③ ④ ⑤ ⑥ ⑦ ⑧ ⑨ ⓪	36	① ② ③ ④ ⑤ ⑥ ⑦ ⑧ ⑨ ⓪	56	① ② ③ ④ ⑤ ⑥ ⑦ ⑧ ⑨ ⓪
17	① ② ③ ④ ⑤ ⑥ ⑦ ⑧ ⑨ ⓪	37	① ② ③ ④ ⑤ ⑥ ⑦ ⑧ ⑨ ⓪	57	① ② ③ ④ ⑤ ⑥ ⑦ ⑧ ⑨ ⓪
18	① ② ③ ④ ⑤ ⑥ ⑦ ⑧ ⑨ ⓪	38	① ② ③ ④ ⑤ ⑥ ⑦ ⑧ ⑨ ⓪	58	① ② ③ ④ ⑤ ⑥ ⑦ ⑧ ⑨ ⓪
19	① ② ③ ④ ⑤ ⑥ ⑦ ⑧ ⑨ ⓪	39	① ② ③ ④ ⑤ ⑥ ⑦ ⑧ ⑨ ⓪	59	① ② ③ ④ ⑤ ⑥ ⑦ ⑧ ⑨ ⓪
20	① ② ③ ④ ⑤ ⑥ ⑦ ⑧ ⑨ ⓪	40	① ② ③ ④ ⑤ ⑥ ⑦ ⑧ ⑨ ⓪	60	① ② ③ ④ ⑤ ⑥ ⑦ ⑧ ⑨ ⓪

【記入上の注意】

1. 記入は、ＨＢの鉛筆またはシャープペンシルを使用してください。
2. 訂正する場合はプラスチック消しゴムで完全に消してください。
3. 用紙を折り曲げたり、汚したりしないでください。

【マーク例】

良い例　悪い例　うすい

栄東高等学校（第2回）　2024年度

◇国語◇

※ 119％に拡大していただくと，解答欄は実物大になります。

問題番号	解答欄	問題番号	解答欄	問題番号	解答欄
1	① ② ③ ④ ⑤ ⑥ ⑦ ⑧ ⑨ ⓪	21	① ② ③ ④ ⑤ ⑥ ⑦ ⑧ ⑨ ⓪	41	① ② ③ ④ ⑤ ⑥ ⑦ ⑧ ⑨ ⓪
2	① ② ③ ④ ⑤ ⑥ ⑦ ⑧ ⑨ ⓪	22	① ② ③ ④ ⑤ ⑥ ⑦ ⑧ ⑨ ⓪	42	① ② ③ ④ ⑤ ⑥ ⑦ ⑧ ⑨ ⓪
3	① ② ③ ④ ⑤ ⑥ ⑦ ⑧ ⑨ ⓪	23	① ② ③ ④ ⑤ ⑥ ⑦ ⑧ ⑨ ⓪	43	① ② ③ ④ ⑤ ⑥ ⑦ ⑧ ⑨ ⓪
4	① ② ③ ④ ⑤ ⑥ ⑦ ⑧ ⑨ ⓪	24	① ② ③ ④ ⑤ ⑥ ⑦ ⑧ ⑨ ⓪	44	① ② ③ ④ ⑤ ⑥ ⑦ ⑧ ⑨ ⓪
5	① ② ③ ④ ⑤ ⑥ ⑦ ⑧ ⑨ ⓪	25	① ② ③ ④ ⑤ ⑥ ⑦ ⑧ ⑨ ⓪	45	① ② ③ ④ ⑤ ⑥ ⑦ ⑧ ⑨ ⓪
6	① ② ③ ④ ⑤ ⑥ ⑦ ⑧ ⑨ ⓪	26	① ② ③ ④ ⑤ ⑥ ⑦ ⑧ ⑨ ⓪	46	① ② ③ ④ ⑤ ⑥ ⑦ ⑧ ⑨ ⓪
7	① ② ③ ④ ⑤ ⑥ ⑦ ⑧ ⑨ ⓪	27	① ② ③ ④ ⑤ ⑥ ⑦ ⑧ ⑨ ⓪	47	① ② ③ ④ ⑤ ⑥ ⑦ ⑧ ⑨ ⓪
8	① ② ③ ④ ⑤ ⑥ ⑦ ⑧ ⑨ ⓪	28	① ② ③ ④ ⑤ ⑥ ⑦ ⑧ ⑨ ⓪	48	① ② ③ ④ ⑤ ⑥ ⑦ ⑧ ⑨ ⓪
9	① ② ③ ④ ⑤ ⑥ ⑦ ⑧ ⑨ ⓪	29	① ② ③ ④ ⑤ ⑥ ⑦ ⑧ ⑨ ⓪	49	① ② ③ ④ ⑤ ⑥ ⑦ ⑧ ⑨ ⓪
10	① ② ③ ④ ⑤ ⑥ ⑦ ⑧ ⑨ ⓪	30	① ② ③ ④ ⑤ ⑥ ⑦ ⑧ ⑨ ⓪	50	① ② ③ ④ ⑤ ⑥ ⑦ ⑧ ⑨ ⓪
11	① ② ③ ④ ⑤ ⑥ ⑦ ⑧ ⑨ ⓪	31	① ② ③ ④ ⑤ ⑥ ⑦ ⑧ ⑨ ⓪	51	① ② ③ ④ ⑤ ⑥ ⑦ ⑧ ⑨ ⓪
12	① ② ③ ④ ⑤ ⑥ ⑦ ⑧ ⑨ ⓪	32	① ② ③ ④ ⑤ ⑥ ⑦ ⑧ ⑨ ⓪	52	① ② ③ ④ ⑤ ⑥ ⑦ ⑧ ⑨ ⓪
13	① ② ③ ④ ⑤ ⑥ ⑦ ⑧ ⑨ ⓪	33	① ② ③ ④ ⑤ ⑥ ⑦ ⑧ ⑨ ⓪	53	① ② ③ ④ ⑤ ⑥ ⑦ ⑧ ⑨ ⓪
14	① ② ③ ④ ⑤ ⑥ ⑦ ⑧ ⑨ ⓪	34	① ② ③ ④ ⑤ ⑥ ⑦ ⑧ ⑨ ⓪	54	① ② ③ ④ ⑤ ⑥ ⑦ ⑧ ⑨ ⓪
15	① ② ③ ④ ⑤ ⑥ ⑦ ⑧ ⑨ ⓪	35	① ② ③ ④ ⑤ ⑥ ⑦ ⑧ ⑨ ⓪	55	① ② ③ ④ ⑤ ⑥ ⑦ ⑧ ⑨ ⓪
16	① ② ③ ④ ⑤ ⑥ ⑦ ⑧ ⑨ ⓪	36	① ② ③ ④ ⑤ ⑥ ⑦ ⑧ ⑨ ⓪	56	① ② ③ ④ ⑤ ⑥ ⑦ ⑧ ⑨ ⓪
17	① ② ③ ④ ⑤ ⑥ ⑦ ⑧ ⑨ ⓪	37	① ② ③ ④ ⑤ ⑥ ⑦ ⑧ ⑨ ⓪	57	① ② ③ ④ ⑤ ⑥ ⑦ ⑧ ⑨ ⓪
18	① ② ③ ④ ⑤ ⑥ ⑦ ⑧ ⑨ ⓪	38	① ② ③ ④ ⑤ ⑥ ⑦ ⑧ ⑨ ⓪	58	① ② ③ ④ ⑤ ⑥ ⑦ ⑧ ⑨ ⓪
19	① ② ③ ④ ⑤ ⑥ ⑦ ⑧ ⑨ ⓪	39	① ② ③ ④ ⑤ ⑥ ⑦ ⑧ ⑨ ⓪	59	① ② ③ ④ ⑤ ⑥ ⑦ ⑧ ⑨ ⓪
20	① ② ③ ④ ⑤ ⑥ ⑦ ⑧ ⑨ ⓪	40	① ② ③ ④ ⑤ ⑥ ⑦ ⑧ ⑨ ⓪	60	① ② ③ ④ ⑤ ⑥ ⑦ ⑧ ⑨ ⓪

【記入上の注意】

1. 記入は、HBの鉛筆またはシャープペンシルを使用してください。
2. 訂正する場合はプラスチック消しゴムで完全に消してください。
3. 用紙を折り曲げたり、汚したりしないでください。

【マーク例】

良い例　悪い例　うすい

栄東高等学校(第1回)　　2023年度

※ 208％に拡大していただくと，解答欄は実物大になります。

◇数学◇

1	解答欄											
ア	+	−	0	1	2	3	4	5	6	7	8	9
イ	+	−	0	1	2	3	4	5	6	7	8	9
ウ	+	−	0	1	2	3	4	5	6	7	8	9
エ	+	−	0	1	2	3	4	5	6	7	8	9
オ	+	−	0	1	2	3	4	5	6	7	8	9
カ	+	−	0	1	2	3	4	5	6	7	8	9
キ	+	−	0	1	2	3	4	5	6	7	8	9
ク	+	−	0	1	2	3	4	5	6	7	8	9
ケ	+	−	0	1	2	3	4	5	6	7	8	9
コ	+	−	0	1	2	3	4	5	6	7	8	9
サ	+	−	0	1	2	3	4	5	6	7	8	9
シ	+	−	0	1	2	3	4	5	6	7	8	9
ス	+	−	0	1	2	3	4	5	6	7	8	9
セ	+	−	0	1	2	3	4	5	6	7	8	9
ソ	+	−	0	1	2	3	4	5	6	7	8	9
タ	+	−	0	1	2	3	4	5	6	7	8	9
チ	+	−	0	1	2	3	4	5	6	7	8	9
ツ	+	−	0	1	2	3	4	5	6	7	8	9
テ	+	−	0	1	2	3	4	5	6	7	8	9
ト	+	−	0	1	2	3	4	5	6	7	8	9
ナ	+	−	0	1	2	3	4	5	6	7	8	9
ニ	+	−	0	1	2	3	4	5	6	7	8	9
ヌ	+	−	0	1	2	3	4	5	6	7	8	9
ネ	+	−	0	1	2	3	4	5	6	7	8	9
ノ	+	−	0	1	2	3	4	5	6	7	8	9

2	解答欄											
ア	+	−	0	1	2	3	4	5	6	7	8	9
イ	+	−	0	1	2	3	4	5	6	7	8	9
ウ	+	−	0	1	2	3	4	5	6	7	8	9
エ	+	−	0	1	2	3	4	5	6	7	8	9
オ	+	−	0	1	2	3	4	5	6	7	8	9
カ	+	−	0	1	2	3	4	5	6	7	8	9
キ	+	−	0	1	2	3	4	5	6	7	8	9
ク	+	−	0	1	2	3	4	5	6	7	8	9
ケ	+	−	0	1	2	3	4	5	6	7	8	9
コ	+	−	0	1	2	3	4	5	6	7	8	9
サ	+	−	0	1	2	3	4	5	6	7	8	9
シ	+	−	0	1	2	3	4	5	6	7	8	9
ス	+	−	0	1	2	3	4	5	6	7	8	9
セ	+	−	0	1	2	3	4	5	6	7	8	9
ソ	+	−	0	1	2	3	4	5	6	7	8	9
タ	+	−	0	1	2	3	4	5	6	7	8	9
チ	+	−	0	1	2	3	4	5	6	7	8	9
ツ	+	−	0	1	2	3	4	5	6	7	8	9
テ	+	−	0	1	2	3	4	5	6	7	8	9
ト	+	−	0	1	2	3	4	5	6	7	8	9
ナ	+	−	0	1	2	3	4	5	6	7	8	9
ニ	+	−	0	1	2	3	4	5	6	7	8	9
ヌ	+	−	0	1	2	3	4	5	6	7	8	9
ネ	+	−	0	1	2	3	4	5	6	7	8	9
ノ	+	−	0	1	2	3	4	5	6	7	8	9

3	解答欄											
ア	+	−	0	1	2	3	4	5	6	7	8	9
イ	+	−	0	1	2	3	4	5	6	7	8	9
ウ	+	−	0	1	2	3	4	5	6	7	8	9
エ	+	−	0	1	2	3	4	5	6	7	8	9
オ	+	−	0	1	2	3	4	5	6	7	8	9
カ	+	−	0	1	2	3	4	5	6	7	8	9
キ	+	−	0	1	2	3	4	5	6	7	8	9
ク	+	−	0	1	2	3	4	5	6	7	8	9
ケ	+	−	0	1	2	3	4	5	6	7	8	9
コ	+	−	0	1	2	3	4	5	6	7	8	9
サ	+	−	0	1	2	3	4	5	6	7	8	9
シ	+	−	0	1	2	3	4	5	6	7	8	9
ス	+	−	0	1	2	3	4	5	6	7	8	9
セ	+	−	0	1	2	3	4	5	6	7	8	9
ソ	+	−	0	1	2	3	4	5	6	7	8	9
タ	+	−	0	1	2	3	4	5	6	7	8	9
チ	+	−	0	1	2	3	4	5	6	7	8	9
ツ	+	−	0	1	2	3	4	5	6	7	8	9
テ	+	−	0	1	2	3	4	5	6	7	8	9
ト	+	−	0	1	2	3	4	5	6	7	8	9
ナ	+	−	0	1	2	3	4	5	6	7	8	9
ニ	+	−	0	1	2	3	4	5	6	7	8	9
ヌ	+	−	0	1	2	3	4	5	6	7	8	9
ネ	+	−	0	1	2	3	4	5	6	7	8	9
ノ	+	−	0	1	2	3	4	5	6	7	8	9

4	解答欄											
ア	+	−	0	1	2	3	4	5	6	7	8	9
イ	+	−	0	1	2	3	4	5	6	7	8	9
ウ	+	−	0	1	2	3	4	5	6	7	8	9
エ	+	−	0	1	2	3	4	5	6	7	8	9
オ	+	−	0	1	2	3	4	5	6	7	8	9
カ	+	−	0	1	2	3	4	5	6	7	8	9
キ	+	−	0	1	2	3	4	5	6	7	8	9
ク	+	−	0	1	2	3	4	5	6	7	8	9
ケ	+	−	0	1	2	3	4	5	6	7	8	9
コ	+	−	0	1	2	3	4	5	6	7	8	9
サ	+	−	0	1	2	3	4	5	6	7	8	9
シ	+	−	0	1	2	3	4	5	6	7	8	9
ス	+	−	0	1	2	3	4	5	6	7	8	9
セ	+	−	0	1	2	3	4	5	6	7	8	9
ソ	+	−	0	1	2	3	4	5	6	7	8	9
タ	+	−	0	1	2	3	4	5	6	7	8	9
チ	+	−	0	1	2	3	4	5	6	7	8	9
ツ	+	−	0	1	2	3	4	5	6	7	8	9
テ	+	−	0	1	2	3	4	5	6	7	8	9
ト	+	−	0	1	2	3	4	5	6	7	8	9
ナ	+	−	0	1	2	3	4	5	6	7	8	9
ニ	+	−	0	1	2	3	4	5	6	7	8	9
ヌ	+	−	0	1	2	3	4	5	6	7	8	9
ネ	+	−	0	1	2	3	4	5	6	7	8	9
ノ	+	−	0	1	2	3	4	5	6	7	8	9

5	解答欄											
ア	+	−	0	1	2	3	4	5	6	7	8	9
イ	+	−	0	1	2	3	4	5	6	7	8	9
ウ	+	−	0	1	2	3	4	5	6	7	8	9
エ	+	−	0	1	2	3	4	5	6	7	8	9
オ	+	−	0	1	2	3	4	5	6	7	8	9
カ	+	−	0	1	2	3	4	5	6	7	8	9
キ	+	−	0	1	2	3	4	5	6	7	8	9
ク	+	−	0	1	2	3	4	5	6	7	8	9
ケ	+	−	0	1	2	3	4	5	6	7	8	9
コ	+	−	0	1	2	3	4	5	6	7	8	9
サ	+	−	0	1	2	3	4	5	6	7	8	9
シ	+	−	0	1	2	3	4	5	6	7	8	9
ス	+	−	0	1	2	3	4	5	6	7	8	9
セ	+	−	0	1	2	3	4	5	6	7	8	9
ソ	+	−	0	1	2	3	4	5	6	7	8	9
タ	+	−	0	1	2	3	4	5	6	7	8	9
チ	+	−	0	1	2	3	4	5	6	7	8	9
ツ	+	−	0	1	2	3	4	5	6	7	8	9
テ	+	−	0	1	2	3	4	5	6	7	8	9
ト	+	−	0	1	2	3	4	5	6	7	8	9
ナ	+	−	0	1	2	3	4	5	6	7	8	9
ニ	+	−	0	1	2	3	4	5	6	7	8	9
ヌ	+	−	0	1	2	3	4	5	6	7	8	9
ネ	+	−	0	1	2	3	4	5	6	7	8	9
ノ	+	−	0	1	2	3	4	5	6	7	8	9

【記入上の注意】

1. 記入は，ＨＢの鉛筆またはシャープペンシルを使用してください。
2. 訂正する場合はプラスチック消しゴムで完全に消してください。
3. 用紙を折り曲げたり，汚したりしないでください。

【マーク例】

栄東高等学校(第1回)　2023年度

◇英語◇

※ 119％に拡大していただくと，解答欄は実物大になります。

問題番号	解答欄										問題番号	解答欄										問題番号	解答欄									
1	①	②	③	④	⑤	⑥	⑦	⑧	⑨	⓪	21	①	②	③	④	⑤	⑥	⑦	⑧	⑨	⓪	41	①	②	③	④	⑤	⑥	⑦	⑧	⑨	⓪
2	①	②	③	④	⑤	⑥	⑦	⑧	⑨	⓪	22	①	②	③	④	⑤	⑥	⑦	⑧	⑨	⓪	42	①	②	③	④	⑤	⑥	⑦	⑧	⑨	⓪
3	①	②	③	④	⑤	⑥	⑦	⑧	⑨	⓪	23	①	②	③	④	⑤	⑥	⑦	⑧	⑨	⓪	43	①	②	③	④	⑤	⑥	⑦	⑧	⑨	⓪
4	①	②	③	④	⑤	⑥	⑦	⑧	⑨	⓪	24	①	②	③	④	⑤	⑥	⑦	⑧	⑨	⓪	44	①	②	③	④	⑤	⑥	⑦	⑧	⑨	⓪
5	①	②	③	④	⑤	⑥	⑦	⑧	⑨	⓪	25	①	②	③	④	⑤	⑥	⑦	⑧	⑨	⓪	45	①	②	③	④	⑤	⑥	⑦	⑧	⑨	⓪
6	①	②	③	④	⑤	⑥	⑦	⑧	⑨	⓪	26	①	②	③	④	⑤	⑥	⑦	⑧	⑨	⓪	46	①	②	③	④	⑤	⑥	⑦	⑧	⑨	⓪
7	①	②	③	④	⑤	⑥	⑦	⑧	⑨	⓪	27	①	②	③	④	⑤	⑥	⑦	⑧	⑨	⓪	47	①	②	③	④	⑤	⑥	⑦	⑧	⑨	⓪
8	①	②	③	④	⑤	⑥	⑦	⑧	⑨	⓪	28	①	②	③	④	⑤	⑥	⑦	⑧	⑨	⓪	48	①	②	③	④	⑤	⑥	⑦	⑧	⑨	⓪
9	①	②	③	④	⑤	⑥	⑦	⑧	⑨	⓪	29	①	②	③	④	⑤	⑥	⑦	⑧	⑨	⓪	49	①	②	③	④	⑤	⑥	⑦	⑧	⑨	⓪
10	①	②	③	④	⑤	⑥	⑦	⑧	⑨	⓪	30	①	②	③	④	⑤	⑥	⑦	⑧	⑨	⓪	50	①	②	③	④	⑤	⑥	⑦	⑧	⑨	⓪
11	①	②	③	④	⑤	⑥	⑦	⑧	⑨	⓪	31	①	②	③	④	⑤	⑥	⑦	⑧	⑨	⓪	51	①	②	③	④	⑤	⑥	⑦	⑧	⑨	⓪
12	①	②	③	④	⑤	⑥	⑦	⑧	⑨	⓪	32	①	②	③	④	⑤	⑥	⑦	⑧	⑨	⓪	52	①	②	③	④	⑤	⑥	⑦	⑧	⑨	⓪
13	①	②	③	④	⑤	⑥	⑦	⑧	⑨	⓪	33	①	②	③	④	⑤	⑥	⑦	⑧	⑨	⓪	53	①	②	③	④	⑤	⑥	⑦	⑧	⑨	⓪
14	①	②	③	④	⑤	⑥	⑦	⑧	⑨	⓪	34	①	②	③	④	⑤	⑥	⑦	⑧	⑨	⓪	54	①	②	③	④	⑤	⑥	⑦	⑧	⑨	⓪
15	①	②	③	④	⑤	⑥	⑦	⑧	⑨	⓪	35	①	②	③	④	⑤	⑥	⑦	⑧	⑨	⓪	55	①	②	③	④	⑤	⑥	⑦	⑧	⑨	⓪
16	①	②	③	④	⑤	⑥	⑦	⑧	⑨	⓪	36	①	②	③	④	⑤	⑥	⑦	⑧	⑨	⓪	56	①	②	③	④	⑤	⑥	⑦	⑧	⑨	⓪
17	①	②	③	④	⑤	⑥	⑦	⑧	⑨	⓪	37	①	②	③	④	⑤	⑥	⑦	⑧	⑨	⓪	57	①	②	③	④	⑤	⑥	⑦	⑧	⑨	⓪
18	①	②	③	④	⑤	⑥	⑦	⑧	⑨	⓪	38	①	②	③	④	⑤	⑥	⑦	⑧	⑨	⓪	58	①	②	③	④	⑤	⑥	⑦	⑧	⑨	⓪
19	①	②	③	④	⑤	⑥	⑦	⑧	⑨	⓪	39	①	②	③	④	⑤	⑥	⑦	⑧	⑨	⓪	59	①	②	③	④	⑤	⑥	⑦	⑧	⑨	⓪
20	①	②	③	④	⑤	⑥	⑦	⑧	⑨	⓪	40	①	②	③	④	⑤	⑥	⑦	⑧	⑨	⓪	60	①	②	③	④	⑤	⑥	⑦	⑧	⑨	⓪

【記入上の注意】

1. 記入は、ＨＢの鉛筆またはシャープペンシルを使用してください。
2. 訂正する場合はプラスチック消しゴムで完全に消してください。
3. 用紙を折り曲げたり、汚したりしないでください。

【マーク例】

◇国語◇

※ 119%に拡大していただくと，解答欄は実物大になります。

問題番号	解答欄	問題番号	解答欄	問題番号	解答欄
1	① ② ③ ④ ⑤ ⑥ ⑦ ⑧ ⑨ ⓪	21	① ② ③ ④ ⑤ ⑥ ⑦ ⑧ ⑨ ⓪	41	① ② ③ ④ ⑤ ⑥ ⑦ ⑧ ⑨ ⓪
2	① ② ③ ④ ⑤ ⑥ ⑦ ⑧ ⑨ ⓪	22	① ② ③ ④ ⑤ ⑥ ⑦ ⑧ ⑨ ⓪	42	① ② ③ ④ ⑤ ⑥ ⑦ ⑧ ⑨ ⓪
3	① ② ③ ④ ⑤ ⑥ ⑦ ⑧ ⑨ ⓪	23	① ② ③ ④ ⑤ ⑥ ⑦ ⑧ ⑨ ⓪	43	① ② ③ ④ ⑤ ⑥ ⑦ ⑧ ⑨ ⓪
4	① ② ③ ④ ⑤ ⑥ ⑦ ⑧ ⑨ ⓪	24	① ② ③ ④ ⑤ ⑥ ⑦ ⑧ ⑨ ⓪	44	① ② ③ ④ ⑤ ⑥ ⑦ ⑧ ⑨ ⓪
5	① ② ③ ④ ⑤ ⑥ ⑦ ⑧ ⑨ ⓪	25	① ② ③ ④ ⑤ ⑥ ⑦ ⑧ ⑨ ⓪	45	① ② ③ ④ ⑤ ⑥ ⑦ ⑧ ⑨ ⓪
6	① ② ③ ④ ⑤ ⑥ ⑦ ⑧ ⑨ ⓪	26	① ② ③ ④ ⑤ ⑥ ⑦ ⑧ ⑨ ⓪	46	① ② ③ ④ ⑤ ⑥ ⑦ ⑧ ⑨ ⓪
7	① ② ③ ④ ⑤ ⑥ ⑦ ⑧ ⑨ ⓪	27	① ② ③ ④ ⑤ ⑥ ⑦ ⑧ ⑨ ⓪	47	① ② ③ ④ ⑤ ⑥ ⑦ ⑧ ⑨ ⓪
8	① ② ③ ④ ⑤ ⑥ ⑦ ⑧ ⑨ ⓪	28	① ② ③ ④ ⑤ ⑥ ⑦ ⑧ ⑨ ⓪	48	① ② ③ ④ ⑤ ⑥ ⑦ ⑧ ⑨ ⓪
9	① ② ③ ④ ⑤ ⑥ ⑦ ⑧ ⑨ ⓪	29	① ② ③ ④ ⑤ ⑥ ⑦ ⑧ ⑨ ⓪	49	① ② ③ ④ ⑤ ⑥ ⑦ ⑧ ⑨ ⓪
10	① ② ③ ④ ⑤ ⑥ ⑦ ⑧ ⑨ ⓪	30	① ② ③ ④ ⑤ ⑥ ⑦ ⑧ ⑨ ⓪	50	① ② ③ ④ ⑤ ⑥ ⑦ ⑧ ⑨ ⓪
11	① ② ③ ④ ⑤ ⑥ ⑦ ⑧ ⑨ ⓪	31	① ② ③ ④ ⑤ ⑥ ⑦ ⑧ ⑨ ⓪	51	① ② ③ ④ ⑤ ⑥ ⑦ ⑧ ⑨ ⓪
12	① ② ③ ④ ⑤ ⑥ ⑦ ⑧ ⑨ ⓪	32	① ② ③ ④ ⑤ ⑥ ⑦ ⑧ ⑨ ⓪	52	① ② ③ ④ ⑤ ⑥ ⑦ ⑧ ⑨ ⓪
13	① ② ③ ④ ⑤ ⑥ ⑦ ⑧ ⑨ ⓪	33	① ② ③ ④ ⑤ ⑥ ⑦ ⑧ ⑨ ⓪	53	① ② ③ ④ ⑤ ⑥ ⑦ ⑧ ⑨ ⓪
14	① ② ③ ④ ⑤ ⑥ ⑦ ⑧ ⑨ ⓪	34	① ② ③ ④ ⑤ ⑥ ⑦ ⑧ ⑨ ⓪	54	① ② ③ ④ ⑤ ⑥ ⑦ ⑧ ⑨ ⓪
15	① ② ③ ④ ⑤ ⑥ ⑦ ⑧ ⑨ ⓪	35	① ② ③ ④ ⑤ ⑥ ⑦ ⑧ ⑨ ⓪	55	① ② ③ ④ ⑤ ⑥ ⑦ ⑧ ⑨ ⓪
16	① ② ③ ④ ⑤ ⑥ ⑦ ⑧ ⑨ ⓪	36	① ② ③ ④ ⑤ ⑥ ⑦ ⑧ ⑨ ⓪	56	① ② ③ ④ ⑤ ⑥ ⑦ ⑧ ⑨ ⓪
17	① ② ③ ④ ⑤ ⑥ ⑦ ⑧ ⑨ ⓪	37	① ② ③ ④ ⑤ ⑥ ⑦ ⑧ ⑨ ⓪	57	① ② ③ ④ ⑤ ⑥ ⑦ ⑧ ⑨ ⓪
18	① ② ③ ④ ⑤ ⑥ ⑦ ⑧ ⑨ ⓪	38	① ② ③ ④ ⑤ ⑥ ⑦ ⑧ ⑨ ⓪	58	① ② ③ ④ ⑤ ⑥ ⑦ ⑧ ⑨ ⓪
19	① ② ③ ④ ⑤ ⑥ ⑦ ⑧ ⑨ ⓪	39	① ② ③ ④ ⑤ ⑥ ⑦ ⑧ ⑨ ⓪	59	① ② ③ ④ ⑤ ⑥ ⑦ ⑧ ⑨ ⓪
20	① ② ③ ④ ⑤ ⑥ ⑦ ⑧ ⑨ ⓪	40	① ② ③ ④ ⑤ ⑥ ⑦ ⑧ ⑨ ⓪	60	① ② ③ ④ ⑤ ⑥ ⑦ ⑧ ⑨ ⓪

【記入上の注意】
1．記入は、ＨＢの鉛筆またはシャープペンシルを使用してください。
2．訂正する場合はプラスチック消しゴムで完全に消してください。
3．用紙を折り曲げたり、汚したりしないでください。

【マーク例】

良い例　　悪い例　うすい

栄東高等学校(第2回)　2023年度

◇数学◇

※ 208%に拡大していただくと，解答欄は実物大になります。

1	解答欄										
ア	+	−	0	1	2	3	4	5	6	7	8	9
イ	+	−	0	1	2	3	4	5	6	7	8	9
ウ	+	−	0	1	2	3	4	5	6	7	8	9
エ	+	−	0	1	2	3	4	5	6	7	8	9
オ	+	−	0	1	2	3	4	5	6	7	8	9
カ	+	−	0	1	2	3	4	5	6	7	8	9
キ	+	−	0	1	2	3	4	5	6	7	8	9
ク	+	−	0	1	2	3	4	5	6	7	8	9
ケ	+	−	0	1	2	3	4	5	6	7	8	9
コ	+	−	0	1	2	3	4	5	6	7	8	9
サ	+	−	0	1	2	3	4	5	6	7	8	9
シ	+	−	0	1	2	3	4	5	6	7	8	9
ス	+	−	0	1	2	3	4	5	6	7	8	9
セ	+	−	0	1	2	3	4	5	6	7	8	9
ソ	+	−	0	1	2	3	4	5	6	7	8	9
タ	+	−	0	1	2	3	4	5	6	7	8	9
チ	+	−	0	1	2	3	4	5	6	7	8	9
ツ	+	−	0	1	2	3	4	5	6	7	8	9
テ	+	−	0	1	2	3	4	5	6	7	8	9
ト	+	−	0	1	2	3	4	5	6	7	8	9
ナ	+	−	0	1	2	3	4	5	6	7	8	9
ニ	+	−	0	1	2	3	4	5	6	7	8	9
ヌ	+	−	0	1	2	3	4	5	6	7	8	9
ネ	+	−	0	1	2	3	4	5	6	7	8	9
ノ	+	−	0	1	2	3	4	5	6	7	8	9

2	解答欄										
ア	+	−	0	1	2	3	4	5	6	7	8	9
イ	+	−	0	1	2	3	4	5	6	7	8	9
ウ	+	−	0	1	2	3	4	5	6	7	8	9
エ	+	−	0	1	2	3	4	5	6	7	8	9
オ	+	−	0	1	2	3	4	5	6	7	8	9
カ	+	−	0	1	2	3	4	5	6	7	8	9
キ	+	−	0	1	2	3	4	5	6	7	8	9
ク	+	−	0	1	2	3	4	5	6	7	8	9
ケ	+	−	0	1	2	3	4	5	6	7	8	9
コ	+	−	0	1	2	3	4	5	6	7	8	9
サ	+	−	0	1	2	3	4	5	6	7	8	9
シ	+	−	0	1	2	3	4	5	6	7	8	9
ス	+	−	0	1	2	3	4	5	6	7	8	9
セ	+	−	0	1	2	3	4	5	6	7	8	9
ソ	+	−	0	1	2	3	4	5	6	7	8	9
タ	+	−	0	1	2	3	4	5	6	7	8	9
チ	+	−	0	1	2	3	4	5	6	7	8	9
ツ	+	−	0	1	2	3	4	5	6	7	8	9
テ	+	−	0	1	2	3	4	5	6	7	8	9
ト	+	−	0	1	2	3	4	5	6	7	8	9
ナ	+	−	0	1	2	3	4	5	6	7	8	9
ニ	+	−	0	1	2	3	4	5	6	7	8	9
ヌ	+	−	0	1	2	3	4	5	6	7	8	9
ネ	+	−	0	1	2	3	4	5	6	7	8	9
ノ	+	−	0	1	2	3	4	5	6	7	8	9

3	解答欄										
ア	+	−	0	1	2	3	4	5	6	7	8	9
イ	+	−	0	1	2	3	4	5	6	7	8	9
ウ	+	−	0	1	2	3	4	5	6	7	8	9
エ	+	−	0	1	2	3	4	5	6	7	8	9
オ	+	−	0	1	2	3	4	5	6	7	8	9
カ	+	−	0	1	2	3	4	5	6	7	8	9
キ	+	−	0	1	2	3	4	5	6	7	8	9
ク	+	−	0	1	2	3	4	5	6	7	8	9
ケ	+	−	0	1	2	3	4	5	6	7	8	9
コ	+	−	0	1	2	3	4	5	6	7	8	9
サ	+	−	0	1	2	3	4	5	6	7	8	9
シ	+	−	0	1	2	3	4	5	6	7	8	9
ス	+	−	0	1	2	3	4	5	6	7	8	9
セ	+	−	0	1	2	3	4	5	6	7	8	9
ソ	+	−	0	1	2	3	4	5	6	7	8	9
タ	+	−	0	1	2	3	4	5	6	7	8	9
チ	+	−	0	1	2	3	4	5	6	7	8	9
ツ	+	−	0	1	2	3	4	5	6	7	8	9
テ	+	−	0	1	2	3	4	5	6	7	8	9
ト	+	−	0	1	2	3	4	5	6	7	8	9
ナ	+	−	0	1	2	3	4	5	6	7	8	9
ニ	+	−	0	1	2	3	4	5	6	7	8	9
ヌ	+	−	0	1	2	3	4	5	6	7	8	9
ネ	+	−	0	1	2	3	4	5	6	7	8	9
ノ	+	−	0	1	2	3	4	5	6	7	8	9

4	解答欄										
ア	+	−	0	1	2	3	4	5	6	7	8	9
イ	+	−	0	1	2	3	4	5	6	7	8	9
ウ	+	−	0	1	2	3	4	5	6	7	8	9
エ	+	−	0	1	2	3	4	5	6	7	8	9
オ	+	−	0	1	2	3	4	5	6	7	8	9
カ	+	−	0	1	2	3	4	5	6	7	8	9
キ	+	−	0	1	2	3	4	5	6	7	8	9
ク	+	−	0	1	2	3	4	5	6	7	8	9
ケ	+	−	0	1	2	3	4	5	6	7	8	9
コ	+	−	0	1	2	3	4	5	6	7	8	9
サ	+	−	0	1	2	3	4	5	6	7	8	9
シ	+	−	0	1	2	3	4	5	6	7	8	9
ス	+	−	0	1	2	3	4	5	6	7	8	9
セ	+	−	0	1	2	3	4	5	6	7	8	9
ソ	+	−	0	1	2	3	4	5	6	7	8	9
タ	+	−	0	1	2	3	4	5	6	7	8	9
チ	+	−	0	1	2	3	4	5	6	7	8	9
ツ	+	−	0	1	2	3	4	5	6	7	8	9
テ	+	−	0	1	2	3	4	5	6	7	8	9
ト	+	−	0	1	2	3	4	5	6	7	8	9
ナ	+	−	0	1	2	3	4	5	6	7	8	9
ニ	+	−	0	1	2	3	4	5	6	7	8	9
ヌ	+	−	0	1	2	3	4	5	6	7	8	9
ネ	+	−	0	1	2	3	4	5	6	7	8	9
ノ	+	−	0	1	2	3	4	5	6	7	8	9

5	解答欄										
ア	+	−	0	1	2	3	4	5	6	7	8	9
イ	+	−	0	1	2	3	4	5	6	7	8	9
ウ	+	−	0	1	2	3	4	5	6	7	8	9
エ	+	−	0	1	2	3	4	5	6	7	8	9
オ	+	−	0	1	2	3	4	5	6	7	8	9
カ	+	−	0	1	2	3	4	5	6	7	8	9
キ	+	−	0	1	2	3	4	5	6	7	8	9
ク	+	−	0	1	2	3	4	5	6	7	8	9
ケ	+	−	0	1	2	3	4	5	6	7	8	9
コ	+	−	0	1	2	3	4	5	6	7	8	9
サ	+	−	0	1	2	3	4	5	6	7	8	9
シ	+	−	0	1	2	3	4	5	6	7	8	9
ス	+	−	0	1	2	3	4	5	6	7	8	9
セ	+	−	0	1	2	3	4	5	6	7	8	9
ソ	+	−	0	1	2	3	4	5	6	7	8	9
タ	+	−	0	1	2	3	4	5	6	7	8	9
チ	+	−	0	1	2	3	4	5	6	7	8	9
ツ	+	−	0	1	2	3	4	5	6	7	8	9
テ	+	−	0	1	2	3	4	5	6	7	8	9
ト	+	−	0	1	2	3	4	5	6	7	8	9
ナ	+	−	0	1	2	3	4	5	6	7	8	9
ニ	+	−	0	1	2	3	4	5	6	7	8	9
ヌ	+	−	0	1	2	3	4	5	6	7	8	9
ネ	+	−	0	1	2	3	4	5	6	7	8	9
ノ	+	−	0	1	2	3	4	5	6	7	8	9

【記入上の注意】

1. 記入は、HBの鉛筆またはシャープペンシルを使用してください。
2. 訂正する場合はプラスチック消しゴムで完全に消してください。
3. 用紙を折り曲げたり、汚したりしないでください。

【マーク例】

栄東高等学校(第2回)　　2023年度

◇英語◇

※ 119%に拡大していただくと，解答欄は実物大になります。

問題番号	解答欄	問題番号	解答欄	問題番号	解答欄
1	① ② ③ ④ ⑤ ⑥ ⑦ ⑧ ⑨ ⓪	21	① ② ③ ④ ⑤ ⑥ ⑦ ⑧ ⑨ ⓪	41	① ② ③ ④ ⑤ ⑥ ⑦ ⑧ ⑨ ⓪
2	① ② ③ ④ ⑤ ⑥ ⑦ ⑧ ⑨ ⓪	22	① ② ③ ④ ⑤ ⑥ ⑦ ⑧ ⑨ ⓪	42	① ② ③ ④ ⑤ ⑥ ⑦ ⑧ ⑨ ⓪
3	① ② ③ ④ ⑤ ⑥ ⑦ ⑧ ⑨ ⓪	23	① ② ③ ④ ⑤ ⑥ ⑦ ⑧ ⑨ ⓪	43	① ② ③ ④ ⑤ ⑥ ⑦ ⑧ ⑨ ⓪
4	① ② ③ ④ ⑤ ⑥ ⑦ ⑧ ⑨ ⓪	24	① ② ③ ④ ⑤ ⑥ ⑦ ⑧ ⑨ ⓪	44	① ② ③ ④ ⑤ ⑥ ⑦ ⑧ ⑨ ⓪
5	① ② ③ ④ ⑤ ⑥ ⑦ ⑧ ⑨ ⓪	25	① ② ③ ④ ⑤ ⑥ ⑦ ⑧ ⑨ ⓪	45	① ② ③ ④ ⑤ ⑥ ⑦ ⑧ ⑨ ⓪
6	① ② ③ ④ ⑤ ⑥ ⑦ ⑧ ⑨ ⓪	26	① ② ③ ④ ⑤ ⑥ ⑦ ⑧ ⑨ ⓪	46	① ② ③ ④ ⑤ ⑥ ⑦ ⑧ ⑨ ⓪
7	① ② ③ ④ ⑤ ⑥ ⑦ ⑧ ⑨ ⓪	27	① ② ③ ④ ⑤ ⑥ ⑦ ⑧ ⑨ ⓪	47	① ② ③ ④ ⑤ ⑥ ⑦ ⑧ ⑨ ⓪
8	① ② ③ ④ ⑤ ⑥ ⑦ ⑧ ⑨ ⓪	28	① ② ③ ④ ⑤ ⑥ ⑦ ⑧ ⑨ ⓪	48	① ② ③ ④ ⑤ ⑥ ⑦ ⑧ ⑨ ⓪
9	① ② ③ ④ ⑤ ⑥ ⑦ ⑧ ⑨ ⓪	29	① ② ③ ④ ⑤ ⑥ ⑦ ⑧ ⑨ ⓪	49	① ② ③ ④ ⑤ ⑥ ⑦ ⑧ ⑨ ⓪
10	① ② ③ ④ ⑤ ⑥ ⑦ ⑧ ⑨ ⓪	30	① ② ③ ④ ⑤ ⑥ ⑦ ⑧ ⑨ ⓪	50	① ② ③ ④ ⑤ ⑥ ⑦ ⑧ ⑨ ⓪
11	① ② ③ ④ ⑤ ⑥ ⑦ ⑧ ⑨ ⓪	31	① ② ③ ④ ⑤ ⑥ ⑦ ⑧ ⑨ ⓪	51	① ② ③ ④ ⑤ ⑥ ⑦ ⑧ ⑨ ⓪
12	① ② ③ ④ ⑤ ⑥ ⑦ ⑧ ⑨ ⓪	32	① ② ③ ④ ⑤ ⑥ ⑦ ⑧ ⑨ ⓪	52	① ② ③ ④ ⑤ ⑥ ⑦ ⑧ ⑨ ⓪
13	① ② ③ ④ ⑤ ⑥ ⑦ ⑧ ⑨ ⓪	33	① ② ③ ④ ⑤ ⑥ ⑦ ⑧ ⑨ ⓪	53	① ② ③ ④ ⑤ ⑥ ⑦ ⑧ ⑨ ⓪
14	① ② ③ ④ ⑤ ⑥ ⑦ ⑧ ⑨ ⓪	34	① ② ③ ④ ⑤ ⑥ ⑦ ⑧ ⑨ ⓪	54	① ② ③ ④ ⑤ ⑥ ⑦ ⑧ ⑨ ⓪
15	① ② ③ ④ ⑤ ⑥ ⑦ ⑧ ⑨ ⓪	35	① ② ③ ④ ⑤ ⑥ ⑦ ⑧ ⑨ ⓪	55	① ② ③ ④ ⑤ ⑥ ⑦ ⑧ ⑨ ⓪
16	① ② ③ ④ ⑤ ⑥ ⑦ ⑧ ⑨ ⓪	36	① ② ③ ④ ⑤ ⑥ ⑦ ⑧ ⑨ ⓪	56	① ② ③ ④ ⑤ ⑥ ⑦ ⑧ ⑨ ⓪
17	① ② ③ ④ ⑤ ⑥ ⑦ ⑧ ⑨ ⓪	37	① ② ③ ④ ⑤ ⑥ ⑦ ⑧ ⑨ ⓪	57	① ② ③ ④ ⑤ ⑥ ⑦ ⑧ ⑨ ⓪
18	① ② ③ ④ ⑤ ⑥ ⑦ ⑧ ⑨ ⓪	38	① ② ③ ④ ⑤ ⑥ ⑦ ⑧ ⑨ ⓪	58	① ② ③ ④ ⑤ ⑥ ⑦ ⑧ ⑨ ⓪
19	① ② ③ ④ ⑤ ⑥ ⑦ ⑧ ⑨ ⓪	39	① ② ③ ④ ⑤ ⑥ ⑦ ⑧ ⑨ ⓪	59	① ② ③ ④ ⑤ ⑥ ⑦ ⑧ ⑨ ⓪
20	① ② ③ ④ ⑤ ⑥ ⑦ ⑧ ⑨ ⓪	40	① ② ③ ④ ⑤ ⑥ ⑦ ⑧ ⑨ ⓪	60	① ② ③ ④ ⑤ ⑥ ⑦ ⑧ ⑨ ⓪

【 記入上の注意 】

1. 記入は、ＨＢの鉛筆またはシャープペンシルを使用してください。
2. 訂正する場合はプラスチック消しゴムで完全に消してください。
3. 用紙を折り曲げたり、汚したりしないでください。

【 マーク例 】

良い例 

悪い例 

栄東高等学校（第2回）　2023年度

◇国語◇

※ 119%に拡大していただくと，解答欄は実物大になります。

問題番号	解答欄									
1	①	②	③	④	⑤	⑥	⑦	⑧	⑨	⓪
2	①	②	③	④	⑤	⑥	⑦	⑧	⑨	⓪
3	①	②	③	④	⑤	⑥	⑦	⑧	⑨	⓪
4	①	②	③	④	⑤	⑥	⑦	⑧	⑨	⓪
5	①	②	③	④	⑤	⑥	⑦	⑧	⑨	⓪
6	①	②	③	④	⑤	⑥	⑦	⑧	⑨	⓪
7	①	②	③	④	⑤	⑥	⑦	⑧	⑨	⓪
8	①	②	③	④	⑤	⑥	⑦	⑧	⑨	⓪
9	①	②	③	④	⑤	⑥	⑦	⑧	⑨	⓪
10	①	②	③	④	⑤	⑥	⑦	⑧	⑨	⓪
11	①	②	③	④	⑤	⑥	⑦	⑧	⑨	⓪
12	①	②	③	④	⑤	⑥	⑦	⑧	⑨	⓪
13	①	②	③	④	⑤	⑥	⑦	⑧	⑨	⓪
14	①	②	③	④	⑤	⑥	⑦	⑧	⑨	⓪
15	①	②	③	④	⑤	⑥	⑦	⑧	⑨	⓪
16	①	②	③	④	⑤	⑥	⑦	⑧	⑨	⓪
17	①	②	③	④	⑤	⑥	⑦	⑧	⑨	⓪
18	①	②	③	④	⑤	⑥	⑦	⑧	⑨	⓪
19	①	②	③	④	⑤	⑥	⑦	⑧	⑨	⓪
20	①	②	③	④	⑤	⑥	⑦	⑧	⑨	⓪

問題番号	解答欄									
21	①	②	③	④	⑤	⑥	⑦	⑧	⑨	⓪
22	①	②	③	④	⑤	⑥	⑦	⑧	⑨	⓪
23	①	②	③	④	⑤	⑥	⑦	⑧	⑨	⓪
24	①	②	③	④	⑤	⑥	⑦	⑧	⑨	⓪
25	①	②	③	④	⑤	⑥	⑦	⑧	⑨	⓪
26	①	②	③	④	⑤	⑥	⑦	⑧	⑨	⓪
27	①	②	③	④	⑤	⑥	⑦	⑧	⑨	⓪
28	①	②	③	④	⑤	⑥	⑦	⑧	⑨	⓪
29	①	②	③	④	⑤	⑥	⑦	⑧	⑨	⓪
30	①	②	③	④	⑤	⑥	⑦	⑧	⑨	⓪
31	①	②	③	④	⑤	⑥	⑦	⑧	⑨	⓪
32	①	②	③	④	⑤	⑥	⑦	⑧	⑨	⓪
33	①	②	③	④	⑤	⑥	⑦	⑧	⑨	⓪
34	①	②	③	④	⑤	⑥	⑦	⑧	⑨	⓪
35	①	②	③	④	⑤	⑥	⑦	⑧	⑨	⓪
36	①	②	③	④	⑤	⑥	⑦	⑧	⑨	⓪
37	①	②	③	④	⑤	⑥	⑦	⑧	⑨	⓪
38	①	②	③	④	⑤	⑥	⑦	⑧	⑨	⓪
39	①	②	③	④	⑤	⑥	⑦	⑧	⑨	⓪
40	①	②	③	④	⑤	⑥	⑦	⑧	⑨	⓪

問題番号	解答欄									
41	①	②	③	④	⑤	⑥	⑦	⑧	⑨	⓪
42	①	②	③	④	⑤	⑥	⑦	⑧	⑨	⓪
43	①	②	③	④	⑤	⑥	⑦	⑧	⑨	⓪
44	①	②	③	④	⑤	⑥	⑦	⑧	⑨	⓪
45	①	②	③	④	⑤	⑥	⑦	⑧	⑨	⓪
46	①	②	③	④	⑤	⑥	⑦	⑧	⑨	⓪
47	①	②	③	④	⑤	⑥	⑦	⑧	⑨	⓪
48	①	②	③	④	⑤	⑥	⑦	⑧	⑨	⓪
49	①	②	③	④	⑤	⑥	⑦	⑧	⑨	⓪
50	①	②	③	④	⑤	⑥	⑦	⑧	⑨	⓪
51	①	②	③	④	⑤	⑥	⑦	⑧	⑨	⓪
52	①	②	③	④	⑤	⑥	⑦	⑧	⑨	⓪
53	①	②	③	④	⑤	⑥	⑦	⑧	⑨	⓪
54	①	②	③	④	⑤	⑥	⑦	⑧	⑨	⓪
55	①	②	③	④	⑤	⑥	⑦	⑧	⑨	⓪
56	①	②	③	④	⑤	⑥	⑦	⑧	⑨	⓪
57	①	②	③	④	⑤	⑥	⑦	⑧	⑨	⓪
58	①	②	③	④	⑤	⑥	⑦	⑧	⑨	⓪
59	①	②	③	④	⑤	⑥	⑦	⑧	⑨	⓪
60	①	②	③	④	⑤	⑥	⑦	⑧	⑨	⓪

【記入上の注意】

1. 記入は、ＨＢの鉛筆またはシャープペンシルを使用してください。
2. 訂正する場合はプラスチック消しゴムで完全に消してください。
3. 用紙を折り曲げたり、汚したりしないでください。

【マーク例】

良い例　　悪い例　うすい

栄東高等学校(第1回)　　2022年度

◇数学◇

※ 208%に拡大していただくと，解答欄は実物大になります。

1	解	答	欄									
ア	±	−	0	1	2	3	4	5	6	7	8	9
イ	±	−	0	1	2	3	4	5	6	7	8	9
ウ	±	−	0	1	2	3	4	5	6	7	8	9
エ	±	−	0	1	2	3	4	5	6	7	8	9
オ	±	−	0	1	2	3	4	5	6	7	8	9
カ	±	−	0	1	2	3	4	5	6	7	8	9
キ	±	−	0	1	2	3	4	5	6	7	8	9
ク	±	−	0	1	2	3	4	5	6	7	8	9
ケ	±	−	0	1	2	3	4	5	6	7	8	9
コ	±	−	0	1	2	3	4	5	6	7	8	9
サ	±	−	0	1	2	3	4	5	6	7	8	9
シ	±	−	0	1	2	3	4	5	6	7	8	9
ス	±	−	0	1	2	3	4	5	6	7	8	9
セ	±	−	0	1	2	3	4	5	6	7	8	9
ソ	±	−	0	1	2	3	4	5	6	7	8	9
タ	±	−	0	1	2	3	4	5	6	7	8	9
チ	±	−	0	1	2	3	4	5	6	7	8	9
ツ	±	−	0	1	2	3	4	5	6	7	8	9
テ	±	−	0	1	2	3	4	5	6	7	8	9
ト	±	−	0	1	2	3	4	5	6	7	8	9
ナ	±	−	0	1	2	3	4	5	6	7	8	9
ニ	±	−	0	1	2	3	4	5	6	7	8	9
ヌ	±	−	0	1	2	3	4	5	6	7	8	9
ネ	±	−	0	1	2	3	4	5	6	7	8	9
ノ	±	−	0	1	2	3	4	5	6	7	8	9

2	解	答	欄									
ア	±	−	0	1	2	3	4	5	6	7	8	9
イ	±	−	0	1	2	3	4	5	6	7	8	9
ウ	±	−	0	1	2	3	4	5	6	7	8	9
エ	±	−	0	1	2	3	4	5	6	7	8	9
オ	±	−	0	1	2	3	4	5	6	7	8	9
カ	±	−	0	1	2	3	4	5	6	7	8	9
キ	±	−	0	1	2	3	4	5	6	7	8	9
ク	±	−	0	1	2	3	4	5	6	7	8	9
ケ	±	−	0	1	2	3	4	5	6	7	8	9
コ	±	−	0	1	2	3	4	5	6	7	8	9
サ	±	−	0	1	2	3	4	5	6	7	8	9
シ	±	−	0	1	2	3	4	5	6	7	8	9
ス	±	−	0	1	2	3	4	5	6	7	8	9
セ	±	−	0	1	2	3	4	5	6	7	8	9
ソ	±	−	0	1	2	3	4	5	6	7	8	9
タ	±	−	0	1	2	3	4	5	6	7	8	9
チ	±	−	0	1	2	3	4	5	6	7	8	9
ツ	±	−	0	1	2	3	4	5	6	7	8	9
テ	±	−	0	1	2	3	4	5	6	7	8	9
ト	±	−	0	1	2	3	4	5	6	7	8	9
ナ	±	−	0	1	2	3	4	5	6	7	8	9
ニ	±	−	0	1	2	3	4	5	6	7	8	9
ヌ	±	−	0	1	2	3	4	5	6	7	8	9
ネ	±	−	0	1	2	3	4	5	6	7	8	9
ノ	±	−	0	1	2	3	4	5	6	7	8	9

3	解	答	欄									
ア	±	−	0	1	2	3	4	5	6	7	8	9
イ	±	−	0	1	2	3	4	5	6	7	8	9
ウ	±	−	0	1	2	3	4	5	6	7	8	9
エ	±	−	0	1	2	3	4	5	6	7	8	9
オ	±	−	0	1	2	3	4	5	6	7	8	9
カ	±	−	0	1	2	3	4	5	6	7	8	9
キ	±	−	0	1	2	3	4	5	6	7	8	9
ク	±	−	0	1	2	3	4	5	6	7	8	9
ケ	±	−	0	1	2	3	4	5	6	7	8	9
コ	±	−	0	1	2	3	4	5	6	7	8	9
サ	±	−	0	1	2	3	4	5	6	7	8	9
シ	±	−	0	1	2	3	4	5	6	7	8	9
ス	±	−	0	1	2	3	4	5	6	7	8	9
セ	±	−	0	1	2	3	4	5	6	7	8	9
ソ	±	−	0	1	2	3	4	5	6	7	8	9
タ	±	−	0	1	2	3	4	5	6	7	8	9
チ	±	−	0	1	2	3	4	5	6	7	8	9
ツ	±	−	0	1	2	3	4	5	6	7	8	9
テ	±	−	0	1	2	3	4	5	6	7	8	9
ト	±	−	0	1	2	3	4	5	6	7	8	9
ナ	±	−	0	1	2	3	4	5	6	7	8	9
ニ	±	−	0	1	2	3	4	5	6	7	8	9
ヌ	±	−	0	1	2	3	4	5	6	7	8	9
ネ	±	−	0	1	2	3	4	5	6	7	8	9
ノ	±	−	0	1	2	3	4	5	6	7	8	9

4	解	答	欄									
ア	±	−	0	1	2	3	4	5	6	7	8	9
イ	±	−	0	1	2	3	4	5	6	7	8	9
ウ	±	−	0	1	2	3	4	5	6	7	8	9
エ	±	−	0	1	2	3	4	5	6	7	8	9
オ	±	−	0	1	2	3	4	5	6	7	8	9
カ	±	−	0	1	2	3	4	5	6	7	8	9
キ	±	−	0	1	2	3	4	5	6	7	8	9
ク	±	−	0	1	2	3	4	5	6	7	8	9
ケ	±	−	0	1	2	3	4	5	6	7	8	9
コ	±	−	0	1	2	3	4	5	6	7	8	9
サ	±	−	0	1	2	3	4	5	6	7	8	9
シ	±	−	0	1	2	3	4	5	6	7	8	9
ス	±	−	0	1	2	3	4	5	6	7	8	9
セ	±	−	0	1	2	3	4	5	6	7	8	9
ソ	±	−	0	1	2	3	4	5	6	7	8	9
タ	±	−	0	1	2	3	4	5	6	7	8	9
チ	±	−	0	1	2	3	4	5	6	7	8	9
ツ	±	−	0	1	2	3	4	5	6	7	8	9
テ	±	−	0	1	2	3	4	5	6	7	8	9
ト	±	−	0	1	2	3	4	5	6	7	8	9
ナ	±	−	0	1	2	3	4	5	6	7	8	9
ニ	±	−	0	1	2	3	4	5	6	7	8	9
ヌ	±	−	0	1	2	3	4	5	6	7	8	9
ネ	±	−	0	1	2	3	4	5	6	7	8	9
ノ	±	−	0	1	2	3	4	5	6	7	8	9

5	解	答	欄									
ア	±	−	0	1	2	3	4	5	6	7	8	9
イ	±	−	0	1	2	3	4	5	6	7	8	9
ウ	±	−	0	1	2	3	4	5	6	7	8	9
エ	±	−	0	1	2	3	4	5	6	7	8	9
オ	±	−	0	1	2	3	4	5	6	7	8	9
カ	±	−	0	1	2	3	4	5	6	7	8	9
キ	±	−	0	1	2	3	4	5	6	7	8	9
ク	±	−	0	1	2	3	4	5	6	7	8	9
ケ	±	−	0	1	2	3	4	5	6	7	8	9
コ	±	−	0	1	2	3	4	5	6	7	8	9
サ	±	−	0	1	2	3	4	5	6	7	8	9
シ	±	−	0	1	2	3	4	5	6	7	8	9
ス	±	−	0	1	2	3	4	5	6	7	8	9
セ	±	−	0	1	2	3	4	5	6	7	8	9
ソ	±	−	0	1	2	3	4	5	6	7	8	9
タ	±	−	0	1	2	3	4	5	6	7	8	9
チ	±	−	0	1	2	3	4	5	6	7	8	9
ツ	±	−	0	1	2	3	4	5	6	7	8	9
テ	±	−	0	1	2	3	4	5	6	7	8	9
ト	±	−	0	1	2	3	4	5	6	7	8	9
ナ	±	−	0	1	2	3	4	5	6	7	8	9
ニ	±	−	0	1	2	3	4	5	6	7	8	9
ヌ	±	−	0	1	2	3	4	5	6	7	8	9
ネ	±	−	0	1	2	3	4	5	6	7	8	9
ノ	±	−	0	1	2	3	4	5	6	7	8	9

【記入上の注意】
1．記入は、ＨＢの鉛筆またはシャープペンシルを使用してください。
2．訂正する場合はプラスチック消しゴムで完全に消してください。
3．用紙を折り曲げたり、汚したりしないでください。

【マーク例】
良い例　　悪い例

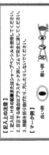

栄東高等学校（第1回）　2022年度　　◇英語◇

※ 119％に拡大していただくと，解答欄は実物大になります。

問題番号	解答欄	問題番号	解答欄	問題番号	解答欄
1	① ② ③ ④ ⑤ ⑥ ⑦ ⑧ ⑨ ⓪	21	① ② ③ ④ ⑤ ⑥ ⑦ ⑧ ⑨ ⓪	41	① ② ③ ④ ⑤ ⑥ ⑦ ⑧ ⑨ ⓪
2	① ② ③ ④ ⑤ ⑥ ⑦ ⑧ ⑨ ⓪	22	① ② ③ ④ ⑤ ⑥ ⑦ ⑧ ⑨ ⓪	42	① ② ③ ④ ⑤ ⑥ ⑦ ⑧ ⑨ ⓪
3	① ② ③ ④ ⑤ ⑥ ⑦ ⑧ ⑨ ⓪	23	① ② ③ ④ ⑤ ⑥ ⑦ ⑧ ⑨ ⓪	43	① ② ③ ④ ⑤ ⑥ ⑦ ⑧ ⑨ ⓪
4	① ② ③ ④ ⑤ ⑥ ⑦ ⑧ ⑨ ⓪	24	① ② ③ ④ ⑤ ⑥ ⑦ ⑧ ⑨ ⓪	44	① ② ③ ④ ⑤ ⑥ ⑦ ⑧ ⑨ ⓪
5	① ② ③ ④ ⑤ ⑥ ⑦ ⑧ ⑨ ⓪	25	① ② ③ ④ ⑤ ⑥ ⑦ ⑧ ⑨ ⓪	45	① ② ③ ④ ⑤ ⑥ ⑦ ⑧ ⑨ ⓪
6	① ② ③ ④ ⑤ ⑥ ⑦ ⑧ ⑨ ⓪	26	① ② ③ ④ ⑤ ⑥ ⑦ ⑧ ⑨ ⓪	46	① ② ③ ④ ⑤ ⑥ ⑦ ⑧ ⑨ ⓪
7	① ② ③ ④ ⑤ ⑥ ⑦ ⑧ ⑨ ⓪	27	① ② ③ ④ ⑤ ⑥ ⑦ ⑧ ⑨ ⓪	47	① ② ③ ④ ⑤ ⑥ ⑦ ⑧ ⑨ ⓪
8	① ② ③ ④ ⑤ ⑥ ⑦ ⑧ ⑨ ⓪	28	① ② ③ ④ ⑤ ⑥ ⑦ ⑧ ⑨ ⓪	48	① ② ③ ④ ⑤ ⑥ ⑦ ⑧ ⑨ ⓪
9	① ② ③ ④ ⑤ ⑥ ⑦ ⑧ ⑨ ⓪	29	① ② ③ ④ ⑤ ⑥ ⑦ ⑧ ⑨ ⓪	49	① ② ③ ④ ⑤ ⑥ ⑦ ⑧ ⑨ ⓪
10	① ② ③ ④ ⑤ ⑥ ⑦ ⑧ ⑨ ⓪	30	① ② ③ ④ ⑤ ⑥ ⑦ ⑧ ⑨ ⓪	50	① ② ③ ④ ⑤ ⑥ ⑦ ⑧ ⑨ ⓪
11	① ② ③ ④ ⑤ ⑥ ⑦ ⑧ ⑨ ⓪	31	① ② ③ ④ ⑤ ⑥ ⑦ ⑧ ⑨ ⓪	51	① ② ③ ④ ⑤ ⑥ ⑦ ⑧ ⑨ ⓪
12	① ② ③ ④ ⑤ ⑥ ⑦ ⑧ ⑨ ⓪	32	① ② ③ ④ ⑤ ⑥ ⑦ ⑧ ⑨ ⓪	52	① ② ③ ④ ⑤ ⑥ ⑦ ⑧ ⑨ ⓪
13	① ② ③ ④ ⑤ ⑥ ⑦ ⑧ ⑨ ⓪	33	① ② ③ ④ ⑤ ⑥ ⑦ ⑧ ⑨ ⓪	53	① ② ③ ④ ⑤ ⑥ ⑦ ⑧ ⑨ ⓪
14	① ② ③ ④ ⑤ ⑥ ⑦ ⑧ ⑨ ⓪	34	① ② ③ ④ ⑤ ⑥ ⑦ ⑧ ⑨ ⓪	54	① ② ③ ④ ⑤ ⑥ ⑦ ⑧ ⑨ ⓪
15	① ② ③ ④ ⑤ ⑥ ⑦ ⑧ ⑨ ⓪	35	① ② ③ ④ ⑤ ⑥ ⑦ ⑧ ⑨ ⓪	55	① ② ③ ④ ⑤ ⑥ ⑦ ⑧ ⑨ ⓪
16	① ② ③ ④ ⑤ ⑥ ⑦ ⑧ ⑨ ⓪	36	① ② ③ ④ ⑤ ⑥ ⑦ ⑧ ⑨ ⓪	56	① ② ③ ④ ⑤ ⑥ ⑦ ⑧ ⑨ ⓪
17	① ② ③ ④ ⑤ ⑥ ⑦ ⑧ ⑨ ⓪	37	① ② ③ ④ ⑤ ⑥ ⑦ ⑧ ⑨ ⓪	57	① ② ③ ④ ⑤ ⑥ ⑦ ⑧ ⑨ ⓪
18	① ② ③ ④ ⑤ ⑥ ⑦ ⑧ ⑨ ⓪	38	① ② ③ ④ ⑤ ⑥ ⑦ ⑧ ⑨ ⓪	58	① ② ③ ④ ⑤ ⑥ ⑦ ⑧ ⑨ ⓪
19	① ② ③ ④ ⑤ ⑥ ⑦ ⑧ ⑨ ⓪	39	① ② ③ ④ ⑤ ⑥ ⑦ ⑧ ⑨ ⓪	59	① ② ③ ④ ⑤ ⑥ ⑦ ⑧ ⑨ ⓪
20	① ② ③ ④ ⑤ ⑥ ⑦ ⑧ ⑨ ⓪	40	① ② ③ ④ ⑤ ⑥ ⑦ ⑧ ⑨ ⓪	60	① ② ③ ④ ⑤ ⑥ ⑦ ⑧ ⑨ ⓪

【記入上の注意】

1．記入は、ＨＢの鉛筆またはシャープペンシルを使用してください。
2．訂正する場合はプラスチック消しゴムで完全に消してください。
3．用紙を折り曲げたり、汚したりしないでください。

【マーク例】

良い例 　悪い例 

栄東高等学校（第1回）　2022年度　　◇国語◇

※ 119％に拡大していただくと，解答欄は実物大になります。

問題番号	解答欄	問題番号	解答欄	問題番号	解答欄
1	① ② ③ ④ ⑤ ⑥ ⑦ ⑧ ⑨ ⓪	21	① ② ③ ④ ⑤ ⑥ ⑦ ⑧ ⑨ ⓪	41	① ② ③ ④ ⑤ ⑥ ⑦ ⑧ ⑨ ⓪
2	① ② ③ ④ ⑤ ⑥ ⑦ ⑧ ⑨ ⓪	22	① ② ③ ④ ⑤ ⑥ ⑦ ⑧ ⑨ ⓪	42	① ② ③ ④ ⑤ ⑥ ⑦ ⑧ ⑨ ⓪
3	① ② ③ ④ ⑤ ⑥ ⑦ ⑧ ⑨ ⓪	23	① ② ③ ④ ⑤ ⑥ ⑦ ⑧ ⑨ ⓪	43	① ② ③ ④ ⑤ ⑥ ⑦ ⑧ ⑨ ⓪
4	① ② ③ ④ ⑤ ⑥ ⑦ ⑧ ⑨ ⓪	24	① ② ③ ④ ⑤ ⑥ ⑦ ⑧ ⑨ ⓪	44	① ② ③ ④ ⑤ ⑥ ⑦ ⑧ ⑨ ⓪
5	① ② ③ ④ ⑤ ⑥ ⑦ ⑧ ⑨ ⓪	25	① ② ③ ④ ⑤ ⑥ ⑦ ⑧ ⑨ ⓪	45	① ② ③ ④ ⑤ ⑥ ⑦ ⑧ ⑨ ⓪
6	① ② ③ ④ ⑤ ⑥ ⑦ ⑧ ⑨ ⓪	26	① ② ③ ④ ⑤ ⑥ ⑦ ⑧ ⑨ ⓪	46	① ② ③ ④ ⑤ ⑥ ⑦ ⑧ ⑨ ⓪
7	① ② ③ ④ ⑤ ⑥ ⑦ ⑧ ⑨ ⓪	27	① ② ③ ④ ⑤ ⑥ ⑦ ⑧ ⑨ ⓪	47	① ② ③ ④ ⑤ ⑥ ⑦ ⑧ ⑨ ⓪
8	① ② ③ ④ ⑤ ⑥ ⑦ ⑧ ⑨ ⓪	28	① ② ③ ④ ⑤ ⑥ ⑦ ⑧ ⑨ ⓪	48	① ② ③ ④ ⑤ ⑥ ⑦ ⑧ ⑨ ⓪
9	① ② ③ ④ ⑤ ⑥ ⑦ ⑧ ⑨ ⓪	29	① ② ③ ④ ⑤ ⑥ ⑦ ⑧ ⑨ ⓪	49	① ② ③ ④ ⑤ ⑥ ⑦ ⑧ ⑨ ⓪
10	① ② ③ ④ ⑤ ⑥ ⑦ ⑧ ⑨ ⓪	30	① ② ③ ④ ⑤ ⑥ ⑦ ⑧ ⑨ ⓪	50	① ② ③ ④ ⑤ ⑥ ⑦ ⑧ ⑨ ⓪
11	① ② ③ ④ ⑤ ⑥ ⑦ ⑧ ⑨ ⓪	31	① ② ③ ④ ⑤ ⑥ ⑦ ⑧ ⑨ ⓪	51	① ② ③ ④ ⑤ ⑥ ⑦ ⑧ ⑨ ⓪
12	① ② ③ ④ ⑤ ⑥ ⑦ ⑧ ⑨ ⓪	32	① ② ③ ④ ⑤ ⑥ ⑦ ⑧ ⑨ ⓪	52	① ② ③ ④ ⑤ ⑥ ⑦ ⑧ ⑨ ⓪
13	① ② ③ ④ ⑤ ⑥ ⑦ ⑧ ⑨ ⓪	33	① ② ③ ④ ⑤ ⑥ ⑦ ⑧ ⑨ ⓪	53	① ② ③ ④ ⑤ ⑥ ⑦ ⑧ ⑨ ⓪
14	① ② ③ ④ ⑤ ⑥ ⑦ ⑧ ⑨ ⓪	34	① ② ③ ④ ⑤ ⑥ ⑦ ⑧ ⑨ ⓪	54	① ② ③ ④ ⑤ ⑥ ⑦ ⑧ ⑨ ⓪
15	① ② ③ ④ ⑤ ⑥ ⑦ ⑧ ⑨ ⓪	35	① ② ③ ④ ⑤ ⑥ ⑦ ⑧ ⑨ ⓪	55	① ② ③ ④ ⑤ ⑥ ⑦ ⑧ ⑨ ⓪
16	① ② ③ ④ ⑤ ⑥ ⑦ ⑧ ⑨ ⓪	36	① ② ③ ④ ⑤ ⑥ ⑦ ⑧ ⑨ ⓪	56	① ② ③ ④ ⑤ ⑥ ⑦ ⑧ ⑨ ⓪
17	① ② ③ ④ ⑤ ⑥ ⑦ ⑧ ⑨ ⓪	37	① ② ③ ④ ⑤ ⑥ ⑦ ⑧ ⑨ ⓪	57	① ② ③ ④ ⑤ ⑥ ⑦ ⑧ ⑨ ⓪
18	① ② ③ ④ ⑤ ⑥ ⑦ ⑧ ⑨ ⓪	38	① ② ③ ④ ⑤ ⑥ ⑦ ⑧ ⑨ ⓪	58	① ② ③ ④ ⑤ ⑥ ⑦ ⑧ ⑨ ⓪
19	① ② ③ ④ ⑤ ⑥ ⑦ ⑧ ⑨ ⓪	39	① ② ③ ④ ⑤ ⑥ ⑦ ⑧ ⑨ ⓪	59	① ② ③ ④ ⑤ ⑥ ⑦ ⑧ ⑨ ⓪
20	① ② ③ ④ ⑤ ⑥ ⑦ ⑧ ⑨ ⓪	40	① ② ③ ④ ⑤ ⑥ ⑦ ⑧ ⑨ ⓪	60	① ② ③ ④ ⑤ ⑥ ⑦ ⑧ ⑨ ⓪

【記入上の注意】

1. 記入は、ＨＢの鉛筆またはシャープペンシルを使用してください。
2. 訂正する場合はプラスチック消しゴムで完全に消してください。
3. 用紙を折り曲げたり、汚したりしないでください。

【マーク例】

良い例　　悪い例　うすい

栄東高等学校(第2回)　2022年度

◇数学◇

※ 208%に拡大していただくと，解答欄は実物大になります。

1	解答欄										
ア	±	−	0	1	2	3	4	5	6	7	8	9
イ	±	−	0	1	2	3	4	5	6	7	8	9
ウ	±	−	0	1	2	3	4	5	6	7	8	9
エ	±	−	0	1	2	3	4	5	6	7	8	9
オ	±	−	0	1	2	3	4	5	6	7	8	9
カ	±	−	0	1	2	3	4	5	6	7	8	9
キ	±	−	0	1	2	3	4	5	6	7	8	9
ク	±	−	0	1	2	3	4	5	6	7	8	9
ケ	±	−	0	1	2	3	4	5	6	7	8	9
コ	±	−	0	1	2	3	4	5	6	7	8	9
サ	±	−	0	1	2	3	4	5	6	7	8	9
シ	±	−	0	1	2	3	4	5	6	7	8	9
ス	±	−	0	1	2	3	4	5	6	7	8	9
セ	±	−	0	1	2	3	4	5	6	7	8	9
ソ	±	−	0	1	2	3	4	5	6	7	8	9
タ	±	−	0	1	2	3	4	5	6	7	8	9
チ	±	−	0	1	2	3	4	5	6	7	8	9
ツ	±	−	0	1	2	3	4	5	6	7	8	9
テ	±	−	0	1	2	3	4	5	6	7	8	9
ト	±	−	0	1	2	3	4	5	6	7	8	9
ナ	±	−	0	1	2	3	4	5	6	7	8	9
ニ	±	−	0	1	2	3	4	5	6	7	8	9
ヌ	±	−	0	1	2	3	4	5	6	7	8	9
ネ	±	−	0	1	2	3	4	5	6	7	8	9
ノ	±	−	0	1	2	3	4	5	6	7	8	9

2	解答欄										
ア	±	−	0	1	2	3	4	5	6	7	8	9
イ	±	−	0	1	2	3	4	5	6	7	8	9
ウ	±	−	0	1	2	3	4	5	6	7	8	9
エ	±	−	0	1	2	3	4	5	6	7	8	9
オ	±	−	0	1	2	3	4	5	6	7	8	9
カ	±	−	0	1	2	3	4	5	6	7	8	9
キ	±	−	0	1	2	3	4	5	6	7	8	9
ク	±	−	0	1	2	3	4	5	6	7	8	9
ケ	±	−	0	1	2	3	4	5	6	7	8	9
コ	±	−	0	1	2	3	4	5	6	7	8	9
サ	±	−	0	1	2	3	4	5	6	7	8	9
シ	±	−	0	1	2	3	4	5	6	7	8	9
ス	±	−	0	1	2	3	4	5	6	7	8	9
セ	±	−	0	1	2	3	4	5	6	7	8	9
ソ	±	−	0	1	2	3	4	5	6	7	8	9
タ	±	−	0	1	2	3	4	5	6	7	8	9
チ	±	−	0	1	2	3	4	5	6	7	8	9
ツ	±	−	0	1	2	3	4	5	6	7	8	9
テ	±	−	0	1	2	3	4	5	6	7	8	9
ト	±	−	0	1	2	3	4	5	6	7	8	9
ナ	±	−	0	1	2	3	4	5	6	7	8	9
ニ	±	−	0	1	2	3	4	5	6	7	8	9
ヌ	±	−	0	1	2	3	4	5	6	7	8	9
ネ	±	−	0	1	2	3	4	5	6	7	8	9
ノ	±	−	0	1	2	3	4	5	6	7	8	9

3	解答欄										
ア	±	−	0	1	2	3	4	5	6	7	8	9
イ	±	−	0	1	2	3	4	5	6	7	8	9
ウ	±	−	0	1	2	3	4	5	6	7	8	9
エ	±	−	0	1	2	3	4	5	6	7	8	9
オ	±	−	0	1	2	3	4	5	6	7	8	9
カ	±	−	0	1	2	3	4	5	6	7	8	9
キ	±	−	0	1	2	3	4	5	6	7	8	9
ク	±	−	0	1	2	3	4	5	6	7	8	9
ケ	±	−	0	1	2	3	4	5	6	7	8	9
コ	±	−	0	1	2	3	4	5	6	7	8	9
サ	±	−	0	1	2	3	4	5	6	7	8	9
シ	±	−	0	1	2	3	4	5	6	7	8	9
ス	±	−	0	1	2	3	4	5	6	7	8	9
セ	±	−	0	1	2	3	4	5	6	7	8	9
ソ	±	−	0	1	2	3	4	5	6	7	8	9
タ	±	−	0	1	2	3	4	5	6	7	8	9
チ	±	−	0	1	2	3	4	5	6	7	8	9
ツ	±	−	0	1	2	3	4	5	6	7	8	9
テ	±	−	0	1	2	3	4	5	6	7	8	9
ト	±	−	0	1	2	3	4	5	6	7	8	9
ナ	±	−	0	1	2	3	4	5	6	7	8	9
ニ	±	−	0	1	2	3	4	5	6	7	8	9
ヌ	±	−	0	1	2	3	4	5	6	7	8	9
ネ	±	−	0	1	2	3	4	5	6	7	8	9
ノ	±	−	0	1	2	3	4	5	6	7	8	9

4	解答欄										
ア	±	−	0	1	2	3	4	5	6	7	8	9
イ	±	−	0	1	2	3	4	5	6	7	8	9
ウ	±	−	0	1	2	3	4	5	6	7	8	9
エ	±	−	0	1	2	3	4	5	6	7	8	9
オ	±	−	0	1	2	3	4	5	6	7	8	9
カ	±	−	0	1	2	3	4	5	6	7	8	9
キ	±	−	0	1	2	3	4	5	6	7	8	9
ク	±	−	0	1	2	3	4	5	6	7	8	9
ケ	±	−	0	1	2	3	4	5	6	7	8	9
コ	±	−	0	1	2	3	4	5	6	7	8	9
サ	±	−	0	1	2	3	4	5	6	7	8	9
シ	±	−	0	1	2	3	4	5	6	7	8	9
ス	±	−	0	1	2	3	4	5	6	7	8	9
セ	±	−	0	1	2	3	4	5	6	7	8	9
ソ	±	−	0	1	2	3	4	5	6	7	8	9
タ	±	−	0	1	2	3	4	5	6	7	8	9
チ	±	−	0	1	2	3	4	5	6	7	8	9
ツ	±	−	0	1	2	3	4	5	6	7	8	9
テ	±	−	0	1	2	3	4	5	6	7	8	9
ト	±	−	0	1	2	3	4	5	6	7	8	9
ナ	±	−	0	1	2	3	4	5	6	7	8	9
ニ	±	−	0	1	2	3	4	5	6	7	8	9
ヌ	±	−	0	1	2	3	4	5	6	7	8	9
ネ	±	−	0	1	2	3	4	5	6	7	8	9
ノ	±	−	0	1	2	3	4	5	6	7	8	9

5	解答欄										
ア	±	−	0	1	2	3	4	5	6	7	8	9
イ	±	−	0	1	2	3	4	5	6	7	8	9
ウ	±	−	0	1	2	3	4	5	6	7	8	9
エ	±	−	0	1	2	3	4	5	6	7	8	9
オ	±	−	0	1	2	3	4	5	6	7	8	9
カ	±	−	0	1	2	3	4	5	6	7	8	9
キ	±	−	0	1	2	3	4	5	6	7	8	9
ク	±	−	0	1	2	3	4	5	6	7	8	9
ケ	±	−	0	1	2	3	4	5	6	7	8	9
コ	±	−	0	1	2	3	4	5	6	7	8	9
サ	±	−	0	1	2	3	4	5	6	7	8	9
シ	±	−	0	1	2	3	4	5	6	7	8	9
ス	±	−	0	1	2	3	4	5	6	7	8	9
セ	±	−	0	1	2	3	4	5	6	7	8	9
ソ	±	−	0	1	2	3	4	5	6	7	8	9
タ	±	−	0	1	2	3	4	5	6	7	8	9
チ	±	−	0	1	2	3	4	5	6	7	8	9
ツ	±	−	0	1	2	3	4	5	6	7	8	9
テ	±	−	0	1	2	3	4	5	6	7	8	9
ト	±	−	0	1	2	3	4	5	6	7	8	9
ナ	±	−	0	1	2	3	4	5	6	7	8	9
ニ	±	−	0	1	2	3	4	5	6	7	8	9
ヌ	±	−	0	1	2	3	4	5	6	7	8	9
ネ	±	−	0	1	2	3	4	5	6	7	8	9
ノ	±	−	0	1	2	3	4	5	6	7	8	9

【記入上の注意】
1. 記入は、ＨＢの鉛筆またはシャープペンシルを使用してください。
2. 訂正する場合はプラスチック消しゴムで完全に消してください。
3. 用紙を折り曲げたり、汚したりしないでください。

【マーク例】

良い例　悪い例　うすい

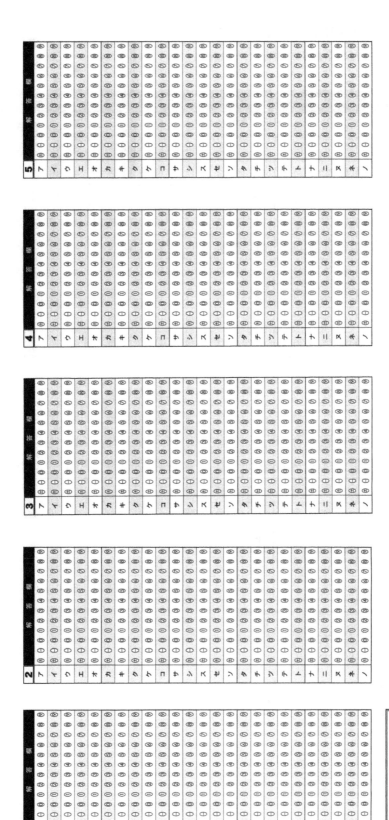

栄東高等学校（第2回）　2022年度　◇英語◇

※ 119%に拡大していただくと，解答欄は実物大になります。

問題番号	解答欄	問題番号	解答欄	問題番号	解答欄
1	① ② ③ ④ ⑤ ⑥ ⑦ ⑧ ⑨ ⓪	21	① ② ③ ④ ⑤ ⑥ ⑦ ⑧ ⑨ ⓪	41	① ② ③ ④ ⑤ ⑥ ⑦ ⑧ ⑨ ⓪
2	① ② ③ ④ ⑤ ⑥ ⑦ ⑧ ⑨ ⓪	22	① ② ③ ④ ⑤ ⑥ ⑦ ⑧ ⑨ ⓪	42	① ② ③ ④ ⑤ ⑥ ⑦ ⑧ ⑨ ⓪
3	① ② ③ ④ ⑤ ⑥ ⑦ ⑧ ⑨ ⓪	23	① ② ③ ④ ⑤ ⑥ ⑦ ⑧ ⑨ ⓪	43	① ② ③ ④ ⑤ ⑥ ⑦ ⑧ ⑨ ⓪
4	① ② ③ ④ ⑤ ⑥ ⑦ ⑧ ⑨ ⓪	24	① ② ③ ④ ⑤ ⑥ ⑦ ⑧ ⑨ ⓪	44	① ② ③ ④ ⑤ ⑥ ⑦ ⑧ ⑨ ⓪
5	① ② ③ ④ ⑤ ⑥ ⑦ ⑧ ⑨ ⓪	25	① ② ③ ④ ⑤ ⑥ ⑦ ⑧ ⑨ ⓪	45	① ② ③ ④ ⑤ ⑥ ⑦ ⑧ ⑨ ⓪
6	① ② ③ ④ ⑤ ⑥ ⑦ ⑧ ⑨ ⓪	26	① ② ③ ④ ⑤ ⑥ ⑦ ⑧ ⑨ ⓪	46	① ② ③ ④ ⑤ ⑥ ⑦ ⑧ ⑨ ⓪
7	① ② ③ ④ ⑤ ⑥ ⑦ ⑧ ⑨ ⓪	27	① ② ③ ④ ⑤ ⑥ ⑦ ⑧ ⑨ ⓪	47	① ② ③ ④ ⑤ ⑥ ⑦ ⑧ ⑨ ⓪
8	① ② ③ ④ ⑤ ⑥ ⑦ ⑧ ⑨ ⓪	28	① ② ③ ④ ⑤ ⑥ ⑦ ⑧ ⑨ ⓪	48	① ② ③ ④ ⑤ ⑥ ⑦ ⑧ ⑨ ⓪
9	① ② ③ ④ ⑤ ⑥ ⑦ ⑧ ⑨ ⓪	29	① ② ③ ④ ⑤ ⑥ ⑦ ⑧ ⑨ ⓪	49	① ② ③ ④ ⑤ ⑥ ⑦ ⑧ ⑨ ⓪
10	① ② ③ ④ ⑤ ⑥ ⑦ ⑧ ⑨ ⓪	30	① ② ③ ④ ⑤ ⑥ ⑦ ⑧ ⑨ ⓪	50	① ② ③ ④ ⑤ ⑥ ⑦ ⑧ ⑨ ⓪
11	① ② ③ ④ ⑤ ⑥ ⑦ ⑧ ⑨ ⓪	31	① ② ③ ④ ⑤ ⑥ ⑦ ⑧ ⑨ ⓪	51	① ② ③ ④ ⑤ ⑥ ⑦ ⑧ ⑨ ⓪
12	① ② ③ ④ ⑤ ⑥ ⑦ ⑧ ⑨ ⓪	32	① ② ③ ④ ⑤ ⑥ ⑦ ⑧ ⑨ ⓪	52	① ② ③ ④ ⑤ ⑥ ⑦ ⑧ ⑨ ⓪
13	① ② ③ ④ ⑤ ⑥ ⑦ ⑧ ⑨ ⓪	33	① ② ③ ④ ⑤ ⑥ ⑦ ⑧ ⑨ ⓪	53	① ② ③ ④ ⑤ ⑥ ⑦ ⑧ ⑨ ⓪
14	① ② ③ ④ ⑤ ⑥ ⑦ ⑧ ⑨ ⓪	34	① ② ③ ④ ⑤ ⑥ ⑦ ⑧ ⑨ ⓪	54	① ② ③ ④ ⑤ ⑥ ⑦ ⑧ ⑨ ⓪
15	① ② ③ ④ ⑤ ⑥ ⑦ ⑧ ⑨ ⓪	35	① ② ③ ④ ⑤ ⑥ ⑦ ⑧ ⑨ ⓪	55	① ② ③ ④ ⑤ ⑥ ⑦ ⑧ ⑨ ⓪
16	① ② ③ ④ ⑤ ⑥ ⑦ ⑧ ⑨ ⓪	36	① ② ③ ④ ⑤ ⑥ ⑦ ⑧ ⑨ ⓪	56	① ② ③ ④ ⑤ ⑥ ⑦ ⑧ ⑨ ⓪
17	① ② ③ ④ ⑤ ⑥ ⑦ ⑧ ⑨ ⓪	37	① ② ③ ④ ⑤ ⑥ ⑦ ⑧ ⑨ ⓪	57	① ② ③ ④ ⑤ ⑥ ⑦ ⑧ ⑨ ⓪
18	① ② ③ ④ ⑤ ⑥ ⑦ ⑧ ⑨ ⓪	38	① ② ③ ④ ⑤ ⑥ ⑦ ⑧ ⑨ ⓪	58	① ② ③ ④ ⑤ ⑥ ⑦ ⑧ ⑨ ⓪
19	① ② ③ ④ ⑤ ⑥ ⑦ ⑧ ⑨ ⓪	39	① ② ③ ④ ⑤ ⑥ ⑦ ⑧ ⑨ ⓪	59	① ② ③ ④ ⑤ ⑥ ⑦ ⑧ ⑨ ⓪
20	① ② ③ ④ ⑤ ⑥ ⑦ ⑧ ⑨ ⓪	40	① ② ③ ④ ⑤ ⑥ ⑦ ⑧ ⑨ ⓪	60	① ② ③ ④ ⑤ ⑥ ⑦ ⑧ ⑨ ⓪

【記入上の注意】

1．記入は，ＨＢの鉛筆またはシャープペンシルを使用してください。

2．訂正する場合はプラスチック消しゴムで完全に消してください。

3．用紙を折り曲げたり，汚したりしないでください。

【マーク例】

栄東高等学校（第2回）　2022年度

◇国語◇

※ 119％に拡大していただくと，解答欄は実物大になります。

問題番号	解答欄	問題番号	解答欄	問題番号	解答欄
1	① ② ③ ④ ⑤ ⑥ ⑦ ⑧ ⑨ ⓪	21	① ② ③ ④ ⑤ ⑥ ⑦ ⑧ ⑨ ⓪	41	① ② ③ ④ ⑤ ⑥ ⑦ ⑧ ⑨ ⓪
2	① ② ③ ④ ⑤ ⑥ ⑦ ⑧ ⑨ ⓪	22	① ② ③ ④ ⑤ ⑥ ⑦ ⑧ ⑨ ⓪	42	① ② ③ ④ ⑤ ⑥ ⑦ ⑧ ⑨ ⓪
3	① ② ③ ④ ⑤ ⑥ ⑦ ⑧ ⑨ ⓪	23	① ② ③ ④ ⑤ ⑥ ⑦ ⑧ ⑨ ⓪	43	① ② ③ ④ ⑤ ⑥ ⑦ ⑧ ⑨ ⓪
4	① ② ③ ④ ⑤ ⑥ ⑦ ⑧ ⑨ ⓪	24	① ② ③ ④ ⑤ ⑥ ⑦ ⑧ ⑨ ⓪	44	① ② ③ ④ ⑤ ⑥ ⑦ ⑧ ⑨ ⓪
5	① ② ③ ④ ⑤ ⑥ ⑦ ⑧ ⑨ ⓪	25	① ② ③ ④ ⑤ ⑥ ⑦ ⑧ ⑨ ⓪	45	① ② ③ ④ ⑤ ⑥ ⑦ ⑧ ⑨ ⓪
6	① ② ③ ④ ⑤ ⑥ ⑦ ⑧ ⑨ ⓪	26	① ② ③ ④ ⑤ ⑥ ⑦ ⑧ ⑨ ⓪	46	① ② ③ ④ ⑤ ⑥ ⑦ ⑧ ⑨ ⓪
7	① ② ③ ④ ⑤ ⑥ ⑦ ⑧ ⑨ ⓪	27	① ② ③ ④ ⑤ ⑥ ⑦ ⑧ ⑨ ⓪	47	① ② ③ ④ ⑤ ⑥ ⑦ ⑧ ⑨ ⓪
8	① ② ③ ④ ⑤ ⑥ ⑦ ⑧ ⑨ ⓪	28	① ② ③ ④ ⑤ ⑥ ⑦ ⑧ ⑨ ⓪	48	① ② ③ ④ ⑤ ⑥ ⑦ ⑧ ⑨ ⓪
9	① ② ③ ④ ⑤ ⑥ ⑦ ⑧ ⑨ ⓪	29	① ② ③ ④ ⑤ ⑥ ⑦ ⑧ ⑨ ⓪	49	① ② ③ ④ ⑤ ⑥ ⑦ ⑧ ⑨ ⓪
10	① ② ③ ④ ⑤ ⑥ ⑦ ⑧ ⑨ ⓪	30	① ② ③ ④ ⑤ ⑥ ⑦ ⑧ ⑨ ⓪	50	① ② ③ ④ ⑤ ⑥ ⑦ ⑧ ⑨ ⓪
11	① ② ③ ④ ⑤ ⑥ ⑦ ⑧ ⑨ ⓪	31	① ② ③ ④ ⑤ ⑥ ⑦ ⑧ ⑨ ⓪	51	① ② ③ ④ ⑤ ⑥ ⑦ ⑧ ⑨ ⓪
12	① ② ③ ④ ⑤ ⑥ ⑦ ⑧ ⑨ ⓪	32	① ② ③ ④ ⑤ ⑥ ⑦ ⑧ ⑨ ⓪	52	① ② ③ ④ ⑤ ⑥ ⑦ ⑧ ⑨ ⓪
13	① ② ③ ④ ⑤ ⑥ ⑦ ⑧ ⑨ ⓪	33	① ② ③ ④ ⑤ ⑥ ⑦ ⑧ ⑨ ⓪	53	① ② ③ ④ ⑤ ⑥ ⑦ ⑧ ⑨ ⓪
14	① ② ③ ④ ⑤ ⑥ ⑦ ⑧ ⑨ ⓪	34	① ② ③ ④ ⑤ ⑥ ⑦ ⑧ ⑨ ⓪	54	① ② ③ ④ ⑤ ⑥ ⑦ ⑧ ⑨ ⓪
15	① ② ③ ④ ⑤ ⑥ ⑦ ⑧ ⑨ ⓪	35	① ② ③ ④ ⑤ ⑥ ⑦ ⑧ ⑨ ⓪	55	① ② ③ ④ ⑤ ⑥ ⑦ ⑧ ⑨ ⓪
16	① ② ③ ④ ⑤ ⑥ ⑦ ⑧ ⑨ ⓪	36	① ② ③ ④ ⑤ ⑥ ⑦ ⑧ ⑨ ⓪	56	① ② ③ ④ ⑤ ⑥ ⑦ ⑧ ⑨ ⓪
17	① ② ③ ④ ⑤ ⑥ ⑦ ⑧ ⑨ ⓪	37	① ② ③ ④ ⑤ ⑥ ⑦ ⑧ ⑨ ⓪	57	① ② ③ ④ ⑤ ⑥ ⑦ ⑧ ⑨ ⓪
18	① ② ③ ④ ⑤ ⑥ ⑦ ⑧ ⑨ ⓪	38	① ② ③ ④ ⑤ ⑥ ⑦ ⑧ ⑨ ⓪	58	① ② ③ ④ ⑤ ⑥ ⑦ ⑧ ⑨ ⓪
19	① ② ③ ④ ⑤ ⑥ ⑦ ⑧ ⑨ ⓪	39	① ② ③ ④ ⑤ ⑥ ⑦ ⑧ ⑨ ⓪	59	① ② ③ ④ ⑤ ⑥ ⑦ ⑧ ⑨ ⓪
20	① ② ③ ④ ⑤ ⑥ ⑦ ⑧ ⑨ ⓪	40	① ② ③ ④ ⑤ ⑥ ⑦ ⑧ ⑨ ⓪	60	① ② ③ ④ ⑤ ⑥ ⑦ ⑧ ⑨ ⓪

【記入上の注意】

1．記入は、ＨＢの鉛筆またはシャープペンシルを使用してください。

2．訂正する場合はプラスチック消しゴムで完全に消してください。

3．用紙を折り曲げたり、汚したりしないでください。

【マーク例】

良い例 

悪い例 

栄東高等学校(第1回)　　2021年度

◇数学◇

※208%に拡大していただくと，解答欄は実物大になります。

1	解答欄											
ア	⊕	⊖	0	1	2	3	4	5	6	7	8	9
イ	⊕	⊖	0	1	2	3	4	5	6	7	8	9
ウ	⊕	⊖	0	1	2	3	4	5	6	7	8	9
エ	⊕	⊖	0	1	2	3	4	5	6	7	8	9
オ	⊕	⊖	0	1	2	3	4	5	6	7	8	9
カ	⊕	⊖	0	1	2	3	4	5	6	7	8	9
キ	⊕	⊖	0	1	2	3	4	5	6	7	8	9
ク	⊕	⊖	0	1	2	3	4	5	6	7	8	9
ケ	⊕	⊖	0	1	2	3	4	5	6	7	8	9
コ	⊕	⊖	0	1	2	3	4	5	6	7	8	9
サ	⊕	⊖	0	1	2	3	4	5	6	7	8	9
シ	⊕	⊖	0	1	2	3	4	5	6	7	8	9
ス	⊕	⊖	0	1	2	3	4	5	6	7	8	9
セ	⊕	⊖	0	1	2	3	4	5	6	7	8	9
ソ	⊕	⊖	0	1	2	3	4	5	6	7	8	9
タ	⊕	⊖	0	1	2	3	4	5	6	7	8	9
チ	⊕	⊖	0	1	2	3	4	5	6	7	8	9
ツ	⊕	⊖	0	1	2	3	4	5	6	7	8	9
テ	⊕	⊖	0	1	2	3	4	5	6	7	8	9
ト	⊕	⊖	0	1	2	3	4	5	6	7	8	9
ナ	⊕	⊖	0	1	2	3	4	5	6	7	8	9
ニ	⊕	⊖	0	1	2	3	4	5	6	7	8	9
ヌ	⊕	⊖	0	1	2	3	4	5	6	7	8	9
ネ	⊕	⊖	0	1	2	3	4	5	6	7	8	9
ノ	⊕	⊖	0	1	2	3	4	5	6	7	8	9

2	解答欄											
ア	⊕	⊖	0	1	2	3	4	5	6	7	8	9
イ	⊕	⊖	0	1	2	3	4	5	6	7	8	9
ウ	⊕	⊖	0	1	2	3	4	5	6	7	8	9
エ	⊕	⊖	0	1	2	3	4	5	6	7	8	9
オ	⊕	⊖	0	1	2	3	4	5	6	7	8	9
カ	⊕	⊖	0	1	2	3	4	5	6	7	8	9
キ	⊕	⊖	0	1	2	3	4	5	6	7	8	9
ク	⊕	⊖	0	1	2	3	4	5	6	7	8	9
ケ	⊕	⊖	0	1	2	3	4	5	6	7	8	9
コ	⊕	⊖	0	1	2	3	4	5	6	7	8	9
サ	⊕	⊖	0	1	2	3	4	5	6	7	8	9
シ	⊕	⊖	0	1	2	3	4	5	6	7	8	9
ス	⊕	⊖	0	1	2	3	4	5	6	7	8	9
セ	⊕	⊖	0	1	2	3	4	5	6	7	8	9
ソ	⊕	⊖	0	1	2	3	4	5	6	7	8	9
タ	⊕	⊖	0	1	2	3	4	5	6	7	8	9
チ	⊕	⊖	0	1	2	3	4	5	6	7	8	9
ツ	⊕	⊖	0	1	2	3	4	5	6	7	8	9
テ	⊕	⊖	0	1	2	3	4	5	6	7	8	9
ト	⊕	⊖	0	1	2	3	4	5	6	7	8	9
ナ	⊕	⊖	0	1	2	3	4	5	6	7	8	9
ニ	⊕	⊖	0	1	2	3	4	5	6	7	8	9
ヌ	⊕	⊖	0	1	2	3	4	5	6	7	8	9
ネ	⊕	⊖	0	1	2	3	4	5	6	7	8	9
ノ	⊕	⊖	0	1	2	3	4	5	6	7	8	9

3	解答欄											
ア	⊕	⊖	0	1	2	3	4	5	6	7	8	9
イ	⊕	⊖	0	1	2	3	4	5	6	7	8	9
ウ	⊕	⊖	0	1	2	3	4	5	6	7	8	9
エ	⊕	⊖	0	1	2	3	4	5	6	7	8	9
オ	⊕	⊖	0	1	2	3	4	5	6	7	8	9
カ	⊕	⊖	0	1	2	3	4	5	6	7	8	9
キ	⊕	⊖	0	1	2	3	4	5	6	7	8	9
ク	⊕	⊖	0	1	2	3	4	5	6	7	8	9
ケ	⊕	⊖	0	1	2	3	4	5	6	7	8	9
コ	⊕	⊖	0	1	2	3	4	5	6	7	8	9
サ	⊕	⊖	0	1	2	3	4	5	6	7	8	9
シ	⊕	⊖	0	1	2	3	4	5	6	7	8	9
ス	⊕	⊖	0	1	2	3	4	5	6	7	8	9
セ	⊕	⊖	0	1	2	3	4	5	6	7	8	9
ソ	⊕	⊖	0	1	2	3	4	5	6	7	8	9
タ	⊕	⊖	0	1	2	3	4	5	6	7	8	9
チ	⊕	⊖	0	1	2	3	4	5	6	7	8	9
ツ	⊕	⊖	0	1	2	3	4	5	6	7	8	9
テ	⊕	⊖	0	1	2	3	4	5	6	7	8	9
ト	⊕	⊖	0	1	2	3	4	5	6	7	8	9
ナ	⊕	⊖	0	1	2	3	4	5	6	7	8	9
ニ	⊕	⊖	0	1	2	3	4	5	6	7	8	9
ヌ	⊕	⊖	0	1	2	3	4	5	6	7	8	9
ネ	⊕	⊖	0	1	2	3	4	5	6	7	8	9
ノ	⊕	⊖	0	1	2	3	4	5	6	7	8	9

4	解答欄											
ア	⊕	⊖	0	1	2	3	4	5	6	7	8	9
イ	⊕	⊖	0	1	2	3	4	5	6	7	8	9
ウ	⊕	⊖	0	1	2	3	4	5	6	7	8	9
エ	⊕	⊖	0	1	2	3	4	5	6	7	8	9
オ	⊕	⊖	0	1	2	3	4	5	6	7	8	9
カ	⊕	⊖	0	1	2	3	4	5	6	7	8	9
キ	⊕	⊖	0	1	2	3	4	5	6	7	8	9
ク	⊕	⊖	0	1	2	3	4	5	6	7	8	9
ケ	⊕	⊖	0	1	2	3	4	5	6	7	8	9
コ	⊕	⊖	0	1	2	3	4	5	6	7	8	9
サ	⊕	⊖	0	1	2	3	4	5	6	7	8	9
シ	⊕	⊖	0	1	2	3	4	5	6	7	8	9
ス	⊕	⊖	0	1	2	3	4	5	6	7	8	9
セ	⊕	⊖	0	1	2	3	4	5	6	7	8	9
ソ	⊕	⊖	0	1	2	3	4	5	6	7	8	9
タ	⊕	⊖	0	1	2	3	4	5	6	7	8	9
チ	⊕	⊖	0	1	2	3	4	5	6	7	8	9
ツ	⊕	⊖	0	1	2	3	4	5	6	7	8	9
テ	⊕	⊖	0	1	2	3	4	5	6	7	8	9
ト	⊕	⊖	0	1	2	3	4	5	6	7	8	9
ナ	⊕	⊖	0	1	2	3	4	5	6	7	8	9
ニ	⊕	⊖	0	1	2	3	4	5	6	7	8	9
ヌ	⊕	⊖	0	1	2	3	4	5	6	7	8	9
ネ	⊕	⊖	0	1	2	3	4	5	6	7	8	9
ノ	⊕	⊖	0	1	2	3	4	5	6	7	8	9

5	解答欄											
ア	⊕	⊖	0	1	2	3	4	5	6	7	8	9
イ	⊕	⊖	0	1	2	3	4	5	6	7	8	9
ウ	⊕	⊖	0	1	2	3	4	5	6	7	8	9
エ	⊕	⊖	0	1	2	3	4	5	6	7	8	9
オ	⊕	⊖	0	1	2	3	4	5	6	7	8	9
カ	⊕	⊖	0	1	2	3	4	5	6	7	8	9
キ	⊕	⊖	0	1	2	3	4	5	6	7	8	9
ク	⊕	⊖	0	1	2	3	4	5	6	7	8	9
ケ	⊕	⊖	0	1	2	3	4	5	6	7	8	9
コ	⊕	⊖	0	1	2	3	4	5	6	7	8	9
サ	⊕	⊖	0	1	2	3	4	5	6	7	8	9
シ	⊕	⊖	0	1	2	3	4	5	6	7	8	9
ス	⊕	⊖	0	1	2	3	4	5	6	7	8	9
セ	⊕	⊖	0	1	2	3	4	5	6	7	8	9
ソ	⊕	⊖	0	1	2	3	4	5	6	7	8	9
タ	⊕	⊖	0	1	2	3	4	5	6	7	8	9
チ	⊕	⊖	0	1	2	3	4	5	6	7	8	9
ツ	⊕	⊖	0	1	2	3	4	5	6	7	8	9
テ	⊕	⊖	0	1	2	3	4	5	6	7	8	9
ト	⊕	⊖	0	1	2	3	4	5	6	7	8	9
ナ	⊕	⊖	0	1	2	3	4	5	6	7	8	9
ニ	⊕	⊖	0	1	2	3	4	5	6	7	8	9
ヌ	⊕	⊖	0	1	2	3	4	5	6	7	8	9
ネ	⊕	⊖	0	1	2	3	4	5	6	7	8	9
ノ	⊕	⊖	0	1	2	3	4	5	6	7	8	9

【記入上の注意】
1. 記入は、HBの鉛筆またはシャープペンシルを使用してください。
2. 訂正する場合はプラスチック消しゴムで完全に消してください。
3. 用紙を折り曲げたり、汚したりしないでください。

【マーク例】

良い例　悪い例　うすい

栄東高等学校（第1回）　2021年度

◇英語◇

※119％に拡大していただくと，解答欄は実物大になります。

問題番号	解答欄	問題番号	解答欄	問題番号	解答欄
1	① ② ③ ④ ⑤ ⑥ ⑦ ⑧ ⑨ ⓪	21	① ② ③ ④ ⑤ ⑥ ⑦ ⑧ ⑨ ⓪	41	① ② ③ ④ ⑤ ⑥ ⑦ ⑧ ⑨ ⓪
2	① ② ③ ④ ⑤ ⑥ ⑦ ⑧ ⑨ ⓪	22	① ② ③ ④ ⑤ ⑥ ⑦ ⑧ ⑨ ⓪	42	① ② ③ ④ ⑤ ⑥ ⑦ ⑧ ⑨ ⓪
3	① ② ③ ④ ⑤ ⑥ ⑦ ⑧ ⑨ ⓪	23	① ② ③ ④ ⑤ ⑥ ⑦ ⑧ ⑨ ⓪	43	① ② ③ ④ ⑤ ⑥ ⑦ ⑧ ⑨ ⓪
4	① ② ③ ④ ⑤ ⑥ ⑦ ⑧ ⑨ ⓪	24	① ② ③ ④ ⑤ ⑥ ⑦ ⑧ ⑨ ⓪	44	① ② ③ ④ ⑤ ⑥ ⑦ ⑧ ⑨ ⓪
5	① ② ③ ④ ⑤ ⑥ ⑦ ⑧ ⑨ ⓪	25	① ② ③ ④ ⑤ ⑥ ⑦ ⑧ ⑨ ⓪	45	① ② ③ ④ ⑤ ⑥ ⑦ ⑧ ⑨ ⓪
6	① ② ③ ④ ⑤ ⑥ ⑦ ⑧ ⑨ ⓪	26	① ② ③ ④ ⑤ ⑥ ⑦ ⑧ ⑨ ⓪	46	① ② ③ ④ ⑤ ⑥ ⑦ ⑧ ⑨ ⓪
7	① ② ③ ④ ⑤ ⑥ ⑦ ⑧ ⑨ ⓪	27	① ② ③ ④ ⑤ ⑥ ⑦ ⑧ ⑨ ⓪	47	① ② ③ ④ ⑤ ⑥ ⑦ ⑧ ⑨ ⓪
8	① ② ③ ④ ⑤ ⑥ ⑦ ⑧ ⑨ ⓪	28	① ② ③ ④ ⑤ ⑥ ⑦ ⑧ ⑨ ⓪	48	① ② ③ ④ ⑤ ⑥ ⑦ ⑧ ⑨ ⓪
9	① ② ③ ④ ⑤ ⑥ ⑦ ⑧ ⑨ ⓪	29	① ② ③ ④ ⑤ ⑥ ⑦ ⑧ ⑨ ⓪	49	① ② ③ ④ ⑤ ⑥ ⑦ ⑧ ⑨ ⓪
10	① ② ③ ④ ⑤ ⑥ ⑦ ⑧ ⑨ ⓪	30	① ② ③ ④ ⑤ ⑥ ⑦ ⑧ ⑨ ⓪	50	① ② ③ ④ ⑤ ⑥ ⑦ ⑧ ⑨ ⓪
11	① ② ③ ④ ⑤ ⑥ ⑦ ⑧ ⑨ ⓪	31	① ② ③ ④ ⑤ ⑥ ⑦ ⑧ ⑨ ⓪	51	① ② ③ ④ ⑤ ⑥ ⑦ ⑧ ⑨ ⓪
12	① ② ③ ④ ⑤ ⑥ ⑦ ⑧ ⑨ ⓪	32	① ② ③ ④ ⑤ ⑥ ⑦ ⑧ ⑨ ⓪	52	① ② ③ ④ ⑤ ⑥ ⑦ ⑧ ⑨ ⓪
13	① ② ③ ④ ⑤ ⑥ ⑦ ⑧ ⑨ ⓪	33	① ② ③ ④ ⑤ ⑥ ⑦ ⑧ ⑨ ⓪	53	① ② ③ ④ ⑤ ⑥ ⑦ ⑧ ⑨ ⓪
14	① ② ③ ④ ⑤ ⑥ ⑦ ⑧ ⑨ ⓪	34	① ② ③ ④ ⑤ ⑥ ⑦ ⑧ ⑨ ⓪	54	① ② ③ ④ ⑤ ⑥ ⑦ ⑧ ⑨ ⓪
15	① ② ③ ④ ⑤ ⑥ ⑦ ⑧ ⑨ ⓪	35	① ② ③ ④ ⑤ ⑥ ⑦ ⑧ ⑨ ⓪	55	① ② ③ ④ ⑤ ⑥ ⑦ ⑧ ⑨ ⓪
16	① ② ③ ④ ⑤ ⑥ ⑦ ⑧ ⑨ ⓪	36	① ② ③ ④ ⑤ ⑥ ⑦ ⑧ ⑨ ⓪	56	① ② ③ ④ ⑤ ⑥ ⑦ ⑧ ⑨ ⓪
17	① ② ③ ④ ⑤ ⑥ ⑦ ⑧ ⑨ ⓪	37	① ② ③ ④ ⑤ ⑥ ⑦ ⑧ ⑨ ⓪	57	① ② ③ ④ ⑤ ⑥ ⑦ ⑧ ⑨ ⓪
18	① ② ③ ④ ⑤ ⑥ ⑦ ⑧ ⑨ ⓪	38	① ② ③ ④ ⑤ ⑥ ⑦ ⑧ ⑨ ⓪	58	① ② ③ ④ ⑤ ⑥ ⑦ ⑧ ⑨ ⓪
19	① ② ③ ④ ⑤ ⑥ ⑦ ⑧ ⑨ ⓪	39	① ② ③ ④ ⑤ ⑥ ⑦ ⑧ ⑨ ⓪	59	① ② ③ ④ ⑤ ⑥ ⑦ ⑧ ⑨ ⓪
20	① ② ③ ④ ⑤ ⑥ ⑦ ⑧ ⑨ ⓪	40	① ② ③ ④ ⑤ ⑥ ⑦ ⑧ ⑨ ⓪	60	① ② ③ ④ ⑤ ⑥ ⑦ ⑧ ⑨ ⓪

【記入上の注意】

1．記入は、ＨＢの鉛筆またはシャープペンシルを使用してください。
2．訂正する場合はプラスチック消しゴムで完全に消してください。
3．用紙を折り曲げたり、汚したりしないでください。

【マーク例】

良い例 　悪い例 

栄東高等学校(第1回)　2021年度

◇国語◇

※119%に拡大していただくと，解答欄は実物大になります。

問題番号	解答欄	問題番号	解答欄	問題番号	解答欄
1	① ② ③ ④ ⑤ ⑥ ⑦ ⑧ ⑨ ⓪	21	① ② ③ ④ ⑤ ⑥ ⑦ ⑧ ⑨ ⓪	41	① ② ③ ④ ⑤ ⑥ ⑦ ⑧ ⑨ ⓪
2	① ② ③ ④ ⑤ ⑥ ⑦ ⑧ ⑨ ⓪	22	① ② ③ ④ ⑤ ⑥ ⑦ ⑧ ⑨ ⓪	42	① ② ③ ④ ⑤ ⑥ ⑦ ⑧ ⑨ ⓪
3	① ② ③ ④ ⑤ ⑥ ⑦ ⑧ ⑨ ⓪	23	① ② ③ ④ ⑤ ⑥ ⑦ ⑧ ⑨ ⓪	43	① ② ③ ④ ⑤ ⑥ ⑦ ⑧ ⑨ ⓪
4	① ② ③ ④ ⑤ ⑥ ⑦ ⑧ ⑨ ⓪	24	① ② ③ ④ ⑤ ⑥ ⑦ ⑧ ⑨ ⓪	44	① ② ③ ④ ⑤ ⑥ ⑦ ⑧ ⑨ ⓪
5	① ② ③ ④ ⑤ ⑥ ⑦ ⑧ ⑨ ⓪	25	① ② ③ ④ ⑤ ⑥ ⑦ ⑧ ⑨ ⓪	45	① ② ③ ④ ⑤ ⑥ ⑦ ⑧ ⑨ ⓪
6	① ② ③ ④ ⑤ ⑥ ⑦ ⑧ ⑨ ⓪	26	① ② ③ ④ ⑤ ⑥ ⑦ ⑧ ⑨ ⓪	46	① ② ③ ④ ⑤ ⑥ ⑦ ⑧ ⑨ ⓪
7	① ② ③ ④ ⑤ ⑥ ⑦ ⑧ ⑨ ⓪	27	① ② ③ ④ ⑤ ⑥ ⑦ ⑧ ⑨ ⓪	47	① ② ③ ④ ⑤ ⑥ ⑦ ⑧ ⑨ ⓪
8	① ② ③ ④ ⑤ ⑥ ⑦ ⑧ ⑨ ⓪	28	① ② ③ ④ ⑤ ⑥ ⑦ ⑧ ⑨ ⓪	48	① ② ③ ④ ⑤ ⑥ ⑦ ⑧ ⑨ ⓪
9	① ② ③ ④ ⑤ ⑥ ⑦ ⑧ ⑨ ⓪	29	① ② ③ ④ ⑤ ⑥ ⑦ ⑧ ⑨ ⓪	49	① ② ③ ④ ⑤ ⑥ ⑦ ⑧ ⑨ ⓪
10	① ② ③ ④ ⑤ ⑥ ⑦ ⑧ ⑨ ⓪	30	① ② ③ ④ ⑤ ⑥ ⑦ ⑧ ⑨ ⓪	50	① ② ③ ④ ⑤ ⑥ ⑦ ⑧ ⑨ ⓪
11	① ② ③ ④ ⑤ ⑥ ⑦ ⑧ ⑨ ⓪	31	① ② ③ ④ ⑤ ⑥ ⑦ ⑧ ⑨ ⓪	51	① ② ③ ④ ⑤ ⑥ ⑦ ⑧ ⑨ ⓪
12	① ② ③ ④ ⑤ ⑥ ⑦ ⑧ ⑨ ⓪	32	① ② ③ ④ ⑤ ⑥ ⑦ ⑧ ⑨ ⓪	52	① ② ③ ④ ⑤ ⑥ ⑦ ⑧ ⑨ ⓪
13	① ② ③ ④ ⑤ ⑥ ⑦ ⑧ ⑨ ⓪	33	① ② ③ ④ ⑤ ⑥ ⑦ ⑧ ⑨ ⓪	53	① ② ③ ④ ⑤ ⑥ ⑦ ⑧ ⑨ ⓪
14	① ② ③ ④ ⑤ ⑥ ⑦ ⑧ ⑨ ⓪	34	① ② ③ ④ ⑤ ⑥ ⑦ ⑧ ⑨ ⓪	54	① ② ③ ④ ⑤ ⑥ ⑦ ⑧ ⑨ ⓪
15	① ② ③ ④ ⑤ ⑥ ⑦ ⑧ ⑨ ⓪	35	① ② ③ ④ ⑤ ⑥ ⑦ ⑧ ⑨ ⓪	55	① ② ③ ④ ⑤ ⑥ ⑦ ⑧ ⑨ ⓪
16	① ② ③ ④ ⑤ ⑥ ⑦ ⑧ ⑨ ⓪	36	① ② ③ ④ ⑤ ⑥ ⑦ ⑧ ⑨ ⓪	56	① ② ③ ④ ⑤ ⑥ ⑦ ⑧ ⑨ ⓪
17	① ② ③ ④ ⑤ ⑥ ⑦ ⑧ ⑨ ⓪	37	① ② ③ ④ ⑤ ⑥ ⑦ ⑧ ⑨ ⓪	57	① ② ③ ④ ⑤ ⑥ ⑦ ⑧ ⑨ ⓪
18	① ② ③ ④ ⑤ ⑥ ⑦ ⑧ ⑨ ⓪	38	① ② ③ ④ ⑤ ⑥ ⑦ ⑧ ⑨ ⓪	58	① ② ③ ④ ⑤ ⑥ ⑦ ⑧ ⑨ ⓪
19	① ② ③ ④ ⑤ ⑥ ⑦ ⑧ ⑨ ⓪	39	① ② ③ ④ ⑤ ⑥ ⑦ ⑧ ⑨ ⓪	59	① ② ③ ④ ⑤ ⑥ ⑦ ⑧ ⑨ ⓪
20	① ② ③ ④ ⑤ ⑥ ⑦ ⑧ ⑨ ⓪	40	① ② ③ ④ ⑤ ⑥ ⑦ ⑧ ⑨ ⓪	60	① ② ③ ④ ⑤ ⑥ ⑦ ⑧ ⑨ ⓪

【記入上の注意】
1. 記入は、ＨＢの鉛筆またはシャープペンシルを使用してください。
2. 訂正する場合はプラスチック消しゴムで完全に消してください。
3. 用紙を折り曲げたり、汚したりしないでください。

【マーク例】

良い例 　悪い例 

MEMO

大切なことはメモしておこうネ！

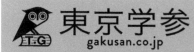

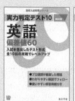

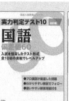

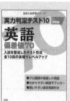

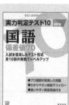

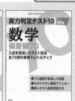

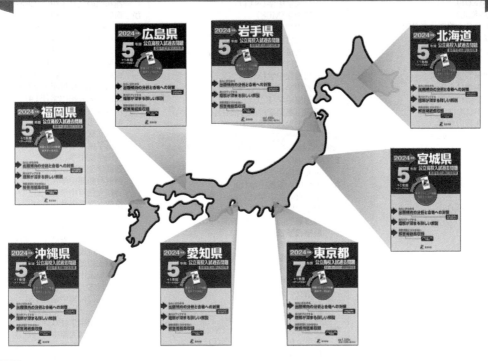

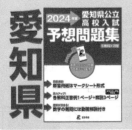

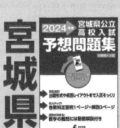

〈ダウンロードコンテンツについて〉

本問題集のダウンロードコンテンツ、弊社ホームページで配信しております。現在ご利用いただけるのは「2025年度受験用」に対応したもので、**2025年3月末日**までダウンロード可能です。弊社ホームページにアクセスの上、ご利用ください。

※配信期間が終了いたしますと、ご利用いただけませんのでご了承ください。

高校別入試過去問題シリーズ

栄東高等学校　2025年度

ISBN978-4-8141-3015-3

[発行所] 東京学参株式会社

〒153-0043　東京都目黒区東山2-6-4

書籍の内容についてのお問い合わせは右のQRコードから　⇒

※書籍の内容についてのお電話でのお問い合わせ、本書の内容を超えたご質問には対応できませんのでご了承ください。

2024年6月14日　初版